Lothar Käser

Fremde Kulturen
Eine Einführung in die Ethnologie für Entwicklungshelfer und
kirchliche Mitarbeiter in Übersee

Lothar Käser

Fremde Kulturen

Eine Einführung in die
Ethnologie
für Entwicklungshelfer und kirchliche Mitarbeiter
in Übersee

Für Ulrike und Klaus W. Müller,
Freunde aus gemeinsamen Jahren
auf Chuuk in Mikronesien

Bibliografische Information der Deutschen Bibliothek
Die Deutsche Bibliothek verzeichnet diese Publikation in der Deutschen
Nationalbibliografie; detaillierte bibliografische Daten sind im Internet
über http://dnb.ddb.de abrufbar.

Bestell-Nr. 549 184
ISBN 3-921113-84-9 (Verlag der Liebenzeller Mission)

ISBN 3-87214-287-9 (Erlanger Verlag für Mission und Ökumene)

3. Auflage 2005
© Copyright 1997 by Verlag der Liebenzeller Mission, Bad Liebenzell
Internet: www.vlm-liebenzell.de
E-Mail: vlm@liebenzell.org
Internet: www.erlanger-verlag.de
E-Mail: verlagsleitung@erlanger-verlag.de
Umschlaggestaltung: Helmut Herzog
Umschlagfoto: Studio Ro, Fürth
Titelbild: Maske Kapi Molo (Ich reite auf dem Abendwind) von der Tami-Insel (Neuguinea)
Herstellung: St.-Johannis-Druckerei, Lahr
Printed in Germany

Inhaltsverzeichnis

Vorwort 1

1. Kapitel: Einführung 5
2. Kapitel: Ethnologie als Wissenschaft 9
3. Kapitel: Geschichte der Ethnologie 17
4. Kapitel: Der Begriff Kultur 29
5. Kapitel: Kultur und Umwelt 51
6. Kapitel: Wirtschaftsformen 59
7. Kapitel: Technologie und Ergologie 79
8. Kapitel: Verwandtschaft 87
9. Kapitel: Kultur und Psyche 113
10. Kapitel: Kultur und Über-Ich (Gewissen) 129
11. Kapitel: Denkformen 169
12. Kapitel: Kultur und Sprache 179
13. Kapitel: Religion 191
14. Kapitel: Animismus 225
15. Kapitel: Medizin 235
16. Kapitel: Animismus und Christentum 249
17. Kapitel: Kultur, menschliches Verhalten
    und das Problem des Verstehens 259

18. Kapitel: Ethnologie, (kirchliche) Entwicklungshilfe,
    Mission und das Problem des Kulturwandels 267

19. Kapitel: Ethnologische Feldforschung 287

20. Kapitel: Ethnologie zum Schmunzeln 311

Nachwort 321

Gesamtbibliographie 323

Personen- und Sachregister 333

Vorwort

Als ich im September 1969 eine Tätigkeit als Lehrer auf Toon, einer der Inseln des Atolls Chuuk in Mikronesien, aufnahm, begann für mich eine Zeit völlig neuer, vielfältiger, interessanter, oft auch schwieriger Erfahrungen, die sich im Lauf der Jahre verdichteten und mich dazu brachten, **FREMDE KULTUREN** zu schreiben und zu veröffentlichen.

Die Organisation, die mich (zusammen mit meiner Familie) über die *Liebenzeller Mission*, Bad Liebenzell, an die *Evangelical Church of Truk* (wie sie damals hieß), vermittelte, war *Dienste in Übersee* in Echterdingen-Leinfelden, eine Arbeitsgemeinschaft evangelischer Kirchen, die für Entwicklungshilfeprojekte von Partnerkirchen in der Dritten Welt Fachpersonal sucht, auswählt und vorbereitet. Die Planung, Organisation und Betreuung des Vorhabens wurden bemerkenswert unbürokratisch, aber dennoch gründlich und gewissenhaft durchgeführt. Auf dem Vorbereitungskurs, an dem wir vor unserer Ausreise teilnahmen, erfuhren wir vieles zur Landeskunde und über die Veränderungen in unserer Lebensweise, die wir in der ungewohnten tropischen und kulturellen Umgebung zu gewärtigen hätten, über die so ganz anderen Mentalitäten, auf die wir uns einstellen und mit denen wir uns auseinandersetzen müßten. In der neuen Wirklichkeit einer Südseeinsel, in der wir uns bald darauf wiederfanden, wurde uns schnell klar, daß wir trotz des vielseitigen Kursprogramms wesentliche Dinge nicht wußten. Sie bilden den eigentlichen Inhalt dieses Buchs.

Fremde Kulturen besitzen Strukturen, die man als Fremder so schnell wie möglich erfassen muß, wenn man in ihrem Rahmen erfolgreich tätig sein will. Das ist viel leichter gesagt als getan, denn die meisten dieser Strukturen entziehen sich der direkten Beobachtung und Erfassung, weil sie in erster Linie gedanklich-begrifflicher Natur und damit im Denken, in den Köpfen der betreffenden Menschen, verborgen sind. Vieles wäre für mich leichter gewesen, wenn ich gewußt hätte, daß es Kategorien, Begriffe und Verfahren gibt, mit deren Hilfe man fremde Gesellschaftsstrukturen und Denkformen beschreiben und, was sich für mich als weitaus wichtiger erweisen sollte, selber erkunden kann. Daß solche Kategorien, Begriffe und Verfahren von der *Ethnologie* bereitgehalten werden, entdeckte ich erst, als ich mich mitten in einer fremden Kultur wiederfand und mit Problemen konfrontiert war, die ich aus Mangel an ethnologischen Kenntnissen (und natürlich auch aus Mangel an Erfahrung!) selbst geschaffen hatte.

Was mir die größten Schwierigkeiten bereitete, war die völlig andere Über-Ich-Orientierung der Jugendlichen und Erwachsenen, die ich unterrichtete. Diese Über-Ich-Orientierung ist etwas vom Wichtigsten, worauf europäische Fachkräfte gefaßt sein müssen, wenn sie in einer gruppenorientierten Gesellschaft in Asien, Afrika oder Lateinamerika erfolgreich tätig werden wollen, sei es als Lehrer, Arzt, Landwirt, Handwerker oder kirchlicher Mitarbeiter (vgl. Kap. 10). Auf dem Vorbereitungskurs waren nur ein paar vage Hinweise auf dieses Problem angeklungen, die ich zudem erst hinterher, bei der Konfrontation mit der Wirklichkeit, andeutungsweise erkennen konnte.

Besonders bedenkenswert erscheint mir, daß die zahlreichen Institutionen, die sich mit der Ausbildung von Entwicklungshelfern, aber auch von kirchlichen Mitarbeitern und Missionaren in Übersee befassen, die Vermittlung von Kenntnissen in Ethnologie immer noch so gut wie gar nicht oder höchstens ansatzweise in ihrem Ausbildungsprogramm haben. Die Folgen, die sich aus dem Fehlen solcher Kenntnisse für die Einstellung meiner eigenen Mitarbeiter in Mikronesien (Personal der Liebenzeller Mission, Bad Liebenzell) zu den Insulanern und zu ihrem Verhalten ergaben, lagen offen zutage. Ich betone aber ausdrücklich, daß sie dies bis auf ganz wenige Ausnahmen als Mangel erkannten, und vieles, was ich selbst zu lernen hatte, verdanke ich ihrer Bereitwilligkeit zu Diskussionen darüber und ihrem großen Interesse, ihre eigenen Wissensdefizite zu beseitigen.

Meine Erfahrung, daß die Ethnologie demjenigen, der in einer fremden kulturellen Umgebung arbeitet, Kenntnisse bereithält, ohne die er sich nicht integrieren und nicht effektiv tätig sein kann, führte mich nach meiner endgültigen Rückkehr aus Mikronesien zu intensiver professioneller Beschäftigung mit der Ethnologie. In über zwanzigjähriger Arbeit im Hochschulunterricht mit Studenten der Ethnologie, der Missiologie und der allgemeinen Sprachwissenschaft, auf Vorbereitungskursen für medizinisches Personal in der Dritten Welt, auf Vortrags- und Feldforschungsreisen in Südostasien, Afrika und Südamerika habe ich die Inhalte der vorliegenden Einführung in die Ethnologie gesichtet, nach den Bedürfnissen der im Untertitel genannten Zielgruppen ausgewählt und in Unterrichtssequenzen übertragen.

Zahlreiche Ideen, Argumente und Beispiele, die ich darin verwende, entstammen der Lektüre von Hunderten ethnologischer Publikationen. Zu meinem Bedauern gelang es mir trotz intensiver Bemühungen leider oft nicht mehr, die Fundstellen zu präzisieren. Ich bitte die Autoren um Nachsicht. Weil **FREMDE KULTUREN** als *Lehrbuch* konzipiert ist, habe ich auf Anmerkungen in der Form von Fußnoten und andere Attribute, die in akademischen Publikationen üblich sind, bewußt verzichtet, um den Text nicht zu überfrachten. Wo eine Anmerkung unumgänglich wurde, findet sie sich in einer Klammerbemerkung im Text selbst.

Um Nachsicht bitte ich auch diejenigen Leserinnen und Leser, die den Eindruck haben, ich würde der Forderung nach (feministischer) Korrektheit nicht gerecht, weil ich es unterließ, *dem* Entwicklungshelfer, *dem* kirchlichen Mitarbeiter, *dem* Arzt usw. *die* Entwicklungshelfer*in*, *die* kirchliche Mitarbeiter*in*, *die* Ärzt*in* usw. an die Seite zu stellen. Ich habe es versucht, ehrlich, auch mit der Schrägstrichversion (Beispiel: der/die kirchliche Mitarbeiter/in)! Schon im Vorwort mußte ich den Versuch, die (für mich selbstverständliche) Gleichberechtigung von Mann und Frau in schriftsprachlicher Form korrekt zu dokumentieren, aus Gründen der Lesbarkeit und des Stils aufgeben. Die Struktur des Deutschen ließ mir keine andere Wahl.

Allen, die in irgendeiner Form zum Gelingen des schwierigen und langwierigen Unternehmens beigetragen haben, danke ich herzlich: meiner Frau Gisela für ihre kritische und motivierende Begleitung, Gisela Bücking und Hanna Robisch für das gründliche Lektorieren des Manuskripts. Ohne ihren prüfenden Blick wären mir eine ganze Reihe von Ungereimtheiten, Brüchen in den Argumentationsketten und Fehlern im Text verborgen geblieben.

Schallstadt, im Sommer 1997   Lothar Käser

1. Kapitel:

Einführung

In diesem Kapitel wird erklärt, warum Europäer und andere Angehörige westlicher Kulturen in fremden Gesellschaften anwesend waren und sind, was sie dort taten und heute noch tun, welche Wirkung sie hatten, und warum man zu einer Tätigkeit im Rahmen einer fremden Kultur die besonderen Kenntnisse benötigt, die in den folgenden Kapiteln beschrieben sind.

Betrachtet man die Erde von der Entwicklung unserer modernen Verkehrsmöglichkeiten aus, so hat man den Eindruck, als sei sie in letzter Zeit mächtig geschrumpft. Noch in der ersten Hälfte des 20. Jahrhunderts brauchte man für eine Reise von Europa nach Südostasien mehrere Wochen mit dem Schiff. Das Flugzeug schafft diese Strecke heutzutage in weniger als zwanzig Stunden. Fremde Welten, Menschen und Kulturen sind daher nicht mehr wie früher nur einigen wenigen zugänglich, sondern jedem, der das nötige Geld dafür zusammenbringt. Das sind mittlerweile viele.

Daß fremde Kulturen etwas Faszinierendes an sich haben, hat sich herumgesprochen. Ströme von Touristen ergießen sich seitdem während der Urlaubszeit aus den sogenannten entwickelten (reichen) Industrieländern der Nordhälfte der Erde in die sogenannten unterentwickelten (armen) Nichtindustrieländer ihrer Südhälfte, um als Fremde den Kontakt mit der dort vorgefundenen Wirklichkeit fremder Kulturen als *Abenteuer* zu erleben.

Fremde gab es dort selbstverständlich schon früher. Touristische Interessen lagen ihnen allerdings eher fern. Es waren *Entdecker*, *Sklavenfänger*, *Händler*, *Pflanzer*, *Soldaten* und *Kolonialbeamte*, die, neben anderem, in privatem oder öffentlichem Auftrag handfeste politische und wirtschaftliche Interessen verfolgten. Christliche *Missionare* waren, entgegen landläufiger Meinung, weit seltener die ersten Fremden in nichteuropäischen Kulturen. In der Regel folgten sie den Vorgenannten, und ihre Ziele waren ganz andere (vgl. Kap. 18). Doch so unterschiedlich die Absichten aller dieser Fremden auch gewesen sein mochten, eines hatten sie gemeinsam: Ihre Anwesenheit löste *Veränderungen* in den Kulturen aus, in denen sie tätig waren.

Wenn wir die Veränderungen, die sie bewirkten, heute rückblickend bewerten, kommen wir leicht zu einer *Fehlbeurteilung*. Wir neigen nämlich dazu, sie als Veränderungen eines Idealzustandes zu sehen, in dem sich die betreffenden Kulturen ursprünglich befunden haben sollen. Diese Ansicht läßt den Eindruck entstehen, hier sei nicht nur verändert, sondern zerstört worden, und dies sogar überwiegend oder ausschließlich. So einfach aber ist die Sache keineswegs. Man verstellt sich mit dieser Vereinfachung vorschnell den Blick für die Wirklichkeit. Zwar wurde den Menschen fremder Kulturen durch die Fremden vieles genommen. Gleichzeitig wurde ihnen aber auch vieles gegeben. Daher ist es besser, nicht einfach von Kulturzerstörung zu sprechen, sondern von *Kulturveränderung*. So läßt sich dann auch Zerstörung, wenn sie tatsächlich geschehen ist, umso deutlicher beim Namen nennen.

Bis ungefähr um die Mitte des 20. Jahrhunderts wurde die Tätigkeit der obengenannten Veränderer fremder Kulturen durch ein Defizit beeinträchtigt, das erhebliche Folgen hatte. Sie waren sich selten darüber im klaren, was unter dem Begriff *Kultur* eigentlich zu verstehen ist, was Kulturen für die Menschen bedeuten, die damit ihr Dasein gestalten. Die Veränderer handelten, ohne damit zu rechnen, daß ihre Veränderungen Folgeveränderungen nach sich ziehen mußten, auf die weder die Menschen in der fremden Gesellschaft noch sie selbst vorbereitet waren. Die Kriterien, nach denen Veränderungen vorgenommen wurden, entstammten den Bewertungsmaßstäben der Fremden, nicht oder kaum aber denen der Einheimischen. Dieser Mangel hätte eigentlich nie bestehen dürfen.

Um die Fehler, die von den Veränderern älteren Typs, wie man sie nennen könnte, begangen worden waren, in Zukunft zu vermeiden, ging man daran, einen neuen Typ des (europäisch-westlichen) Fremden zu schaffen, von dem man erwartete, daß er nur verändern würde, ohne zu zerstören. Der neue Typ des Fremden sollte in fremden Kulturen Vorhandenes auf seine künftige Brauchbarkeit prüfen und durch Hinzunahme neuer Elemente *entwickeln*.

Nach dem zweiten Weltkrieg verschwanden im Zuge der Entkolonialisierung viele der fremden Veränderer älteren Typs aus der (inzwischen so genannten) Dritten Welt. Der Sklavenhandel war schon in der zweiten Hälfte des 19. Jahrhunderts beendet worden. Christliche Missionare aber gab es weiterhin in nicht unbedeutender Zahl. Zu ihnen gesellte sich als neuer Typ des Fremden der *Entwicklungshelfer* und dort, wo aus der Arbeit der Missionen einheimische Kirchenorganisationen entstanden waren, der *kirchliche*

Mitarbeiter. Zwar hatte auch der Missionar immer schon so etwas wie Entwicklungshilfe geleistet, als Arzt, Lehrer, Techniker, Handwerker und Landwirt. Darin ist der Unterschied zwischen Missionar und Entwicklungshelfer übrigens bis heute gering geblieben. Der neue Fremde aber, speziell der Entwicklungshelfer, konnte seine Tätigkeit, so nahm man an, in viel differenzierterer und damit weniger zerstörerischer Weise entfalten, weil er einerseits vor Aufnahme seiner Tätigkeit in der fremden Kultur auf deren Fremdsein aufmerksam gemacht worden war, und andererseits in seinem Fachbereich als *Spezialist* gelten durfte. (In den Medien hieß er nicht selten "Entwicklungsexperte", eine Bezeichnung, die Vertreter von Organisationen aus der Dritten Welt mit Recht als arrogant empfanden.) Spezialistentum konnte man dagegen von missionarischem Personal in der Regel nur im Bereich christlicher Theologie und Missiologie erwarten.

Mit dem zunehmenden Auftreten von Entwicklungshelfern in der Dritten Welt gelangten zwei neue Gesichtspunkte ins Bewußtsein der Ersten Welt, aus der sowohl die Missionare als auch die Entwicklungshelfer kamen. Die Erste Welt gewann mehr und mehr die Überzeugung, das Elend der Dritten sei ganz wesentlich durch strukturelle Fehler im System der dort vorgefundenen fremden Kulturen bedingt und könne behoben werden, indem man diese Strukturen veränderte. Daß solche Veränderungen hilfreich sein müßten, galt als ausgemacht, denn sie dienten ja einem guten Zweck, der als Zielvorstellung bekannt war und von dem aus gesehen man annahm, daß die Betroffenen die dazu nötigen Veränderungen auch selbst wollten.

In der Tat sah die europäisch-westliche Öffentlichkeit in der Entwicklungshilfe während der Euphorie ihrer Anfangsphase und bis weit in die siebziger Jahre hinein fast eine Art neuer Heilslehre für die betroffenen Länder. Vor diesem Hintergrund verblaßte gleichzeitig die Arbeit der christlichen Missionen und Kirchen in dem Maße, wie der Glanz der Entwicklungshilfeorganisationen zunahm. Das Bild des Missionars erlebte einen beispiellosen Niedergang in der Bewertung durch die öffentliche Meinung. In manchen Medien verkam dieses Bild gar zur Karikatur seiner selbst. Was der Missionar auch tat und tut, er gilt seitdem als der Prototyp des Zerstörers von Kulturen. Der Entwicklungshelfer dagegen erwarb sich (ohne ausdrückliches Zutun von seiner Seite) die Aura des Wohltäters und Erhalters. Diese Einschätzung verkennt die tatsächlichen Verhältnisse, wie wir inzwischen wissen.

Das alles hatte aber auch sein Gutes. Aus dieser kontroversen Situation heraus erwuchs immer deutlicher das Bedürfnis nach mehr Information über das, was Kulturen ihrem Wesen nach sind, und was sie für die Menschen leisten, die sie zur Gestaltung und Bewältigung ihres Daseins benützen. Beide Seiten, die Kirchen bzw. Missionen und die Entwicklungshilfeorganisationen, machten sich (zögerlich) daran, **ethnologische** und **kulturanthropologische Gesichtspunkte** in ihre Ausbildungsgänge und Vorbereitungskurse zu übernehmen. Dabei gab es Schwierigkeiten, und von befriedigenden Konzepten kann man immer noch nicht sprechen. Der berühmte Schritt in die richtige Richtung aber ist inzwischen getan.

Für die Ausbildung künftiger **Theoretiker** im Umgang mit fremden Kulturen wie Ethnologen, Kulturanthropologen usw. gibt es inzwischen eine ganze Reihe glänzend geschriebener Einführungen in die Wissenschaften und Methoden, die sich mit dem Phänomen Kultur in Forschung und Lehre beschäftigen. Für den **Praktiker**, ob er nun kirchlicher Mitarbeiter oder säkularer Entwicklungshelfer ist, sind diese Einführungen wegen ihrer Stofffülle, Detailgenauigkeit und Vollständigkeit mit Theorie überfrachtet und daher schwierig zu verstehen und zu gebrauchen. Was dem Praktiker bislang fehlt, ist eine *vereinfachte Einführung* in Grundbegriffe, deren Beherrschung ihn befähigt, sich in der ethnologischen Literatur zu seinem speziellen Arbeitsgebiet zurechtzufinden und diese Grundbegriffe in der kulturellen Wirklichkeit, in der er tätig ist, wiederzuerkennen, anzuwenden und *eigene Erkundungen* zu unternehmen.

FREMDE KULTUREN ist eine solche vereinfachte Einführung.

Für eine erfolgreiche Tätigkeit europäisch-westlicher Fachkräfte im Rahmen einer fremden Kultur sind nicht alle Sachgebiete der Ethnologie gleich wichtig. Dies erklärt, warum Themen wie *ethnologische Rechtsforschung* oder *Museumsethnologie* unberücksichtigt blieben, die Abläufe und Ergebnisse des *Enkulturationsprozesses*, *Ethnopsychologie* und bestimmte Aspekte der *Religionen* und *Medizinsysteme* fremder Gesellschaften aber besonders ausführlich dargestellt wurden, weil sich ihre Kenntnis für den Pragmatiker als unerläßlich erwiesen hat.

2. Kapitel:

Ethnologie als Wissenschaft

In diesem Kapitel wird erklärt, wie Ethnologie zu definieren ist, wie ihr Forschungsgegenstand und ihre Nachbarwissenschaften in Deutschland und Amerika heißen, und welcher Art die Beziehungen sind, die sie zu diesen Nachbarwissenschaften hat.

Ethnologie ist die **Wissenschaft von den Lebensweisen menschlicher Populationen** (Gesamtheit aller in einem bestimmten Gebiet lebenden Individuen einer Art), die voneinander abgegrenzte Gruppierungen bilden und sich durch eben diese Lebensweisen voneinander unterscheiden (nach Fischer 1983:11). Lebensweisen bedeutet hier alles, was zur **Gestaltung und Bewältigung des Daseins** benötigt und benützt wird. Anstatt von Lebensweisen kann man, wie noch zu zeigen sein wird, einfach von **Kulturen** sprechen (vgl. Kap. 4).

Im Prinzip können alle Kulturen als Forschungsgegenstand der Ethnologie gelten, **rezente Kulturen**, also in der Gegenwart existierende, oder **archaische**, nur aufgrund von Bodenfunden oder anderen historischen Zeugnissen nachweisbare. In Wirklichkeit aber beschränkt sich die Ethnologie auf die Erforschung von rezenten Kulturen mit bestimmten **Merkmalen**, man könnte auch einfach sagen, sie berücksichtige bestimmte rezente Kulturen in besonderer Weise. Solche Merkmale sind in erster Linie das **Fehlen einer Schrift** und die **geringe Beherrschung der Natur**. Manche Veröffentlichungen sprechen von **nichtindustrialisierten** oder **vorindustriellen**, **nichtstaatlichen**, **vorstaatlichen** oder **Stammesgesellschaften**, andere greifen die Tatsache auf, daß in schriftlosen Kulturen der mündlichen Weitergabe von Kenntnissen und Wertvorstellungen besondere Bedeutung zukommt, und nennen sie **traditionale Kulturen** (nicht "traditionelle"!). Bezeichnungen wie **unterentwickelte** oder **primitive Kulturen** sind in der Ethnologie inzwischen verpönt.

In vielen Ethnographien (Beschreibungen von Kulturen) findet sich der Ausdruck **Naturvolk** bzw. **naturvölkische Kultur**. Diese Bezeichnung ist besonders problematisch. Eine Zeitlang wurden Naturvölker als Gegensatz von sogenannten Kulturvölkern angesehen, was falsch ist, denn auch Naturvölker haben eine Kultur, ohne Ausnahme. Problematisch ist die Bezeichnung auch in anderer Hinsicht. Zwar sind Naturvölker viel stärker als industrialisierte Gesellschaften von ihrem natürlichen Lebensraum abhängig und teilweise in extremer Weise an diesen angepaßt. Daraus darf man aber nicht ohne Einschränkung herleiten, daß Naturvölker "in Harmonie mit der Natur" leben, wie es oft gedankenlos und idealisierend behauptet wird. Man muß immer damit rechnen, daß auch diese Gesellschaften durch innere Spannungen und Widersprüche gekennzeichnet sind. Wie überall werden Frauen benachteiligt, Tiere mißhandelt, und es wird (entgegen landläufiger Ansicht) Raubbau an der Natur getrieben. Daß es ihn schon in prähistorischer Zeit gab (Abholzungen mit irreparablen Folgen, Ausrottung des Moa, einer Straußenart), wissen wir von den polynesischen Maori Neuseelands (Anderson in Martin/Klein 1984:723-740; McGlone 1983:11-25). Welches Ausmaß diese kulturellen Defizite auch bei sogenannten Naturvölkern erreichen können, ist eindrucksvoll dokumentiert in Edgerton 1992. Solche Gesellschaften beeinträchtigen und belasten ihre Umwelt in der Regel nur deswegen nicht, weil sie in verhältnismäßig kleinen Gruppierungen vorkommen. Wegen ihrer geringen Größe bezeichnet man derartige Populationen mit eigenen Kulturen nicht als Völker, sondern als *Ethnien* oder *ethnische Gruppen* (griechisch: *ethnos*, etwa Stammesgruppe). Eigenartig ist, daß die Ethnologie an deutschen Universitäten trotzdem immer noch *Völkerkunde* heißt. (Ähnlich eigenartig ist übrigens auch die Bezeichnung *Naturvolk*.) Das hat wissenschaftshistorische Gründe (vgl. Kap. 3).

Wie Kulturen funktionieren und was sie für die Menschen bedeuten, die damit ihr Dasein bewältigen, kann man an jeder beliebigen Kultur studieren. Die Kulturen der schriftlosen (oder bis vor kurzem schriftlosen) Gesellschaften eignen sich besonders gut dafür, weil sie von eher einfacher Struktur sind. Daß sich die Ethnologie auf Gesellschaften dieser Art konzentriert und beschränkt, bringt ihr einen entscheidenden Vorteil.

Die relativ einfache Struktur der Kulturen, mit deren Hilfe ethnische Gruppen ihr Dasein gestalten und bewältigen, ist eines ihrer charakteristischen Merkmale. Der Umfang ihrer Teilbereiche bleibt in der Regel so überschaubar, daß sie auch von einem einzigen Beobachter noch in ihrem Gesamtzusammenhang erfaßt werden können. Das ist bei europäisch-westlichen oder fernöstlichen Kulturen wegen deren Komplexität unmöglich. Von dem, was der Briefträger, der uns unsere Post bringt, bei seiner Arbeit tut und wissen muß, ist uns nur wenig mehr bekannt als die Beobachtung, daß er Briefe austrägt. (Dafür würde er uns vermutlich als Naivlinge betrachten.)

Daß wir als Nichtbriefträger von seiner Arbeit nur dürftige Vorstellungen besitzen, beweist, daß die Kulturen, in denen Briefträger gebraucht werden, komplex und damit schwer überschaubar sind: Selbst Mitglieder der betreffenden Kulturen kennen nur noch einen verschwindend geringen Teil davon und können daher einem Mitglied einer fremden Kultur, das danach fragt, nicht erschöpfend Auskunft darüber geben.

Schriftlose, naturvölkische, ethnische Gesellschaften sind also das besondere Arbeitsfeld, man könnte fast sagen das Labor der Ethnologen. In den folgenden Kapiteln wird viel von gerade ihren Kulturen die Rede sein. Das hat zwei Gründe. Zum ersten: Ich, der Verfasser, bin Mitglied der Zunft der Ethnologen und habe meine wichtigsten Erfahrungen im Umgang mit fremden Kulturen bei verschiedenen ethnischen Gruppen gemacht. Zum zweiten: Die meisten Entwicklungshelfer, kirchlichen Mitarbeiter und Missionare aus dem europäisch-westlichen Kulturkreis arbeiten weitgehend unter ethnologischen Gegebenheiten, und dies selbst dann, wenn die Kultur ihres Tätigkeitsbereichs als (komplexere, mit einer Schrift versehene) *Hochkultur* gilt. Sie haben es nämlich fast immer mit der Landbevölkerung oder mit den "einfachen Leuten" zu tun, wie man sie nennen könnte, die in der Regel keine Schule besucht haben, nicht oder kaum lesen und schreiben können und daher nur ein sehr einfaches Weltbild besitzen, Umstände, die den Bedingungen in einer schriftlosen, ethnischen Gesellschaft sehr ähnlich sind. Daß ich mich auf diese konzentriere, soll nicht bedeuten, daß ich damit andere, stärker strukturierte, komplexere Kulturen ausschließe. Beobachtungen an schriftlosen Gesellschaften lassen sich ohne große Schwierigkeiten auch auf sogenannte Hochkulturen übertragen und anwenden, einschließlich der Kulturen Europas.

Die Ethnologie ist, wie jede Wissenschaft, manchmal nicht scharf gegen *Nachbarwissenschaften* abzugrenzen. Besonders fließend sind ihre Grenzen zu jenen, die, wie die Ethnologie selbst, den Menschen (griechisch: *anthropos*), bzw. einen seiner zahlreichen Aspekte zum Gegenstand haben.

Die *Anthropologie* befaßt sich mit den biologischen Gegebenheiten des (normalen, gesunden) Menschen, mit seinem Körper. Sie beschreibt die *Rassen der Menschheit*, ihre Anatomie (wissenschaftliche Lehre vom Aufbau des Körpers der Lebewesen), Physiologie (wissenschaftliche Lehre von der Arbeitsweise der Körperzellen und -organe) und Psychologie, ihre Stammesentwicklung und Beziehungen zu hochentwickelten Tieren (Primaten).

Sie heißt daher oft auch *physische Anthropologie*. Einer ihrer zahlreichen Zweige, der gegenwärtig eine bedeutende und stürmische Entwicklung erlebt, ist die *humangenetische Forschung*. (Neuere Einführungen in diese Thematik sind Knußmann 1980 und Henke/Rothe 1994.) Bei der *philosophischen Anthropologie*, von der bisweilen ebenfalls die Rede ist, handelt es sich nicht eigentlich um ein Fach, sondern um das Bemühen, die Besinnung des Menschen auf sich selber zu verstehen. Einfacher gesagt: Es geht in der philosophischen Anthropologie darum, herauszufinden, warum und wie der Mensch denkt, besonders auch über seine eigene Existenz.

Zur physischen Anthropologie bildet die *Kulturanthropologie* einen direkten Gegensatz, aber auch eine direkte Entsprechung und Ergänzung. Ihr Forschungsgegenstand ist der Mensch als dasjenige Lebewesen, das als einziges Kultur besitzt und benützt (benützen muß!), um sein Dasein zu gestalten und zu bewältigen. Darin scheinen sich Kulturanthropologie und Ethnologie zu decken. In Wirklichkeit jedoch unterscheiden sich die beiden, wenn auch auf subtile Weise.

Der Forschungsgegenstand der Kulturanthropologie ist *die Kultur* des Menschen ganz allgemein, und diese gibt es eigentlich gar nicht. Die Menschheit besitzt eine Vielzahl von real existierenden Kulturen, und nur diese sind der Beobachtung, Beschreibung und Analyse zugänglich. Weil aber alle nach den gleichen Grundprinzipien aufgebaut sind und funktionieren, kann man natürlich so etwas wie die Kultur des Menschen erkennen, wenn man durch Vergleich einer ausreichenden Zahl von Kulturen die Strukturen herausarbeitet, die ihnen allen gemeinsam sind. Man muß sich aber darüber im klaren sein, daß diese so gewonnene allgemeine Kultur nur ein Modell ist, zwar ein vollkommenes, das alle Möglichkeiten berücksichtigt, aber eben doch ein Kunstgebilde, das so vollkommen in der Wirklichkeit nicht vorkommt.

Dieses ideale Modell der Kultur bildet, vereinfacht gesagt, den Forschungsgegenstand, mit dem sich die Kulturanthropologie befaßt. Sie ist also diejenige Kulturwissenschaft mit der am wenigsten speziellen Orientierung. Darin unterscheidet sie sich deutlich von der Ethnologie mit ihrer sehr speziellen Ausrichtung auf schriftlose Kulturen. (Eine neuere, gut lesbare Einführung in die Thematik der Kulturanthropologie ist Girtler 1979.)

Etwas anders hat sich der Wissenschaftskomplex, den Anthropologie, physische Anthropologie, Kulturanthropologie, Völkerkunde und Ethnologie bilden, in den USA entwickelt und konstituiert. Dort bezeichnet *anthropology* den Oberbegriff für alle Wissenschaftszweige, die den (normalen, gesunden) Menschen, seine Körperlichkeit und Kultur zum Forschungsgegenstand haben. Auf der Ebene darunter stehen sich *physical anthropology* und *cultural anthropology* gegenüber. Themen, die von der amerikanischen physical anthropology bearbeitet werden, decken sich vollständig mit denen der deutschen physischen Anthropologie. Etwas anders verhält es sich mit der cultural anthropology. Sie entspricht zwar weitgehend der deutschen Völkerkunde, unterscheidet sich aber darin von ihr, daß sie sich aus drei Teilbereichen zusammensetzt, die im deutschen Sprachraum in anderer Weise zugeordnet und kombiniert werden. Die *cultural anthropology* besteht aus *archaeology*, der Wissenschaft von den vergangenen (archaischen) Kulturen, aus *ethnology*, der Wissenschaft von den gegenwärtigen (rezenten) Kulturen, und aus *linguistics*, der allgemeinen Sprachwissenschaft. Als Baumdiagramm sieht dieses amerikanische Wissenschaftsmodell (nach Fischer 1983:32) folgendermaßen aus:

Mit dieser Unterteilung zeigt die cultural anthropology eine viel klarere Struktur als die entsprechenden deutschen Wissenschaftszweige. Auch nimmt sie ihr Interessengebiet Mensch und Kultur etwas umfassender in den Blick als die Völkerkunde, indem sie sowohl schriftlose als auch Schriftkulturen völlig zu Recht unterschiedslos als ihren Forschungsgegenstand betrachtet: "Culture, finally, also includes civilization. No modern anthropologist regards civilization as qualitatively different from culture, nor does he make a distinction between the civilized and the uncivilized. All civilizations, including the great ones of today and ancient times, are but special instances of culture, distinctive in the quantity of their content and the complexity of their patterning, but not qualitatively different from cultures of so-called uncivilized peoples" (Beals/Hoijer 1959:226-227). Die deutsche Völkerkunde ist gegenwärtig aber dabei, den Aspekt der Sprache und deren Rolle als Erkenntnisinstrument bei der Untersuchung von Kulturen stärker zu berücksichtigen. Damit kommt sie den Strukturen der amerikanischen cultural anthropology in Zukunft wahrscheinlich immer näher.

Auffällig ist übrigens die Beobachtung, daß es im englischsprachigen Raum genügt, sich als *anthropologist* vorzustellen, wenn man sagen will, man sei Ethnologe (oder Völkerkundler). Das Adjektiv *cultural* kann man ohne Gefahr für das richtige Verständnis weglassen. Daraus hat sich seit einigen Jahren in Deutschland eine neue Bedeutung für die Bezeichnung Anthropologie entwickelt. Missionen und Entwicklungshilfeorganisationen, die ethnologische Themenstellungen in ihre Ausbildungsgänge und Vorbereitungskurse zu übernehmen begonnen haben, darunter besonders die evangelikalen, nennen das betreffende Fach einfach Anthropologie statt Ethnologie, Völkerkunde oder Kulturanthropologie.

Wie man sieht, herrscht in den Bezeichnungen für die verschiedenen Ausprägungen der Wissenschaften vom Menschen eine Art babylonischer Sprachverwirrung, und das wirkt eher beklemmend. Schuld daran ist die geschichtliche Entwicklung dieser Wissenschaften. Man muß damit leben lernen, wenn man die einschlägige Literatur über fremde Kulturen studieren und verstehen will.

Mehr zum Thema dieses Kapitels findet sich in folgenden Werken:

Anderson, Atholl: The extinction of moa in southern New Zealand. In: Martin/Klein 1984:723-740.

Beals, Ralph L.; Hoijer, Harry: An introduction to anthropology. New York [2]1959.

Edgerton, Robert B.: Sick societies. Challenging the myth of primitive harmony. Toronto et al. 1992.

Fischer, Hans (Hrsg.): Ethnologie. Eine Einführung. Berlin 1983. (Kommentar: ausführliche, differenzierte und ziemlich vollständige Darstellung der modernen Ethnologie)

Girtler, Roland: Kulturanthropologie. München (dtv) 1979.

Harris, Marvin: Kulturanthropologie. Ein Lehrbuch. Frankfurt et al. (Campus) 1989. (Kommentar: ausführlich, gut zu lesen und sehr empfehlenswert)

Henke, Winfried; Rothe, Hartmut (Hrsg.): Paläoanthropologie. Berlin u.a. (Springer) 1994.

Hirschberg, Walter (Hrsg.): Neues Wörterbuch der Völkerkunde. Berlin 1988.

Keesing, Roger M.; Keesing, Felix M.: New perspectives in cultural anthropology. New York 1971. (Kommentar: übersichtlich und verständlich geschriebene Einführung in die amerikanische Ethnologie)

Knußmann, Rainer: Vergleichende Biologie des Menschen. Lehrbuch der Anthropologie und Humangenetik. Stuttgart (Fischer) 1980.

Kohl, Karl-Heinz: Ethnologie - die Wissenschaft vom kulturell Fremden. Eine Einführung. München (Beck) 1993.

Martin, P. S.; Klein, R. G. (eds.): Quaternary extinctions .Tucson, Arizona 1984.

McGlone, M. S.: Polynesian deforestation of New Zealand: a preliminary synthesis. Archaeology in Oceania 18.1983:11-25.

Thiel, Josef Franz: Grundbegriffe der Ethnologie. Vorlesungen zur Einführung. St. Augustin 1977. (Kommentar: leichter zu lesen als Fischer 1983)

Trimborn, Hermann (Hrsg.): Lehrbuch der Völkerkunde. Stuttgart 1971. (Kommentar: ältere Einführung, daher in Teilen nicht mehr ganz auf dem neuesten Stand; enthält aber wichtige Kapitel, die in Fischer 1983 und Thiel 1977 nicht aufgenommen sind, z.B. Musikethnologie, Sprachwissenschaft und Ethnologie)

Vivelo, Frank R.: Handbuch der Kulturanthropologie. Eine Einführung. Stuttgart 1981. (Kommentar: sehr empfehlenswert)

3. Kapitel:

Geschichte der Ethnologie

> In diesem Kapitel wird erklärt, wo der Beginn der Ethnologie zu suchen ist, wie sie sich unter den verschiedenen Bedingungen der Geistesgeschichte von der Antike über das Mittelalter bis in die neueste Zeit entwickelt hat, wer die wichtigsten Forscher waren, die der Ethnologie ihre moderne Form gaben, und wie ihre wichtigsten Forschungsrichtungen heißen.

Einen genauen Zeitpunkt, den man als *Beginn der Ethnologie* bezeichnen könnte, gibt es nicht. Ein Spaßvogel hat behauptet, es habe sie in einfachen Formen schon in der Altsteinzeit gegeben, im sogenannten *Paläolithikum*. Die Menschen, die damals in *Horden* zusammenlebten, kleineren Gruppen, die untereinander verwandt waren und die jagend und sammelnd ein Territorium durchstreiften, hätten sich abends am Lagerfeuer über ihre Nachbarn unterhalten und über deren merkwürdige Verhaltensweisen, Sitten und Sprache gelacht. Auf diese Weise seien die ersten Beschreibungen "der anderen" oder auch "fremder Kulturen" eben entstanden. Sollte es so gewesen sein, dann hätte ausgerechnet die Ethnologie mit einem klassischen Fall von *Ethnozentrismus* ihren Anfang genommen! (Ethnozentrismus ist eine Haltung, die fremde Kulturen nur nach eigenen Standpunkten und Wertmaßstäben beurteilt.)

Griechen und Römer

In den schriftlichen Zeugnissen früher Hochkulturen (China, Vorderer Orient) gibt es zahlreiche Hinweise auf schriftlose Völker und deren Gebräuche. Die eigentliche Geschichte der Ethnologie läßt man jedoch, wie die Geschichte der abendländischen Wissenschaft überhaupt, in der *Antike* beginnen, also mit dem griechisch-römischen Altertum.

Für die Griechen gab es auf der ihnen bekannten Welt nur zwei Arten von Menschen: auf der einen Seite sie selbst, die *Hellenen*, auf der anderen die *Barbaren*, das heißt alle übrigen. Barbaren wurden sie wegen ihres angeblichen Gebrabbels genannt, ihrer Sprachen also, die den Griechen als "unartikuliert" erschienen.

Was wir bei den Griechen als Beschäftigung mit den ihnen fremden Kulturen vorfinden, ist noch keine systematische Wissenschaft im Sinne der modernen Ethnologie, sondern es ist *Ethnographie*, Beschreibung fremder Völker, ihrer Lebensweise, ihrer Sitten und Gebräuche.

Als Begründer der Ethnographie gilt *Herodot* (ca. 490-430 v.Chr.). In seinen Schriften über die Perser, Skythen, Ägypter usw. findet sich unter anderem die Erklärung für die Unterschiede der Rassen aus Unterschieden in der Umwelt, dem Klima, in dem die Betreffenden leben. Interessant ist auch Herodots Tendenz, fremde Kulturen zu idealisieren. Daraus leitet er die Behauptung ab, im *Urzustand* menschlicher Kulturen seien die Menschen von *Tugendhaftigkeit* in einem umfassenden Sinne bestimmt gewesen. Diesen Urzustand hätten sie im Lauf der Geschichte der Kultur nach und nach verloren. Damit stellt Herodot den Begriff *Kultur* in einen Gegensatz zum Begriff *Natur*, und der Übergang vom *Naturzustand* in den *Kulturzustand* erscheint als eine Art *Degeneration*. Dieser Gedanke wird in der Neuzeit von bestimmten ethnologischen "Schulen" immer wieder auch in anderen Zusammenhängen aufgegriffen, um bestimmte Kulturelemente als Ergebnisse historischer Entwicklungen erklären zu können. Schon Herodot folgert daraus, daß die Menschen darauf hinzuwirken hätten, in den Naturzustand zurückzukehren.

Eine ähnliche *Degenerationstheorie* in dem Sinne, daß die Menschheit ein ursprünglich vorhandenes "goldenes Zeitalter" verlassen habe, findet sich bei dem griechischen Philosophen *Platon* (ca. 427-347 v. Chr.).

Natur und Kultur, wie sie Herodot verstand, treten noch deutlicher in den Schriften des *Poseidonios* (ca. 135-51 v.Chr.) hervor. Der aus Syrien stammende Geschichtsschreiber benützt als erster die Bezeichnung *Naturvolk* für die ethnischen Gruppen, die durch die Eroberungen Alexanders des Großen vermehrt in den Gesichtskreis der Griechen gerückt waren. Poseidonios kannte solche Gruppen aus eigener Erfahrung von verschiedenen Forschungsreisen, die ihn vom Nahen Osten über die Länder Nordafrikas bis in den Süden Galliens und nach Spanien führten. Auch er betont die Wirkung der Umwelt auf die Entwicklung kultureller Unterschiede zwischen den damals bekannten Ethnien. Seiner Ansicht nach beeinflußte sie nicht nur die körperliche Erscheinungsform der Menschen, sondern auch ihre seelische. Von den Barbaren behauptet er, sie seien eher vom Gefühl (thymos) beherrscht, die Griechen und Römer dagegen eher vom Intellekt (logos).

Aus dem ersten Jahrhundert n. Chr. stammt ein bedeutendes Werk mit ethnographischer Blickrichtung: die *Germania* des *Tacitus* (ca. 55-116 n. Chr.). Darin führt er seinen römischen Landsleuten die Tugenden der Germanen als leuchtendes Beispiel zur Nachahmung vor Augen, wobei er nicht zu erwähnen vergißt, daß sie auch Untugenden hätten, die es den Römern ermöglichten, sie zu beherrschen.

Mittelalter

Mit der Annahme des Christentums als Staatsreligion des römischen Reiches beginnt eine Entwicklung, die dazu führt, daß Christsein und Menschsein als dasselbe angesehen werden. Der antike Gegensatz von Griechen und Barbaren lautet jetzt *Christen* und *Heiden*. Letztere gelten im Mittelalter grundsätzlich als dem Reich Satans zugehörig. Wissenschaftliche Beschäftigung mit ihnen ist damit praktisch ausgeschlossen und schließlich sogar lebensgefährlich. Wer sich ernsthaft für sie interessiert hätte, wäre in den Verdacht geraten, mit dem Teufel im Bunde zu stehen. Nach dem Zerfall des römischen Weltreichs und den Ereignissen der Völkerwanderung gibt es daher bis weit in das Mittelalter hinein kaum Beschreibungen ethnischer Gruppierungen, die mit denen aus der Antike vergleichbar wären.

Die christliche Theologie als Lehre der Kirche bildet die Grundlage des sich formenden mittelalterlichen Weltbilds. Danach steht alles, was man überhaupt wissen kann, in der Bibel. Fragen, die dennoch offen bleiben, versucht man *spekulativ* zu lösen, das heißt, man sieht keine Notwendigkeit, theoretisch gewonnene Hypothesen durch Nachprüfen an der Wirklichkeit auf ihre Richtigkeit hin zu untersuchen.

Spekulationen über die Frage, was am Rand der *Ökumene*, der bekannten und von Menschen bewohnten Gebiete der Erde, oder gar jenseits davon liegt, führen dazu, daß man schließlich glaubt, sie seien von allerhand *Abstrusitäten* bevölkert, von *Monstern*, Menschen mit Hundeköpfen, Schwänzen, oder solchen mit einem riesigen Gesicht auf der Brust. Berühmt sind auch die sogenannten "Schattenfüßler", irgendwo in Südamerika lebend, die sich zur Mittagsruhe auf den Rücken legen und einen ihrer Füße wie einen großen Schirm als Schutz gegen die Sonne aufspannen.

Antike Traditionen finden ihre Fortsetzung bei arabischen Gelehrten, die auf ihren Reisen nach Indien, Ceylon (Sri Lanka) und Ostasien gelangen und entsprechende Berichte hinterlassen. Berühmt sind die Beschreibungen, die *Marco Polo* (1254-1323) von seinen Reisen nach Asien geliefert hat.

Renaissance

Für die europäische Ethnologie wieder bedeutsam wird erst das *Zeitalter der Entdeckungen*, das im 13. Jahrhundert langsam beginnt, im 16. und 17. Jahrhundert einen Höhepunkt erreicht und erst etwa Mitte des 19. Jahrhunderts zu Ende geht. Mit dem Beginn dieses Zeitalters nehmen die ethnographischen Berichte an Zahl enorm zu.

Etwa um 1400 entdecken Gelehrte in Italien die Schriften älterer griechischer und römischer Autoren wieder, und mit dieser *Renaissance* beginnt die erneute Beschäftigung mit den darin enthaltenen ethnographischen Beschreibungen. Gleichzeitig gelangen neue Berichte über fremde Völkerschaften von den ersten, in großem Stil geplanten Entdeckungsreisen nach Europa, wo sie auf lebhaftes Interesse stoßen.

Es sind vor allem die *Portugiesen* und *Spanier*, deren Expeditionen eindrucksvolle Ergebnisse zeitigen. Der portugiesische Prinz *Heinrich der Seefahrer* (1394-1460) erteilt den Auftrag, die Westküste Afrikas nach Süden hinunter zu erkunden. *Vasco da Gama* (ca. 1468-1524) entdeckt den Seeweg nach Indien um das Kap der Guten Hoffnung herum. Das Monopol auf diesen Seeweg zu ihren Besitzungen in Ostasien, das die Portugiesen beanspruchen, bringt Spanien dazu, *Christoph Columbus* (1451-1506) mit einer Expedition über den Atlantik zu schicken, um auf diese Weise in Westrichtung einen Seeweg nach Asien zu finden. Dabei entdeckt er Amerika (1492). Nur wenige Jahre später (1513) folgt die Entdeckung des Pazifischen Ozeans durch *Vasco Nuñez de Balboa* (1475-1517) und seine Durchquerung (1521) durch *Ferdinand Magellan* (1480-1521).

Diese Entdeckungen ziehen in den folgenden Jahrhunderten zahllose weitere Expeditionen nach sich. Anlässe dafür gibt es verschiedene. Zu den wichtigsten gehört die *Suche nach wertvollen Handelsgütern* wie Seide, Gold und Gewürze. Gebiete, in denen man solche Reichtümer tatsächlich findet, werden in Besitz genommen. Damit verbunden empfinden die europäischen Herrscher die Pflicht, die "Heiden", die man vorfindet, zu Christen zu machen. Dies geschieht in aller Regel nicht im Sinne einer Betreuung durch Missionen, wie sie in der Gegenwart geschieht, nämlich mit Einverständnis der Betroffenen. Christianisierung ist immer noch eine Art Kreuzzug gegen die Ungläubigen und wird notfalls mit Gewalt vollzogen.

Dabei spielt die Vorstellung eine verhängnisvolle Rolle, daß die eigene Kultur, die der Entdecker und Eroberer, die beste, eigentliche, schlechthin menschliche Kultur sei. Aus dieser extrem *ethnozentristischen Position* heraus ist es nicht schwer, auch Gewalttaten zum vermeintlichen Wohl der "Eingeborenen" als Heilstaten zu rechtfertigen.

Die Berichte, die mit den Entdeckern nach Europa gelangen, sind mit einem grundsätzlichen Mangel behaftet: Ihre Verfasser besitzen nur in den wenigsten Fällen eine wissenschaftliche Ausbildung oder dahingehende Interessen. Was interessiert, sind *Sensationsmeldungen*, die vor Verzerrungen zum Teil nur so strotzen. Wildheit und Grausamkeit läßt die "Wilden" darin eher als Tiere denn als Menschen erscheinen.

Die stark negativ gefärbten Berichte über fremde Kulturen veranlassen europäische Sozialphilosophen zur *Formulierung von Theorien über den Urzustand der Menschheit*. Eine davon lautet, daß der Mensch (ohne Kultur) seinen Mitmenschen gegenüber ursprünglich als Wolf auftrat, indem jeder gegen jeden kämpfte, so der englische Philosoph **Thomas Hobbes** (1588-1679). Erst das, was er "Gesellschaftsvertrag" nennt, habe den Menschen eine gewisse Sicherheit gebracht.

Die Einstellung zur Frage des Mittelalters, ob die "Wilden" Menschen sein könnten oder nicht, hat in diesem Zeitraum eine grundsätzliche Veränderung erfahren. Eine päpstliche Bulle von 1537 bejaht sie ausdrücklich. Dies bedeutet einerseits, daß Christianisierungen unter Zwang als legitim erscheinen. Es bedeutet aber auch, daß *Missionare*, die keine machtpolitischen Interessen verfolgen und nicht auf Reichtümer aus sind, Partei für die "Wilden" zu ergreifen beginnen, Mißstände und Übergriffe durch die Eroberer anprangern und, besonders wichtig, Kenntnisse über fremde Kulturen sammeln und veröffentlichen, die auf *Langzeitbeobachtung* und *-erfahrung* beruhen. In ihren Schriften zeichnet sich nach und nach ein positiveres Bild fremder Kulturen und Gesellschaften ab.

Aufklärung

Wesentlichen Anteil an diesem Wandel der Einstellung haben vornehmlich Missionare des Jesuitenordens. Sie arbeiten sowohl ethnographisch als auch ethnologisch, das heißt sie tragen in *teilnehmender Beobachtung* die Daten fremder Kulturen zusammen, um daraus Theorien zu formulieren. Einer der bedeutendsten war *Joseph-François Lafitau* (1681-1746), der sich insgesamt sieben Jahre lang bei den kanadischen Irokesen aufhält und in seinen Veröffentlichungen deren Kultur mit den Beschreibungen antiker Autoren vergleicht. Durch seine Methode, Gemeinsamkeiten und Unterschiede zwischen sehr verschiedenen Gesellschaftsordnungen zu erkennen, gelangt er zur Formulierung ethnologischer Kategorien wie *Initiation*, *Mutterrecht*, *Brautkauf* usw.

Lafitau lebt in einer Zeit, in der die *Aufklärung* voll in Gang gekommen ist und die Wissenschaften nach und nach aus der Umklammerung durch die Theologie befreit. Die Aufklärung ist geradezu als *Zeitalter der Reisebeschreibungen* zu bezeichnen. Das Wissen, das sich damit formiert, geht ein in die *Enzyklopädien*, die in dieser Zeit entstehen, vielbändige Werke, die in der Absicht geschrieben werden, das bis dahin bekannte Wissen insgesamt verfügbar zu machen. Die Quellen, aus denen die Beschreibungen fremder Kulturen schöpfen, werden allerdings noch kaum kritisch hinterfragt.

Diese Tatsache bildet einen der Gründe für ein neues Menschenbild, das in der Zeit der Aufklärung entsteht: *der edle Wilde*. Hatte Thomas Hobbes in der ursprünglichen menschlichen Gesellschaft noch den Kampf aller gegen alle gesehen, so geht *Jean Jacques Rousseau* (1712-1778) davon aus, daß der Mensch im Naturzustand, ohne gesellschaftliche Bindungen, mit nur einfachsten Formen von Kultur versehen, ein spannungsfreies und wahrhaft erfülltes Leben führte. Dieser Idealzustand, so Rousseau, begann zu degenerieren, als sich komplexere Formen der Kultur mit Arbeitsteilung und Privateigentum zu entwickeln begannen.

Dadurch, daß man Reiseberichte auswertet, um Rousseaus Hypothese zu beweisen, entstehen erste Formen dessen, was man heute abschätzig als *Lehnstuhl-Ethnologie* (englisch *armchair anthropology*) bezeichnet: theoretische Arbeiten zu fremden Kulturen, am Schreibtisch entstanden, ohne Nachprüfung auf tatsächliche Übereinstimmung mit der Wirklichkeit. Wenn man sich dennoch in die ethnologische Wirklichkeit begibt, dann in der erklärten Absicht, nachzuweisen, daß die theoretisch gefundenen Ergebnisse der Wirklichkeit entsprechen. Der Franzose **Louis-Antoine de Bougainville** (1729-1811), der von 1766 bis 1769 im Auftrag der französischen Krone im Pazifik unterwegs ist, erreicht als zweiter europäischer Entdecker das polynesische Tahiti. In seinen Beschreibungen sind die Insulaner in einer solchen Weise identisch mit den "edlen Wilden", daß sie es in den Träumen der Europäer von der paradiesischen Südsee bis heute geblieben sind.

Die Aufklärung ist die Epoche, in der sich, wie alle Wissenschaften, auch die Ethnologie in ihrer modernen Form zu entwickeln beginnt. Wesentlichen Anteil daran hat die Betonung der *Vernunft als Erkenntnisinstrument* und die inzwischen erkannten *Naturgesetze*, die man nach und nach auf die Menschheit und ihre Gesellschaften überträgt.

In der zweiten Hälfte des 18. Jahrhunderts kommen aufklärerische Ideen für die Entwicklung der Ethnologie voll zum Tragen. Diese Periode gilt als die *klassische Epoche* der Ethnologie. Es tauchen die Bezeichnungen *Ethnographie* und *Völkerkunde* in den einschlägigen Veröffentlichungen auf, gebildet in Anlehnung an Geographie und Erdkunde. Begünstigt wird die Entwicklung der Ethnologie dadurch, daß sich die Zielsetzung der Entdeckungsreisen inzwischen in einer bestimmten Hinsicht grundsätzlich gewandelt hat. Es geht nicht mehr in erster Linie darum, Seewege zu vermuteten Reichtümern zu finden. *Expeditionen* bekommen jetzt genau umrissene *wissenschaftliche Zielsetzungen* und werden von entsprechend ausgebildetem Personal begleitet. Größte Bedeutung erlangen die drei Expeditionen unter dem Engländer *James Cook* (1728-1779).

An der Einführung aufklärerischer Ideen in Deutschland und der Entwicklung der neuen Wissenschaft ist vor allem die Universität Göttingen beteiligt. Die beiden Gelehrten *Johann Reinhold Forster* (1729-1798) und sein Sohn *Georg Forster* (1754-1794) hatten an James Cooks zweiter Forschungsreise nach Ozeanien (1772-1775) teilgenommen. In Göttingen formiert sich auch die *physische Anthropologie* mit ihrem ursprünglichen Interesse für die menschlichen Rassen. Einer der Hauptvertreter dieser Richtung ist *Johann Friedrich Blumenbach* (1752-1840).

Von Bedeutung für eine spätere Entwicklung auf einem Spezialgebiet der Ethnologie sind die sprachphilosophischen Ideen, die *Wilhelm von Humboldt* (1767-1835) formuliert. Er bestreitet, daß es sogenannte primitive

Sprachen gibt, und er weist nach, daß jede menschliche Sprache eine charakteristische Sicht der Wirklichkeit beinhaltet und bei ihren Sprechern bewirkt. Mit diesen Ideen wird Humboldt zum Wegbereiter dessen, was in der zweiten Hälfte des 20. Jahrhunderts zunächst *Ethnoscience*, dann **kognitive Anthropologie** (vgl. Kap. 12 und 19) genannt werden wird.

Entwicklungen im 19. Jahrhundert

Im Zeitalter der **Romantik**, nach der französischen Revolution und den darauffolgenden politischen Umwälzungen, wendet sich das wissenschaftliche Interesse überall dem eigenen Volk bzw. der eigenen Volksgruppe zu. Es entsteht der **Historismus**. Die **nationalen Sprachwissenschaften** und die **Indogermanistik** formieren sich. Aus dieser Entwicklung stammen die sogenannten **Philologien**, Spezialdisziplinen, die sich mit fremden Kulturen befassen, die eine Schrift besitzen (Japanologie, Sinologie und viele andere). Während dieser Periode verharrt die Ethnologie mit ihrem Interesse an schriftlosen Kulturen in Stagnation.

Hatte sich die Wissenschaft im Zeitalter der Aufklärung von Theologie und Bibel eher abgewandt, so treten sie jetzt wieder in den Vordergrund. Die Menschen in schriftlosen Gesellschaften, "die Primitiven", gelten nun nicht mehr so sehr als die "edlen Wilden", sondern als Menschen, deren ursprüngliche Kultur nach den Ereignissen des Turmbaus zu Babel von einem hohen Niveau in ihren gegenwärtigen Zustand hinein **degeneriert** war. Daraus wird geschlossen, daß nur Völker, deren Kulturen die Stufe der **Zivilisation** erreicht haben, die Fähigkeit zur **Höherentwicklung** in sich tragen.

Charles Darwin

In diesem Denkrahmen wird um die Mitte des 19. Jahrhunderts ein neues Wissenschaftsmodell sichtbar, das sich in den naturwissenschaftlichen Disziplinen schon seit längerer Zeit andeutet. Als Auslöser ist **Charles Darwin** (1809-1882) anzusehen, der mit seinen Ideen zur Enstehung des Lebens und der Arten dem biologischen **Evolutionismus** zum Durchbruch verhilft. Dieser erfaßt erdrutschartig alle Wissenschaften und bestimmt zwischen 1860 und 1900 auch die Ethnologie.

Schriftlose Kulturen werden in dieser Periode als Überreste früher Formen der gegenwärtigen Hochkulturen und Zivilisationen angesehen. Mit

Hilfe der *vergleichenden Methode* gewinnen die Ethnologen, ähnlich wie die Biologen, scheinbar stimmige *Entwicklungsreihen* aus Kulturkomplexen, z.b. aus dem Umgang mit Besitz die Reihe vom Gemeineigentum zum Privateigentum, oder im Bereich der Religion die Reihe von der Verehrung der eigenen Ahnen über Fetischismus (Glaube an die Wirksamkeit von Objekten jedweder Art, die sich durch Opfer zur Verwirklichung persönlicher Absichten aktivieren läßt), Götzenkult und Polytheismus (Glaube an die Existenz mehrerer Götter mit ähnlicher Machtfülle) zum Monotheismus (Glaube an einen einzigen Gott). Einer der Hauptvertreter des Evolutionismus in der Ethnologie ist der Engländer *Edward Burnett Tylor* (1832-1917). Er ist es auch, der für die Religionen "primitiver" Kulturen die Bezeichnung *Animismus* einführt. Der Amerikaner *Lewis Henry Morgan* (1818-1881) wendet evolutionistische Prinzipien auf die Untersuchung von Verwandtschaftssystemen an.

Die Gelehrten, die nach diesen Prinzipien forschen, tun dies auch weiterhin theoretisch vom Schreibtisch aus, indem sie Berichte von "Reisenden" auf (oft zufällig gemachte) Aussagen zu bestimmten Kulturkomplexen durchsehen, auswerten und Schlüsse daraus ziehen. Bei aller Unzulänglichkeit, die sich daraus ergibt, muß der Evolutionismus dennoch als erste Phase der Ethnologie mit geschlossenem theoretischem Konzept angesehen werden. Nachgewirkt hat er im 20. Jahrhundert besonders in der *Gesellschaftslehre des Marxismus* und der *Rassenideologie des Nationalsozialismus*.

Spezialisierungen in der Moderne

In Europa, Amerika und Ostasien entstehen um die Mitte des 19. Jahrhunderts die ersten ethnologischen Gesellschaften und Museen. Die Ethnologie beginnt sich an den Universitäten zu etablieren. Ihr erster deutscher Dozent wird *Adolf Bastian* (1826-1905) in Berlin. Er ist übrigens wie viele seiner Kollegen von Beruf Arzt und gründet mit *Rudolf Virchow* (1821-1902) zusammen die Berliner Gesellschaft für Anthropologie, Ethnologie und Urgeschichte.

Mit dem Beginn des 20. Jahrhunderts wird der Evolutionismus abgelöst durch eine Reihe von *ethnologischen Schulen* mit eigenen theoretischen Orientierungen. In Deutschland entsteht die *historische Völkerkunde* durch *Friedrich Ratzel* (1844-1904) und seinen Schüler *Leo Frobenius* (1873-1938), die sich mit der Geschichte schriftloser Kulturen beschäftigen und wegen des Fehlens schriftlicher Quellen Methoden zur Untersuchung der *Verbreitung von Kulturelementen* entwickelt. Es entsteht die *Wiener Schule der Völkerkunde* mit ihrer *Kulturkreislehre*, die gleiche Kulturelemente bei unterschiedlichen Völkern nicht wie im Evolutionismus als gleiches Entwicklungsstadium interpretiert, sondern als *Übertragung* von einer Kultur zur anderen. Daher heißt diese Forschungsrichtung auch *Diffusionismus*.

In England wird der Evolutionismus abgelöst durch Methoden, die zum Teil aus der französischen Soziologie stammen. Daher heißt die Ethnologie dort auch *social anthropology*. Einer ihrer Hauptvertreter ist *Bronislaw Malinowski* (1884-1942), der Kulturelemente auf ihre Funktionen zur menschlichen Bedürfnisbefriedigung untersucht und auf diese Weise die Entwicklung des *Funktionalismus* auslöst. Darüber hinaus gilt Malinowski als Begründer der *stationären Feldforschung*, die mit dem Sammeln von Daten in den zu untersuchenden Gesellschaften die Voraussetzungen dafür schafft, daß (anders als in der Ära der "Lehnstuhl-Ethnologie") begründete und nachprüfbare Theorien daraus hergeleitet werden können.

Der nach Amerika ausgewanderte deutsche Naturwissenschaftler *Franz Boas* (1858-1942), ein Schüler Adolf Bastians, bewirkt durch seine Forschungs- und Lehrtätigkeit, daß die *allgemeine Sprachwissenschaft* als wichtige Teildisziplin in die cultural anthropology integriert wird und zu einer außerordentlich fruchtbaren Methodenkombination führt. Dies geschieht hier umso leichter, als es in Amerika die Indianer gibt, ethnische Gruppen, die, im Unterschied zur Situation in Europa, der Forschung eine Fülle von Sprachen bieten, deren Grammatiken ganz andere Strukturen aufweisen als die indoeuropäischen. Aus dieser Kombination mit der *Linguistik* entwickelt sich in der zweiten Hälfte des 20. Jahrhunderts die *kognitive Anthropologie*.

Inzwischen haben sich innerhalb der Ethnologie eine ganze Reihe von Spezialdisziplinen herausdifferenziert, sowohl regional (z.B. die Altamerikanistik, Ozeanistik) als auch theoretisch (z.B. Politikethnologie, Musikethnologie usw.). Wie ihre Geschichte weitergehen wird, ist schwer zu sagen. Es gibt heute praktisch keine isolierten schriftlosen Gesellschaften mehr. Die Nachkommen derer, die vor einer Generation noch ausschließlich ihren Yams pflanzten oder vom Jagen und Sammeln lebten, organisieren heute Kooperativen, arbeiten mit Computern und schauen sich abends ein Fernsehprogramm an. Wie lange die Ethnologie im ursprünglichen Sinn in Zukunft noch existiert, ist ungewiß. Vielleicht wird sie sich nach dem Verschwinden der letzten schriftlosen Gesellschaften und deren Aufgehen in einer hochtechnisierten Weltkultur mit der Kulturanthropologie vereinen. Das kann dauern. Ihre Daseinsberechtigung wird sie in der ersten Hälfte des 21. Jahrhunderts wohl noch behalten.

Mehr zum Thema dieses Kapitels findet sich in folgenden Werken:

Fischer, Hans: Anfänge, Abgrenzungen, Anwendungen. In: Fischer 1983:11-46. (Kommentar: kurz und prägnant)

Fischer, Hans (Hrsg.): Ethnologie. Eine Einführung. Berlin 1983.

Harris, Marvin: The rise of anthropological theory. A history of theories of culture. London 1968.

Mühlmann, Wilhelm: Geschichte der Anthropologie. Frankfurt/M. et al. ²1968. (Kommentar: außerordentlich detailliert und weit ausgreifend, aber teilweise revisionsbedürftig)

4. Kapitel:

Der Begriff Kultur

> In diesem Kapitel wird erklärt, in welch unterschiedlichen Bedeutungen das Wort Kultur gebraucht wird, in welcher Bedeutung es die Ethnologie (und verwandte Wissenschaften) benützen, welche Wirkungen Kultur auf das Verhalten von Menschen ausübt, und welche Folgen sich daraus für diejenigen ergeben, die mit Menschen fremder Kulturen in Kontakt treten.

Es ist fast unmöglich, den ethnologischen Begriff *Kultur* in knappen Worten verständlich zu definieren. Definitionsversuche gibt es daher viele. Ein Kind hat das schwierige Problem aus seiner Sicht einmal folgendermaßen gelöst. Irgendwie war ihm zu Recht bewußt geworden, daß die Begriffe *Kultur* und *Natur* ein Gegensatzpaar bilden. Schon bei Herodot und Poseidonios war dieser Gedanke aufgetaucht und diskutiert worden, wie wir aus dem vorhergehenden Kapitel wissen. Und weil Kinder ein starkes Bedürfnis nach Anschaulichkeit haben, griff es zu einem Beispiel. Der Wald, so sein Argument, verkörpere so, wie er von selbst gewachsen sei, recht eigentlich den Begriff Natur. Hingegen sei als Kultur anzusehen, was der Mensch in den Wald hineinmache. Das Kind meinte damit Wege und Bänke.

Seine Erklärung ist zweifellos brauchbar. Der Begriff Kultur hat etwas mit Landwirtschaft und Pflanzungen zu tun, denn wir sprechen von Kulturen, wenn von Gemüsebeeten oder Tannenschonungen die Rede ist. Eine ähnliche Begrifflichkeit liegt vor, wenn Biologen Bakterienkulturen auf Nährböden in Brutschränken züchten. Diese Bedeutung ist aber nicht der Kern der Sache.

Schlägt man eine Tageszeitung auf, so finden sich auf der Seite mit der Überschrift "Kultur" Berichte über Konzerte, Theateraufführungen, die Öffnungszeiten von Museen und manches andere. In diesem Zusammenhang wird erkennbar, daß wir auch Geistiges mit dem Begriff Kultur verbinden, und dies sogar in erster Linie, denn beim Nachdenken über die Frage, was Kultur sei, kommen uns Gemüsebeete und Bakterienzüchtungen erst in zweiter Linie in den Sinn. In der Verbindung von Kultur mit Geistigem haben wir es mit dem zu tun, was ich den *landläufigen* oder *alltäglichen* Kulturbegriff nennen möchte.

Für den Umgang mit fremden Kulturen ist dieser nur bedingt zu gebrauchen, denn er umfaßt nur einen verschwindend kleinen Teil dessen, was Ethnologen (und andere Kulturwissenschaftler) darunter verstehen. Beim landläufigen oder alltäglichen handelt es sich um einen eingeschränkten Kulturbegriff, der sich zur Beschreibung fremder Gesellschaften schlecht eignet. Als Instrument zum Erkennen des Phänomens Kultur ist er zu grob, ähnlich unbrauchbar wie ein Hammer zur Reparatur eines Uhrwerks. Kulturen sind tatsächlich Uhrwerken vergleichbar, kompliziert, mit Teilbereichen, die in vielfältiger Weise ineinandergreifen: jede einzelne funktioniert wie ein Räderwerk voll technischer Präzision.

In Wirklichkeit ist die Frage, was Kultur sei, so schwierig zu beantworten, daß es selbst Fachleuten nicht ohne Umschweife gelingt. Das wird deutlich, wenn man bedenkt, daß bis 1950 ganze 164 Definitionen des Begriffs Kultur formuliert und veröffentlicht wurden (Kroeber/Kluckhohn 1952). Leichter geht es mit dem Verständnis des Kulturbegriffs, wenn man einige seiner Wirkungsweisen genauer betrachtet, die er im praktischen Leben unseres europäisch-westlichen Alltags entfaltet. Dazu ein Erlebnis.

Kultur und Verhalten

Als Student kam ich auf einer Reise in die Schweiz bei einem Rundgang durch Genf zufällig an der dortigen Synagoge vorbei. Weil ich so etwas noch nie von innen gesehen hatte und das Portal geöffnet war, trat ich ein. Meine Mütze hatte ich abgenommen, aus Ehrfurcht vor dem heiligen Raum. Kaum war ich ein paar Schritte in den Raum hineingegangen, als aus dem Dunkel eine bärtige Gestalt mit breitkrempigem Hut laut schimpfend auf mich losging. Es muß wohl der Mesner gewesen sein. Weil seine Beschimpfung mit hohem Sprechtempo und dazuhin noch in Französisch auf mich niederging, verstand ich nur das Allernötigste. Er brüllte etwas von Ehrfurcht, an der es mir offenbar fehle, und forderte mich barsch auf, entweder schleunigst meine Mütze aufzusetzen, oder die Synagoge auf der Stelle zu verlassen. Ich war so erschrocken, daß ich beides tat.

Aus diesem mir unvergeßlichen Erlebnis lassen sich einige grundsätzliche Aspekte dessen ablesen, was Kultur ist, wie sie wirkt und was sie für die Menschen leistet, die eine bestimmte Kultur kennen und besitzen. Die Sache mit der Mütze zeigt insbesondere, daß Kultur etwas damit zu tun hat, wie Menschen sich unter bestimmten Umständen *verhalten*. Wenn Menschen handeln, dann tun sie es immer in charakteristischer Weise, je nachdem, von welcher Kultur ihr Tun bestimmt ist.

Um die Beziehung zwischen Kultur und menschlichem Verhalten zu verstehen, muß man sich zunächst klar machen, daß dem Verhalten von Menschen eigentlich immer eine Ursache zugrunde liegt, eine *Absicht*, die sie, zumindest in einem Fall wie diesem, auch benennen können, wenn man sie danach fragt. Wenn der erboste Mesner mich gefragt hätte, warum ich barhäuptig eingetreten sei, hätte ich ihm selbstverständlich sagen können, ein "anständiger" Mensch empfinde Ehrfurcht vor einem heiligen Raum und nehme daher seine Kopfbedeckung ab.

Die Verknüpfung meiner Absicht, Ehrfurcht ausdrücken zu wollen, mit einem ganz bestimmten Verhalten, dem Abnehmen meiner Mütze, erschien mir in der damaligen Situation so selbstverständlich, daß mir keinerlei Zweifel daran kommen konnten, ob die Verknüpfung angemessen sei oder nicht. Ich tat also, was ich tun mußte, weil es mir vernünftig erschien und damit geboten war. Was aber hatte der Mesner getan? Auch er hatte seine Absicht, Ehrfurcht auszudrücken, mit einem ganz bestimmten Verhalten verknüpft. Das aber wich in einem entscheidenden Punkt vom meinigen ab: seinen Hut hatte er aufgesetzt. Und was hätte er gesagt, wenn ich ihn nach seiner Begründung gefragt hätte? Seine Antwort wäre mit Sicherheit die gewesen, daß ein "anständiger" Mensch aus Ehrfurcht vor einem heiligen Raum die Kopfbedeckung aufsetze.

Merkwürdig daran ist nun, daß zwei Menschen die *gleiche Absicht* haben können, diese aber durch *verschiedenes Verhalten* kundtun. Bei der Sache mit der Mütze erscheint dieses Prinzip gar auf die Spitze getrieben. Die beiden drücken ihre Absicht nicht nur durch verschiedenes Verhalten aus, sondern durch Handlungen, deren eine das genaue Gegenteil der anderen ist. Daraus läßt sich ablesen, daß es keinen von der Natur vorgegebenen Zusammenhang zwischen einer Absicht und einem Verhalten gibt, mit dessen Hilfe man seine Absicht unzweideutig erkennbar, anderen zweifelsfrei mitteilbar machen kann.

In den meisten Fällen stehen uns zu diesem Zweck (zumindest theoretisch) mehrere Möglichkeiten zur Verfügung. Es gibt in der Tat Menschen, die aus Ehrfurcht vor einem heiligen Raum ihre Schuhe ausziehen. Die Verbindung von Absicht und Verhalten ist in Wirklichkeit so wenig zwangsläufig, daß man Ehrfurcht ohne weiteres auch ausdrücken könnte, indem man mit den Augen rollt oder das linke Bein auf das rechte Knie stellt.

Hierin liegt ein wichtiger Grund für die große Zahl und Verschiedenheit der Kulturen, die wir kennen. Von den mehreren Möglichkeiten, eine Absicht auszudrücken, hat jede Kultur eine bestimmte sozusagen ausgewählt und zur *Norm* erhoben. So erklärt es sich, daß Ehrfurcht in der europäisch-westlichen Kultur durch Abnehmen einer Kopfbedeckung, in der jüdischen aber durch Aufsetzen einer solchen ausgedrückt wird.

Nicht oder nur selten einleuchtend beantwortbar ist die Frage, warum sich in einer bestimmten Kultur eine bestimmte Absicht mit einer entsprechenden Verhaltensweise zusammengetan hat. Darüber hinaus kompliziert sich die Sache dadurch, daß in den beiden Kulturen, um die es hier geht, Ehrfurcht unter Zuhilfenahme von Mützen und Hüten nur von Männern ausgedrückt werden kann, nicht aber von Frauen. Für sie gelten in diesem Fall andere Regeln.

Leichter läßt sich dagegen die Frage, warum sich in einer bestimmten Kultur eine bestimmte Verhaltensweise zur Norm entwickelt hat, in der *Ergologie* (Lehre von Form und Anwendung technischer Erzeugnisse) oder *Technologie* (Lehre von Verfahren zur Herstellung von Werkzeug und Gerät) beantworten (vgl. Kap. 7). In beiden geht es um greifbare Dinge und den Umgang damit. Werkzeuge werden meist so eindeutig vom Zweck bestimmt, den sie erfüllen sollen, daß Abweichungen hinsichtlich ihrer Form und Anwendung gar nicht möglich sind. Hier wird die Norm von der Umwelt bestimmt, in der eine Ethnie lebt. Aber auch in der Ergologie und Technologie gibt es Spielräume, die unterschiedliche Normierungen erlauben, für die keine befriedigenden rationalen Erklärungen gefunden werden können. Rein technisch gesehen gibt es eine ganze Reihe verschiedener Wege, um ein Feuer anzuzünden. Man kann zum Beispiel den vorzubereitenden Holzstoß schichten oder kegelförmig anlegen, indem man die Holzstücke schräg aufstellt, so daß sie sich an der Spitze berühren. Das hängt unter Umständen ab von der Art des Brennmaterials, das man vorfindet, aber nicht ausschließlich. Irgendwie und irgendwann hat sich jede Kultur auf eine bestimmte der zahlreichen Möglichkeiten, Feuer zu machen, festgelegt, ohne daß plausibel begründet werden könnte, warum gerade auf diese und keine andere.

Eine der wichtigsten Funktionen, die Kulturen ausüben, ist darin zu sehen, daß sie über regelhafte Verbindungen von Absichten und Verhaltensweisen das Handeln ihrer Mitglieder in entscheidender Weise bestimmen, und zwar in einer ähnlichen Weise, wie die *Grammatik* einer Sprache den Text bestimmt, den ein Benutzer dieser Sprache anderen mitteilt. Das bedeutet, daß ich als Europäer in der gleichen Weise die Regel befolge, zum Ausdruck von Ehrfurcht meine Mütze abzunehmen, wie ich zum schriftlichen oder mündlichen Ausdruck dieses Gedankens die Regeln beachte, nach denen Subjekt, Prädikat und Objekt in der richtigen Reihenfolge zu nennen sind. Die Kultur einer menschlichen Gruppierung ist also im Grunde nichts anderes als die Grammatik, die ihre Mitglieder zum Maßstab ihres Verhaltens machen. Und weil man in der Grammatik einer Sprache die Gesamtheit aller Regeln zu sehen hat, die angewandt werden müssen, wenn man "richtig" sprechen will, kann man in der Kultur einer solchen Gruppierung die *Gesamtheit aller Regeln* sehen, die zu beachten sind, wenn man sich "richtig" verhalten will.

Werfen wir zum Vergleich einen kurzen Blick auf ein zweites Beispiel dafür, in welch verschiedener Weise sich die Verbindung einer Absicht mit einem bestimmten Verhalten unter Umständen äußert. Menschen, die sich freuen, wollen ihrer Freude auch Ausdruck verleihen. Das geschieht, indem sie mit anderen darüber sprechen, wobei Gesichtsausdruck und Gesten ihre Freude sichtbar werden lassen. Manchmal drückt sich Freude in Lautstärke aus, z.B. bei Zuschauern in einem Fußballstadion, wenn ein Tor gefallen ist. Ein süditalienischer Bauer zeigt seine Lebensfreude eventuell dadurch, daß er während seiner Arbeit schmetternden Gesang vernehmen läßt. In manchen Gesellschaften beginnen die Menschen zu tanzen, wenn sie sich freuen, ein besonders in Afrika verbreitetes Verhalten.

Wir sehen, daß es zum Ausdruck von Freude eine ganze Reihe von Möglichkeiten gibt, von denen jeweils nur einige wenige, manchmal nur eine einzige, für eine bestimmte Region oder Gesellschaft charakteristisch sind. Nur diese gelten in deren Kultur als "normales" Verhalten, wenn jemand Freude zeigen will. Analysiert man dieses Verhalten, dann erkennt man, daß ihm ein Satz Regeln zugrundeliegt, von denen es (ähnlich wie von einem Datensatz in einem Computerprogramm) gesteuert wird. Diese Regeln haben selbstverständlich nur da Gültigkeit, wo sich die Mehrzahl der Menschen danach richtet, das heißt im Rahmen der Kultur, in der diese Regeln als *Verhaltensnorm* gelten.

Solche Regelsätze gibt es nun auch für Situationen, in denen Menschen nicht in erster Linie etwas zum Ausdruck bringen wollen wie Ehrfurcht oder Freude, sondern Wünsche und, besonders wichtig, Bedürfnisse. Wir Menschen sind während eines großen Teils unserer Lebenszeit damit beschäftigt, Bedürfnisse zu befriedigen. Zu den Bedürfnissen, die an allererster Stelle befriedigt werden müssen, gehören Essen und Trinken. Und weil normale Menschen überall auf der Welt vom Drang zum Leben erfüllt sind, entfalten sie aufwendige Tätigkeiten, die ihre physische Existenz sichern helfen. In diesem Drang, Existenzsicherung betreiben zu müssen, läßt sich wiederum eine Absicht (im oben erwähnten Sinn) erkennen, deren Verwirklichung ein bestimmtes Verhalten erforderlich macht.

Auch für dieses Verhalten gilt, daß es auf die denkbar verschiedenste Art und Weise realisiert werden kann, je nachdem, wie die Umstände sind. Zirkumpolare, in der Nähe des nördlichen Polarkreises (Alaska, Sibirien) lebende, ethnische Gruppen verhalten sich bei ihren Aktivitäten zur Existenzsicherung völlig anders als beispielsweise die Batak auf Sumatra, denn am Polarkreis herrschen andere klimatische Bedingungen als am Äquator. Die einen leben folglich weitgehend von der Jagd (und der Rentierzucht), die anderen vom Reisanbau. Ungeachtet dieser grundlegenden Unterschiede aber verfügen beide Gruppen zum Zweck der Sicherung ihrer Existenz jeweils über einen Satz von Regeln, die ihr Verhalten in einem umfassenden Sinne so steuern, daß es ihnen gelingt, ausreichend Nahrung für sich und ihre Familien zu beschaffen.

Verhaltensweisen bei der Existenzsicherung können schon innerhalb einer bestimmten Kultur erheblich voneinander abweichen. Ein Architekt in Europa, der dafür sorgen muß, daß er etwas zu essen bekommt, verhält sich zu diesem Zweck grundsätzlich anders als etwa ein Landwirt. Der Architekt arbeitet in einem Büro, produziert Pläne, nach denen Häuser gebaut werden. Für seine Arbeit bekommt er Geld, mit dem er sich im Lebensmittelgeschäft das Nötige kaufen kann. Der Landwirt dagegen arbeitet auf dem Feld, produziert mit seiner Arbeit alle Arten von Lebensmitteln und betreibt auf diese Weise die Sicherung seiner Existenz. Beide verfolgen ein und dasselbe Ziel, beide verwirklichen ein und dieselbe Absicht, verhalten sich dabei jedoch grundsätzlich verschieden voneinander. Beide richten sich in ihrem Handeln aber wiederum auch nach ganz bestimmten Regeln, die ihr Verhalten bedingen und sie als Architekt und Landwirt erkennbar werden lassen.

35

Solche Regeln sind in allen Lebensbereichen einer menschlichen Gemeinschaft wirksam, ganz gleich, ob es sich um Existenzsicherung, Unterhaltung oder Religion handelt. Sie steuern das Verhalten ihrer Mitglieder in jedem einzelnen Fall, wie die Grammatik ihrer Sprache die Laut- und Wortfolgen steuert. Die Gesamtheit aller Regeln, die von den betreffenden Menschen befolgt werden, wenn sie ihr Dasein gestalten, bewirkt jenes charakteristische Verhalten, das dem Beobachter in einem umfassenden Sinn als ihre Kultur erkennbar wird.

Etwas allgemeiner hat diesen Sachverhalt der Ethnologe Wolfgang Rudolph in einem lesenswerten Beitrag (1971:54-55) folgendermaßen definiert: *Kultur ist "die Gesamtheit der (direkt und indirekt, bewußt und unbewußt) gesellschaftlich bezogenen und akzeptierten Phänomene menschlicher Daseinsgestaltung"*. Dies ist die Definition der Kulturanthropologie, die sich mit der (nur theoretisch existierenden) universalen Kultur des Menschen befaßt. Die Definition der Ethnologie, die sich, anders als die Kulturanthropologie, direkt mit den real existierenden Kulturen der Menschheit befaßt, lautet bei Rudolph: *Kultur ist "die Gesamtheit der gesellschaftlich bezogenen und akzeptierten Phänomene menschlicher Daseinsgestaltung, die für eine bestimmte ethnische Einheit charakteristisch ist"*.

Kultur als Strategie

Diese Definitionen des Begriffs Kultur sind für den Praktiker in fremden Kulturen immer noch zu kompliziert. Man kann sie sich nur mit Mühe merken. Es gibt jedoch eine noch einfachere Definition, die Kultur als die Gesamtheit aller Regeln beschreibt, die von einer Gesellschaft zur Gestaltung ihres Daseins angewandt werden. Man kann diese Definition aus dem einfachen Beispiel einer alltäglichen Situation herleiten.

Eine Straßenkreuzung. Verkehrszeichen zur Vorfahrtregelung sind nicht vorhanden. Es gilt also rechts vor links. Drei Autofahrer kommen zur gleichen Zeit an der Kreuzung an. Alle drei beabsichtigen, von hier ab in die gleiche Richtung weiterzufahren. Damit haben sie ein Problem zu lösen, das ein wichtiges Element ihres Daseins und ihrer Daseinsgestaltung bildet. Bei der Verwirklichung ihrer Absicht müssen sie ein bestimmtes Verhalten an den Tag legen. Dafür gibt es verschiedene Möglichkeiten. Alle drei könnten zum Beispiel zur gleichen Zeit weiterfahren. Diese Lösung ist unbrauchbar, weil sie möglicherweise ein weiteres Problem schaffen würde, verbunden mit erheblichen Kosten, ganz abgesehen vom Ärger mit der Polizei. Aus einsichtigen Gründen ist es viel günstiger, wenn die drei zeitlich versetzt, also einer nach dem anderen, weiterfahren. Das könnte geschehen, indem derjenige mit dem größten Auto seine Fahrt als erster fortsetzt, der mit dem kleinsten aber als letzter. Oder man könnte sich nach dem Prestige der Automarken richten: der Rolls Royce zuerst, dann der Mercedes und schließlich der Volkswagen. (In Afrika, so wurde mir berichtet, habe das Fahrzeug mit der höchsten PS-Zahl Vorfahrt.) Denkbar wäre auch, daß die drei Autofahrer sich absprechen, wer als erster, als nächster und als letzter fährt. Wie auch immer, die Sache braucht auf jeden Fall eine Regelung.

Weil es Straßenkreuzungen dieser Art alle paar hundert Meter gibt und dieses Daseinsproblem daher von einem Verkehrsteilnehmer unter Umständen im Minutenabstand zu lösen ist, hat man die Regelungen dafür schon im voraus getroffen. Jedesmalige Absprache wäre viel zu zeitaufwendig. Und damit unsere drei Autofahrer diese Regelungen jederzeit parat haben, mußten sie diese sogar auswendig lernen. Weil jeder von den dreien weiß, welche Regeln an Kreuzungen anzuwenden sind, wird das Problem in kürzester Zeit in einer Weise gelöst, die alle drei Autofahrer zufriedenstellt, ohne daß etwas abgesprochen werden muß. Alle drei wissen, daß der Fahrer, der sich "am weitesten rechts" befindet oder die Richtung nicht ändert, seine Fahrt als erster fortsetzen wird, und so weiter.

Mit diesem Regelsatz verfügen alle drei über eine leistungsfähige *Strategie* zur Bewältigung von unerwartet auftretenden Verkehrssituationen, an denen mehr als eine Person beteiligt ist. (Gäbe es nur einen einzigen Menschen auf der Welt, könnte er an allen Straßenkreuzungen, und natürlich auch sonst, tun was er wollte. Er bräuchte keine einzige Regel zu befolgen!)

Andere Situationen erfordern wieder ganz andere Strategien zur Lösung ihrer Problematik. Wenn ich jemand anrufen muß, erreiche ich die Person nur, wenn ich über eine speziell darauf ausgerichtete Strategie verfüge. Dazu gehört, daß ich zum Beispiel wissen muß, wie eine Telefonzelle aussieht und wo ich sie finden kann. Weiter muß ich wissen, welche Münzen ich brauche, und wo sie einzuwerfen sind. Ich muß die Zahlenfolge der Telefonnummer meines Partners im Kopf haben oder wissen, wo ich sie nachschlagen kann, und so weiter.

Selbst Tätigkeiten, die der Entspannung und dem Vergnügen dienen, setzen die Kenntnis von Strategien voraus, ohne die man sie nicht ausführen kann. Wer zur eigenen Freude Ziehharmonika spielen oder in einem Chor mitsingen will, kann dies nur, wenn er Noten gelernt hat, Taktarten kennt, die Schlagfiguren des Dirigenten versteht und vieles andere mehr. Der Satz Regeln, der allein dafür gebraucht wird und beherrscht werden muß, ist beeindruckend in seinem Umfang. Auch vom gemeinsamen Musizieren kann man folglich mit vollem Recht behaupten, es handle sich um eine Strategie zur Lösung eines Daseinsproblems, denn der Mensch braucht Freizeit und muß sie gestalten, wenn er sich sein seelisches Gleichgewicht erhalten will.

Nimmt man nun alle Strategien zusammen, die eine menschliche Gemeinschaft benützt, so hat man eine Beschreibung ihrer Kultur vor sich. Damit kommt man zu einer einfachen Definition dessen, was Kulturen in ihrer Gesamtheit darstellen: *Kulturen sind Strategien zur Gestaltung des menschlichen Daseins.* Und weil das Dasein in der kulturellen Wirklichkeit häufig unter schwierigen Umständen gestaltet werden muß, gilt der Satz:

Kulturen sind Strategien zur Daseinsbewältigung.

Strategien zur Daseinsbewältigung besitzen auch Tiere. Nur sind sie bei diesen viel weniger komplex als beim Menschen. Wahrscheinlich liegen ihnen keine oder nur gering ausgeprägte Denkstrukturen zugrunde. Sie funktionieren, indem ein Reiz als auslösender Faktor eine Reaktion in Gang setzt, deren Ablauf vom betreffenden Tier nur geringfügig oder gar nicht willentlich beeinflußt und verändert werden kann. Es ist auf *Instinkte* festgelegt, deren Funktionieren *nicht gelernt* zu werden braucht. Tiere meistern ihr Dasein mit Hilfe ihrer Instinkte über ein eher starres *Reiz-Reaktions-Schema*, das kaum Abweichungen zuläßt.

Weil Menschen eine den Tieren vergleichbare Reiz-Reaktions-Orientierung nicht oder nur andeutungsweise besitzen, brauchen sie zur Bewältigung ihres Daseins eine Kultur in irgendeiner Form, die *gelernt* werden muß. Ohne eine solche wären sie in ihrer Existenz gefährdet.

Kultur als Voraussetzung zum Überleben

Wie sehr menschliche Gemeinschaften auf ihre Kultur angewiesen sind, zeigt ein Computerexperiment. Amerikanische Ethnologen entwickelten vor einiger Zeit ein Programm, um sich zwei Fragen beantworten zu lassen. Die Antwort auf die erste sollte Auskunft geben darüber, was passieren würde, wenn man der Menschheit ihre Kulturen wegnähme, die Erinnerung daran aber bestehen ließe. Das Ergebnis lautete etwa, daß sich die Betroffenen sofort daran machen würden, ihre Kulturen zu rekonstruieren, und dies so beharrlich, daß sie schon nach wenigen Generationen den alten Zustand wieder erreicht hätten.

Die zweite Frage sollte klären, was geschehen würde, wenn man der Menschheit nicht nur ihre Kulturen wegnähme, sondern auch die Erinnerung daran auslöschte. Die Antwort lautete etwa, daß von den Betroffenen die meisten schon nach sehr kurzer Zeit nicht mehr am Leben wären, denn ohne Erinnerung an wichtige Strategien zur Bewältigung des Daseins und ohne ein Minimum an Verfügbarkeit über einfachste Verfahren zur Existenzsicherung wären sie ihrer Umwelt auf Gedeih und Verderb ausgeliefert. Schon allein in den gemäßigten Zonen der Nord- und Südhalbkugel kann man nicht leben, wenn man den Anbau von Getreide nicht kennt. Und bei der gegenwärtigen Bevölkerungsdichte Mitteleuropas hätte eine Grippeepidemie ohne Kenntnis von Medikamenten verheerende Wirkungen.

Solche Computerexperimente sind selbstverständlich mit vielen Unwägbarkeiten behaftet, die keine vollständig gesicherten Aussagen erlauben. Aber sie zeigen doch, wie wichtig Kulturen für die Gesellschaften sind, die sie zur Gestaltung ihres Daseins benützen, und sie lassen erkennen, welche Sackgassen Kulturen bilden können, Sackgassen, die unter Umständen zur tödlichen Falle werden können, wenn sich nur ein einziges ihrer Elemente änderte oder ausfallen würde: Westeuropa beispielsweise könnte gegenwärtig nur einen Bruchteil seiner Bevölkerung ernähren, wenn plötzlich kein Erdöl mehr zur Verfügung stünde, und Hungersnöte wären wohl nur eine von zahlreichen anderen Folgen.

Kultur und Ethik

Im Unterschied zu Instinkten beinhalten Kulturen flexible Strategieorientierungen, die ein hohes Maß an Veränderungen, Anpassungen, Stellungnahmen und Eingriffen durch Willensentscheidungen erlauben. Damit haben Kulturen als Strategien zur Daseinsgestaltung auch eine *ethische Dimension*. Gut und Böse spielen bei Tieren keine Rolle.

Der Unterschied, der in diesem Zusammenhang zwischen dem Verhalten von Mensch und Tier besteht, zeigt sich darin, daß ein Schimpanse wohl lernen kann, einen Fußgängerüberweg erst dann zu betreten, wenn die Ampel von Rot auf Grün springt. Würde sie aber auf Rot springen, wenn er sich mitten auf der Straße befände, so bliebe er auf der Stelle stehen. Daß die Straße trotz Rot zu Ende überquert werden muß, ist mit Einsichten und Entscheidungen verbunden, die ein Schimpanse mit seiner Orientierung auf Reiz und Reaktion nicht leisten kann. Für den (normalen) Menschen ist eine solche Entscheidung dagegen selbstverständlich.

Weil alles, was Menschen zur Gestaltung ihres Daseins benützen, als Teil ihrer Kultur gelten muß, gehören zu unserer eigenen europäisch-westlichen Kultur nicht nur Gesangvereine, städtische Museen usw., sondern auch so gewöhnliche Dinge wie Streichhölzer, mathematische Formeln wie $(a+b)^2=a^2+2ab+b^2$, die Gottesbeweise des Mittelalters, ja sogar Banalitäten wie Schwammschlachten in Klassenzimmern oder die Art, wie man sich die Nase zu putzen hat, wenn man als anständiger Mensch gelten will.

Europäer benützen für letzteres ein Taschentuch. So jedenfalls lautet die Norm. Südseeinsulaner sind angewidert, wenn sie sehen, daß Europäer ein Taschentuch nach dem Benützen zusammenknüllen und in die Hosentasche stecken. Sie dagegen verschließen das eine Nasenloch mit dem Daumen und blasen die Luft mit kräftigem Zwerchfellstoß durch das offengebliebene andere hinaus, ein Verfahren, das wiederum unter Europäern als unfein gilt. (Als Schüler nannten wir es "Fuhrmannsgruß").

Kultur als Wertesystem

Aus diesen Beispielen ist ersichtlich, daß Kulturen Strategien zur *Bewertung* von Dingen, Handlungen, Eigenschaften und Verhaltensweisen beinhalten. Für uns Europäer gilt der Diebstahl von Lebensmitteln als viel weniger gravierend als die Tötung eines Menschen aus Fahrlässigkeit. In Kulturen, in denen Menschen zuhauf geboren werden, Lebensmittel aber knapp oder schwer zu beschaffen sind, kann unter Umständen das Gegenteil gelten und sogar in Gesetzen verankert sein. Solche Unterschiede in Wertesystemen bilden besonders unangenehme Konfliktquellen bei der Zusammenarbeit von Partnern, die unterschiedlichen Kulturen angehören. Konfliktträchtig sind diese Unterschiede deswegen, weil Wertvorstellungen oft nicht rational begründet werden können.

Es gibt Gesellschaften, in denen es für Frauen eine Schande ist, sich auf ein Fahrrad zu setzen. Niemand kann schlüssig erklären, warum. Es ist eben so. Wer trotzdem versuchen wollte, Fahrräder für Frauen zu besorgen, würde damit scheitern, sogar dann, wenn den Frauen selbst einleuchtet, daß sie damit ihre landwirtschaftlichen Erzeugnisse viel problemloser zum Markt transportieren könnten als auf dem Kopf.

Aus unterschiedlichen Wertesystemen kann sich für kirchliche Mitarbeiter der Konflikt ergeben, daß sich die Partner nicht darüber einigen können, was theologisch korrekt als Sünde zu gelten hat, und was nicht. Ehebruch ist bei Christen mit animistischer Vergangenheit unter Umständen eine viel geringere Sünde als ein Opfer an die Geister der eigenen Ahnen, an die man sich in Notsituationen traditionell in dieser Weise wandte. Christen aus dem europäisch-westlichen Kulturkreis sehen das Problem vermutlich umgekehrt. Das führt zu Streit in den kirchlichen Gremien und Gemeindeorganisationen, die sich mit einschlägigen Fällen zu befassen haben.

Unter den Begriff Kultur in diesem umfassenden Sinn fallen darüber hinaus die unmenschlichsten Abscheulichkeiten, zu denen Menschen fähig und bereit sind, ungeachtet der Tatsache, daß man im Zusammenhang damit nicht eigentlich von Kultur, sondern von völligem Verlust oder Fehlen von Kultur sprechen würde. Auch menschliche Verirrungen und Grausamkeiten zeigen sich in kulturtypischen Formen und Institutionen. Ein berüchtigtes Beispiel ist das nationalsozialistische Konzentrationslager mit seinen Uniformen, Rangabzeichen, Grußformeln, seinen irrwitzigen Rassentheorien und seinem Wirtschaftsgebaren.

Unter den Begriff Kultur im Sinne einer Strategie zur Bewältigung des Daseins fallen schließlich sogar so eklatante Verstöße gegen Recht und Ordnung wie Unterschlagung und Bankraub. Ein korrupter Kassierer wird peinlich genau darauf achten, daß die Beträge, die er veruntreut, den Eindruck rechtmäßiger Ausgaben erwecken. Und ein Bankräuber wird die Bank, die er berauben will, in einer Aufmachung betreten, die ihn zunächst als gewöhnlichen Bankkunden erscheinen läßt. Aus einsichtigen Gründen wird er auch sein Fluchtfahrzeug nicht auf der linken Straßenseite oder im Parkverbot abstellen, sondern sich an die geltenden Regeln halten, um erfolgreich gegen andere verstoßen zu können. Zugespitzt formuliert bedeutet dies, daß Verstöße gegen bestimmte kulturelle Regeln unter Umständen nur bei strenger Einhaltung anderer kultureller Regeln möglich und von Erfolg gekrönt sind.

Dieser umfassende Kulturbegriff, der auch Abseitiges einbezieht, ist überall da im Spiel, wo Menschen denkend und handelnd tätig werden. Und weil er so vieles umfaßt, muß eine Definition des Begriffs Kultur so allgemein ausfallen, wie oben geschehen. Diese extrem weitgefaßte Form des Verständnisses von Kultur unterscheidet sich daher erheblich von der landläufigen Definition des Begriffs Kultur, die ihn auf kulturelle Phänomene wie Literatur, Musik und Kunst einengt.

Kultur als Begriffstruktur

Die weitergefaßte Definition sieht Kultur nun auch nicht in erster Linie als die Gesamtheit von beobachtbaren Dingen und Verhaltensweisen, die für eine Kultur typisch sind, sondern als etwas wesentlich *Gedankliches*, *Begriffliches*, als etwas, was in den Köpfen der Menschen verborgen ist, die in der betreffenden Kultur leben und deren Regeln, sprich Strategien, zur Gestaltung ihres Daseins benützen. Das bedeutet, daß Kultur, d.h. das Regelsystem bzw. die Strategie, etwas anderes ist als das Tun selbst. Das Tun ist eine Folgeerscheinung der Strategie, und nur das Tun ist direkt beobachtbar. Das Sichtbare, Wahrnehmbare an einer Kultur bildet also höchstens eine Art Oberfläche, sozusagen die Spitze des Eisbergs. Erscheinungen in Kulturen, die der untersuchenden Beobachtung zugänglich, die sichtbar, hörbar und fühlbar sind, stellen sich so gesehen als sekundär dar, als etwas, was aus dem gedanklichen Fundament einer Kultur hervorgeht, als etwas, das auf unsichtbaren Denkstrukturen beruht, aus ihnen hervorgegangen ist, von ihnen generiert wurde. Das gilt in gleicher Weise für eine Steinaxt wie für den Ablauf einer Initiationszeremonie. So verschieden sie auch in Erscheinung treten, beide entstehen auf der Grundlage von Regeln, geistigen Strukturen, Strategien. In ihrer wahrnehmbaren Form sind sie nichts anderes als nachgeordnete kulturelle Erscheinungen, deren eigentliche Ursachen der direkten Beobachtung nicht zugänglich, sondern in den Köpfen der Betreffenden verborgen sind.

Touristen unterwegs in fremden Kulturen ist das selten klar. Die meisten sind auf das (wenige) Sichtbare aus, und dieses muß ihnen weitgehend unverständlich bleiben, weil sie nicht wissen, daß sie es dabei nur mit Ausschnitten aus der Oberfläche der betreffenden Kultur zu tun haben.

Das Beobachtbare hat selbstverständlich immer als Teil der betreffenden Kultur zu gelten insofern, als es von ihr bewirkt ist. Die Regeln, die Verhalten des Menschen steuern, tun dies in einer Weise, daß diese beobachtbare Oberfläche erkennbar die Züge der betreffenden Kultur trägt. Die Regeln, nach denen chinesische Malereien, arabische Schriftzeichen oder einfach ein Herdfeuer in Afrika entstehen, formen diese in so typischer Weise, daß wir sie unverwechselbar als chinesisch, arabisch oder afrikanisch identifizieren können. Und die Regeln, nach denen Wildbeuter (Jäger und Sammlerinnen) ihre Jagdwaffen bauen, lassen je nach Notwendigkeit und Kultur ein Blasrohr oder einen Bumerang entstehen. (An dieser Stelle sei der Hinweis wiederholt, daß solche Regeln das menschliche Verhalten in der gleichen Art und Weise steuern, wie es die Regeln einer Grammatik tun, wenn jemand spricht: Chinesische Grammatikregeln erzeugen chinesische Lautfolgen und so weiter.)

Die enge Wechselbeziehung zwischen Kultur als Strategie und ihren Erzeugnissen wird durch eine weitere Dimension ergänzt und kompliziert, die man kennen muß, wenn man Menschen fremder Kulturen verstehen können will. Diese Dimension liegt in der Art und Weise, wie **Begriffe** einander zugeordnet werden, genauer gesagt, wie Erzeugnisse von Kulturen, ob nun als Verhaltensweise oder materielle Erscheinung, *begrifflich gelagert* sind (vgl. Kap 12).

Um zu verstehen, was damit gemeint ist, muß man sich zunächst bewußt machen, was unter dem Begriff "Begriff" zu verstehen ist. Für die Praxis am brauchbarsten ist die Formulierung, ein Begriff sei ein Ding, eine Eigenschaft, ein Verhalten oder ein Vorgang *in gedachter Form*.

Diese Definition betrachtet den Begriff nicht als das Ding, die Eigenschaft, das Verhalten oder den Vorgang selbst, sondern als das Kulturelle daran, das in den Köpfen der Leute verborgen ist. Auch Begriffe sind folglich als Elemente von Strategien zur Daseinsgestaltung zu verstehen.

Die Vielgestaltigkeit der real existierenden Kulturen beruht wesentlich auf den schier unbegrenzten Möglichkeiten, nach denen die Elemente der Wirklichkeit begrifflich kombiniert werden können. Ein Beispiel soll das klarmachen. Wenn man ein deutsches Kind fragt, was ein Haus sei, dann malt es vermutlich eines, das so ähnlich aussieht wie das, in dem es wohnt, mit zwei schrägen Dachhälften. Fragt man weiter nach Dingen, zu denen es "Haus" sagen kann, dann malt es vielleicht ein Hochhaus mit Flachdach, oder schließlich auch ein Schneckenhaus. Daraus können wir schließen, daß bei diesem Kind der spezielle Begriff Schneckenhaus zum allgemeineren Begriff

Haus gehört. Diesen Zusammenhang meine ich, wenn ich von begrifflicher Lagerung spreche.

Die Zuordnung von Schneckenhäusern zum Begriff Haus läßt erkennen, daß der Betreffende verknüpfend und folgerichtig denken kann. Die Zuordnung ist aber deswegen weder zwangsläufig, noch bildet sie die einzige Möglichkeit der Zuordnung. In einer anderen Kultur kann man überraschend andere begriffliche Zuordnungen finden.

Wenn wir einen Südseeinsulaner fragen, was ein Haus sei, so zeigt er uns wahrscheinlich zunächst das Bauwerk aus Holz, Flechtwerk und Palmblättern, in dem er wohnt. Dieses sieht zwar etwas anders aus als ein europäisches. Die Unterschiede sind aber nicht tiefgreifend. Fragen wir ihn nun nach anderen Dingen, die er als Häuser begreift, so zeigt er uns unter Umständen seinen Hut oder seine Mütze. Hier sind die Unterschiede auf einmal beachtlich. Begrifflich gesehen gehören in seiner Kultur nicht nur Wohnhäuser zum Begriff Haus, sondern auch Kopfbedeckungen, sogar Regenschirme oder große Taroblätter, die man als Regenschutz benützen kann, Schneckenhäuser dagegen auf keinen Fall. Dies ist nicht merkwürdig oder unlogisch, sondern begründbar und einsichtig. Eine solche begriffliche Lagerung stellt schlicht und einfach eine andere Möglichkeit zur Kombination von Dingen dar, die sich aus deren Eigenschaften ergibt, denn sie verfügen über mehr als nur eine Eigenschaft, also auch über mehr als nur eine Möglichkeit, sie begrifflich mit anderen in Beziehung zu setzen und zu kombinieren.

Was man daran erkennen muß, ist die Tatsache, daß beispielsweise ein Hut für zwei Angehörige verschiedener Kulturen äußerlich gesprochen vollkommen gleich aussieht, in ihren Köpfen aber mit vollkommen verschiedenen Dingen zusammengehört. Wenn man nun bedenkt, daß es in jeder einzelnen Kultur Tausende von Begriffen gibt, die alle in mehrfach verschiedener Weise zusammenpassen können, dann bekommt man eine Vorstellung davon, was man alles gelernt haben muß, wenn man von sich behaupten will, man kenne sich in einer Kultur aus oder beherrsche sie gar.

Der Zugang zu den Begriffsstrukturen, die einer Kultur zugrundeliegen, ist mit zahlreichen Schwierigkeiten verbunden. Sie sind in aller Regel nicht im Bewußtsein des Menschen verankert. Jedenfalls werden sie in der Mehrzahl der Fälle unbewußt angewandt. Das ist notwendig, denn unser Handeln würde in seinem Ablauf viel zu stark gebremst, wenn wir dabei die Regelsätze unserer Kultur jedesmal bewußt anwenden wollten. Bewußtes Anwenden grammatikalischer Regeln würde beispielsweise unserem Sprechen jeglichen Fluß nehmen. Weil nun aber das, was eine Kultur ausmacht, nicht im Bewußtsein verankert ist, sondern im Vor- und Unterbewußtsein, ist es meist schwierig, in vielen Fällen unmöglich, es als Kultur oder als von Kultur überformt zu erkennen, geschweige denn Auskunft darüber zu geben. Kultur ist eine Art *Hintergrundphänomen*, etwas Selbstverständliches, das einem Mitglied der betreffenden Gesellschaft nicht als Kultur auffällt.

Würde man die Bewohner eines schwäbischen Dorfs danach fragen, was sie in ihrer Ortschaft als Kultur verstehen, so könnten sie vielleicht den Männergesangverein, den Trachtenverein oder das Heimatmuseum nennen, falls es bei ihnen so etwas gibt. Mehr würde ihnen dazu wahrscheinlich gar nicht einfallen. Die Frage, ob ihre Arbeitsgeräte, Anbaumethoden, Bauernregeln und Gespräche über das Wetter etwas mit Kultur zu tun hätten, stieße vermutlich auf Unverständnis.

Wenn sich die gleichen Menschen in einer anderen Kultur als Fremde wiederfänden, dann wären deren Alltäglichkeiten plötzlich keine Hintergrundsphänomene mehr, sondern ungewöhnliche Auffälligkeiten, die ihnen bewußt werden, weil sie anders sind als die Alltäglichkeiten ihrer eigenen Lebenswelt.

In einer solchen Situation versucht man, dieses Ungewöhnliche zu verstehen. Die Menschen der fremden Kultur erscheinen einem darin merkwürdig, unlogisch, komisch oder sogar abstoßend, und mit solchen Worten werden sie in Berichten naiver Touristen von ihren Fernreisen auch beschrieben. Wer in der fremden Welt eine Aufgabe als Entwicklungshelfer, Arzt, Lehrer oder kirchlicher Mitarbeiter zu erfüllen hat, versucht das Ungewöhnliche zu verstehen, indem er Fragen zu stellen beginnt. Von diesem Augenblick an finden ihn die Fremden ihrerseits merkwürdig, unlogisch, komisch oder abstoßend. Sie wundern sich zum mindesten über ihn, weil er nach Dingen fragt, die so alltäglich für sie sind, daß jedes Kind sie weiß.

Für jemand, der als Lehrer in einer fremden Kultur tätig ist, gehört das Wissen um diese Zusammenhänge nach meiner Erfahrung zu den unverzichtbaren Elementarkenntnissen. Und weil den meisten Entwicklungshelfern und kirchlichen Mitarbeitern in Übersee eine (oft auch auch nur informelle) Lehrerrolle zukommt, müßten sie sich damit befassen oder zumindest bei der

Vorbereitung damit bekanntgemacht werden. Dies geschieht immer noch höchstens andeutungsweise, wenn überhaupt.

Besonders schwer macht sich dieser Mangel bei der Verwendung und noch viel mehr bei der Erstellung von Unterrichtsmaterial bemerkbar, wenn nicht bedacht wird, daß die begriffliche Lagerung der Unterrichtsgegenstände bei den einheimischen Schülern und Studenten völlig andere Formen aufweist als bei uns Europäern, oder schlimmer noch, wenn aus Unkenntnis dieser Zusammenhänge von den Begriffsstrukturen des Europäers als selbstverständlich angenommen wird, sie seien bei den Menschen der fremden Kultur gleich. Solche Naivität ist weit häufiger anzutreffen als man glaubt.

Ärzte in der Dritten Welt haben selten brauchbare Kenntnisse von der medizinischen Begrifflichkeit ihrer Patienten, von ihren Körper- und Seelenvorstellungen, ihrem Menschenbild. Das führt zu zahllosen Mißverständnissen, wie wir später noch sehen werden (vgl. Kap. 15).

Und schließlich können Bibelübersetzer nicht umhin, sich gründlich mit der Begriffswelt der Kultur ihres Arbeitsbereichs auseinanderzusetzen, wenn sie sichergehen wollen, daß sie einen verstehbaren Text erstellen werden. Was geschehen kann, wenn der Übersetzer nicht mit anderer begrifflicher Lagerung rechnet, zeigt folgende "Übersetzung" des 23. Psalms in eine südostasiatische Stammessprache. (Die Rückübersetzung läßt, so hoffe ich, den deutschsprachigen Leser empfinden, was und wie ein Einheimischer "versteht", wenn er diesen Text liest):

Der Große Häuptling ist mein Viehzüchter.
Ich habe kein Bedürfnis nach Besitz.
Er führt mich auf eine grasbewachsene Lichtung,
und er führt mich an den Fluß.
Er veranlaßt meine Seele, ständig bei mir zu bleiben.
Wenn ich durch eine dunkle Bodenvertiefung gehe,
habe ich keine Angst,
denn Du bist bei mir.
Du benutzest einen Stock und eine Keule,
um es mir bequem zu machen.
Du baust einen Eßplatz aus Holz vor mir auf.
Meine Feinde schauen dabei zu.
Du schüttest Öl auf meinen Kopf.

Mein Trinkbecher läuft fast über.
Güte und Barmherzigkeit werden mein Leben lang
im Gänsemarsch hinter mir hergehen,
und ich werde beständig im Wohnhaus
des Großen Häuptlings leben.

Kultur und Kompetenz

Weil jede Kultur nur einen Teil der Begriffskombinationen auch tatsächlich benützt, die logisch und technisch möglich sind, bildet jede eine unverwechselbare, eigenständige, in sich geschlossene Strategie zur Daseinsgestaltung. Diese funktioniert nur in demjenigen geographischen Bereich, für dessen Nutzung und Beherrschung sie sich entwickelt hat, und sie kann im Zusammenwirken mit anderen Menschen nur dann funktionieren, wenn diese sie ebenfalls als vernünftig akzeptieren und zur Daseinsgestaltung benutzen. In diesem Fall bewirken die Kenntnisse und Fähigkeiten, die eine Kultur ihren Benutzern zur Verfügung stellt, daß diese sich ohne größere Schwierigkeiten über ihre Bedürfnisse und Absichten verständigen können und in der Lage sind, sie zielstrebig zu realisieren. Alltägliche Handlungsabläufe an Straßenkreuzungen beweisen es. Das heißt, daß der Mensch, der eine Kultur zur Daseinsgestaltung zu benutzen versteht, *effektiv* und *ökonomisch zu arbeiten* in der Lage ist. Hinter dieser Tatsache verbirgt sich eine Eigenschaft von Kulturen, die weitreichende Folgen hat. Auch sie läßt sich aus dem Beispiel unserer Straßenkreuzung herleiten.

Weil jeder der drei Fahrer die Verkehrsregeln kennt, kann er *voraussagen*, wie sich die anderen verhalten werden. (Diese Voraussage läßt sich natürlich nicht mit absoluter Sicherheit machen. Wenn dies möglich wäre, gäbe es keine Verkehrsunfälle.) In gleicher Weise kann man ganz allgemein das Verhalten von Menschen weitgehend vorhersagen, vorausgesetzt, man kennt die Kultur, die sie zur Gestaltung ihres Daseins benutzen. Wer sich irgendwo in Deutschland sonntagnachmittags zur Feier eines Geburtstags einladen läßt, der kann ziemlich sicher damit rechnen, daß es kein Bier geben wird, sondern Kaffee, daß der Kaffee nicht mit einem Strohhalm aus einem Becher gesaugt, sondern aus Tassen getrunken wird, obwohl dies alles technisch ohne weiteres auch möglich wäre. Weiter wissen die Eingeladenen, daß sie keinen Schweinebraten mit Kartoffelsalat, sondern Kuchen vorgesetzt bekommen werden. Man könnte damit fortfahren. Hier stellt uns die Vertrautheit mit unserer Kultur die Kenntnisse zur Verfügung, mit deren Hilfe wir in groben Zügen schon im voraus wissen, was bei einer Einladung zum Geburtstag geschehen wird, und was die Gastgeber tun werden. Übrigens wissen selbstverständlich auch sie in groben Zügen im voraus, was wir als ihre Gäste tun werden. Sie können zum Beispiel damit rechnen, daß wir als Geschenk keinen Sack Kartoffeln, sondern ein Blumensträußchen mitbringen werden. (Es gibt Kulturen, wo der Sack Kartoffeln erwartet wird, und das Blumensträußchen eine Beleidigung wäre.)

Die *Vorhersagbarkeit des Verhaltens* anderer aufgrund der Kenntnis einer Kultur ist aus verschiedenen Gründen enorm wichtig. Wer eine solche Einladung annimmt, kann sich damit nämlich schon vorher darauf einstellen. Auf diese Weise wird es Gästen wie Gastgebern möglich, ihr Tun aufeinander abzustimmen, und das Ereignis kann ohne größere Hemmungen, Zeitverluste oder andere Störungen ablaufen. Wichtiger noch aber ist Folgendes:

Die Möglichkeit, mit Hilfe der Kenntnis einer Kultur das Verhalten ihrer Mitglieder vorherzusagen, gibt allen Beteiligten ein Gefühl der *Sicherheit*, oft sogar der Souveränität im Umgang mit anderen. Bewußt wird uns dies so recht in Situationen, in denen wir handeln müssen, aber nicht genau oder gar nicht wissen, nach welchen Regeln wir vorgehen sollen, und wie die Gegenseite reagieren wird. Eine Einladung bei Scheich Emir im Beduinenzelt kann uns ganz schön ins Schwitzen bringen. Wie setzt man sich hin? Zieht man die Schuhe aus? Die Strümpfe auch? Wie trinkt man den Tee? Darf man, muß man ihn schlürfen? Was macht man, wenn man nach der ersten Tasse keine Lust mehr auf eine zweite verspürt, aber nicht unhöflich sein will?

Die Verunsicherung, die einen erfaßt, wenn man kulturelle Strategien nicht kennt, die man kennen müßte, trifft in erster Linie denjenigen, der noch nicht lange im Bereich einer fremden Kultur lebt und arbeitet. Nichts, aber auch gar nichts am Verhalten der Menschen ist exakt so, wie man es erwartet. Das erträgt man vielleicht ein paar Wochen. Dann aber beginnt man die Zähne zusammenzubeißen und hat das Gefühl, der eigene Geduldsfaden werde immer dünner. Man wird aggressiv, und das hat Folgen. Die fremden Mitmenschen können sich unser Verhalten nicht erklären und fühlen sich vor den Kopf gestoßen. Schlimm wird es, wenn der Geduldsfaden reißt. Dann ist es nur noch ein kleiner Schritt bis zum *Kulturschock*. Darunter versteht man einen Zustand, in dem man alles, aber auch alles an der fremden Kultur zu hassen beginnt, sich von ihr abwendet, abkapselt und damit unfähig wird, den Auftrag auszuführen, den man übernommen hat.

Solche Ausmaße nimmt die Verunsicherung des Anfängers in einer fremden Kultur selten an. Die meisten erleben etwas, was man **Kulturstreß** nennen könnte. Aber auch ihn muß man abbauen, wenn man effektiv und ökonomisch arbeiten will. Der einzige und kurze Weg, der dazu führt, ist der energische Versuch, sich so schnell und gut wie möglich mit den Regeln vertraut zu machen, die von den Menschen, mit denen man es zu tun hat, zur Daseinsgestaltung benützt werden. Das bedeutet insbesondere, daß man die Sprache lernen muß, mit der sie sich verständigen. (Ich weiß natürlich, daß dies leichter gesagt als getan ist. In Arbeitsgebieten, wo mehrere Sprachen gesprochen werden, kann man meist nicht umhin, sich auf die Verkehrssprache zu beschränken. Trotzdem gilt:) Je schneller wir die Kultur und Sprache unseres Arbeitsgebiets lernen, umso schneller schlagen wir emotionale Wurzeln in ihr und bauen Streß ab. (Die Kehrseite dieser Forderung soll nicht verschwiegen werden: Man kann in einer fremden Kultur so tiefe Wurzeln schlagen, daß sie sich nur mit Mühe daraus entfernen lassen, wenn man schließlich wieder in den eigenen, angestammten Kulturkreis zurückkehren muß.)

Kultur und Völkerverständigung

Aus alledem ist auch ersichtlich, daß Menschen ihre Zugehörigkeit zu unterschiedlichen Kulturen in erster Linie als eine *Trennung* wahrnehmen, die Unverständnis und Mißtrauen zur Folge hat. Dies ist die Ursache für die *Fremdenfeindlichkeit*, die offenbar zunimmt, je näher sich fremde Kulturen rücken. Ich halte die Trennungsfunktion, die unterschiedliche Kultursysteme vorrangig ausüben, für so bedeutsam, daß ich eine glanzvolle Zukunft für die vielbeschworene *multikulturelle Gesellschaft* nicht erkennen kann. Sie wird nicht funktionieren. Sie fordert von den Beteiligten nämlich ein Maß an Toleranz, das sie auf die Dauer nicht aufbringen können, und sie würde den betreffenden Gesellschaften Kosten aufbürden, die ihre Möglichkeiten weit übersteigen, z.B. durch die Notwendigkeit eigener Schulsysteme, Unterrichtsmaterialien, Kultusverwaltungen usw., um nur einen einzigen Bereich zu nennen.

Die Trennungsfunktion, die zutage tritt, wenn Menschen unterschiedlicher Kulturzugehörigkeit in Kontakt miteinander treten, bedeutet auch für den

Entwicklungshelfer und kirchlichen Mitarbeiter in erster Linie eine Behinderung. Solange er sich im europäischen Raum bzw. in seinem eigenen Kulturkreis bewegt, hat er kaum Möglichkeiten, diesbezügliche Erfahrungen zu machen. Als behinderndes Element erfährt er seine eigene Kultur eigentlich erst viel zu spät, nämlich dann, wenn er sich mit seiner künftigen Zweitkultur konfrontiert sieht. Die Behinderung zu überwinden gelingt ihm nur, wenn er bereit ist, sich mit den neuen Strategien zur Daseingestaltung, die er vorfindet, auseinanderzusetzen und sie benützen zu lernen. Wie lange es dauert, bis ein befriedigendes Ergebnis erreicht ist, kann je nach Veranlagung des Betreffenden sehr unterschiedlich sein. Eine Leistung ist es allemal.

Mehr zum Thema dieses Kapitels findet sich in folgenden Werken:

Baur, Isolde: Die Geschichte des Wortes Kultur und seiner Zusammensetzungen. Diss. München 1951.

Ederer, R. : Zur Begriffsbestimmung von "Kultur" und "Zivilisation". Mitteilungen der Anthropologischen Gesellschaft in Wien (Horn) 115.1985:1-34.

Gerndt, Helge: Kultur als Forschungfeld. Über volkskundliches Denken und Arbeiten. München 1981. (Kommentar: Es handelt sich hier nicht um Völkerkunde, sondern um Volkskunde, die sich mit den Lebensformen europäischer Völker beschäftigt: Volksglaube, Aberglaube, Volksrecht, Volkskunst, Brauchtum, usw.)

Hansen, Klaus P.: Kultur und Kulturwissenschaft. Eine Einführung. Tübingen und Basel 1995. (Kommentar: Neuere Veröffentlichung der Reihe UTB [Uni-Taschenbücher] 1864. Der Verfasser ist Professor für Amerikanistik. Seine Ausführungen beziehen sich auf den abendländischen Kulturkreis und den dazugehörigen Kulturbegriff. Das Werk ist flüssig und gut verständlich geschrieben.)

Kroeber, Alfred L.; Kluckhohn, Clyde: Culture: A critical review of concepts and definitions. Papers of the Peabody Museum of American Archaeology and Ethnology vol. 47. Harvard 1952.

Paul, Sigrid (Hrsg.): Kultur - Begriff und Wort in China und Japan. Berlin 1984.

Renner, Egon: Ethnologie und Kultur: Der Kulturbegriff als entwicklungsprägender Faktor der ethnologischen Forschung. Zeitschrift für Ethnologie 108.1983:177-234.

Rudolph, Wolfgang: Kultur, Psyche und Weltbild. In: Trimborn 1971:54-71.

Trimborn, Hermann (Hrsg.): Lehrbuch der Völkerkunde. Stuttgart 1971.

Znoj, Heinz Peter: Die Evolution der Kulturfähigkeit. Beiträge zur Kritik des ethnologischen Kulturbegriffs. Bern et al. 1988.

5. Kapitel:

Kultur und Umwelt

In diesem Kapitel wird erklärt, welche Beziehungen zwischen der geographischen Lage des Lebensraums einer Ethnie und ihrer Kultur bestehen, wie sich ihre Kultur als Strategie zur Nutzung dieses Lebensraums entwickelt, indem sie sich den dort herrschenden Umweltbedingungen entsprechend formt, wie sie auf diesen Lebensraum einwirkt, ihn verändert, und wie der veränderte Lebensraum seinerseits wieder auf die Kultur seiner Bewohner zurückwirkt und sie erneut verändert, in einer Art ständiger Pendelbewegung.

Kulturen als Strategien zur Daseinsbewältigung sind in hohem Maß bedingt durch die *natürliche Umwelt*, in der man sie vorfindet. Auf diese Umwelt sind sie abgestimmt. Das ist nicht verwunderlich. Existenzsicherung durch Produktion von Nahrung kann nur dann mit Erfolg betrieben werden, wenn die wirtschaftlichen Methoden und Transportmittel den klimatischen Verhältnissen entsprechend ausgebildet und den Möglichkeiten zum Bodenbau, zu Jagd, Fischerei oder Viehzucht angepaßt sind. Folglich hat sich in den Kulturen Ozeaniens nicht der Hundeschlitten als Verkehrsmittel entwickelt, sondern das Auslegerkanu. In der subpolaren Umwelt der Inuit (Eskimo) ist der Hundeschlitten dagegen sehr wohl eine geeignete Strategie zur Bewältigung von Transportproblemen.

Die Einflüsse der natürlichen Umgebung einer ethnischen Gruppe auf ihre Kultur gehen sehr weit. In wärmeren Gegenden kommen die Menschen mit weniger Kleidung aus. Größere Teile ihres Körpers bleiben unbedeckt. Ihre Haut ist folglich eher sichtbar als in Gegenden mit kühlerem Klima. Das hat beispielsweise in Ozeanien, aber auch anderswo, zur Entwicklung der Kunst der *Tatauierung* geführt. (Tatauierung ist die in der Ethnologie gebrauchte Bezeichnung für Tätowierung, das Anbringen von Mustern und Ornamenten auf der menschlichen Haut. Bei manchen Ethnien bedecken sie den ganzen Körper, dienen als Statussymbole, zur Abwehr böser Geister usw.)

Tatauierungen sind aber nur sinnvoll, wenn sie auf verhältnismäßig helle Haut aufgebracht werden. Wo die Menschen dunkelhäutig sind, gibt es sie entweder gar nicht, oder es gibt sie in der besonderen Form der Narbentauierung, bei der die Haut in einer Weise verletzt und die Wunden bewußt infiziert werden, daß die entstehenden Narben ein charakteristisches Muster ergeben, das selbst auf tiefschwarzer Haut gut sichtbar hervortritt.

Selbst die Sprache, die zu einer Kultur gehört, ist durch die natürliche Umwelt beeinflußt und darauf abgestimmt. Der Wortschatz einer Ethnie, die am nördlichen Polarkreis lebt, enthält viel mehr Wörter für Arten von Schnee (Altschnee, Neuschnee, Pulverschnee usw.), als selbst europäische Profi-Skiläufer benützen, und Beduinen (Viehzüchter im Nahen Osten) verfügen über eine Fülle von Bezeichnungen für Sand, meist kurze Wörter zum Austausch präziser Informationen, etwa über Sand, in dessen Bereich kein Wasser zu finden sein wird, Sand, in dem die Tiere versinken müßten usw.

Selbstverständlich hat die natürliche Umwelt einer Kultur auch Auswirkungen auf die Religionsform einer Gesellschaft. In den wasserarmen Gebieten Afrikas gibt es Regenmacher, Spezialisten für eine bestimmte Art von Magie, deren Tätigkeit das regelmäßige Wiederkehren der jährlichen Regenzeit sichern soll. In Gebieten, in denen Jagdwild die Existenzgrundlage der Bevölkerung bildet, wird ein "Herr der Tiere" verehrt, der dafür sorgt, daß diese in ausreichender Menge zur Verfügung stehen.

Aus diesen Beispielen ist zu ersehen, daß spezielle Umwelten spezielle Strategien erfordern und hervorbringen: *Umwelt formt Kultur.* Haben sich aber solche Strategien einmal etabliert, wirken sie sogleich zurück auf die Umwelt und verändern sie wieder. Erneut entstehen Strategien und Kulturformen. Eine Gegend mit Boden- und Klimaverhältnissen, wie sie am Kaiserstuhl im Oberrheintal herrschen, hat den Weinbau ermöglicht. Dessen Strategien gaben den Berghängen dieser Landschaft ihre charakteristische Struktur. Die einzelnen Rebflächen wurden so hergerichtet, daß sie mit Hilfe von Zugtieren und in Handarbeit bewirtschaftet werden konnten. Mit den Fortschritten der Technik (Kultur!) bot sich den Winzern eine noch wirksamere Strategie zur Daseinsbewältigung: Maschinen lösten den langsameren und mühsameren Umgang mit Zugtieren und die Handarbeit ab, machten die Produktion schneller und leichter. Zuvor aber mußten die Rebberge für die neuen Strategien maschinengerecht hergerichtet werden. Die Landschaften am Kaiserstuhl verwandelten sich in Großterrassen. (Kritiker dieses Wandels sahen sich übrigens durch diese zu der Bezeichnung "Rebenfestungen" veranlaßt und warnten vor den Folgen.) Ein weiteres Beispiel für die wechselseitige Beeinflussung von Kultur und Umwelt sind die bewässerten Reisterrassen Südostasiens.

Erhebliche Rückwirkungen eines Kulturkomplexes auf die Formen einer Landschaft hat das Verkehrswesen in den vergangenen Jahren mit sich gebracht. Für das moderne Hochgeschwindigkeits-Bahnsystem müssen möglichst kurven- und steigungslose Strecken gebaut werden. Also wird die Landschaft entsprechend gestaltet und umgeformt: tiefe Einschnitte müssen gegraben, Berge abgetragen und umgesetzt, Tunnels gebaut werden usw.

Der Wissenschaftszweig, der die beständigen Wechselwirkungen zwischen Kultur und natürlicher Umwelt beschreibt, heißt *Anthropogeographie*. Als ihr Begründer gilt Friedrich Ratzel (1844-1904). Eine modernere Bezeichnung für diese Betrachtungsrichtung heißt *Kulturökologie*. Sie "... untersucht die wechselseitige Abhängigkeit zwischen Kulturen und ihrer natürlichen Umwelt. Sie läßt sich dabei von der Frage leiten, wie weit menschliche Kulturformen durch die Art der Auseinandersetzung mit der natürlichen Umwelt geprägt werden, und wie weit diese Kulturformen wiederum ihre natürliche Umwelt prägen" (Bargatzky 1986:13).

Eines der allgemeinsten Prinzipien, das der Abhängigkeit einer Kultur von ihrer Umwelt zugrunde liegt, ist die Regel, daß ungünstige Gebiete nur kleine menschliche Gruppen mit entsprechend einfach strukturierten Kulturen und ohne größere Spezialisierung einzelner ihrer Mitglieder entstehen lassen. Ein Beispiel für solch ein ungünstiges Gebiet ist die wasserarme Kalahari-Wüste in Südafrika. Die dort lebenden Khoisan (Buschmänner) bilden kleine Horden. Die Männer sind alle vorwiegend Jäger, die Frauen Sammlerinnen.

Es lassen sich 8 Typen von Umwelten unterscheiden, in denen Menschen leben können, und die jeweils ähnliche Kulturen hervorbringen. (Zusammengenommen bilden sie die von Menschen bewohnten bzw. bewohnbaren Gebiete der Erde, die schon erwähnte *Ökumene*, ein ethnologischer Begriff, der mit dem entsprechenden theologischen nur die griechische Etymologie gemeinsam hat!). Diese Typen von Umwelten sind, kurz charakterisiert, folgende:

1. *Tropische Waldgebiete.* Sie liegen in einem Gürtel zwischen 20° nördlicher und südlicher Breite entlang des Äquators. Zu ihnen gehört das Amazonasbecken in Südamerika, das Kongobecken in Afrika, der Raum Südostasien und die Insel Neuguinea. Hier fallen hohe Niederschläge. Es ist der Bereich des tropischen Regenwaldes, dessen Bestand durch Abholzung stark gefährdet ist. Diese Gebiete sind sehr unterschiedlich dicht besiedelt.

Das Amazonasbecken ist fast menschenleer, Java in Südostasien weist dagegen eine der höchsten Bevölkerungsdichten der Erde auf. Wer hier leben will, muß Strategien des Bodenbaus kennen, wie sie für *Pflanzerkulturen* typisch sind (vgl. Kap. 6).

2. *Grasländer.* Man unterscheidet drei Arten, je nachdem, wieviel Wasser sie bereithalten: *Steppen* sind Grasländer, die zwar ständig mit Gras bewachsen sind, aber nur über geringes Wasseraufkommen verfügen. Es gibt sie z.b. in Mittelasien. *Prärien* verfügen über mehr Wasser und höheres Gras als Steppen. Diese gibt es z.b. im Mittleren Westen Nordamerikas. *Savannen* sind tropische Grasländer. Da sie viel Wild ernähren können, bilden sie eine natürliche Umwelt für *Wildbeuter* und *nomadische Viehzüchter*.

3. *Trockengebiete.* Es sind die 5 großen Wüsten der Erde, die je einen Gürtel auf der Nord- und Südhalbkugel bilden. Sie liegen ungefähr zwischen 20° und 30° nördlicher und südlicher Breite. Sie sind ungünstig für den Menschen, erlauben daher nur *Kleingruppen* eine bescheidene Existenz und lassen keine komplexen Kulturen entstehen. Wenn in solchen Trockengebieten Menschen anzutreffend sind, muß es hier wenigstens sporadisch Wasser geben. Ganz wasserlose Gebiete sind nicht bewohnbar und daher menschenleer.

4. *Mediterrane Buschwaldgebiete.* Diese liegen nicht nur, wie ihr Name besagt, um das Mittelmeer herum, sondern auch in Nordamerika (zwischen Nordkalifornien und Oregon), in Afrika (um Kapstadt) und Australien (in der Gegend von Perth und Adelaide), in zwei Gürteln zwischen 30° und 40° nördlicher und südlicher Breite. Sie sind gekennzeichnet durch milde, regenreiche Winter und heiße, trockene Sommer.

5. *Mischwaldgebiete der gemäßigten Zone* verfügen über ein recht günstiges Klima. Hier finden sich die höchsten Bevölkerungsdichten und die Kulturen mit am weitesten fortgeschrittener *Industrialisierung*. In früheren Zeiten der Kulturgeschichte waren sie dagegen fast menschenleer. Erst mit der Entwicklung der Technologie zur Rodung großer Wälder und der Erfindung des Ackerbaus (Körnerfrüchte!) begannen die Mischwaldgebiete der gemäßigten Zone Bedeutung zu erlangen. Es handelt sich um Europa, die Osthälfte Nordamerikas, Teile von Kanada, Korea, Nordjapan und weite Bereiche in China.

55

6. *Subarktische Waldgebiete.* Es gibt sie nur auf der Nordhalbkugel, weil auf der Südhalbkugel in den gleichen Breiten die Landmasse dafür fehlt. Sie liegen nördlich der Mischwaldgebiete der gemäßigten Zone und der Grasländer. Ihre Vegetation besteht vorwiegend aus Nadelwäldern. Seen und Sümpfe halten riesige Wasservorräte bereit. Ihr Klima ist bestimmt durch sehr kalte, lange Winter und kurze, eher kühle Sommer. Subarktische Waldgebiete finden sich in Skandinavien, Sibirien, Alaska und Kanada, und sie bieten selbst *Wildbeutern* nur begrenzte Möglichkeiten zur Existenzsicherung, insbesondere wegen der extremen Winterbedingungen.

7. *Polargebiete* bestehen aus Regionen ewigen Schnees und der Tundra, in der es zwar Vegetation gibt, wo im kurzen Polarsommer sogar Blumen blühen, Bäume aber nicht gedeihen können. Daher ist in den Polargebieten Bau- und Brennholz knapp. Zwar gibt es jagdbares Wild in Hülle und Fülle (Seehunde, Rentiere, Vögel, Fische), aber kaum pflanzliche Nahrung, weswegen die sogenannten *zirkumpolaren Völker* (Inuit, Eskimo, sibirische Ethnien) Wildbeuter und Viehzüchter sind, die sich vornehmlich von tierischem Protein ernähren. In Polargebieten kann der Mensch sein Dasein nur unter großen Schwierigkeiten meistern. Deswegen ist an den Eismeerküsten Nordamerikas und Nordeurasiens die Bevölkerungsdichte gering.

8. *Gebirgsländer* sind ein besonders interessantes Phänomen, was ihre Eigenschaften als Lebensräume für den Menschen betrifft. Geophysikalisch gesehen gibt es nur drei große Gebirgszüge auf der Erde, die bis in große Höhen besiedelt sind. Ein Blick auf den Globus zeigt eine Kette, die von Westasien über den Kaukasus, die Alpen bis zu den Pyrenäen und dem Atlasgebirge in Nordafrika reicht. Eine weitere Kette verläuft von Tibet (Himalaya) über Westchina und Ostsibirien hinüber nach Alaska und dann an den Westküsten Nord- und Südamerikas (Rocky Mountains, Anden) bis hinunter nach Feuerland. Diese Kette ist die beeindruckendste. Die dritte Kette beginnt im Nordosten Indiens und zieht sich, teilweise vom Meer bedeckt, über die Inselwelt Südostasiens und Melanesiens (Neuguinea) bis hinunter nach Neuseeland. (Die Gebirge Ostafrikas werden nur in ihren tiefergelegenen Regionen von Menschen als Lebensraum genutzt.)

Gebirgsregionen sind ethnologisch deswegen besonders interessant, weil sie dem Menschen je nach Lage in Äquatornähe oder -ferne günstige oder ungünstige Bedingungen bieten. Dasselbe gilt für die Höhenlagen.

Gebirgsregionen können alle sieben bislang beschriebenen Arten von Umwelt und entsprechende Kulturen in vertikaler Anordnung enthalten. In den tieferen Lagen tropischer Gebirge liegt die Regenwaldzone, darauf folgen Grasländer und die anderen Umweltformen bis hinauf zur Zone, wo polare Verhältnisse herrschen: auf dem höchsten Berg Afrikas, dem Kilimandscharo, liegt ewiger Schnee.

Interessant ist auch folgendes: In den Gebirgen der gemäßigten Zone, z.B. der Alpen, verschieben sich die natürlichen Umwelten periodisch. Je nach Jahreszeit ist Viehzucht in hohen Lagen möglich oder nicht. Im Sommer wird daher das Vieh nach oben getrieben und im Winter, wenn sich dort polare Verhältnisse einstellen, wieder nach unten verbracht.

Gebirgsregionen sind in der Regel schwer zu überwindende Kulturgrenzen, was bis zu einem gewissen Grad auch für andere Gebiete mit ungünstigen Bedingungen gilt. Meeresdistanzen dagegen trennen Kulturen weniger streng. In den Inselgebieten Melanesiens finden sich die gleichen Kulturen zu beiden Seiten von Meerengen, die 50 und mehr Kilometer breit sind. So zeigt die Huon-Halbinsel in Nordostneuguinea enge Kulturverwandtschaft mit dem Westende Neubritanniens, wogegen weiter nach dem Landesinneren hin in beiden Richtungen deutliche Kulturgrenzen liegen.

Beurteilt man die bisher beschriebenen Arten natürlicher Umwelten unter dem Gesichtspunkt, ob und in welcher Form sie der Entwicklung von charakteristischen Kulturformen förderlich oder weniger förderlich waren und sind, so erkennt man, daß die Entstehung komplexerer Kulturen eine direkte Funktion der Möglichkeiten zum Bodenbau ist, die natürliche Umwelten bieten. Zieht man diese in Betracht, so kann man 4 Arten von Lebensräumen erkennen: 1. Gebiete ohne Möglichkeiten zum Bodenbau (Tundra, manche Wüsten, Savannen, manche Gebirge), 2. Gebiete mit begrenzten Möglichkeiten zum Bodenbau (tropische Wälder Südamerikas mit ihren wenig fruchtbaren Böden), 3. Gebiete mit erweiterbaren Möglichkeiten zum Bodenbau (Anden), 4. Gebiete mit unbegrenzten Möglichkeiten zum Bodenbau.

Die letzteren beiden sind diejenigen, in denen die frühen Hochkulturen der Menschheit entstanden sind.

Mehr zum Thema dieses Kapitels findet sich in folgendem Werk:

Bargatzky, Thomas: Einführung in die Kulturökologie. Umwelt, Kultur und Gesellschaft. Berlin 1986.

6. Kapitel:

Wirtschaftsformen

> In diesem Kapitel wird erklärt, welche Möglichkeiten menschliche Gruppierungen in unterschiedlichen Klimagebieten der Erde haben, um ihre Existenz zu sichern, d.h. mit welchen Formen und Verfahren des Wirtschaftens Nahrung gewonnen werden kann. Weiter wird erklärt, wie die vier grundlegenden Wirtschaftsformen, die sich in der Entwicklung menschlicher Kulturen ergeben haben, mit anderen Bereichen menschlicher Daseinsbewältigung verbunden sind, d.h. im wesentlichen, welche typischen Verwandtschaftssysteme und Religionen den Wirtschaftsformen zuzuordnen sind.

Im vorhergehenden Kapitel haben wir gesehen, daß die Kultur einer Gesellschaft von der natürlichen Umwelt, in der sie lebt, in ihren wesentlichen Aspekten geformt und mit Strategien ausgerüstet wird, die auf diese Umwelt abgestimmt sind. Nur so sind die Betroffenen fähig, ihr Dasein im Rahmen der ihnen vorgegebenen natürlichen Umwelt zu gestalten und die damit verbundenen Probleme zu meistern.

Eines der elementarsten Probleme, das bewältigt werden muß, besteht darin, das **Grundbedürfnis nach Nahrung** zu befriedigen, das heißt **Existenzsicherung** betreiben zu können. Daher enthalten Kulturen als charakteristische Teilstrategie zur Lösung dieser Daseinsproblematik eine bestimmte **Wirtschaftsform**.

Wirtschaftsformen sind so wichtig und kennzeichnend für schriftlose Gesellschaften, daß man ihre Kulturen danach klassifizieren kann, in welcher Weise sie Nahrung produzieren. Daß den Wirtschaftsformen ein solcher Stellenwert zukommt, erweist sich auch darin, daß die Religionen, die dazugehören, einen engen Zusammenhang, ja geradezu eine Verzahnung mit der Wirtschaftsform erkennen lassen. Es hat sogar den Anschein, als seien bestimmte Wirtschaftsformen mit bestimmten Religionsformen nicht vereinbar.

In der Ethnologie unterscheidet man grob gesprochen 4 Wirtschaftsformen:

1. **Wildbeuter**, auch **Jäger und Sammler** (**Sammlerinnen!**) genannt,
2. **Pflanzer**,

3. *Ackerbauer*,
4. *Viehzüchter*, auch **Nomaden** oder **Hirtennomaden** genannt.

Darüber hinaus gibt es eine Reihe von komplexeren Kulturen, zum Teil mit Stadtcharakter, die zwar schriftlos sind, aber schon Strukturen sogenannter Hochkulturen (Handwerkertum, Priesterkaste usw.) aufweisen. Sie können in dieser Einführung nur am Rande erwähnt werden.

Die genannten Wirtschaftsformen gab und gibt es in der Wirklichkeit so eindeutig nur selten oder überhaupt nicht. Ihre idealtypischen Formen, wie sie hier beschrieben werden, sollen nichts anderes als das Prinzip ihrer Grundmuster klar herausstellen.

Wildbeuter

In englischsprachigen Werken heißen sie *hunters and gatherers*. Wildbeuter nennt man sie, weil sie ihre Nahrung nicht eigentlich produzieren, sondern ihrer natürlichen Umwelt entnehmen, wo sie sich findet. Sie jagen und sammeln. Diese Wirtschaftsform bezeichnet man als *aneignend*, im Gegensatz zu den anderen, die man *pfleglich* oder *produzierend* nennt.

Die Arbeit der Nahrungsgewinnung ist bei Wildbeutern recht klar auf die beiden Geschlechter verteilt. Die Männer jagen, die Frauen sammeln. Daher sprechen neuere Veröffentlichungen von *Jägern und Sammlerinnen*.

Diese Art der Arbeitsteilung hat einen einfachen biologischen Grund. In solchen Gesellschaften sind Frauen im arbeitsfähigen Alter normalerweise entweder schwanger, oder sie haben einen Säugling, den sie ständig bei sich tragen. Unter diesen Umständen kann man einer angeschossenen Antilope nicht über längere Entfernungen nachlaufen oder Seehunde von treibenden Eisschollen holen, ganz abgesehen davon, daß man auf der Jagd in eine Lage kommen kann, die für Kleinkinder gefährlich ist.

Das Prinzip der Arbeitsteilung zwischen den Geschlechtern findet sich auch bei Ethnien, die zur Sicherung ihrer Existenz das Meer nützen. In Ozeanien werden die Fischerei und die Jagd auf Meeresschildkröten in den tieferen Gewässern von den Männern betrieben. Die Frauen sammeln das flache Wasser der Saumriffe und Uferzonen nach Muscheln und Krebsen ab, oder fangen kleinere Fische mit Handnetzen.

Gewöhnlich sammeln die Wildbeuterfrauen pflanzliche Nahrung: Früchte, Pilze, Wurzeln.

Wildbeuter üben ihre Existenzsicherung mit Hilfe entsprechender *Werkzeuge und Gerätschaften* aus. Die Männer benützen Jagdwaffen und Hilfsmittel wie Pfeil und Bogen, Blasrohr, Harpune, Bumerang, Fallen, Boote, Schneeschuhe usw., die Frauen Körbe zum Transportieren von Sammelgut, Kalebassen zum Wasserholen usw. Darüber hinaus besitzen sie außer ihrer Kleidung praktisch nichts und sind daher äußerst genügsam. Was sie jedoch in einem Ausmaß wie keine andere Wirtschaftsform brauchen, ist ein ausgedehntes *Territorium*.

Wildbeuter sind (mit Ausnahmen) *nicht seßhaft* und durchstreifen ihr Territorium. Ist die Umgebung eines Lagerplatzes abgeerntet und die Tiere seltener geworden, ziehen die Gruppen weiter, kehren aber periodisch zu ihren Lagerplätzen zurück. So wird vermieden, daß ihr Wirtschaftsraum überjagt, überfischt und zu stark abgesammelt wird.

Wildbeuterische Lebensweise bedeutet *extensive Landnutzung*. In Wirklichkeit benötigt diese Wirtschaftsform mehr Landfläche als alle anderen. Eine Faustregel besagt, daß die Landfläche, die für die Wirtschaft nötig ist, vom Wildbeutertum über die Viehzucht, den Ackerbau, das Pflanzertum bis hin zur Industriegesellschaft jeweils um den Faktor 7 abnimmt. Anders gesagt: Ein Individuum, das die Sicherung seiner Existenz in einer Industriegesellschaft auf einer Fläche von der Größe 1 betreiben kann, bräuchte dazu als Pflanzer eine Fläche von der Größe 7, als Ackerbauer schon eine solche von der Größe 49 usw.

Dieser enorme Landbedarf ist eine wichtige Ursache für den Niedergang wildbeuterischer Kulturen in der Neuzeit. Bei zunehmender Bevölkerungsdichte, z.B. durch Landnahme von Einwanderern (wie in Nord- und Südamerika geschehen), entstehen Probleme, die viele Wildbeuter entweder zum Hungertod verdammen, wobei es zuvor natürlich auch zu kriegerischen Auseinandersetzungen mit den Landnehmern kommen kann, oder sie zwingen, ihre Wirtschaftsform aufzugeben und seßhaft zu werden. Dieser Vorgang ist gegenwärtig weltweit zu beobachten.

Weil Wildbeutergruppen mobil sein müssen, bilden sie in der Regel *Kleingruppen* zu 50 bis 100 Individuen. In Gebieten mit extremen Lebensbedingungen (Kalahariwüste, Polarzone) können die Gruppen noch kleiner sein.

Unter Umständen müssen Wildbeuter die Größe ihrer Gruppe reduzieren, um mobil zu bleiben. Als Folge werden überzählige Kleinkinder, die auf der Wanderung in ein neues Jagd- und Sammelgebiet nicht getragen werden können, als Neugeborene getötet.

Daraus kann sich ein Konflikt mit Wertvorstellungen und Gesetzen europäisch-westlicher Kulturen ergeben, die in den Staaten Gültigkeit haben, in denen solche Wildbeutergruppen heute noch existieren. Das Recht auf Leben, das dort als grundsätzliches Menschenrecht gilt, kann Wildbeutern als Existenzbedrohung erscheinen, wenn dadurch die Größe ihrer Gruppe und die Art ihrer Existenzsicherung aus dem Gleichgewicht geraten. Die Gruppe würde dadurch in ihrem Fortbestand gefährdet, und folglich auch jedes einzelne Mitglied, weil unter wildbeuterischen Bedingungen das Individuum nur in der Gruppe überleben kann.

Ein Beispiel für die besondere Bedeutung der Gruppe für das Individuum ist die Schwierigkeit oder Unmöglichkeit, mit wildbeuterischen (steinzeitlichen) Mitteln allein zu jagen. Weil die Jagdwaffen keine große Reichweite haben, kann größeres Wild nur erlegt werden, wenn dem, der die Jagdwaffe führt, das betreffende Tier von einem oder mehreren anderen Jägern auf Schußweite zugetrieben wird.

Wildbeutergruppen sind, was die Autoritäts- und Machtverhältnisse betrifft, nur wenig strukturiert. Meist gilt das *Senioritätsprinzip*: An der Spitze der Hierarchie steht einer der älteren, noch nicht senilen Männer, der das Sagen hat, weil er über die größte Lebenserfahrung verfügt. Zum Erwerb von Status und Macht gehören aber auch Intelligenz und Charaktereigenschaften wie Mut bei der Jagd und im Kampf gegen Angreifer.

In Wildbeuterkulturen ist das Ideal des guten und erfolgreichen Jägers mit höherem Prestige verbunden als die Sammeltätigkeit der Frau, obwohl deren Anteil an der Existenzsicherung quantitativ und zeitlich meist größer ist als der des Mannes. Die trotzdem dominierende Stellung männlicher Tätigkeitsmerkmale findet ihre Entsprechung in der Tatsache, daß Wildbeuter ihre *Verwandtschaftszugehörigkeit* in der Regel über die Linie des Vaters bestimmen. Ihre *Abstammungsrechnung* ist *patrilineal* (oder *patrilinear*).

63

Die vorrangige Stellung des Mannes findet sich auch in den *Religionen* der Wildbeuter. Ihre Grundstruktur ist, wie bei fast allen schriftlosen Kulturen, *animistisch* (vgl. Kap. 14).

Das den meisten wildbeuterischen Religionen gemeinsame Element ist ein *übermenschliches Wesen*, von dem man sagt, es habe die Dinge geschaffen oder die schon irgendwie vorhandene Welt vervollkommnet. Insbesondere aber hat dieses Wesen die Tiere hervorgebracht, und es ist in jeder nur erdenklichen Weise für das Jagdwild zuständig, oft auch für die gesicherte Versorgung der Menschen mit Nahrung ganz allgemein. Dieses Wesen ist eine Art personifizierte höchste Kraft in der Natur und heißt in der Ethnologie *Herr der Tiere*. In selteneren Fällen ist es eine *Herrin*. Daneben können auch noch andere Schöpferwesen vorhanden sein.

Ein Teil der *Rituale* in Wildbeuterkulturen ist diesem Wesen gewidmet. Wenn die Jäger keine Tiere mehr erlegen, muß es daran liegen, daß der Herr der Tiere diese den Menschen aus irgendeinem Grund vorenthält. Er muß versöhnt oder einfach daran erinnert werden, daß man die Tiere braucht. Die Rituale enthalten standardisierte Verhaltensweisen, die in der betreffenden Kultur als Verfahren zur Kontaktaufnahme mit übernatürlichen (über dem Menschen stehenden, jenseitigen) Wesen gelten: meist ein Opfer als eine Art Geschenk.

Die Versöhnung geschieht manchmal nicht erst dann, wenn man Anzeichen für eine Verstimmung zwischen den Menschen und dem Herrn der Tiere zu erkennen glaubt. Tiere gelten oft als seine "Kinder". Will man auf die Jagd gehen, so muß man ihn unter Umständen schon im voraus gnädig stimmen, weil man eines seiner Geschöpfe töten wird.

In solchen Kulturen spielt die *Jagdmagie* eine bedeutende Rolle. Sie besteht aus den verschiedensten Arten symbolischer Handlungen, in denen der Ablauf der Jagd und ihr Ergebnis sozusagen simuliert wird. Man setzt etwa den Jagdzug und die Tötung des Wildes in einer Art Tanz, mit Hilfe von Tiermodellen oder auch Zeichnungen usw. anschaulich in Szene, in der Erwartung, daß der wirkliche Jagdzug in der gleichen Weise ablaufen wird.

Solche Vorstellungen ergeben eine sinnvolle Erklärung für *Felsbilder* und *Höhlenmalereien* mit Jagdszenen, wie wir sie aus dem jüngeren *Paläolithikum* (Altsteinzeit, ca. 600 000-8 000 v. Chr.) reichlich kennen, beispielsweise aus den westfranzösischen und ostspanischen Fundstellen in Lascaux und Altamira. (In allerneuester Zeit wurden allerdings Höhlenmalereien entdeckt, die eine Revision dieser Erklärung nötig machen könnten. Vielleicht bildeten die Malereien den Rahmen für Initiationsrituale.)

Wildbeuterkulturen und ihre Religionen enthalten eine *Mythologie*, in deren Berichten überwiegend männliche Wesen und deren Betätigungen vorkommen. (Mythologie bedeutet hier die Gesamtheit aller *Mythen* einer Ethnie, d.h. ihrer religiös-weltanschaulichen Erzählungen; vgl. Kap. 13.)

Ein anderes, besonders hervorstechendes Merkmal von Wildbeuterkulturen ist das *Fehlen von Ahnenverehrung*. Wildbeuter haben keine längerdauernde Beziehung zu ihren Toten. Weil sie nicht seßhaft sind, spielen die Gräber ihrer Familienangehörigen nicht die Rolle von Kult- oder Gedenkstätten. Plätze, an denen jemand gestorben ist oder bestattet wurde, werden vielmehr gefürchtet und gemieden. Die eigentliche Ursache für dieses Verhalten ist die bei Wildbeutern weit verbreitete Vorstellung, daß die Seele des Menschen nach dessen Tod zu einem Dämon wird, der die Hinterbliebenen in sein Schicksal mit hineinreißen will und als Verursacher vieler Krankheiten gilt.

Charakteristisch für Wildbeuterkulturen ist die Institution des *Schamanen*, dem Mittler zwischen dem "Diesseits" als der Sphäre der Menschen und dem "Jenseits" als der Sphäre übermenschlicher Wesen. Schamanen sind, sehr vereinfacht gesagt, religiöse Spezialisten, die in Notsituationen um Rat angegangen werden, zum Beispiel wenn jemand krank ist. Man schreibt ihnen die Fähigkeit zu, ihre Seele (oder eine ihrer Seelen) auf eine Reise ins Jenseits zu schicken, um bei allwissenden übermenschlichen Wesen, ihren sogenannten *Hilfsgeistern*, Ursache und Behandlungsmöglichkeiten einer Erkrankung zu erfahren. Während dieser *Seelenreise* liegt der Körper des Schamanen in *Trance*, das heißt bewußt- und bewegungslos, bis seine Seele zu ihm zurückkehrt.

Das Wildbeutertum war offenbar die erste Wirtschaftsform, die im Lauf der Geschichte der menschlichen Kulturen entstand. Als Wildbeuter sicherten sich die Menschen jahrtausende-, wahrscheinlich sogar jahrhunderttausendelang ihre Existenz, und es war im Paläolithikum (bis vor ungefähr 10 000 Jahren) die einzige Wirtschaftsform der gesamten damals lebenden Menschheit.

Die wildbeuterische Lebensweise machte es erforderlich, daß der Mensch sich der Natur so weit wie möglich anpaßte, und sie ist bis heute diejenige Lebensweise geblieben, die der Natur die geringste Belastung und Veränderung zumutet.

Das bedeutet aber nicht, daß Mensch und Natur mit dieser Wirtschaftsform bewußt in Harmonie zusammengelebt hätten. Das Leben war ausgefüllt mit teilweise hartem Kampf gegen die Überlegenheit und geringe Beeinflußbarkeit der Natur, denen die Menschen in schriftlosen Gesellschaften, besonders aber in der Wirtschaftsform des Wildbeutertums ausgeliefert sind. Man muß sich nur einmal klar machen, wie die Sterblichkeitsraten unter solchen Bedingungen aussahen. Vieles deutet darauf hin, daß es ein Kunststück war, überhaupt 5 Jahre alt zu werden. Kaum jemand wurde älter als 35 bis 40 Jahre.

Harmonie herrschte auch in anderen Zusammenhängen wahrscheinlich nur bedingt, zum Beispiel bei der schonenden Nutzung der Natur. Paläolithische Fundstellen in Westfrankreich haben folgenden Sachverhalt ergeben: Die dort lebenden Wildbeuter jagten Wildpferde, indem sie diese über den Rand von Felsabbrüchen trieben, von wo sich die Tiere zu Tode stürzten. Bei der archäologischen Untersuchung der Aufschlagstellen fanden sich haufenweise Wildpferdskelette, aus deren Zustand zu schließen ist, daß den Körpern nur wenige Teile an Fleisch entnommen wurden. Als wahrscheinlich gilt, daß es sich bei diesen Teilen um Stücke handelte, die unter Jägern im französischen Paläolithikum als Delikatesse galten. Wenn dieser Schluß zuträfe, handelte es sich hier um einen eklatanten Fall von Verschwendung. Ähnliches gilt übrigens für den Umgang mit Wild bei den ethnischen Gruppen, die Nordamerika besiedelten: Für einen Festschmaus brauchten Indianer bisweilen nur die Zungen von Büffeln. Bei großen Gelagen tötete man so viele Tiere, daß man genug Zungenfleisch zur Verfügung hatte. Das übrige ließ man verrotten. Zu keiner Zeit waren die Menschen so edel, sich freiwillig zu beschränken, um ihre Umwelt zu schonen.

Daß es nicht zum Raubbau an der Natur kam und bei heute noch lebenden Wildbeutern nicht kommt, lag und liegt nicht so sehr an einer moralisch hochstehenden wildbeuterischen Ethik, (die es gewiß bei einzelnen Individuen auch gab und gibt!), sondern an der geringen Bevölkerungszahl und -dichte, die es erlaubte und auch heute noch manchmal erlaubt, mit natürlichen Ressourcen in dieser Weise umzugehen, ohne die Natur merklich zu belasten.

Wildbeuter gibt es nur noch vereinzelt und in sogenannten *Rückzugsgebieten*. Die Tendenz der gegenwärtigen Entwicklung ist klar. In wenigen Jahrzehnten wird es keine Wildbeuter mehr geben, allerdings nicht nur deswegen, weil sie keinen Lebensraum mehr haben, sondern auch deswegen nicht, weil sie selbst nicht mehr so leben wollen. Sie stehen inzwischen überall in engem Kontakt mit technologisch-zivilisatorisch bestimmten Kulturen, deren Vorteile sie sich selbstverständlich zunutze zu machen versuchen, um sich den Kampf ums Dasein zu erleichtern. Sie beschaffen sich moderne Jagdgewehre, Motorboote für die Fischerei usw., wodurch sie natürlich auch selbst den Wandel ihrer Kulturen voranbringen.

Wildbeuter lebten und leben in den verschiedensten Umwelten, zum Teil unter extremen Bedingungen: die Inuit im subpolaren Klimagürtel, die Buschmänner in subtropischen, enorm wasserarmen Gebieten Südafrikas.

Wildbeuter, so haben wir gesehen, wirtschaften nicht pfleglich, sondern aneignend, und sie sind in der Regel nicht seßhaft. Das heißt, sie halten sich keine Tiere und keine Pflanzen in ihrer unmittelbaren Nähe, sondern sie gehen nach Bedarf jeweils zu diesen hin: die Männer zu den Tieren, indem sie sich auf die Jagd begeben, die Frauen zu den Pflanzen, indem sie sich zum Sammeln an die Orte begeben, wo die Pflanzen, Beeren und Pilze wachsen, von denen sie sich ernähren.

Aus solchem Verhalten könnten im Lauf der Kulturentwicklung der Menschheit die anderen Wirtschaftsformen als Spezialisierungen entstanden sein: das Pflanzertum, der Ackerbau und das Viehzüchtertum (Nomaden). Diese Entwicklung war aber sicherlich nicht zwangsläufig, denn es gibt Beispiele aus der Geschichte der Kulturen dafür, daß Pflanzer zu Jägern und Sammlern wurden, wenn sie durch Auswanderung oder Verdrängung in eine entsprechende Umwelt dazu gezwungen waren (z.B. die Maori auf der Südinsel Neuseelands).

Pflanzer

Auf den ersten Blick erscheint es merkwürdig, zwischen Pflanzern und Ackerbauern einen Unterschied zu machen. Es ist aber leicht einzusehen, warum eine solche Differenzierung Sinn macht.

Pflanzer bauen **Knollenfrüchte** an, das heißt: ***Taro, Yams, Maniok, Mami, Süßkartoffeln*** (***Bataten***). Diese brauchen für ihr Wachstum eine tropische Umwelt mit reichlich Niederschlag oder künstlicher Bewässerung. Weil Pflanzer nur in den immerfeuchten Tropen vorkommen, gehört auch die ***Banane*** gewissermaßen ethnologisch zu den Knollenfrüchten, in manchen Gebieten auch die ***Brotfrucht*** (z.B. in Ozeanien).

Was Pflanzer ernten, kann nicht oder nur sehr bedingt gespeichert werden: Die Knollenfrüchte sind leicht verderblich und müssen nach der Entnahme aus der Pflanzung innerhalb kurzer Zeit verbraucht werden. Man erntet immer nur so viel, wie man im Augenblick braucht. Dies ist z.B. beim Taro das ganze Jahr über möglich, weil es in den immerfeuchten Tropen keine ausgeprägten Jahreszeiten gibt, in denen eine vegetationslose Zeitspanne mit einer Vegetationsperiode abwechselt. Die Pflanzen, die man zum Leben braucht, werden dort aufbewahrt, wo sie auch wachsen. Die Pflanzung ist eine Art ***lebender Speicher***. Und weil jeder die gleichen Knollenfrüchte pflanzt und gewöhnlich nicht für den Verkauf auf einem Markt, sondern nur für den eigenen Gebrauch erntet, nennt man diese Art der Existenzsicherung ***Subsistenzwirtschaft***.

Pflanzer legen keine großen Felder an wie die Ackerbauern, sondern gartenartige Pflanzungen. Dazu eignen sich die sumpfigen Bereiche in der Nähe von Wasserläufen, die man durch Stauen oder mit Hilfe von Bewässerungsanlagen auch künstlich erzeugen kann. Hier werden beispielsweise Tarofelder angelegt. Knollenfrüchte wie Yams oder Maniok, die trockenere Standorte benötigen, werden auf Böden gepflanzt, die man durch ***Brandrodung*** gewinnt.

Zu diesem Zweck wird ein Stück Urwald gerodet, und nachdem die gefällten Bäume dürr geworden sind, zündet man sie an. Die Asche düngt den Boden. Diese Arbeit ist Männersache. Danach machen sich die Frauen an die Arbeit des Pflanzens. Mit dem Grabstock oder einer einfachen Hacke graben sie Löcher für Stecklinge. Pflanzer säen in der Regel nicht, sondern vermehren ihre Nahrungspflanzen vegetativ, d.h. durch Ableger.

Regelrechte Düngung mit tierischen oder menschlichen Exkrementen ist bei Pflanzern nicht nur unüblich. Sie halten dieses Verfahren zur Steigerung des Ertrags bisweilen für eine der Abscheulichkeiten europäischer Landbaumethoden. Wie kann man essen wollen, was auf Mist gewachsen ist? Wenn sie überhaupt düngen, dann höchstens mit dürrem Laub oder durch Unterhacken von Grünpflanzen.

Dafür, daß die Frauen die Arbeit des Pflanzens besorgen, gibt es einen handfesten Grund. Vermutlich waren sie es, die als Wildbeuterinnen in einer tropischen Umwelt beim Sammeln auf die Idee kamen, sich die langen Wege zu den Pflanzen zu ersparen und in der Nähe eines Lagerplatzes ein Feld anzulegen, wo sie diese züchten konnten. Vielleicht hat sie auch einfach eine Entdeckung auf die Idee gebracht, die sie machten, wenn ihre Horde beim Durchstreifen ihres Territoriums nach einiger Zeit an einen früheren Lagerplatz zurückkehrte: Der Abfallhaufen, auf den sie die Nahrungsreste geworfen hatten, war zu ihrer Überraschung überwachsen mit einer der Knollenpflanzenarten, die sie jetzt nur noch zu ernten brauchten, ohne lange suchen zu müssen.

Das Anlegen von Pflanzungen hatte Konsequenzen. Es zwang die Erfinderinnen und ihre Männer zur **Seßhaftigkeit**, obwohl letztere ihr Jagdverhalten durchaus beibehalten konnten und wohl auch mußten, wenn ihre Familien mit ausreichenden Mengen tierischen Proteins versorgt werden sollten. Mit der Abhängigkeit von einer Pflanzung als Grundnahrungsversorgung wurde Landbesitz wertvoll und mußte unter Umständen verteidigt werden. Grund und Boden als Territorium gehörten jetzt nicht mehr der Allgemeinheit, sondern wurden privatisiert, indem bestimmte Gruppen Anspruch darauf erhoben, indem sie ihn bebauten und darauf wohnten.

Mit der Erfindung des Pflanzens stand ein größeres Nahrungsangebot ständig zur Verfügung, und damit wuchs die Zahl der Menschen, die ernährt werden konnten. Die Familien und die anderen sozialen Verbände wurden größer. Daraus ergab sich die Notwendigkeit der politischen Führung. Es entstanden Häuptlingstümer. Auch wurde es von da an für Kinder und andere Familienangehörige notwendig, ihren Anspruch auf Landbesitz zu begründen, zu legitimieren. Sie mußten nachweisen, daß sie zu einer bestimmten Familie oder Gruppe gehörten und daher als Besitzer und Erben eines bestimmten Stücks Land zu gelten hatten. Sie besaßen fortan das, was man in der Ethnologie *Landtitel* nennt. Bei den Pflanzern entstand so eine ausgeprägte Familienorientierung, und diese drückt sich in zum Teil recht komplizierten *Verwandtschaftssystemen* mit entsprechend differenzierten *Verwandtschaftsbezeichnungen* aus, die bei den Wildbeutern so noch nicht nötig waren. Außerdem entwickelte sich ein charakteristisches Grundprinzip pflanzerischer Verwandtschaftssysteme, die sogenannte *Matrilinearität*.

In den meisten Pflanzerkulturen rechnet man seine Abstammung durch die *Linie der Mutter*. Pflanzer, so sagt man in der Ethnologie, sind verwandtschaftlich *matrilinear* (oder *matrilineal*) organisiert. Das hat vermutlich einen einfachen Grund. Die Geburt eines Kindes ist nur schwer zu verbergen. Sie hat sich schon durch die Schwangerschaft seiner Mutter unübersehbar angekündigt. Auch sind bei einer Geburt meist eine Reihe anderer Frauen und Mädchen anwesend. Daher ist die Mutter eines Menschen fast immer genau bekannt. Bei den alten Römern gab es dazu das Sprichwort "Mater semper certa est" (etwa: die Mutter steht immer fest). Nicht so der Vater! Bei der Zeugung eines Kindes ist fast nie jemand (außer den beiden Eltern) zugegen. Folglich steht häufig weniger eindeutig fest, wer sein Vater ist. (Vor Gericht werden erheblich mehr Vaterschaftsnachweise gefordert als Mutterschaftsnachweise.) Man kann also seine Zugehörigkeit zu einer Familie und damit auch den Anspruch auf ein Stück Land und die dort produzierte Nahrung viel zweifelsfreier über die Mutter nachweisen als über den Vater (vgl. Kap. 8).

Aus diesen wenigen Einzelheiten läßt sich ersehen, daß zwischen Wildbeutern und Pflanzern erhebliche kulturelle Unterschiede bestehen. Die Erfindung des Pflanzens und die Seßhaftwerdung, die zwangsläufig daraus folgte, zog in Wirklichkeit so tiefgreifende Veränderungen nach sich, daß man sie als Ausgangspunkt einer neuen Ära in der Geschichte der Kultur ansieht und entsprechend benennt. Mit ihnen geht das Paläolithikum zu Ende, und das *Neolithikum* (Jungsteinzeit, ca. 8000-1800 v. Chr.) beginnt. Der Ackerbau, der sich daraus entwickelte, ist das Kennzeichen der *neolithischen Revolution*. Sie zeigte sich in den Tropen vermutlich früher als außerhalb.

Die Seßhaftigkeit hatte einschneidende Folgen auch im Bereich der *Religion*. Pflanzer sind, wie wir gesehen haben, stärker familienorientiert als Wildbeuter. Zur Familie gehören bei ihnen nun nicht nur alle ihrer lebenden Mitglieder, sondern auch die schon verstorbenen. Diese denken sie sich als

Ahnengeister immer noch in ihrer Nähe, und da sie meist noch älter sind als die lebenden alten Familienmitglieder, gelten Ahnengeister entsprechend als noch stärker zu respektieren. Man bringt ihnen Ehrerbietung entgegen, macht ihnen Geschenke in Form von *Opfern*, meist als Speiseopfer. Und weil sie nach ihrem Tod weiterhin zur Familie gehören, beerdigt man sie auf dem eigenen Grund und Boden in der Nähe der Behausung oder sogar direkt im Haus. Damit ist die Familie bei den Pflanzern nicht nur eine geschlossene Einheit in wirtschaftlicher, sondern auch in religiöser Hinsicht. Sie ist sozusagen gleichzeitig die "Firma" und die "Gemeinde".

Die Ahnen haben als gute Geistwesen (gut im Sinne der betreffenden Familiengruppe oder Ethnie!) unter Umständen Zugang zu einem sogenannten *Höchsten Wesen*, das im Himmel lebt und als *Schöpfer* der Welt gilt. Dieses denkt man sich als alten, manchmal sehr alten Mann, der sich um seine Schöpfung eigentlich nicht mehr kümmert. Daher verehrt man ihn nicht besonders, jedenfalls bei weitem nicht im gleichen Maß wie die eigenen Ahnengeister, die sich viel direkter mit den Belangen der Menschen beschäftigen als das Höchste Wesen, das sich weit von der Sphäre der Menschen im Himmel befindet.

In der Mythologie der Pflanzer findet sich nicht selten die Schlange als eine Art "Herrin der Pflanzen", die manchmal auch als Wassergeist oder Wassergottheit verstanden wird. Bei Ethnien Südostasiens, z.B. den Batak auf Sumatra, finden sich Schilderungen eines riesigen Schlangenwesens, das unter der Erdoberfläche lebt und mit seinen Bewegungen Erdbeben verursachen kann.

Weiter finden sich in der Mythologie der Pflanzer übermenschliche Gestalten, männliche und weibliche, von denen man berichtet, sie hätten nach der Erschaffung der Welt in einer Art *mythischer Urzeit* eine Zeitlang mit den Menschen zusammengelebt, bis diese eine besonders verwerfliche Tat begingen, etwa indem sie ein solches übermenschliches Wesen töteten. Die Tat stellt so etwas wie einen Sündenfall dar, eine Katastrophe, die das Ende der Urzeit (wieder nur im Sinne der betreffenden Ethnie) bedeutete und die Welt in einer Weise veränderte, wie sie ihrem gegenwärtigen Zustand entspricht.

Unter Umständen erregte diese Untat den Zorn des Höchsten Wesens so sehr, daß es den Himmel, der sich bis dahin nahe bei der Erde befand und den Menschen zugänglich war, für immer weit nach oben schob oder die Leiter umstieß, die dorthin führte. Von da an hatten die Menschen keinen Zugang mehr zum Himmel und zum Höchsten Wesen. Gleichzeitig gibt es aber auch Berichte, die besagen, aus der Untat sei Segen entstanden. Nachdem die Menschen das getötete übermenschliche Wesen zerstückelt und die Körperteile begraben hatten, wuchsen daraus die ersten Knollenpflanzen: aus dem Kopf wurde der Taro, aus den Armen der Yams usw.

Diese Geistwesen sind aber, wie gesagt, Gestalten der Mythologie und für das tägliche Leben der betreffenden Menschen von deutlich geringerer Bedeutung als die Ahnengeister. An letztere wenden sie sich direkt in allen Krisensituationen über ein *Medium*, und dies in charakteristisch anderer Weise als der Schamane bei den Wildbeutern, der seine Seele auf "Jenseitsreise" zu seinen Hilfgeistern schickt, um wichtige Informationen zu beschaffen. Beim Medium geschieht der Kontakt mit jenseitigen Wesen in etwa umgekehrt. Die Ahnengeister begeben sich sozusagen auf "Diesseitsreise". Sie werden von den Lebenden "gerufen" oder nehmen aus eigenem Willen Besitz von einem Menschen, der in einer Art *Trance* (oder auch nicht!) den Willen der Ahnengeister verkündet.

Die Merkmale, die für das Pflanzertum kennzeichnend sind, finden sich leicht verändert, im Prinzip aber verstärkt und ausdifferenziert, in der Wirtschaftsform des *Ackerbaus*.

Ackerbauer

Im Unterschied zu Pflanzern bauen sie *Körnerfrüchte* (Getreide) an: Mais, Weizen, Gerste, Roggen, Hirse und Reis. Körner besitzen eine Eigenschaft, die kulturgeschichtlich gesehen von besonderer Wirkung war.

Was Ackerbauer ernten, kann man über längere Zeit *speichern*, für den Markt und, wichtiger noch, als *Vorrat* für eine vegetationslose Jahreszeit. In der Folge der Erfindung des Körnerbaus hat sich der Lebensraum des Menschen gewaltig nach Norden und Süden erweitern lassen (ein schöner Beweis übrigens dafür, daß Kulturen Strategien zur Bewältigung des Daseins sind!). Waren die Pflanzer auf die Tropen beschränkt, konnten die Ackerbauer auch da leben, wo es einen Winter oder eine Trockenperiode gab. Voraussetzung war nur guter Ackerboden und ausreichende Niederschläge zur rechten Zeit.

Die Speicherbarkeit von Körnerfrüchten hatte aber auch noch andere Folgen. Weil man sie lange aufheben kann, brauchen überschüssige Erntemengen nicht zu verderben. Man kann sie auf Märkten verkaufen, zumindest gegen andere Waren eintauschen, oder die Vorräte helfen einem selbst über eine Mißernte hinweg. Und schließlich erlaubte die Möglichkeit, *Überschüsse zu produzieren*, den Menschen von jetzt an, auch solche zu ernähren, die selbst keine Nahrung produzierten: Handwerker, Baumeister, Lehrer, Priester und Soldaten. Das hat schon in frühen Ackerbaugesellschaften dazu geführt, daß riesige Bauvorhaben verwirklicht werden konnten, z.b. die ägyptischen Pyramiden, die Tempelanlagen von Karnak und Luxor, oder daß Großreiche errichtet wurden, z.b. das babylonische Reich, weil genügend Nahrung produziert werden konnte, um ein schlagkräftiges Heer zu unterhalten.

Die klimatischen und meteorologischen Voraussetzungen für den Ackerbau waren besonders günstig in den Tälern großer Ströme, die während einer jährlichen Regenperiode die Felder überschwemmten und mit ihrem Schlamm düngten. Es war also kein Zufall, daß die frühen Großreiche Ägyptens und Babylons an Nil, Euphrat und Tigris entstanden.

Der Speicher, der in einer Ackerbauwirtschaft von Bedeutung ist, hatte zunächst nur die Funktion des Lagerplatzes für die Ernte, und als solcher befand er sich in der Nähe der Wohnungen, denn auch Ackerbauer sind selbstverständlich *seßhaft* wie die Pflanzer.

Überfluß im Nahrungsangebot bewirkt normalerweise eine Zunahme der Bevölkerung. Eine Familie konnte unter solchen Bedingungen in der dritten Generation eine respektable Größe erreichen. Deren Mitglieder bauten sich ihre Häuser um den Nahrungsspeicher herum, so daß Gehöfte entstanden. Damit die Vorräte gleichmäßig an alle verteilt und sparsam verbraucht wurden, mußte eine Art Verwalter bestimmt werden, der dafür verantwortlich war. Dieser Verwalter hatte den Speicher auch gegen Diebe zu verteidigen und brauchte unter Umständen bewaffnete Helfer dazu. Wenn die Vorratshaltung die Bevölkerung eines größeren Gebiets betraf, konnte der Verwalter die Zuteilungen nicht mehr selbst überwachen, sondern mußte einen Stab von Beamten damit betrauen. Auf diese Weise erlangte er unter Umständen große Machtfülle. Dies erklärt den hohen Status Josefs als Verwalter der Ernten in Ägypten (Genesis 41), und es erklärt, warum manche Verwalter an den Höfen früher germanischer Herrscher, z.B. die "Hausmeier" (maior domus) der fränkischen Merowingerkönige, aufgrund ihrer wirtschaftlichen und politischen Stellung die Macht an sich reißen und sich selbst zu Herrschern machen konnten.

Überschußproduktion setzt voraus, daß man nicht mehr nur Pflanzungen von Gartengröße anlegte, sondern *Großpflanzungen*, Äcker. Diese bearbeitete man bald nicht mehr nur mit der Hacke, sondern mit schwerem Gerät: mit dem Pflug, vor den Rinder gespannt wurden. Das bedeutete harte Arbeit, also Männerarbeit. Die Pflanzung war die Domäne der Frau gewesen. Der Acker wurde die Domäne des Mannes und seiner Söhne. Sie waren die eigentlichen "Bauern".

Dies erklärt, warum die Frau in Ackerbauerkulturen in vieler Hinsicht eine nachgeordnete Stellung einnimmt, im Gegensatz zu Pflanzerkulturen. Ackerbauer rechnen ihre Abstammung *patrilinear* (oder *patrilineal*), also durch die Linie des Vaters. Das zeigt sich in den europäisch-westlichen Kulturen beispielsweise darin, daß die Frau bei der Heirat den Familiennamen des Mannes annimmt. (Doppelnamen der Frau oder Wählbarkeit des Familiennamens sind neuere Entwicklungen!).

Ackerbauer sind wie Pflanzer stark familienorientiert. Das wirkt sich in ähnlicher Weise auf ihre Religion aus wie bei den Pflanzern. Die Verstorbenen gehören weiterhin zur Familie, werden verehrt und um Hilfe angegangen, wenn man in Not ist oder einen Rat braucht. In der Religion der Ackerbauer spielt das männliche Element eine größere Rolle als bei den Pflanzern. Das mit dem Himmel und dem Regen identifizierte Höchste Wesen ist ein männliches, die Erde dagegen ein weibliches Prinzip. Ihre Fruchtbarkeit hängt ab von diesem Höchsten Wesen. In der Mythologie der Ackerbauer findet sich dies oft als sexuelle Vereinigung von Himmel und Erde veranschaulicht.

Interessant ist auch, daß die *Schlange* in den Mythen der Ackerbauer in der Regel positiv erscheint. Weil sie erdverbunden lebt, gehört sie in den Aufenthaltsbereich der Verstorbenen und hat so teil am Wissen der Ahnen, die, wie fast alle jenseitigen Wesen, unbegrenzten Zugang zu jeder Art von Wissen haben. Die Schlange gilt hier meist als kluges Tier, besonders auch im Bereich der Medizin, denn sie kennt die Wirkungen der Gräser und Kräuter, zwischen denen sie lebt. Hier liegen alte Zusammenhänge mit dem Äskulapstab der Griechen, einem medizinischen Symbol, das eine Schlange enthält.

Viehzüchter

Wir hatten gesehen, daß man die Kulturen der Bodenbauer (Pflanzer und Ackerbauer) als aus der Tätigkeit der Frauen in Wildbeuterkulturen hervorgegangen erklären kann. Sie hatten sich die Arbeit des Sammelns einfacher gemacht, indem sie nicht mehr zu den Pflanzen gingen, sondern sie in die Nähe ihrer Behausungen holten.

Nun kann man sich vorstellen, daß auch die Männer als Jäger irgendwann auf die Idee kamen, sich das Leben zu erleichtern, indem sie die Tiere zu sich holten und zähmten, die sie ursprünglich gejagt hatten. Ganz so einfach war es aber wohl nicht. Es hat den Anschein, als sei das Viehzüchtertum aus dem Ackerbau hervorgegangen.

Weil Viehzüchter nicht seßhaft sind und mit ihren Tieren von Weideplatz zu Weideplatz ziehen, nennt man sie auch *Nomaden*. Diese Bezeichnung wird manchmal in unrichtiger Weise auch auf Wildbeuter angewandt, um ihre nichtseßhafte Lebensweise zu charakterisieren. In der Ethnologie gelten sie nicht als Nomaden, weil ihnen das Merkmal der Viehzucht fehlt.

Viehzüchter halten folgende *Großtiere*: Rind, Esel, Kamel, Ren (in der Nähe des Polarkreises), und Yak (in den Hochgebirgen Asiens). Auch Schafe und Ziegen gehören zu ihrem Tierbestand.

Viehzüchter ernähren sich weitgehend von *Milch*, Milchprodukten und dem *Blut* ihrer Tiere. Dieses gewinnen sie mit Hilfe eines speziellen Bogens und Pfeils, der aus kurzer Entfernung in die Halsvene des lebenden Rinds geschossen wird und diese perforiert. Den austretenden Blutstrahl fängt man in einem Gefäß auf und versorgt die Wunde anschließend.

Überraschend ist, daß Viehzüchter eher selten schlachten und daher wenig Fleisch essen. Wenn überhaupt geschlachtet wird, dann zu Opferzwecken, und zwar männliche Tiere.

Viehzüchter können sich nicht ausschließlich von den Produkten ihrer Tiere ernähren, denn ihr Körper braucht auch Vitamine und Spurenelemente aus pflanzlicher Nahrung, um gesund zu bleiben. Entweder sie legen selbst Pflanzungen an, die sie wenigstens von Zeit zu Zeit erreichen können, oder sie handeln ihren Bedarf an pflanzlicher Nahrung von Bodenbauern ein.

(Übrigens pflanzte auch Isaak, der im wesentlichen Viehzüchter war: Genesis 26,12).

Der Umgang mit Großvieh erfordert Kraft. Auch müssen Viehzüchter Mut und Kampfgeist beweisen können, weil Diebe und Raubtiere nach ihrem Besitz trachten. Daher ist die Arbeit mit dem Vieh Männersache, auch das Melken. In Nomadenkulturen ist der Mann das tragende Element. Daher ist auch die Verwandtschaftsrechnung in der Regel *patrilinear* (oder *patrilineal*). Die Frau hat eine nachgeordnete Stellung, auch in religiöser Hinsicht. Sie tritt weder in der Öffentlichkeit besonders hervor, noch hat sie Funktionen im rituellen Bereich. Das war ein Kennzeichen der Gesellschaft im alttestamentlichen Israel, und in arabisch-islamischen Kulturen ist es heute noch die Regel: Von Frauen wird erwartet, daß sie sich mit einer speziellen Tracht in der Öffentlichkeit symbolisch unsichtbar machen.

Das Verhältnis des Viehzüchters zu seinen Tieren trägt Züge einer Freundschaft oder gar einer Verwandtschaft: Mensch und Tier verstehen sich oft geradezu als Brüder.

Der Umgang mit dem Vieh ist mit hohem Prestige verbunden. Dem entspricht, daß der Preis, den ein heiratswilliger junger Nomade an die Familie seiner künftigen Frau zu entrichten hat, in Rindern gemessen wird. Bei Pflanzern entspricht der *Brautpreis* eher einer verdeckten Kategorie: Vom Mann wird erwartet, daß er während der Dauer der Ehe der Familie seiner Frau zuarbeitet.

Viehzüchter haben eine ausgeprägt andere Kultur als Wildbeuter und Bodenbauer. Weil ihr Vermögen aus vielen einzelnen Tieren besteht, besitzen sie entwickelte Zahlensysteme. Nicht ohne Grund ist das moderne Dezimalsystem im arabischen Kulturraum entstanden. Weil sie mobil sein müssen, gibt es in ihrer materiellen Kultur nur verhältnismäßig wenige größere Gegenstände, die leicht auf Tiere zu verladen und zu transportieren sind.

Dagegen ist ihre *geistige Kultur* stark entwickelt: Tänze, Lieder und Erzählungen existieren bei ihnen in zahlreichen Ausprägungen, Stilen und Gattungen. (In manchen Ethnien dichten die jungen Männer Preislieder mit komplizierten poetischen Formen auf die jungen Frauen, indem sie deren Qualitäten, zum Beispiel ihre Augen, mit denen ihrer Lieblingskühe vergleichen!)

Auch im Bereich der Religion zeigen sich charakteristische Unterschiede zwischen dem Nomadentum und den anderen Wirtschaftsformen. Viehzüchter kennen zwar ebenfalls ein Höchstes Wesen, das meist betont maskulin und allmächtig ist, und auch bei ihnen gibt es eine Reihe Geistwesen, die diesem Höchsten Wesen nachgeordnet sind, jedoch geringere Bedeutung haben als die Ahnengeister der Ackerbauer. Das Höchste Wesen der Viehzüchterkulturen weist jedoch Züge eines *alleinigen Gottes* auf (*Monotheismus*). Typische Vertreter solcher Gottesformen finden sich folgerichtig im Israel des Alten Testaments und im Islam.

Das Höchste Wesen in Viehzüchterkulturen wird oft mit dem Himmel und den vielfältigen Erscheinungen des Wetters identifiziert. Eine seiner wichtigsten Funktionen ist die des Regenspenders. Ohne Niederschläge gäbe es kein Weidegras und damit keine Lebensgrundlage. Entsprechend von Bedeutung ist die Regenmagie, die von Spezialisten ausgeübt wird, denen große Macht zukommt.

Die *Schlange*, bei Bodenbauern ein positiv besetztes Symbol, ist bei Viehzüchtern in der Regel mit Vorstellungen von Gefahr und Unheil verbunden, so auch im Denken des alttestamentlichen Volkes Israel (Genesis 3; Numeri 21).

Die Literatur zur Einführung in die Thematik der Wirtschaftsformen ist sehr begrenzt, vieles veraltet. Am empfehlenswertesten sind Vivelo 1981, Jensen 1983 und Plattner 1989.

Mehr zum Thema dieses Kapitels findet sich in folgenden Werken:

Fischer, Hans (Hrsg.): Ethnologie. Eine Einführung. Berlin 1983.

Jensen, Jürgen: Wirtschaftsethnologie. In: Fischer 1983:91-119.

Kleihauer, Maike: Kulturelle Regression bei Jäger- und Sammlerkulturen. Diss. Freiburg 1989.

Kohl, Karl-Heinz: Ethnologie - die Wissenschaft vom kulturell Fremden. Eine Einführung. München 1993:77-91.

Lee, Richard B.; DeVore, Irvin (eds.): Man the hunter. New York 1968.

Plattner, Stuart (ed.): Economic anthropology. Stanford, CA 1989.

Sahlins, Marshall D.: Stone age economics. Chicago, New York 1972.

Seitz, Stefan: Die zentralafrikanischen Wildbeuterkulturen. Wiesbaden 1977. (Französischer Titel: Pygmées d'Afrique. Paris 1993.)

Vivelo, Frank R.: Handbuch der Kulturanthropologie. Eine Einführung. Stuttgart 1981: Kapitel 4-8.

Weniger, Gerd Christian: Wildbeuter und ihre Umwelt. Ein Beitrag zum Magdalénien Südwestdeutschlands aus ökologischer und ethno-archäologischer Sicht. Tübingen 1982.

7. Kapitel:

Technologie und Ergologie

In diesem Kapitel wird erklärt, was die beiden Begriffe in der Ethnologie bedeuten, welche Elemente der sogenannten materiellen Kultur ihnen zugeordnet werden, welche Bedeutung ihnen im Rahmen einer Gesamtkultur zukommen kann, und warum nicht nur Ingenieure und Handwerker, die in fremden Kulturen tätig sein wollen, darüber Bescheid wissen sollten.

Das vorhergehende Kapitel hatte erkennen lassen, daß die verschiedenen Formen des Wirtschaftens als kulturelle Strategien zur Sicherung der physischen Existenz einer ethnischen Gemeinschaft anzusehen sind. Diese Strategien haben sich aus bestimmten Gegebenheiten der Umwelt entwickelt. Um damit Nahrung zu produzieren, braucht man bestimmte *Werkzeuge* und *Gerätschaften*, deren Eigenschaften vom Zweck geformt sind, den sie erfüllen sollen. Daher sind die Werkzeuge und Gerätschaften eigentlich als Elemente der betreffenden Wirtschaftsformen zu sehen und bräuchten gar nicht in einem eigenen Kapitel behandelt zu werden. Weil es aber auch in anderen Bereichen der Kultur Dinge gibt, die man zur Verwirklichung seiner Interessen und Aktivitäten benötigt, und die technologisch gesehen mit den Werkzeugen und Gerätschaften der Wirtschaftsformen vieles gemeinsam haben, ist es sinnvoll und hilfreich, ihren Bau und ihre Verwendung gesondert zu behandeln.

Bei diesen Dingen handelt es sich nicht nur um Arbeitsgerät. In den Kulturen der Menschheit gibt es Kleidung, Schmuckstücke, Musikinstrumente, Ahnenfiguren und vieles andere. Dies alles bezeichnet man zusammenfassend auch als *materielle Kultur*. Die ethnologischen Fachbereiche, die dafür zuständig sind, heißen Technologie und Ergologie. Ihre Erzeugnisse nehmen einen breiten Raum in den ethnologischen Museen ein.

Unter *Technologie* versteht man die Lehre von der Herstellung von Gegenständen aus Rohstoffen, unter *Ergologie* die Lehre von den greifbaren Erzeugnissen der Kulturen.

Zur Erinnerung: Zwar ist die materielle Kultur einer Ethnie derjenige Aspekt ihrer Kultur, der dem Fremden am leichtesten zugänglich ist, der ihm zuallererst ins Auge fällt und oft sogar das einzige bleibt, was er überhaupt als

Kultur erwartet und erfährt. Dennoch ist das Materielle nur ein kleiner Bruchteil dessen, was die betreffende Kultur ausmacht, und es ist jener sekundäre Aspekt, der auf Denkstrukturen beruht, die als Strategien zur Herstellung und zum Gebrauch der betreffenden Dinge in den Köpfen der Menschen vorhanden und verborgen sind.

Für kirchliche Mitarbeiter in Übersee hat die Beschäftigung mit Technologie und Ergologie eher untergeordnete Bedeutung. Man sollte sich jedoch darüber im klaren sein, daß man sich zu bestimmten Themen seines eigenen, engeren Arbeitsbereichs wirklich nur dann kompetent äußern kann, wenn man auch hier gründlicher nachforscht. Das wird insbesondere von jemand zu fordern sein, der mit einem Alphabetisierungsprogramm und der Herstellung von Lesematerial beschäftigt ist, und es gilt in besonderer Weise für den Bibelübersetzer. Über die Waffe, die David benützte, um Goliath zu besiegen (1. Samuel 17), muß man sehr genau Bescheid wissen, um sie dem einheimischen Sprachhelfer, der sie vielleicht nicht kennt, einsichtig machen zu können, damit er eine entsprechende Übersetzung findet, die später auch ohne umständliche Erklärungen von den Lesern verstanden wird. Und die Übersetzung des Berufs Josefs, des Vaters von Jesus (Luther in Matthäus 13,55: Zimmermann!), kann Probleme schaffen, wenn man nicht weiß, was für unterschiedliche Werkzeuge sich mit diesem Beruf vor zweitausend Jahren und in unserer Zeit verbinden: Josef als Fachmann für Hausbau mußte nach den Befunden der Archäologie mindestens ebensoviel vom Maurerhandwerk verstehen wie von der Holzbearbeitung.

Daß Entwicklungshelfer, die neue Verfahren und Geräte in der Landwirtschaft oder im Handwerk einzuführen versuchen, auf jeden Fall sehr gründlich untersuchen müssen, was sie verändern wollen, versteht sich von selbst.

Etwas vereinfacht lassen sich materielle Elemente einer Kultur in 7 Kategorien beschreiben.

1. *Tracht*: Dazu gehört die Körpertracht, die im wesentlichen aus Kleidung besteht, aber auch aus Haartracht, Schminkverfahren (Kriegsbemalung!), Schmuck (vom Fußkettchen über den Lippenpflock, einem Schmuckstück, das in der durchstochenen Unterlippe getragen wird, bis zum Eberzahn, der in der durchbohrten Nasenscheidewand steckt), Tatauierungen und andere Veränderungen des Körpers (Deformierung) wie Zurechtfeilen der

Zähne, Verkrüppelung der Füße, die früher bei Frauen in China üblich war, usw.

Aufwendige Kleidung gibt es verständlicherweise aus klimatischen Gründen, je weiter nördlich oder südlich man sich befindet, oder in Gebirgsregionen. Tatauierungen sind hier eher selten, denn die müssen sichtbar sein. Kleidung würde sie verdecken. Daher ist sie besonders ausgeprägt in tropischen Gebieten, deren Klima es erlaubt, größere Körperpartien unbedeckt zu lassen.

Die Muster, die durch Tatauierung auf der Haut entstehen, haben die verschiedensten Funktionen. Sie heben bestimmte Menschen aus der Menge der übrigen heraus. Daher sind Tatauierungen unter Umständen den Häuptlingen oder einer Oberschicht vorbehalten und erfüllen die Funktionen einer Uniform mit Rangabzeichen. Hierin zeigt sich ein enger begrifflicher Zusammenhang zwischen Tatauierung und Kleidung. Deren Zuschnitt oder Muster machen soziale Unterschiede sichtbar, oder sie lassen regionale Zusammengehörigkeit erkennen, wie die Trachten europäischer Volksgruppen in früheren Zeiten, die heute nur noch eingeschränkte Funktionen besitzen.

Wichtig für das Verständnis der Körpertracht im Bereich Tatauierung und Schminken ist auch ihre Beziehung zum Übernatürlichen. Bestimmte Ornamente gelten als wirksam bei der Abwehr von bösen Geistwesen, Krankheit, Schadenszauber und anderem Unheil. Veränderungen des Gesichts durch Schminken macht die Person entweder für böse Geister unkenntlich, für einen Feind schreckerregend oder für das andere Geschlecht attraktiv.

Kleidung als Statuskennzeichen zeigt sich in vielerlei Zusammenhängen. Nicht nur Könige kann man damit optisch aus der Menge der Untertanen herausheben, sondern auch Feldherren. Oft werden sie durch turmartig erhöhten Kopfputz (Krone, Raupenhelm) mit überdurchschnittlicher Körpergröße ausgestattet.

Kleidung kennzeichnet Priester als aus der übrigen Gesellschaft herausgehoben, besonders im Zusammenhang mit ihrem Dienst an einer Religion. In Exodus 28 findet sich eine Schilderung jenes prachtvollen Gewandes, das Aaron zu tragen hatte, wenn er sein Priesteramt in der Stiftshütte versah.

Die enge Beziehung zwischen Kleidung und Status zeigt sich auch in der Diakonissentracht. Sie stammt aus einer Zeit, als die Frau in öffentlichen Funktionen eher selten in Erscheinung trat. Wenn sie dies überhaupt konnte, dann nur als verheiratete Frau. Die war an ihrer Kopfbedeckung zu erkennen: Sie trug ab dem Zeitpunkt ihrer Verheiratung eine charakteristische Haube. (Daher die Redewendung "unter die Haube kommen" = heiraten.) Diese Haube war gewissermaßen eine Legitimation für ihr Auftreten in öffentlichen Funktionen.

Diakonissen sind aus Prinzip unverheiratet, müssen aber in öffentlichen Funktionen auftreten. Die Gründerväter der Diakonie und die Leiter entsprechender Einrichtungen mußten sich daher überlegen, welche Mittel sie einsetzen wollten, um solchen Frauen die Legitimation für ihre Funktionen zu verschaffen, um ihnen sozusagen die Akkreditierung in der (männlichen) Öffentlichkeit zu sichern. Auf diese Weise entstand die typische Diakonissentracht mit ihrer charakteristischen Haube, an deren Form man zusätzlich das Mutterhaus erkennt, dem die Betreffende angehört.

Daß die Haube in die Diskussion geraten ist, überrascht nicht, wenn man bedenkt, daß der eigentliche Grund für ihre Existenz, die Zuweisung von (dringend benötigtem) Status für die unverheiratete Frau, inzwischen weggefallen ist. Das liegt am Wandel unserer Kultur und verbindet das Schicksal der Diakonissentracht mit dem Schicksal regionaler Volkstrachten. (Es würde zu weit führen, hier auf weitere Aspekte des Themas einzugehen.)

2. *Nahrung*: Hier ist das Arsenal der Gerätschaften zu nennen, die zur Produktion von Eßbarem gebraucht werden. Dazu gehören Grabstöcke ebenso wie Säh- und Dreschgerät in der Landwirtschaft. Die Fischerei hat ihre Technologie, die Milchwirtschaft bei Viehzüchtern und die Gewinnung von tierischem Protein bei Jägern. Damit sind aus der Fülle der Möglichkeiten nur einige ganz wenige aufgezählt.

3. *Obdach*: Dazu zählen alle Arten von Bauwerken zum Schutz gegen Witterungseinflüsse, in denen Menschen ihren Wohnraum einrichten: Höhlen, Häuser, Iglus (aus Schneeblöcken gebaute Behausungen der zirkumpolaren Ethnien) bis hin zu den Windschirmen der Khoisan (Buschmänner) Südafrikas.

Einige Schwierigkeiten bereiten die sogenannten Sakralbauten: Tempel, Kirchen usw. Man kann sie nur mit Einschränkung als Obdach bezeichnen. Meistens werden sie im Zuge der Religion einer Ethnie behandelt.

4. *Verkehr*: Dazu braucht man Fahrzeuge wie Wagen (Erfindung des Rades!), Boote, Schlitten, Skier, Schneeschuhe, Zugtiere, Reittiere und ihre Ausrüstung (Sattel!) und vieles andere.

5. *Waffen* sind besonders eindrucksvolle und erschreckende Beispiele für die Kräfte, die im menschlichen Denken und Fühlen verborgen sind und sich eignen, Elemente materieller Kultur hervorzubringen: für Jagdzwecke, zur Verteidigung gegen Feinde, aber auch zur Eroberung fremder Territorien. Die Palette ist breit: Es liegen Welten zwischen der Keule oder dem Stein als Wurfgeschoß und den Kernwaffen und Raketen der Moderne.

Man unterscheidet zwischen *Angriffswaffen* (Pfeil und Bogen, Speer, Schwert), *Verteidigungswaffen* (Schild) und *Jagdwaffen*. Letztere sind insofern interessant, als sie eigentlich Angriffswaffen darstellen und sich von diesen nur durch die jeweilige Situation unterscheiden, in der sie verwendet werden.

Jagdwaffen können aber auch mit den anderen zur Jagd benötigten Geräten zu einer eigenen Gruppe innerhalb der materiellen Kultur zusammengefaßt werden, mit Netzen, Fallen, Reusen, Angelhaken und -leinen. Eine Art Mittelstellung zwischen Angriffswaffe und Jagdgerät ist der Bumerang australischer Ethnien.

Eine Schwierigkeit bei der Behandlung der Waffentechnologie bilden Dinge wie Helme und Rüstungen. Sie können als Abwehrwaffen, aber auch als Kleidung, also Tracht verstanden werden. Wenn Tiere (Pferde, Elefanten) Schutzvorrichtungen gegen Verletzungen tragen, ist es wohl wenig sinnvoll, von Tracht zu sprechen, sinnvoller dagegen, sie als Abwehrwaffen zu behandeln.

6. *Musik und Unterhaltung*: In dieser Rubrik findet sich eine Fülle von *Instrumenten*, vom einfachen Rhythmusinstrument über die verschiedenen Arten von Trommeln (Felltrommel, Schlitztrommel), die Maultrommel (ein Zupfinstrument) bis hin zu den verschiedensten Blas- und Streichinstrumenten. Das Bedürfnis nach Unterhaltung hat eine phantastische Fülle an Strate-

gien und Gerätschaften hervorgebracht: *Spiele* (Brett-, Karten-, Faden-, Mannschaftsspiele), Ball, Würfel, Schachfiguren und vieles andere.

In die Kategorie Unterhaltung fallen auch *Sport*, *Tanz* und *Gesang*, obwohl materielle Gerätschaften dazu nicht unbedingt nötig sind. Manche Ethnographien behandeln sie unter dem Titel *geistige Kultur*.

Sportgeräte gehören zwar grundsätzlich ebenfalls in den Bereich Unterhaltung. Unter Umständen aber sind es Elemente, die auch in anderer Weise klassifiziert werden können: Speere als Angriffswaffen, Skier als Verkehrsmittel.

7. *Eigentliche Technologie*: Schwierigkeiten hat die Technologie und Ergologie beispielsweise mit Geräten, die zur Herstellung von Kleidung gebraucht werden, wie etwa der Webstuhl. Ist er im Zusammenhang mit der Tracht zu behandeln, oder gehört er mit allen anderen Geräten und Werkzeugen in eine Rubrik, zum Beispiel mit den landwirtschaftlichen? Man kann darüber unterschiedlicher Meinung sein. Um dieses Problem zu umgehen, behandeln manche Forscher die materiellen Aspekte eines Kulturbereichs grundsätzlich nur im jeweiligen Gesamtzusammenhang, den Webstuhl also bei der Tracht, den Pflug bei der Nahrung usw.

Wo es sich anbietet, kann man Geräte, die für eine Kultur charakteristisch sind, auch zusammenfassen und mit Verfahrensweisen, die eventuell sonst noch vorhanden sind (Metallguß-, Färbetechniken wie Ikat und Batik), in einem Kapitel mit dem Thema *eigentliche Technologie* behandeln.

Dies gilt insbesondere für *Kultobjekte* (Ahnenfiguren, Fetische, Rosenkranz), Gegenstände und Werkzeuge für rituelle und magische Zwecke (Steine, Wünschelruten), aber auch für *medizinische Gerätschaften* zum Entfernen von Fremdkörpern aus Auge und Haut, Vorrichtungen zur Veränderung von Körperteilen (Binden zur Fußdeformierung bei Chinesinnen, Veränderung der Kopfform zum sogenannten Turmschädel usw.).

Daß Technologie und Ergologie nicht nur den Handwerker und Ingenieur unmittelbar betreffen und daher interessieren sollten, sondern alle, die in einer fremden Kultur tätig werden wollen, zeigt folgendes. Es sind nicht nur Personen und Ideen, sondern auch Elemente der materiellen Kultur, die gelegentlich erhebliches Gewicht und damit eine herausragende Stellung innerhalb der Gesamtkultur einer Ethnie erlangen. Nimmt man ihnen diese Stellung, indem man sie durch ähnliche, aber etwas andersgeartete Dinge ersetzt, oder verlieren sie ihre ursprüngliche Stellung durch Kulturwandel, so kann es zu schwerwiegenden Folgeveränderungen kommen.

Die australischen Yir Yoront kannten das Steinbeil nicht nur als Arbeitsgerät, sondern auch als Autoritätssymbol. Als sie im Zuge der Kolonisation Australiens Stahlbeile kennenlernten, nahmen sie diese sofort an, denn das neue Werkzeug hatte enorme Vorteile für sie. Man arbeitete leichter damit, es wurde nicht so schnell stumpf, und es war leichter zu beschaffen. Die Steinklingen hatten sie über weite Entfernungen aus dem Gebiet einer ihrer Nachbarethnien beziehen müssen. Weil die Steinbeile dadurch gewissermaßen teuer waren, besaßen in einer Familiengruppe nur die bedeutenden Männer, die Träger der Autorität, ein solches Steinbeil. Wenn Jüngere es benützen wollten, mußten sie darum bitten. Dies erklärt, warum das Steinbeil zum Symbol für Autorität werden konnte, die zudem in der Mythologie und Religion der Yir Yoront verankert und dadurch legitimiert war. Viehzüchter, die sich in ihrer Nähe ansiedelten, beschäftigten die jungen Yir Yoront als Viehhirten und bezahlten sie für ihre Arbeit mit Stahlbeilen. Binnen kurzem besaßen viele, auch Frauen und Kinder, das neue Werkzeug und brauchten die Alten, die Träger der Autorität, nicht mehr darum zu bitten. Damit begann der Niedergang der Yir Yoront. Es gibt sie nicht mehr als eigenständige Ethnie. Lauriston Sharp hat den tragischen Vorgang in eindrucksvoller Weise dokumentiert (1953, 1970). Tragisch nenne ich ihn deswegen, weil die Yir Yoront von niemandem gezwungen wurden, Stahlbeile zu benützen. Sie griffen von selbst danach, aus verständlichen Gründen. Mit welchem Recht, mit welchen Argumenten hätte man sie daran hindern können?

Die Geschichte dieser australischen Ethnie, in deren Verlauf sich das Austauschen eines einzigen Elements aus ihrer materiellen Kultur gegen ein vergleichbares aus einer anderen als Verhängnis für das Weiterleben der Gesamtkultur erwies, stellt einen Extremfall dar, der in Wirklichkeit nur selten eintritt. Kulturen sind in der Regel stabile Gebilde, die sich nur langsam verändern können und nicht leicht zum Einsturz zu bringen sind. Auch wirken sich Veränderungen, die der Kontakt mit Menschen aus anderen Kulturen mit sich bringt, nicht zwangsläufig negativ aus. Dennoch tun wir gut daran, wenn wir bei unseren Versuchen, Veränderungen in fremden Kulturen zu bewirken, bedächtig und überlegt zu Werke gehen.

Mehr zu diesem Thema findet sich in folgenden Werken:

Harding, Thomas G.; Wallace, Ben J. (eds.): Cultures of the Pacific. Selected readings. New York (Macmillan) 1970.

Hirschberg, Walter; Janata, Alfred: Technologie und Ergologie in der Völkerkunde. Berlin (Reimer) ³1983. (Kommentar: Gut zu verstehendes Standardwerk zu diesem Thema.)

Sharp, Lauriston: Steel axes for stone-age Australians. Human Organization 11.1953:17-22. Auch in: Harding/Wallace 1970:385-396. (Kommentar: besonders lesenswerte Ethnographie.)

8. Kapitel:

Verwandtschaft

In diesem Kapitel wird erklärt, warum Menschen ihre Verwandtschaft als wichtigsten Zusammenschluß betrachten, um überleben zu können, welche Strategien sie benützen, um die verschiedenen Verwandten zu kennzeichnen, welche Bedeutung ihre Rollen und die Erwartungen haben, die an diese Rollen geknüpft sind. Weiter wird erklärt, was ein Verwandtschaftsdiagramm ist, welche Zeichen darin benützt werden und wie man ein solches Diagramm selbst erstellen kann. Das Kapitel endet mit einer Übersicht über die Bedeutung der Familie und die Eheformen, die in fremden Kulturen möglich sind.

Oberstes Ziel aller Wirtschaftsformen ist, wie wir gesehen haben, die Sicherung der Existenz, im engeren Sinn die Produktion von Nahrung. Dies kann in ethnischen Situationen nur in *Gruppen* geschehen. Die Gruppe ist es, die ein gemeinsames Interesse daran hat, daß ihre Individuen ausreichend versorgt werden und überleben. Dieses Interesse zeigt sich besonders deutlich in der *Verwandtschaftsgruppe*, deren Mitglieder aufgrund gegenseitiger emotionaler Beziehungen und Bindungen ein wirksames Zusammengehörigkeitsgefühl besitzen, das der Verwandtschaftsgruppe Stabilität verleiht. Sie bilden, weil sie gemeinsam wirtschaften, sozusagen den Produktionsbetrieb, von dem alle Mitglieder leben, die Firma, an der die ganze Verwandtschaft beteiligt ist. Der Zusammenschluß, den eine Verwandtschaftsgruppe bildet, ermöglicht insbesondere den Kindern, die noch nicht in den Produktionsprozeß einbezogen sind, und den Alten, die nicht mehr produzieren können, das Überleben in einer Welt, in der es keine institutionalisierte Altersversorgung gibt.

In diesen Gruppen sind nicht alle Individuen gleich. Sie unterscheiden sich in mehreren Punkten. Es gibt männliche und weibliche, sie gehören verschiedenen Generationen an und verfügen daher über ein unterschiedliches Maß an Lebenserfahrung usw. Daß nicht alle die gleichen Begabungen besitzen, ist ein weiteres Unterscheidungskriterium. All dies hat zur Folge, daß den Mitgliedern einer solchen Gruppe sehr unterschiedliche Aufgaben zukommen können. Sie erfüllen eine soziale *Rolle*, mit der sich bestimmte *Rollenerwartungen* von seiten der anderen verbinden. Diese Erwartungen bilden die Pflichten, die von den einzelnen Mitgliedern einer Verwandtschaftsgruppe den anderen gegenüber erfüllt werden müssen.

Grundbegriffe

Um sich in der Vielgestaltigkeit dieser verwandtschaftlichen Rollenzuweisungen und Funktionen zurechtzufinden und sie zu nutzen, braucht man wiederum ordnende Regelungen, d.h. eine Strategie, und damit verbunden eine Reihe sprachlicher Bezeichnungen, mit deren Hilfe man die Verwandtschaft begrifflich erfassen kann, die sogenannte *Verwandtschaftsterminologie*.

Zur Erfassung und übersichtlichen Darstellung von Verwandtschaftssystemen benützt man in der Völkerkunde standardisierte Symbole, wie sie in den folgenden Verwandtschaftsdiagrammen zu sehen sind. Ein *Dreieck* bedeutet einen *männlichen* Verwandten, ein *Kreis* steht für einen *weiblichen*. Sind die Betreffenden *verheiratet*, so kennzeichnet man dies mit einer *Klammer unterhalb* der beiden Symbole. In der Regel handelt es sich dabei um eine *monogame* Ehe, bestehend aus einem Mann und einer Frau. Man kann mit diesen Symbolen aber auch *polygame* (genauer: *polygyne*) Ehen darstellen, in denen ein Mann mit mehreren Frauen verheiratet ist. (Die verschiedenen Eheformen werden später in diesem Kapitel behandelt.) Das Verhältnis, das zwischen Menschen entsteht, wenn sie heiraten, heißt in der Ethnologie *Allianz*:

monogame Ehe   polygame (polygyne) Ehe

Sind die betreffenden Personen Geschwister, dann setzt man die Klammer über die Symbole. Das entsprechende Verwandtschaftsverhältnis heißt *Kollateralität*:

zwei Geschwister   mehr als zwei Geschwister

Ein senkrechter Strich zwischen zwei derartigen Klammern bedeutet, daß die untere Personenreihe von der oberen **abstammt**. Dieses Verwandtschaftserhältnis heißt **Filiation**:

Verwandtschaftsdiagramm einer Kernfamilie

Mit Hilfe dieser Symbole kann man eine Familie in Form eines graphischen Systems, dem **Verwandtschaftsdiagramm**, als **Abstammungsgruppe** darstellen. In der obigen Abbildung haben wir es mit deren einfachster Ausprägung zu tun, der **Kernfamilie**. Sie besteht aus einem Mann und einer Frau, die in der betreffenden Kultur als verheiratet gelten, und aus deren Kindern, also aus zwei Generationen. Die Zahl der Kinder spielt bei der Definition der Kernfamilie keine Rolle. Es muß aber mindestens eines vorhanden sein, damit man von einer Kernfamilie sprechen kann. (Auch in einer polygynen Ehe, in der ein Mann mit mehreren Frauen verheiratet ist, lassen sich nach diesem Schema Kernfamilien erkennen.)

Mit solchen Diagrammen kann man ohne Schwierigkeiten auch Verwandtschaftsstrukturen übersichtlich darstellen, die mehrere Generationen umfassen.

Von der Kernfamilie ausgehend lassen sich größere Verwandtschaftseinheiten definieren. Diese fügen sich zu **Verwandtschaftssystemen** zusammen. Mehrere Kernfamilien bilden, stark vereinfacht gesagt, die **Großfamilie**, mehrere Großfamilien die **Lineage** (3 bis 5 Generationen umfassend), mehrere Lineages den **Klan** (zu dem in vielen Kulturen auch die Verstorbenen zählen, an die sich die Lebenden noch erinnern), und alle Klane zusammen bilden schließlich die **Ethnie** oder (ab einer bestimmten Größe) das **Volk**. Die Bezeichnung **Stamm** ist eher eine volkstümliche Bezeichnung und in der Ethnologie unüblich. (Die Aussprache der Bezeichnung Lineage im Deutschen ist die englische. Im Französischen sagt man linéage.)

In allen Kulturen beschäftigen sich die Menschen mit der Frage, von wem sie abstammen. Erzväter und *Klangründer* gelten unter Umständen als Berühmtheiten. Das japanische Kaiserhaus zum Beispiel stammt, so die ehemals offizielle Ansicht, von der Sonnengöttin Amaterasu ab. In manchen Kulturen, besonders in solchen, die keine Ahnenverehrung im strengen Sinn des Wortes kennen, gibt es Berichte von *Tieren* (Bär, Adler, Fisch usw.), die als *mythische Stammväter* und *-mütter* angesehen werden. Solche Wesen heißen in der Ethnologie *Totem*. (Das Wort stammt aus einer nordamerikanischen Indianersprache.) Es handelt sich dabei aber nicht nur um Tiere. Es können auch *Dinge* (Pflanzen, Steine, Meteoriten usw.) und sogar *Naturerscheinungen* (Blitz, Donner, Wind usw.) sein, die als Totems angesehen werden.

Totem-Darstellungen kennen wir unter anderem als eindrucksvolle Holzplastiken aus Nordamerika in der Form von *Totempfählen*.

Ein Tier, das von einem Klan als sein Totem betrachtet wird, darf von den Klanmitgliedern nicht gejagt und schon gar nicht gegessen werden. Es ist *tabu* (vgl. Kap 13).

Ein Tier, das als tabuisiertes Totem im obigen Sinn nicht gejagt und gegessen werden darf, kann im Lebensraum der betreffenden Verwandtschaftsgruppe nicht aussterben. Mit dieser Regelung genießen Totemtiere so etwas wie Artenschutz, aber mit einer anderen Begründung als in europäisch-westlichen Kulturen. Für solche *Speisetabus* gibt es die verschiedensten Erklärungen. Auf eine besonders ausgeprägte natur- und umweltschützerische Gesinnung der Betreffenden sollte man daraus nicht unbedingt schließen. Am naheliegendsten ist die Erklärung, daß man Mitglieder der eigenen Verwandtschaft nicht tötet und ißt.

Im Zusammenhang mit dem Totemismus ergibt sich für christlich orientierte Europäer in der Regel ein Mißverständnis. Sie ordnen ihn nämlich in erster Linie als religiöses (animistisches, okkultes) Phänomen ein. Nun trägt der Totemismus unzweifelhaft auch religiöse Züge, denn auf der Tötung eines Totemtiers steht Bestrafung des Missetäters durch eine höhere Macht, etwa durch einen Herrn der Tiere, wenn es ihn in der betreffenden Religion gibt. Die verwandtschaftsethnologischen Dimensionen des Totemismus sind jedoch mindestens ebenso wichtig.

Verwandtschaftsdiagramme dienen der Darstellung, Analyse und Interpretation von Verwandtschaftsstrukturen und -systemen. Um sie richtig zu verstehen und Schlüsse aus ihnen ziehen zu können, muß man die Möglichkeiten und Grenzen kennen, die ein solches Diagramm bietet. Diese leiten wir uns am besten aus einem praktischen Beispiel her. Es lautet: **Alfred** und **Berta** sind verheiratet. Ihre Kinder heißen **Carl**, **Dora** und **Egon**. Egon ist mit **Frieda** verheiratet. **Gerd** und **Hanna** sind die Kinder der beiden. Dies ergibt folgendes Verwandtschaftsdiagramm:

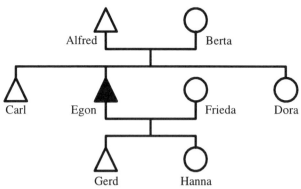

Es gäbe auch noch andere Möglichkeiten der Anordnung. Man könnte zum Beispiel die Seiten vertauschen. Gewöhnlich richtet man sich nach den drucktechnischen Notwendigkeiten oder sucht die ansprechendste graphische Lösung.

Ein einziger Blick genügt, um aus einem solchen Verwandtschaftsdiagramm ein paar grundsätzliche Dinge abzulesen. Da ist zunächst die Zahl der Generationen, die aufgenommen sind. Deren älteste steht in der obersten Zeile. Dies ist jedoch in der Regel nur die *älteste dargestellte* Generation. Darüber gibt es weitere, denn Alfred und Berta hatten selbst Eltern und Großeltern. Und da auch Gerd und Hanna vermutlich irgendwann einmal Eltern und Großeltern werden, bildet solch ein Verwandtschaftsdiagramm immer nur einen Ausschnitt aus einer Struktur, die in Wirklichkeit einen viel größeren Umfang hat.

In diesem Zusammenhang ist Frieda von Interesse, die über ihre Heirat mit Egon in dieses Diagramm geraten ist. Was es über ihre Eltern und Großeltern zu wissen gibt, erfährt man daraus nicht. Weil es ohne diese Verwandten Frieda nicht gäbe, ist bei ihr die Nahtstelle zu sehen, an der ihr eigenes Verwandtschaftsdiagramm und das ihres Mannes Egon ineinander übergehen. Wenn man die beiden Strukturen gleichzeitig darstellen will, braucht man entsprechend viel Platz. Dabei geht leicht die Übersicht verloren. Aus diesem Grund läßt man unter Umständen sogar die Ehepartner von Carl und Dora weg, wenn es sie geben sollte.

Weiter kann man in diesem Diagramm zwei Kernfamilien erkennen: die eine besteht aus Alfred, Berta, Carl, Egon und Dora, die andere aus Egon, Frieda, Gerd und Hanna. In diesem Zusammenhang ist Egon von Interesse. Er taucht in beiden Kernfamilien auf, aber mit unterschiedlichen Funktionen versehen. In der ersten Kernfamilie ist er "Sohn", in der zweiten "Vater" und "Ehemann". Diese drei Funktionen sind allerdings nur diejenigen, die aus unserem (beschränkten!) Verwandtschaftsdiagramm direkt ablesbar sind. Nähme man mögliche, hier aber weggelassene weitere Verwandte hinzu, dann erschiene Egon in weiteren Funktionen. Wenn Carl beispielsweise eine Frau und Kinder hätte, wäre Egon als deren "Schwager" und "Onkel" erkennbar.

Den verschiedenen Funktionen, die jede einzelne Person innerhalb eines Verwandtschaftssystems besitzt, gilt das besondere Interesse der Verwandtschaftsethnologen. Mit ihnen, den Funktionen, verbunden sind nämlich die **Rollen**, die ein Verwandter seinen Mitverwandten gegenüber spielt, und diese Rollen bewirken bestimmte Rollenerwartungen, die von den Verwandten an ein Mitglied der Verwandtschaft herangetragen werden. Für Egon bedeutet dies, daß er als Sohn seinem Vater gegenüber eine ganz andere Rolle spielt als seinen eigenen Kindern gegenüber, für die er selbst die Rolle des Vaters innehat, und wieder eine andere als Ehemann von Frieda.

In diesen Beziehungen zeigt sich erneut, daß eine Strategie gebraucht wird, um sich in diesem komplizierten Geflecht aus Rollen und Rollenerwartungen orientieren zu können. Diese Strategie wird verfügbar, wenn man die Wörter sucht, mit denen diese Rollen benannt werden: die **Verwandtschaftsbezeichnungen**. In ihrer Gesamtheit bilden sie die **Verwandtschaftsterminologie**. Diese muß erfaßt werden, weil sie den Schlüssel zum verwandtschaftlichen Verhalten bildet, das in einer Ethnie als Norm gilt. Das ist deswegen wichtig, weil verwandtschaftliches Verhalten das Arbeitsverhalten der Mitglieder einer Familiengruppe bestimmt und die Ansprüche auf Besitz und Versorgung mit dem Lebensnotwendigen regelt.

Es sind also nicht eigentlich die Namen der Einzelpersonen, die man braucht, sondern die Verwandtschaftsbezeichnungen, das heißt die Wörter für Vater, Mutter, Bruder, Schwester usw., die von den Mitgliedern einer Verwandtschaftsgruppe benützt werden, um sie damit zu kennzeichnen.

Wenn man diese Verwandtschaftsbezeichnungen aus einem Diagramm herleiten will, wie wir es schon kennen, muß man zunächst eine Schwierigkeit beseitigen, die sich daraus ergibt, daß jedes Mitglied mehrere Rollen innehat. Die Vereinfachung besteht darin, daß man eine ganz bestimmte Person im Diagramm festlegt, von der aus gesehen alle anderen nur noch eine einzige Funktion haben können: von Alfred aus gesehen ist Berta ausschließlich Ehefrau, Egon nur Sohn und Hanna nur Enkelin.

Die Person, die festgelegt wird, um von ihr aus die Verwandtschaftsbezeichnungen zu gewinnen, mit denen sie die anderen bezeichnet, heißt in der Fachsprache *Ego* (lat. ego=ich). Machen wir der Einfachheit halber Egon zum Ego unseres Verwandtschaftsdiagramms, dann sieht es folgendermaßen aus:

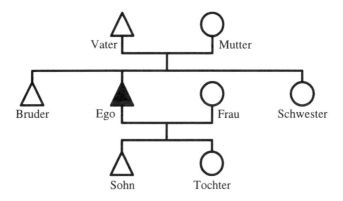

Damit das Diagramm so wenig wie möglich mit Zeichen belastet wird, benützt man folgende Abkürzungen:

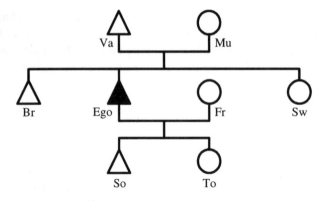

Die vollständige Liste der Abkürzungen für die gebräuchlichsten Verwandtschaftsbeziehungen sieht folgendermaßen aus:

deutsch:

Va	Vater
Mu	Mutter
So	Sohn
To	Tochter
Br	Bruder
Sw	Schwester
Ma	Ehemann
Fr	Ehefrau

englisch:

Fa	father
Mo	mother
So	son
Da	daughter
Br	brother
Si	sister
Hu	husband
Wi	Wife

Für die Verwandtschaftsbezeichnungen, die man von einem Ego aus gewinnt, indem man etwa fragt, als was Ego Alfred oder Hanna bezeichnet, ist noch Folgendes zu bedenken: Es ist zu unterscheiden, ob die so gewonnene Bezeichnung *denotativ* oder *appellativ* gebraucht wird. Ego stellt einem Besucher Alfred als seinen "Vater" vor, ruft ihn aber vielleicht "Vati" oder "Papa". "Vater" ist in diesem Fall die denotative, die letzeren beiden sind die appellativen Bezeichnungen.

Überall auf der Welt gehen die Verwandtschaftsbeziehungen eines Menschen über den Rahmen der eigenen Kernfamilie mit ihren zwei Generationen hinaus. In Wirklichkeit hat es ein Mensch in aller Regel mit viel mehr Verwandten zu tun als mit Eltern, Geschwistern, eigenen Kindern und Enkeln. Schauen wir uns einmal eine solche erweiterte Familie an.

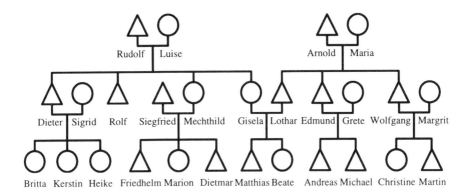

Sie besteht aus drei Generationen. Die Namen der Individuen sind für die jeweilige Generation charakteristisch und als solche für die Kultur der betreffenden Zeit symptomatisch. In diesem Beispiel tragen die Großeltern die Vornamen, die im deutschen Kaiserreich kurz nach der Wende zum 20. Jahrhundert Mode waren. Die nächste Generation, ausnahmslos während des Dritten Reiches geboren, bekam fast nur Vornamen germanischer Herkunft. In der dritten Generation ist wiederum eine bestimmte Mode erkennbar.

Individuelle Namen sagen über die eigentlichen Verwandtschaftsbeziehungen nichts aus, wie wir gesehen haben. An ihre Stelle müssen wir in diesem Diagramm also erst Verwandtschaftsbezeichnungen einsetzen, wenn wir Strukturen erkennen wollen. Dies gelingt mit der nötigen Übersichtlichkeit nur, wenn wir ein Ego festlegen. Danach sieht unser erweitertes Verwandtschaftsdiagramm folgendermaßen aus:

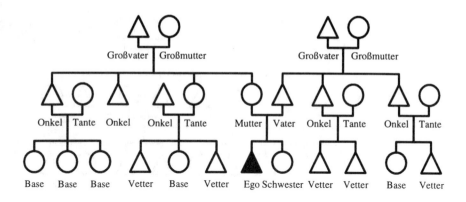

Unser neues Diagramm enthält einige zusätzliche Verwandtschaftsbezeichnungen: Onkel, Tante, Vetter, Base usw. Diese Bezeichnungen sind, trotz der Selbstverständlichkeit, mit der wir sie anwenden, in einer bestimmten Hinsicht ungenau: Es läßt sich bei ihnen nicht auf Anhieb erkennen, ob etwa mit der Bezeichnung "Onkel" ein Bruder des Vaters oder ein Bruder der Mutter gemeint ist. Für uns mag dieser Unterschied unerheblich sein, in fremden Kulturen aber kann er größte Bedeutung haben. Um Vergleichbarkeit und Genauigkeit zu erreichen, benützen Verwandtschaftsethnologen daher auch hier bestimmte (zusammengesetzte) Abkürzungen, und damit sieht das Diagramm folgendermaßen aus:

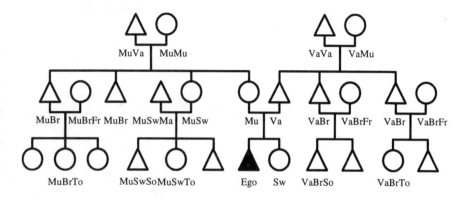

Diese Kombinationen machen Präzision möglich: Die verschiedenen Onkel von Ego werden so als *VaBr* (=Bruder des Vaters) oder als *MuBr* (=Bruder der Mutter) erkennbar, ein Unterschied, der in europäisch-westlichen Kulturen keine, in ozeanischen und vielen anderen jedoch eine recht bedeutende Rolle spielt.

Schwierig wird es bei den Vettern (Cousin) und Basen (Cousine, Kusine). Für sie braucht man drei Elemente. Aber auch damit läßt sich in einer ganz bestimmten Hinsicht Präzision erzielen. Es gibt Basen, die als *VaBrTo*, *VaSwTo*, *MuBrTo* und *MuSwTo* erscheinen. (Ein Trick, mit dessen Hilfe man sich schnell klarmachen kann, um wen es sich handelt: die Abkürzungen von hinten lesen, also VaBrTo=Tochter des Bruders des Vaters von Ego usw.)

Obwohl diese vier Basen von Ego alle verschieden analysierbar sind, benützt Ego in unserem Verwandtschaftssystem nur eine einzige Bezeichnung für sie. In anderen Verwandtschaftssystemen kann dies noch viel weiter gehen. Es gibt Systeme, die nur eine einzige Bezeichnung für Brüder und Vettern, oder für Schwestern und Basen bereithalten. Sogar Väter, Onkel, Großväter und Urgroßväter, entsprechend Mütter, Tanten, Großmütter und Urgroßmütter sind zusammenfassend mit einer einzigen Bezeichnung versehen. Ja selbst Ehefrau und Schwägerin, Ehemann und Schwager finden wir unter Umständen mit jeweils nur einer Verwandtschaftsbezeichnung benannt.

Dahinter verbirgt sich möglicherweise ein Argument, mit dem die Frage, ob Jesus das einzige Kind seiner Eltern war oder ob er Geschwister hatte (Matthäus 12,46), unterschiedlich beantwortet werden kann. Nach katholischer Lehre war Jesus Marias einziges Kind geblieben. Versteht man die "Brüder" in diesem Vers als Elemente eines deutschen Verwandtschaftssystems, dann hat Maria mehrere Kinder gehabt. Wenn die Verwandtschaftsbezeichnung "Bruder" in der Kultur ihrer Zeit jedoch den "Vetter" einschloß, läßt sich die Frage, ob Maria noch andere Kinder hatte, mit einer gewissen Berechtigung verneinen. Man müßte dann aber sicher sein, daß die "Brüder" hier wirklich alle nur "Vettern" waren. Der Fall ist natürlich eher von theoretischem Interesse.

In praktischen Zusammenhängen kann man damit in eine Falle geraten. Ein jüngerer kirchlicher Mitarbeiter in Spanien machte die Bekanntschaft eines dort lebenden Afrikaners, der ihm nach und nach seine Familie vorstellte. Merkwürdig war, daß der Afrikaner alle paar Tage mit einem neuen "Bruder" oder einer weiteren "Schwester" aufwartete. Als deren Zahl schließlich auf 50 zuging, wurde der Spanier mißtrauisch und bezichtigte den Afrikaner der Lüge. Der verstand den Vorwurf überhaupt nicht, denn für ihn war er unbegründet: er kannte den Unterschied Bruder/Vetter und Schwester/Base nicht. Der Fehler lag beim Spanier, der nicht damit rechnete, daß sein Gesprächspartner in den Kategorien eines afrikanischen Verwandtschaftssystems dachte und selbstverständlich alle seine Vettern und Basen, von denen er eine ganze Menge hatte, als seine "Brüder" und "Schwestern" vorstellte.

Heirat

Die Tatsache, daß Ehefrau und Schwägerin verwandtschaftsterminologisch nicht unterschieden werden, hat unter Umständen weitergehende Konsequenzen. Ein Mann aus einer solchen Kultur kann die Schwestern seiner Frau nicht anders vorstellen als mit der Bezeichnung "Ehefrau". Selbstverständlich sind für diesen Mann die Schwestern seiner Frau "etwas anderes" als "seine Frauen", aber doch nicht ganz so, wie eine europäische Schwägerin "etwas anderes" ist. Wenn die (eigentliche) Ehefrau des Betreffenden ein Kind geboren hat, ist sie unter Umständen mehrere Jahre lang für ihn sexuell tabu. Ihre Schwestern dagegen können während dieser Zeit sexuell für ihn zugänglich sein, vorausgesetzt sie sind nicht in der gleichen Lage, und ihr eigener "Ehemann" ist damit einverstanden. Man kann in einem solchen System eine Art *verdeckte Polygynie* erkennen. (In offen polygynen Systemen kann ein Mann legal mit mehreren Frauen verheiratet sein.)

Daß verschieden analysierbare Verwandte die gleiche Bezeichnung tragen, bedeutet aber keineswegs, daß die Unterschiede bedeutungslos wären. Auch dies kann man am Fall der "Vettern" und "Basen", die unter Umständen als "Brüder" und "Schwestern" bezeichnet werden müssen, sehr deutlich ablesen. In vielen schriftlosen Ethnien gibt es Basen, die für junge Männer als künftige Ehefrauen nicht nur in Frage kommen, sondern *bevorzugt geheiratet werden* sollen. Es handelt sich dabei in der Regel um Basen vom Typ VaSwTo und MuBrTo. Diese heißen *Kreuzbasen*, im Unterschied zu den *Parallelbasen*, also VaBrTo und MuSwTo.

Das "Kreuz" bzw. die "Parallele" liegt in den beiden ersten Elementen der Abkürzungen. Eine VaSwTo ist "über Kreuz" verwandt mit dem betreffenden Ego: Sein Vater und die Mutter der Base sind zwar Geschwister, aber *gegengeschlechtlich*. Dasselbe gilt für eine MuBrTo: Hier sind Egos Mutter und der Vater der Base gegengeschlechtliche Geschwister. In den anderen Fällen, VaBrTo und MuSwTo sind entweder der Vater von Ego und der Vater seiner Base, oder die Mutter von Ego und die Mutter seiner Base *gleichgeschlechtliche* Geschwister.

Parallelbasen und -vettern gelten, im Unterschied zu Kreuzbasen und -vettern, nicht als bevorzugte, geschweige denn mögliche Heiratspartner. Sie fallen sogar unter jene Kategorie von Verwandten, für die das sogenannte *Inzesttabu* gilt, obwohl sich Parallelbasen und -vettern biologisch und genetisch nur wenig von Kreuzbasen und -vettern unterscheiden.

Inzest ist Geschlechtsverkehr zwischen nahen Verwandten. In vielen Kulturen, auch schriftlosen, gehört jedoch weit mehr dazu als direkte sexuelle Kontakte. Schon das Entblößen bestimmter Körperpartien in Anwesenheit von nahen Verwandten oder Gespräche mit ihnen darüber werden unter Umständen als inzestuös ("blutschänderisch") angesehen und müssen gemieden werden.

Für kleine Kinder gilt dies nicht in gleichem Maß, umso mehr aber von dem Zeitpunkt ab, an dem sie in die Pubertät kommen. In vielen Gesellschaften darf ein Junge dann nicht mehr im gleichen Haus schlafen, wenn bei einer seiner Schwestern die Menarche eingetreten ist. Er wird entweder bei Verwandten untergebracht, bei denen andere Verhältnisse herrschen, oder er wohnt in einem sogenannten "Männerhaus", verbringt zum mindesten die Nächte dort.

Was "nahe Verwandte" sind, ist nirgendwo ganz genau bestimmt, wie das Beispiel der Parallelbasen und -vettern gezeigt hat. Das Inzestverbot betrifft aber praktisch immer und überall die Mitglieder der Kernfamilie. Die seltenen Ausnahmen gibt es vor allem in stärker geschichteten Gesellschaften, die so etwas wie einen *Adelsstand* kennen. In der obersten Gesellschaftsschicht kann es durchaus zu inzestuösen Heiraten kommen, wie die Geschichte der Menschheit zeigt. Die Gründe dafür sind meist das Bestreben, Besitz und Macht in einer Familie zu erhalten. So war der ägyptische Pharao Tutench-amun mit seiner Schwester verheiratet, und auch Kleopatra stammte aus einer inzestuösen Ehe.

Interessant ist, daß die verschiedenen Formen des Inzesttabus auf der ganzen Welt verbreitet sind, und daß seine Regeln streng eingehalten werden. Das hat zu der Frage geführt, warum das so ist und wie es dazu kam.

Wie es entstanden ist, kann niemand genau sagen. Man hat angenommen, daß der Mensch schon in frühen Phasen der Kulturgeschichte erkannt habe, daß Inzucht **Degeneration des Erbguts** zur Folge hat. Diese Erklärung ist wenig wahrscheinlich, weil gesicherte Erkenntnisse darüber nur möglich sind, wenn man mehrere Generationen auf solche Folgen hin untersuchen kann, und wenn man eine Statistik darüber führt. Dafür ist aber schon die Zeit zu lang, die ein menschliches Individuum zu seiner Entwicklung braucht: Die nächste Generation ist erst nach etwa 20 bis 30 Jahren zu erwarten, in manchen Gesellschaften auch etwas eher. Und Statistiken werden in schriftlosen Kulturen schon gar nicht geführt. Auch war in frühen Phasen der Menschheitsgeschichte die Säuglingssterblichkeit sehr hoch, so daß Erbschädigungen nur geringe Chancen hatten, überhaupt sichtbar zu werden. Und schließlich führt Inzucht nicht zwangsläufig zur Degeneration, sondern kann positive Erbanlagen verstärken. Dies wird in der Tier- und Pflanzenzucht genutzt. Die oben erwähnte Kleopatra ist als herausragende Persönlichkeit überliefert, obwohl sie aus einer inzestuösen Ehe stammte. Im übrigen wäre es unmöglich, die unmittelbaren Nachkommen Adams (Genesis) plausibel zu erklären, ohne vorauszusetzen, daß damals das Inzesttabu noch nicht wirksam war.

Eine andere Erklärung für die Entstehung und weltweite Verbreitung des Inzesttabus ergibt sich aus der Beobachtung, daß Kinder, die zusammen aufwachsen, die Fähigkeit verlieren, sexuelle Beziehungen miteinander aufzunehmen. Das hat sich beispielsweise in Taiwan gezeigt: Dort war es in manchen Familien üblich, ein Mädchen zu adoptieren, das der Sohn heiratete, wenn beide alt genug waren. Diese Ehen erwiesen sich als deutlich weniger stabil als jene, die in traditioneller chinesischer Weise geschlossen wurden, wo sich die Ehepartner am Tag der Hochzeit zum erstenmal sahen. Denselben Effekt hat Spiro (1958) in einem Kibbuz in Israel vorgefunden. Kinder, die zusammen in der Kibbuzgemeinschaft aufwachsen, heiraten sich nicht, obwohl sie nicht miteinander verwandt sind, sondern suchen sich ihren Lebenspartner außerhalb.

Die tiefenpsychologische oder psychoanalytische Erklärung von Freud besagt, in der Kernfamilie gebe es starke Tendenzen zu sexuellen Bindungen zwischen der Mutter und ihren Söhnen einerseits, und zwischen dem Vater und seinen Töchtern andererseits. Diese (nach zwei griechischen Sagengestalten "Ödipus-" und "Elektrakomplex" genannten) Tendenzen hätten aufgrund ihrer paarbildenden und damit Eifersucht hervorrufenden Wirkung eine solche Sprengkraft, daß sie den Zusammenhalt der Kernfamilie gefährden müßten. Da ohne die Stabilität der Kernfamilie die Entwicklung von Kindern nicht normal verlaufen kann, sei es nötig, die genannten sexuellen Tendenzen mit Hilfe des Inzesttabus zu unterdrücken. Diese Argumentation erklärt als einzige, warum das Tabu in der rigorosen Weise existiert, wie wir es kennen.

Aus alledem folgt, daß jedes Individuum seinen Geschlechtspartner außerhalb der eigenen Familiengruppe suchen muß. Das heißt, aus dem Inzestverbot ergibt sich das *Exogamiegebot*, das ebenfalls weltweit vorhanden ist, wenn auch in den verschiedensten Formen.

Exogamie ist ein *Heiratsverhalten*. Es wird bestimmt von der Verwandtschaftsgruppe, innerhalb derer ein Individuum kein anderes heiraten darf. Diese exogame Verwandtschaftsgruppe ist in der Regel der Klan, dessen Mitglieder sich als von einem gemeinsamen Ahn abstammend verstehen. Klane sind daher exogame Einheiten.

Das Gegenteil von Exogamie ist *Endogamie*. Endogame Einheiten lassen sich allerdings nicht ganz so streng definieren. Manche von ihnen sind problematisch. Zu den endogamen Einheiten zählt beispielsweise die Rasse. Zwar spielen Rassenunterschiede keine Rolle, wenn es um die geistigen und charakterlichen Eigenschaften von Menschen geht. Dennoch neigen die Mitglieder der Verwandtschaftgruppe einer weißen Frau zu Äußerungen von Mißfallen, wenn diese etwa einen Schwarzafrikaner heiraten will, denn unter Weißen ist weithin die Ansicht verbreitet, man solle innerhalb der eigenen Rasse heiraten. Objektive Gründe gibt es dafür nicht.

In Wirklichkeit sind es viel eher die unterschiedlichen Strategien zur Daseinsgestaltung, darunter besonders die Wertvorstellungen und Rollenerwartungen, auch von seiten der Verwandtschaft, die den Partnern aus unterschiedlichen Kulturen ein erhöhtes Maß an Toleranz abverlangen, ihrer Ehe Belastungen auferlegen, sie destabilisieren und in ihrem Bestand gefährden. Von Bedeutung sind hier also nicht die eigentlichen Rassenunterschiede, sondern Unterschiede in den Kulturen, die Rassen als endogame Einheiten erscheinen lassen.

Es ist daher auch nicht verwunderlich, daß Religionen endogame Einheiten bilden, deren Grenzen zu respektieren von manchen Gesellschaften streng gefordert wird. Die Mitglieder einer Verwandtschaftsgruppe oder einer anderen sozialen Einheit mit einer bestimmten Religion sehen es keinesfalls gern, wenn einer aus ihren Reihen seinen Lebenspartner aus dem Bereich einer ganz anderen Religionszugehörigkeit wählt. In dieser Weise sind auch evangelische und katholische Gruppierungen endogam.

Matrilinearität und Patrilinearität

Ein Verwandtschaftssystem ermöglicht es einem Individuum nicht nur, die Menschen, die ihm am nächsten stehen, zu identifizieren und untereinander zuzuordnen, was ihre Rollen und seine eigene betrifft, sondern es ermöglicht ihm auch, seine *Abstammung* nachzuweisen. Das ist geradezu lebenswichtig, denn seine Ernährung kann ein Mensch nur dann sichern, wenn er andere benennen kann, denen gegenüber er entsprechende Forderungen erheben darf, weil sie seine Existenz verursacht haben und über die Mittel verfügen, Nahrung zu produzieren, zum Beispiel durch die Tatsache, daß sie Ackerland besitzen. Dieses kann er in der Regel auch *erben*, wenn durch Abstammung gesichert ist, daß er dazu berechtigt ist.

Es gibt (neben Mischformen) zwei grundsätzliche Arten der *Abstammungsrechnung*, die *matrilineare* (oder *matrilineale)*, durch die Linie der Mutter rechnende, und die *patrilineare* (oder *patrilineale*), durch die Linie des Vaters rechnende.

Diese Unterschiede sind gewöhnlich bestimmten Wirtschaftsformen zugeordnet und für diese charakteristisch (vgl. Kap. 6). Wildbeuter (Jäger und Sammlerinnen) sind vorwiegend patrilinear organisiert, ebenso Ackerbauern und Viehzüchter. Der Grund dafür liegt in der herausragenden Stellung des Mannes bei der Nahrungsbeschaffung. Jagd und Arbeit mit Großtieren erfordern die Körperkraft der Männer. Matrilinear organisiert sind dagegen die Pflanzer. Die Gründe dafür liegen in der Bedeutung des Besitzes von Land zum Zweck der Existenzsicherung und der größeren Sicherheit, mit der man seine Abstammung über die Linie der Mutter nachweisen und Ansprüche auf Versorgung geltend machen kann.

Die Matrilinearität (oder auch Matrilinealität), also die Abstammungsrechnung durch die Linie der Mutter, geht so weit, daß Kinder mit ihrem

Vater oft gar nicht als verwandt gelten. Er hat ihnen gegenüber meist nur die Funktion des Ernährers und Beschützers, nicht aber die des eigentlichen Erziehers, der sie korrigiert, dem gegenüber sie für ihr Handeln verantwortlich sind, den sie bei wichtigen Entscheidungen zu fragen haben, der seine Zustimmung geben muß, wenn sie heiraten wollen usw. Diese Funktionen hat in matrilinear organisierten Verwandtschaftssystemen ein anderer Mann, einer, der mit den betreffenden Kindern "wirklich" verwandt ist, das heißt einer, der die gleiche Mutter hat wie ihre Mutter. Dieser Mann ist der Onkel mütterlicherseits, der **Mutterbruder**, auch *Avunculus* genannt. Er ist der eigentliche "Vater" der Kinder. Nicht selten werden in solchen Verwandtschaftssystemen Vater und Onkel mit dem gleichen Wort bezeichnet.

Dieser Aspekt der Matrilinearität bedeutet aber nicht in erster Linie, daß in entsprechenden Verwandtschaftsgruppen die Frauen, die Mütter, auch das Sagen hätten. Man hat das eine Zeitlang so gesehen und von **Mutterrecht** und **Matriarchat** ("Herrschaft der Mütter") gesprochen (Bachofen 1861). Als regelrechte Institution gab es das Matriarchat jedoch vermutlich nie in reiner Form. (Eine gegenteilige Ansicht vertritt mit Sachkenntnis und Engagement Göttner-Abendroth 1989.)

In letzter Zeit mehren sich in der ethnologischen Literatur die Hinweise darauf, daß sich die Männer in matrilinear organisierten Verwandtschaftssystemen vor allem im Unbewußten weniger behaglich fühlen als die Frauen. In bestimmten Testverfahren (Rorschach, Thematic Apperception) zeigen sie Verunsicherungen, die sich unter anderem als Kastrationsängste äußern. Auch scheinen sie unter der Last einer doppelten Verpflichtung zu leiden, in die sie eingebunden sind. Ursprünglich gehören sie zu der Familie, in die sie hineingeboren wurden. Für diese müssen sie sorgen, und sie sind insbesondere verantwortlich für die Kinder ihrer Schwestern. Wenn sie aber selbst heiraten, verlassen sie ihre Abstammungsfamilie und müssen fortan der Familie zuarbeiten, in die sie hineinheiraten. Ihrer Geburtsfamilie (ihrer eigenen Verwandtschaft) gegenüber sind sie jedoch auch weiterhin in der alten Form verantwortlich. Diese doppelte Loyalität wird für die Männer in matrilinearen Gesellschaften besonders dramatisch und drückend, wenn es zwischen den beiden Familiengruppen zum Streit kommt (Thomas 1984).

Daß die Frauen in matrilinearen Gesellschaften unter solchen Symptomen weniger zu leiden scheinen, kann man unter Umständen als Lehrer daran erkennen, daß die Mädchen im Lauf der Pubertät deutlich früher emotional stabil, "vernünftig" und erwachsen erscheinen als die Jungen, die oft noch mit zwanzig wie ein verlorener Haufen wirken, der sein mangelndes Selbstbewußtsein mit Machogehabe und demonstrativen Betrunkenheitsexzessen aufzuwerten versucht.

Dieses Verhalten, das viel Ärger verursacht, rührt offenbar daher, daß Mädchen in matrilinearen Verwandtschaftssystemen als Kinder mehr Zuwendung von Erwachsenen erfahren als Jungen. Um das Defizit an gemütsmäßiger Ausgewogenheit wettzumachen, an dem die Jungen als Heranwachsende leiden, wird manchmal von ihren Verwandten eine Heirat für sie arrangiert, damit sie Väter werden, auf diese Weise für jemand sorgen müssen, dadurch Lebensinhalt und Status gewinnen und "vernünftig" werden. Daß eine solche Verbindung nicht lange halten kann, ist nicht verwunderlich. Gewöhnlich gelingen Ehen unter solchen Bedingungen erst im zweiten Versuch.

Die Stellung des Mannes und Vaters in matrilinear orientierten Gesellschaften beinhaltet eine weitere Konsequenz. Der im Zusammenhang mit dem Inzesttabu schon erwähnte *Ödipuskomplex* ist anders gelagert als unter europäisch-westlichen Bedingungen. Diese von Sigmund Freud, dem Begründer der Psychoanalyse, erstmals analysierte, enge, sexuell gefärbte seelische Beziehung zwischen einem Mann und seiner Mutter, die sich unter anderem als verdeckte Eifersucht gegen seinen Vater richtet, ist in matrilinearen Verwandtschaftsverhältnissen nicht in der Weise möglich, wie Freud dies sah, denn die Rolle des "Vaters" im Freudschen Sinn zeigt sich hier als zum Teil auf den Mutterbruder übertragen.

Unter solchen Bedingungen ist zu überdenken, wie die Aspekte des biblischen Konzepts "Gott Vater", der ja auch als strafender Vater auftritt, in einer derartigen Denkstruktur verstanden oder richtig in sie übertragen werden können. Die Vorstellung von Maria als der "Mutter Gottes" hat in matrilinear ausgerichteten Kulturen vermutlich größere Aussichten, plausibel zu wirken und übernommen zu werden.

Patrilineare Abstammungsrechnung ist im übrigen nicht einfach die Umkehrung der matrilinearen. Das hat einen einfachen Grund: in beiden Systemen sind es die Frauen, die Kinder zur Welt bringen.

Wie wichtig der Unterschied zwischen patrilinearer und matrilinearer Verwandtschaftsrechnung ist, zeigt ein erneuter Blick auf das oben behandelte Beispiel für ein komplexes Verwandtschaftsdiagramm. Bei patrilinearer Rechnung hat die Familie von Egos Vater in der dritten Generation zahlreiche Nachkommen, die Familie von Egos Mutter dagegen weniger.

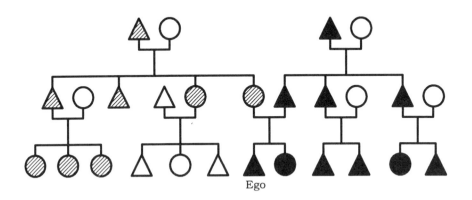

Patrilineare Verwandtschaftsrechnung

Rechnet man matrilinear, ist es genau umgekehrt, für die Familie von Egos Vater gar bedrückend: in seiner Generation hat sie aufgehört zu existieren.

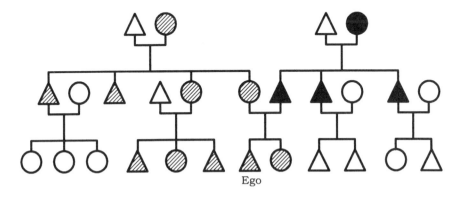

Matrilineare Verwandtschaftsrechnung

Dasselbe Schicksal hätte jene aus dem Alten Testament zu Recht bekannte und berühmte Familie erlitten, von der das Volk Israel seine Abkunft herleitet, wenn sie nicht patrilinear gerechnet hätte. Jakob besaß 12 Söhne, aber nur eine einzige Tochter (Genesis 30,21). Hätte damals matrilineare Abstammungsrechnung gegolten, so wäre der "Segen" einer großen Nachkommenschaft für den Stammvater Israels bei weitem nicht so eindrucksvoll ausgefallen.

Interessant in diesem Zusammenhang ist auch das Verwandtschaftsdiagramm der Familie Isaaks, des Sohnes von Abraham (Genesis 24,15.24.29).

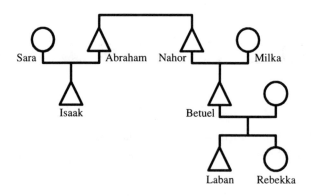

Daraus kann man folgendes ablesen: 1. Abraham als Schwiegervater der Rebekka war gleichzeitig ihr Großonkel; 2. Betuel als Schwiegervater von Isaak war gleichzeitig dessen Parallelvetter; 3. Rebekka als Frau von Isaak war gleichzeitig eine Art Base ("Großbase") ihres Mannes, und zwar eine parallele, vorausgesetzt man rechnete patrilinear; 4. Wenn Rebekka ihre Abstammung jedoch matrilinear rechnete, war sie mit Isaak nicht verwandt und konnte ihn daher mit umso größerer Berechtigung heiraten, weil einer Verbindung der beiden keinerlei Inzesttabu im Wege stand; 5. Isaak gehörte zwar einer Generation über Rebekka an. Da seine Eltern aber sehr alt waren, als er geboren wurde, war er wohl nur wenig älter als seine Frau.

Von einem theologischen Standpunkt aus gesehen ist dies gewiß ohne Bedeutung. Bibelübersetzer müssen sich dennoch gründlich damit auseinandersetzen, denn in der Kultur, in die hinein sie im Einzelfall übersetzen, können sich im Rahmen der Verwandtschaftsproblematik knifflige Fragen ergeben, die nicht ohne Antwort bleiben dürfen, die sich aber ohne gründliche Kenntnis dieser Zusammenhänge nicht stichhaltig beantworten lassen.

Daß die Kenntnis von verwandtschaftsterminologischen Grundprinzipien für Bibelübersetzer wichtig ist, erweist sich auch in folgendem. Bezeichnungen wie "Bruder" und "Schwester" werden im Neuen Testament (und in evangelikaler Diktion) auch auf "im Glauben Verwandte" angewandt. Das kann in Bibelübersetzungen und Predigten zu Mißverständnissen führen.

In Südseesprachen muß man bei der Interpretation von Verwandtschaftsbezeichnungen für Geschwister unter anderem auch beachten, welches Geschlecht der Sprecher besitzt, der eine bestimmte Verwandtschaftsbezeichnung benützt. In europäischen Sprachen braucht man das nicht.

Das *Pidgin*, die Verkehrssprache Neuguineas und der Inseln in seiner Umgebung, ist eine Form des Englischen mit einer Grammatik, wie sie die Sprachen Melanesiens besitzen. Darin finden sich die Wortformen "barata" und "sisa/susa", die sich als die (ursprünglich) englischen Verwandtschaftsbezeichnungen "brother" und "sister" identifizieren lassen. Im Neomelanesischen, wie das Pidgin Neuguineas heute auch heißt, bedeutet "barata" jedoch nur dann Bruder, wenn die Bezeichnung von einem Mann benützt wird. Spricht dagegen eine Frau das Wort "barata" aus, so meint sie ihre Schwester. Entsprechend über Kreuz verhält es sich mit dem Wortinhalt von "sisa/susa". "Barata" bedeutet im Neomelanesischen also nicht eigentlich "Bruder", sondern "Geschwister mit dem gleichen Geschlecht wie der Sprecher, der es benützt".

Nehmen wir nun an, eine kirchliche Mitarbeiterin spreche darüber, daß Jesus Mensch geworden sei und drücke das dadurch aus, daß sie sagt, er sei "unser Bruder" geworden, wobei sie den Terminus "barata" benützt. Bei dieser Äußerung müßten ihre melanesischen Zuhörer mit Unverständnis reagieren, denn "barata" aus dem Mund einer Frau bedeutet für sie "Schwester".

Ausnahmslos jeder Mensch ist im Lauf seines Lebens Mitglied in mindestens einer Familie, nämlich der, in der er als Sohn oder Tochter fungiert. In dieser Familie erfährt er seine *Enkulturation* (vgl. Kap. 9), d.h. hier lernt ein Mensch die Strategien, die er zur Meisterung seines Daseins braucht.

Eine der wichtigsten Funktionen dieser Familie besteht folglich darin, das Individuum in optimaler Weise auf die Welt und ein erfolgreiches Leben hin zu orientieren. Man nennt sie daher manchmal auch seine *Orientierungsfamilie*. Mitglied in der Orientierungsfamilie wird man durch Geburt.

In europäisch-westlichen Kulturen ist die Kernfamilie die Orientierungsfamilie. In anderen Kulturen, besonders in den gruppenorientierten, ist es die erweiterte Familie. Beiden Familienformen kommt erhebliche Bedeutung zu als dem geschützten Ort, wo das Individuum wie nirgendwo anders seine Kultur in umfassender Weise lernen kann. (Dazu muß die Familie selbstverständlich intakt sein!)

Die meisten Menschen leben nur während einer gewissen Zeit ihres Lebens in ihrer Orientierungsfamilie. Wenn ein Individuum heiratet und Kinder hat, entsteht eine neue Kernfamilie. Diese heißt einsichtigerweise *Fortpflanzungsfamilie*. (Für die Kinder in dieser Gruppierung ist es wiederum die Orientierungsfamilie!) Über ihre Fortpflanzungsfunktion hinaus erfüllt sie eine besondere soziale Aufgabe: Sie verleiht *Status*. Das gilt in hohem Maß für die Frauen. In vielen außereuropäischen Gesellschaften haben unverheiratete Frauen, wenn überhaupt, nur geringen Status. Kaum besser gestellt sind verheiratete Frauen, die keine Kinder haben. Die Betreffenden leiden unter diesem Mangel an Status. Das erklärt die depressive Stimmung, mit der Hanna, die Mutter Samuels, jahrelang leben mußte, und es erklärt, warum sie einen Lobgesang anstimmte, nachdem sie einen Sohn geboren hatte (1. Samuel 1 und 2).

Auch für unverheiratete Entwicklungshelferinnen und kirchliche Mitarbeiterinnen in Übersee kann fehlender Status in diesem Sinn ein Problem darstellen. Für die Menschen ihres Arbeitsbereichs ist ihre Rolle unter Umständen kaum definierbar (vgl. dazu auch Kap. 19).

Eheformen

Die Fortpflanzungsfamilie eines Menschen beruht auf der Konstituierung einer *Ehe*. Diese gibt es in vier verschiedenen Formen: 1. als *monogame* Ehe besteht sie aus einem Mann und einer Frau; 2. als *polygyne* Ehe aus einem Mann und mehreren Frauen, 3. als *polyandrische* Ehe aus einer Frau und mehreren Männern, und 4. als *Gruppenehe* aus mehreren Männern und Frauen.

Die unter 2. und 3. genannten Eheformen werden als *polygame* Ehen zusammengefaßt. *Monogamie* und *Polygynie* sind die am häufigsten vorkommenden Eheformen. In Gesellschaften, in denen die Polygynie existiert, sind die meisten Ehen trotzdem monogam, weil erstens unter normalen Bedingungen in allen Gesellschaften die Zahl der Männer und Frauen etwa ausgewogen ist, und zweitens, weil ein Mann, der mehrere Frauen haben will, über einen gewissen Wohlstand verfügen muß: Polygyne Ehen sind in der Regel kinderreich und brauchen eine entsprechend große wirtschaftliche Grundlage zur Produktion von Nahrung.

Abweichungen von der Regel der zahlenmäßigen Ausgewogenheit von Männern und Frauen treten in Zeiten auf, die auf Kriege folgen, in denen die Männer stark dezimiert wurden. In manchen Gebieten Asiens wird sich in allernächster Zukunft wahrscheinlich das Problem ergeben, daß viele Männer keine Frauen als Heiratspartner mehr finden, weil zu wenig Mädchen geboren werden. Der Grund dafür liegt in einer Wertvorstellung, die hauptsächlich in patrilinear orientierten Gesellschaften anzutreffen ist: Söhne sind "Stammhalter" und als solche erwünscht, Mädchen dagegen kosten Mitgift, die eine Familie teuer zu stehen kommen kann. Und weil es die moderne Medizin mit Hilfe der Ultraschallmethode erlaubt, das Geschlecht eines Embryos frühzeitig zu erkennen, werden Schwangerschaften unter solchen kulturellen Bedingungen inzwischen schon massenhaft abgebrochen, wenn ein Mädchen zu erwarten ist, z.B. in Indien.

In polygynen Ehen hat eine unter den Frauen meist einen höheren Status als die anderen, der sich aus der Reihenfolge der Eheschließung oder auch aus dem Alter der betreffenden Frauen ergeben kann.

In manchen Gesellschaften ist es üblich, daß ein Mann der Familie seiner Frau bei der Heirat eine Gabe zukommen läßt, den sogenannten *Brautpreis*. Er ist besonders bei Viehzüchtern bekannt und besteht dort in einer Anzahl Rindern. Dieser Brautpreis ist nicht eigentlich ein Kaufpreis. Es geht dabei also nicht um Menschenhandel. Die englische Bezeichnung *bridewealth* statt "Brautpreis" ist daher weniger diskriminierend.

Der Brautpreis findet unter Umständen sehr rasch Weiterverwendung zum selben Zweck, nämlich dann, wenn ein Bruder der jungen Frau ebenfalls heiraten will. Die Rinder, die ihre Familie für sie bekommen hat, werden dann einfach weitergegeben.

Der Brautpreis ist interpretierbar als Ausgleichsleistung der *frauennehmenden* Gruppe an die *frauengebende* für den Verlust der Arbeitskraft, den sie erleidet, wenn ein Mädchen ihre Familie durch Heirat verläßt.

Unter Umständen existiert der Brautpreis als verdeckte Kategorie, nämlich dann, wenn der neue Ehemann verpflichtet ist, der Familie seiner Frau zuzuarbeiten. Das ist in matrilinear organisierten Gesellschaften üblich. Es gibt auch den Fall, daß der künftige Ehemann der Familie seiner späteren Frau gegenüber eine Zeitlang Arbeitsleistungen erbringen muß, ehe er sie heiraten darf. Das kann für den Betreffenden sehr unangenehm werden, wenn der künftige Schwiegervater dies ausnützt. Ein Beispiel, das an Erpressung grenzt, kennen wir aus Genesis 29: Laban fordert von seinem Neffen Jakob ganze 7 Jahre Arbeit als Vorleistung auf die Heirat mit Rahel, um ihm nach korrekter Erfüllung der Forderung eine Nachforderung in gleicher Höhe zu präsentieren, mit einer mehr als fadenscheinigen Ausrede.

Die Fehlinterpretation des Brautpreises als Kaufpreis hat verschiedentlich zu Versuchen durch Europäer geführt, ihn zu verunglimpfen und abzuschaffen. Dagegen protestierten ausgerechnet die vermeintlich "verkauften Bräute" selbst, denn sie maßen traditionell ihren Wert an der Zahl der Rinder, die im Tausch für sie gegeben werden mußten. Ohne den Brautpreis hätten sie ihren augenfälligen Wert verloren. Seine Abschaffung konnten sie daher nur als Abwertung und Diskriminierung verstehen.

Darüber hinaus gibt es zwei besondere Eheformen: das *Levirat* und das *Sororat.* Eine Leviratsehe entsteht, wenn ein Mann stirbt und seine Frau dazu verpflichtet ist, einen seiner Brüder zu heiraten, um sich und ihren Kindern das Auskommen zu sichern.

Diese Art der Leviratsehe ist zu unterscheiden von der "echten" Leviratsehe (nach Deuteronomium 25,5 ff.). Dort soll die Witwe eines Mannes dessen Bruder nicht eigentlich heiraten, sondern Kinder von ihm bekommen, die dann als Kinder des Verstorbenen gelten. Diese (alttestamentliche) Form der Leviratsehe gibt es bei den afrikanischen Nuer und Zulu noch heute.

Das Sororat ist gewissermaßen die Umkehrung des Levirats. Es beruht auf der Forderung, daß ein Mann nach dem Tod seiner Frau bevorzugt eine ihrer Schwestern heiraten soll.

Seinen Wohnort wählt ein Ehepaar nach sehr unterschiedlichen Kriterien. Die Wohnweise in europäisch-westlichen Gesellschaften ist meist *neolokal*, das heißt die beiden wohnen in der Regel nicht in unmittelbarer Nähe ihrer Eltern oder Verwandten, sondern an einem neuen Ort.

Nehmen die beiden ihren Wohnsitz bei den patrilinearen Verwandten des Mannes, spricht man von *patrilokaler Wohnweise*. Entsprechend bedeutet *matrilokale Wohnweise* den Wohnsitz bei den matrilinearen Verwandten der Frau.

Patrilokalität ist in wildbeuterischen Kulturen von Vorteil: Mit seiner Hilfe läßt sich ein Jagdgebiet optimal nutzen, weil die Männer, die es kennen, mit dieser Wohnweise zusammengehalten werden. Matrilokalität ist bei Pflanzern von Vorteil: Hier bleiben in der Regel die Landbesitzerinnen und -erbinnen beieinander.

Darüber hinaus existieren eine ganze Reihe von komplizierten Kombinationsmöglichkeiten, zum Beispiel Wohnweise bei den matrilinearen männlichen Verwandten des Mannes, im Klartext: beim Onkel als dem Bruder der Mutter. Man nennt dies (etwas zungenbrecherisch) *Avunkulokalität*. Bei *Bilokalität* wechselt der Wohnort zwischen zwei Möglichkeiten.

Mehr zum Thema dieses Kapitels findet sich in folgenden Werken:

Bachofen, Johann Jakob: Das Mutterrecht. Stuttgart 1861.

Fox, Robin: Kinship and marriage. An anthropological perspective. Harmondsworth 1967.

Göttner-Abendroth, Heide: Das Matriarchat. Stuttgart et al. ²1989.

Müller, Ernst Wilhelm: Der Begriff 'Verwandtschaft' in der modernen Ethnosoziologie. Berlin 1981. (Kommentar: Der Autor gibt einen kritischen Überblick über jene ethnologischen Arbeiten zum Thema Verwandtschaft, die seiner Ansicht nach besonders dazu beigetragen haben, den Umfang des Begriffs zu ermitteln.)

Schmitz, Carl A.: Grundformen der Verwandtschaft. Basel 1964.

Spiro, Melford E.: Children of the Kibbutz. Cambridge Mass. 1958.

Thomas, John: The Namonuito solution to the "matrilineal puzzle". American Ethnologist 7.1984:172-177.

9. Kapitel:

Kultur und Psyche

In diesem Kapitel wird erklärt, was Enkulturation ist, das heißt, wie kulturelle Regeln in die Persönlichkeit, in die Psyche eines Individuums übernommen und integriert werden, in welcher Weise dieser Prozeß abläuft und welche Ergebnisse er bringt. Danach wird beschrieben, was man unter Ethnozentrismus und seinem Gegenteil, der Idealisierung des Fremden, versteht, wie Normen und Werte entstehen, wie sie menschliches Verhalten beinflussen, und wie dies alles aus dem Enkulturationsprozeß hervorgeht und zu erklären ist.

Die Definition des Begriffs Kultur aus Kapitel 4, die allen in dieser Einführung behandelten Themen zugrundeliegt, lautet: Kultur ist eine Strategie zur Bewältigung des Daseins. Diese Strategie besteht aus Regeln, mit deren Hilfe Bedürfnisse befriedigt werden können, und ihre Regeln wirken auf das Verhalten der Menschen, die eine bestimmte Kultur benützen, wie die Regeln einer Grammatik auf das Sprachverhalten: Kultur steuert alles menschliche Handeln in charakteristischer Weise.

Die Regeln, die bei kulturell überformtem Handeln befolgt werden, sind den betreffenden Menschen *nicht angeboren*, sondern sie werden *gelernt*. (Angeborene Regelabläufe, die nicht gelernt werden müssen, bezeichnet man als *Instinkte*.) Der Vorgang, in dessen Verlauf diese Regeln gelernt werden, heißt *Enkulturation*. Es handelt sich dabei um die Übernahme und Integration einer Kultur in die Psyche des Individuums.

Enkulturation ist etwas anderes als *Inkulturation*. Damit bezeichnet man die *Übertragung* eines Kulturelements aus einer Kultur in eine andere, in der es Fuß faßt, an sie angepaßt wird und dann Funktionen übernimmt, mit deren Hilfe von da ab Daseinsprobleme gelöst werden können oder einfach Dasein gestaltet wird. So haben wir schon vor längerer Zeit die Sauna aus der Kultur Finnlands und in neuerer Zeit die Pizza aus der Kultur Italiens in Deutschland und anderswo inkulturiert. Ein anderes typisches Beispiel für Inkulturation ist die Verbreitung der Lehren des Christentums in Europa durch den Missionar und Apostel Paulus.

Enkulturation als Prozeß

Der Vorgang der Enkulturation läuft unter einigen genau bestimmbaren Voraussetzungen ab und weist eine Reihe von beachtenswerten Eigenschaften auf, von denen hier nur die allerwichtigsten genannt werden können.

Wenn ein Mensch geboren wird, besitzt er noch keinerlei Kultur, ebenso wie er noch keine Sprache beherrscht. Was er dagegen besitzt, ist eine Anlage dazu: seine Kulturfähigkeit. Menschliche Neugeborene sind, im Unterschied zu Tierkindern, mit einer ausgesprochen leistungsstarken *Disposition zum Erlernen einer Kultur* und mit einem ausgeprägten Bedürfnis danach ausgestattet, wie sie auch über eine entsprechende Befähigung zum Erlernen einer Sprache verfügen. Daß diese Disposition leistungsstark sein muß, läßt sich daran erkennen, daß wir mit ihrer Hilfe eine Kultur (und Sprache) lernen, ohne uns dessen bewußt zu sein, und in einem Alter, in dem die Fähigkeit zum logisch-schließenden Denken späterer Lebensphasen noch nicht entwickelt ist.

Weil Neugeborene noch keinerlei Kultur besitzen, sind ihre ersten Lebensäußerungen (Hunger, Verlangen nach Wärme usw.) rein biologisch zu erklären und bei allen menschlichen Gesellschaften und ethnischen Gruppen gleich. Dies beruht auf der Tatsache, daß alle heute lebenden Menschenrassen zur gleichen Gattung (Homo sapiens sapiens) gehören. (Die heute lebenden Menschenrassen gleichen sich in anthropologischer Hinsicht übrigens in einem solchen Maß, daß die Unterschiede zwischen ihnen weniger als 1% betragen. Schon von daher gesehen entbehrt die Diskriminierung von Menschen anderer Rassenzugehörigkeit als minderwertig jeglicher Grundlage.)

Aber schon gleich nach seiner Geburt kommt ein Individuum in Kontakt mit Kultur. Überall auf der Welt behandelt man Neugeborene von ihrem ersten Lebenstag an in kulturtypisch verschiedener Weise, z.B. bei der Nahrungsaufnahme. In vielen Gesellschaften werden sie dann gestillt, wenn sie schreien, in anderen nach einem Zeitplan. Dem Fütterungsverhalten der Mütter, das die Kinder dabei kennenlernen, liegen Vorstellungen zugrunde von dem, was für ein Kind als am zuträglichsten gilt, und diese Vorstellungen haben Regeln hervorgebracht, nach denen die Mütter ihr Fütterungsverhalten ausrichten. Beides, Vorstellungen und Regeln, sind Elemente der jeweiligen Kultur. Deswegen muß das Verhalten, das sich daraus ergibt und das der Säugling erlebt, als von Kultur überformt gelten.

Solche Vorstellungen und Verhaltensweisen werden natürlich nicht ausdrücklich als kulturbedingt angesehen, umso eher aber *für allgemeingültig gehalten* und nur *selten rational begründet*. Daher sind sie oft sehr *dauerhaft*, was mit einen Grund dafür bildet, daß sich Kulturen nur langsam ändern. Das hat Vor- und Nachteile.

Weil Kulturen auf diese Weise mit einem ausgeprägten Beharrungsvermögen ausgestattet sind, garantieren sie mehreren Generationen ein hohes Maß an Kontinuität bei der Abstimmung von Anschauungen und Interpretationen ihrer Lebenswelt, bei der Formulierung von Zielen, die gemeinsam verwirklicht werden sollen, und beim Finden von Mitteln, diese Ziele zu erreichen.

Andererseits verzögern oder verhindern Kulturen aufgrund ihres Beharrungsvermögens Veränderungen, die sich als wünschenswert oder notwendig erweisen, zum Beispiel im Rahmen von kirchlichen, missionarischen, medizinischen oder anderen Projekten entwicklungshilflicher Art. Sie verzögern sogar Veränderungen, die von den Mitgliedern einer Kultur selbst, also von innen heraus, ausgelöst werden. Das erfordert Geduld.

Die Art und Weise, wie sich Mütter ihren Kindern gegenüber verhalten, ist in verschiedener Hinsicht von Bedeutung. Unter den zahlreichen Möglichkeiten, die im Einzelfall zur Wahl stehen, ist es in der Regel immer nur eine einzige Verhaltensweise, mit der sich das Kind konfrontiert sieht. Diese eine Verhaltensweise stellt sich dem Kind im Lauf der Zeit als *normales* Verhalten der Mutter dar. Auf dieses normale Verhalten stellt es sich ein und erwartet es schließlich in allen Situationen, in denen es solches Verhalten vorher schon erlebt hatte. Dahinter verbirgt sich ein Problem.

Normales Verhalten ist hier erkennbar als diejenigen Verhaltensformen, die von den Mitgliedern einer bestimmten Kultur in bestimmten Situationen gezeigt und von ihren Mitmenschen erwartet werden. Andere Möglichkeiten des Verhaltens in der gleichen Situation gelten den Beteiligten je nach Grad der Abweichung als weniger normal bis *abnorm*, obwohl solche abweichenden Möglichkeiten in einer anderen Gesellschaft durchaus als normales Verhalten gelten können. Ein Beispiel: Bei einer Hochzeitsfeier in

Europa oder Amerika gilt es als angemessen und damit als normales Verhalten, mit Messer und Gabel zu essen. Wer bei einer solchen Gelegenheit mit Fingern äße, käme als verhaltensauffällig oder gar als abnorm (verrückt!) ins Gerede. Bei einer indonesischen oder afrikanischen Ethnie dagegen ist Essen mit den Fingern in aller Regel völlig normal.

Diese Beobachtung erklärt, warum die Psychologie und noch mehr die Psychiatrie Schwierigkeiten haben, wenn sie normales und abnormes Verhalten definieren oder diagnostizieren sollen, denn die Kultur eines Individuums spielt in seinem Verhalten eine so beherrschende Rolle, daß sie als Gesichtspunkt unter allen Umständen in die Diagnose mit einbezogen werden muß, wenn man vermeiden will, daß einem Patienten unter Umständen schwerwiegendes Unrecht zugefügt wird.

Es sind im wesentlichen die *Kontaktpersonen* in der unmittelbaren Umgebung des Kindes, deren von Kultur geprägtes Verhalten schon in einem frühen Alter bestimmte Vorstellungen und Begriffe entstehen läßt und in bestimmte Bahnen lenkt. Das Weltbild, das auf diese Weise bei einem Kind aufgebaut wird, ist also ganz unmittelbar abhängig vom Weltbild seiner Kontakt- und Bezugspersonen der näheren und später auch weiteren sozialen Umgebung, in der es aufwächst.

Diesem Weltbild in seiner kulturtypischen Form ist das Kind nicht nur ausgesetzt, sondern geradezu *ausgeliefert*. Weil es völlig ohne Kultur geboren wird, aber eine Disposition dafür und ein ausgeprägtes Verlangen danach besitzt, eine Kultur (und Sprache) zu übernehmen, kann es gar nicht anders, als nach dem zu greifen, was es in seiner unmittelbaren sozialen Umgebung an Kultur vorfindet. Auch dies hat Vor- und Nachteile.

Einer der größten Vorteile des Bedürfnisses nach Übernahme von Kultur besteht darin, daß Kinder hoch motiviert sind, an ihrer eigenen Enkulturation aktiv mitzuwirken. Die Motivation ist umso nachhaltiger, je mehr Anregungen zur Befriedigung ihres Bedürfnisses nach Übernahme von Kultur sie in ihrer Umgebung vorfinden. Dadurch wird der Prozeß der Enkulturation in hohem Maß gefördert und beschleunigt. Kinder lernen ihre Kultur (und Sprache) überraschend schnell und mühelos, auch und gerade deren zahllose Details und Kompliziertheiten. Sie lernen sogar mühelos gleichzeitig zwei oder auch drei Kulturen (und Sprachen), solange sie sich in der Phase der frühen Kindheit und in entsprechender Umgebung befinden. Das Ergebnis einer solchen doppelten oder dreifachen Enkulturation ist, wenn sie von den Bezugspersonen in der richtigen Weise gesteuert wird, von großem Wert für die Betreffenden: Es macht sie in kultureller Hinsicht mobil und flexibel, verleiht ihnen einen weiten Horizont und erschwert oder verhindert die Bildung von Vorurteilen.

Gesteuert werden muß der Prozeß deswegen, weil Kinder die Kulturelemente, die sie kennenlernen, nicht dem jeweiligen Kultursystem zuordnen, dessen Teil die Elemente sind. Vielmehr werden sie kritiklos von ihnen kombiniert, wann immer das möglich ist. So können sich Kinder eine individuelle Mischkultur zulegen. Wenn sie zweisprachig aufwachsen, zeigt sich das meist in folgender Weise: Benützen sie diejenige Sprache, in der ein Gedanke nur mittels einer längeren Satzstruktur ausgedrückt werden kann, hält aber gleichzeitig die andere Sprache, die sie ebenfalls beherrschen, ein einziges Wort dafür bereit, dann benützen sie dieses anstelle der Satzstruktur. So kann eine Mischsprache zustandekommen, die auf Außenstehende befremdlich wirkt. Die Folgen sind vielfältig. Ein Schulproblem entsteht daraus, wenn solche Kinder beispielsweise aus Übersee nach Deutschland zurückkehren, wo sie zur Kommunikation nur noch das Deutsche brauchen. In ihren Aufsätzen greifen sie dann zu Ausdrucksweisen, die nur ihnen selbst Präzision erlauben: Sie wählen ein einziges Wort aus der Fremdsprache anstelle eines Satzes im Deutschen, wann immer sich das anbietet. Das aber wird nicht akzeptiert, weil es unidiomatische Formulierungen ergibt. Daher müssen Bezugspersonen von Kindern, die zwei- oder mehrsprachig aufwachsen, diese dazu anhalten, immer nur entweder das eine oder das andere Idiom zu benützen. (Regel: Man soll nie zwei *languages* zusammen*putten*!)

Einer der folgenschwersten Nachteile des starken Bedürfnisses von Kindern nach Übernahme von Kultur ist darin zu sehen, daß sie im Kultur- und Spracherwerbsalter weitestgehend manipulierbar sind. Wer in einer kriminellen Umgebung aufwächst, hat kaum die Möglichkeit zur Übernahme eines Weltbildes, das Strategien dafür bereitstellt, in einer sozial intakten Gemeinschaft von Menschen zu leben. Aber selbst in den Kulturen von normal funktionierenden menschlichen Gemeinwesen sind mitunter Elemente enthalten, die es besser nicht gäbe: Vorurteile aller Art, Diskriminierungen gegen Mitglieder, die sich als weniger angepaßt erweisen usw. Weil solche Elemente ebenso kritiklos enkulturiert werden wie alle übrigen, sind Kinder und Jugendliche während des Enkulturationsprozesses besonders anfällig für Manipulationen, eine Erscheinung, die beispielsweise von autoritären Regierungen leicht für ihre Zwecke mißbraucht werden kann. Der deutsche Nationalsozialismus hat diese Disposition in der sogenannten Hitlerjugend systematisch genutzt.

Das hohe Tempo, das Kinder bei der Übernahme von Kultur aus ihrer sozialen Umgebung vorlegen, wird auch dadurch gefördert, daß sie zunächst über keinerlei Vorstellungen irgendwelcher Art verfügen: Sie sind eine "tabula rasa", ein unbeschriebenes Blatt, und daher wenden sie sich dem für sie Neuen kritiklos und unvoreingenommen zu. Bei Erwachsenen, die eine zweite Kultur (und Sprache) lernen wollen oder müssen, ist das alles viel schwieriger.

Unter diesen Voraussetzungen ist es Menschen mit einer animistischen Religion nur schwer möglich, christliche Vorstellungen von einem Jenseits (Himmel, Hölle) so zu übernehmen, daß sie mit denen der Bibel einigermaßen übereinstimmen. Denkstrukturen, die im Prozeß der Enkulturation in einer animistischen Umgebung entstanden sind, führen in aller Regel bei Erwachsenen zu Vorstellungen von einem Jenseits, das sich ganz anders darstellt.

Bei normal entwickelten Kindern intensiviert sich der Prozeß der Enkulturation in der 2. Hälfte des 1. Lebensjahres, wird im Lauf der Kindheit und Jugend immer differenzierter und endet erst mit dem Tod des Individuums. Weil die Psyche ursprünglich nichts enthält, was den Prozeß behindern könnte, werden in der Kindheit besonders viele kulturelle Elemente schnell und mühelos übernommen. Man kann mit Recht davon ausgehen, daß bis zum 8. Lebensjahr etwa 80% aller jener Strategien (in ihren Grundformen) gelernt sind, über die ein Individuum zur Daseinsgestaltung als Erwachsener verfügen wird. Das ist umso erstaunlicher, als während der Enkulturationsphase nicht nur eine enorme Fülle an Stoff bewältigt wird, sondern auch intellektuelle Leistungen erbracht werden, die auf anderen Gebieten erst nach der Pubertät möglich sind: Kinder abstrahieren und lernen die Regeln ihrer Erstsprache(n) ausschließlich durch Zuhören und Nachahmen, ohne jede Bewußtmachung, und Fünfjährige sind in der Lage, Sätze mit komplizierter logischer Struktur fehlerfrei zu bilden. Vergleichbare Leistungen auf dem Gebiet der Mathematik sind erst zehn Jahre später von ihnen zu erwarten.

Zwar dauert der Enkulturationsprozeß bis zum Tod. Er ist jedoch praktisch abgeschlossen, wenn keine wesentlich neuen Elemente mehr aufgenommen werden. Dieser Zustand tritt in unterschiedlichen Kulturen zu mitunter erheblich voneinander abweichenden Zeiten ein. Bei Mädchen aus der niedrigsten Kaste in Indien endet die Enkulturation, wenn sie 12 oder 13 Jahre alt sind, bei japanischen Männern aus der sozial führenden Schicht ist sie auch nach dem 30. Lebensjahr noch nicht abgeschlossen. In den Kulturen der abendländischen Industrienationen bedeutet der Abschluß der Berufsausbildung in der Regel auch das Ende des Enkulturationsprozesses.

Ergebnisse des Enkulturationsprozesses

Mit dessen Ende sind verschiedene wichtige Ziele erreicht. Was das Individuum bis zu diesem Zeitpunkt an Kultur gelernt hat, ist ihm zur Selbstverständlichkeit geworden und wird emotional von ihm bejaht. Die Strategien zur Daseinsbewältigung, über die es jetzt verfügen kann, helfen ihm nicht nur, seine Bedürfnisse in einem umfassenden Sinn zu befriedigen. Sie sorgen auch für seine psychische Sicherheit im Umgang mit anderen, deren Verhaltensweisen es nun voraussehen kann, wenn es mit ihnen gemeinsam agieren muß. Damit ist das Individuum optimal an seine kulturelle Umgebung angepaßt.

Die Kultur, die in dieser Weise in die Psyche integriert wurde, kann nicht mehr aus ihr herausgelöst werden, nachdem ein wesentlicher Teil des Enkulturationsprozesses abgelaufen ist. Er kann nicht rückgängig gemacht werden.

Das bedeutet unter anderem, daß es einem Individuum nicht möglich ist, seine Kultur zu wechseln. Wohl aber kann es eine zweite Kultur lernen, wenn auch bei weitem nicht so vollkommen wie seine Erstkultur. Deren Strategien werden immer im Vordergrund stehen und sein Handeln entscheidend bestimmen.

Für Entwicklungshelfer, kirchliche Mitarbeiter und besonders Missionare ist diese Tatsache eine ständige Quelle von Mißerfolgserlebnissen und Enttäuschungen, wenn sie sich nicht ständig vor Augen halten, daß Menschen nach Abschluß ihrer persönlichen Enkulturation zwar noch vieles lernen, aber sich nicht eine grundsätzlich neue kulturelle Identität zulegen können. ("... Ist jemand in Christus, so ist er eine neue *Kreatur* ..." [2.Korinther 5,17], nicht *Kultur*!)

Der Vorgang, der bei der Enkulturation eines Individuums abläuft, ist, wie wir gesehen haben, gekennzeichnet von einer Auswahl, die aus der unüberschaubaren Fülle möglicher Verhaltensweisen jeweils eine einzige oder einen kleinen Teil davon herausgreift und standardisiert. Dabei werden die Individuen mit einem Satz Regeln ausgestattet, der nur in ihrer eigenen Kultur gilt, von ihnen aber immer auch auf andere Kulturen angewandt wird, wenn auch meist unbewußt.

Für deutschstämmige Aussiedler aus osteuropäischen Ländern gilt im Umgang mit Autoritätspersonen, daß man zu stehen hat, wenn man mit ihnen spricht. Sitzen ist Ausdruck von mangelndem Respekt, so die Regelung ihrer Kultur. Diese wenden sie selbstverständlich auch außerhalb ihres kulturellen Rahmens an, zum Beispiel, wenn sie sich als Aussiedler in Deutschland wiederfinden. Daher erleben sie es als undenkbar und skandalös, daß Kinder in der Schule sitzenbleiben, wenn sie eine Lehrerfrage beantworten, oder wenn Kirchenbesucher zum Gebet nicht aufstehen.

Die Tendenz, Regeln der Gesellschaft, in der man enkulturiert wurde, ganz selbstverständlich auch in der fremden anzuwenden, sowohl bei der Gestaltung des eigenen Verhaltens, als auch bei der Interpretation des Verhaltens anderer, heißt *Ethnozentrismus*. Dahinter steht die (unbewußte) Vorstellung, die fremde Kultur sei nicht einfach als anders, sondern als ungewöhnlich und als geringerwertig einzustufen. Die eigene Kultur wird als die höherstehende, bessere, eigentlich menschliche empfunden.

Ein typisches Beispiel für Ethnozentrismus sind die Namen, mit denen sich viele ethnische Gruppen selbst bezeichnen. Vielfach bedeuten sie nichts anderes als "Menschen" ganz allgemein. Schon bei den Griechen der Antike findet sich diese Erscheinung: Außer ihnen selbst gab es noch die "Barbaren", und das waren alle übrigen menschlichen Gruppen, die nicht griechisch sprachen.

Zum Ethnozentrismus gibt es eine Art Gegenstück: die *Idealisierung des Fremden*. In ihren Auswüchsen kann sie bis zur völligen Verdammung der eigenen Kultur gehen.

Idealisierende Darstellungen des Fremden haben in der Zeit der Aufklärung die Figur des *edlen Wilden* hervorgebracht, den Menschen aus einem

"Naturvolk", der angeblich nicht wie die Abendländer durch "Kultur" verdorben war (Stein 1984a).

Auf der gleichen Linie liegen die schon jahrhundertealten Sehnsüchte der Europäer nach einem paradiesischen Leben auf den Inseln der Südsee (Ritz 1983; Stein 1984b), die bis in die Gegenwart hinein durch Veröffentlichungen von (in anderen Bereichen ernstzunehmenden) Autoren wie Margaret Mead weiter genährt werden (Freeman 1983). (Man nennt solche realitätsfernen Beschreibungen fremder Kulturen manchmal etwas despektierlich "Ethnopoesie". (Vielleicht aber nicht mehr lange, denn die Bezeichnung wird seit neuestem, wenn auch erst noch selten, in Arbeiten über Formen der Dichtkunst schriftloser Gesellschaften verwendet.)

Dem Bedürfnis nach idealisierender Darstellung des Fremden folgend, sind im Gegenzug eine Reihe von Beschreibungen unserer eigenen Kultur durch vorgeblich fremde Beobachter entstanden. Bezeichnend ist, daß sie von einer breiten Öffentlichkeit als authentisch angesehen werden. In Wirklichkeit sind ihre Autoren Zivilisationskritiker aus unseren eigenen Reihen. So erleben beispielsweise die von einem Deutschen erfundenen Reden des ebenfalls erfundenen samoanischen Häuptlings Tuiavi'i aus Tiavea ständig neue Auflagen und Raubdrucke (Scheurmann 1977, Ritz 1983, Cain 1975).

Im Lauf des Enkulturationsprozesses entstehen zwei weitere Phänomene, die für das Verhalten des Individuums in seiner Gesellschaft von großer Bedeutung sind: *Normen* und *Werte*.

Normen sind kulturbestimmte Denkmuster oder Regelsätze für menschliches Verhalten, die von den Angehörigen einer Kultur mehrheitlich als solche Regeln angesehen werden, deren Beachtung zu (in ihrem Sinn) "korrektem", "anständigem" oder "normalem" Verhalten führt. Normen sind nicht unbedingt starr, sondern gestatten Abweichungen oder enthalten Möglichkeiten zu flexibler Anwendung, wenn die Situation es erfordert. So gilt es zwar in westlichen Kulturen als Norm, beim Essen Messer, Gabel und Löffel zu benutzen. Bei Geflügel jedoch darf man auch die Hände zu Hilfe nehmen, z.B. wenn man ein Hühnerbein ißt. Das christliche Abendmahl wird, so die Norm, mit Brot und Wein gefeiert. In den Schützengräben des zweiten Weltkriegs tat man es unter Umständen auch mit ein paar Brocken Zwieback und Tee, getrunken aus einer Konservendose statt aus dem silbernen Kelch.

Eine Norm mit komplizierter Struktur bildet bei vielen ethnischen Gruppen das Verwandtschaftssystem (vgl. Kap. 8), das unter anderem den Anspruch auf Versorgung der Gruppenmitglieder und Vererbung von Land regelt. In matrilinear rechnenden Verwandtschaftssystemen ist ein Mensch gewöhnlich nur mit der Gruppe seiner Mutter verwandt und wendet sich daher in der Regel an diese, wenn er Bedürfnisse hat. Findet sich jedoch in der Familie des Vaters größerer Reichtum, etwa dadurch, daß dort jemand ein regelmäßiges Gehalt bezieht, so suchen und finden die Bedürftigen, oder solche, die sich für bedürftig halten, unter Umständen eine Möglichkeit, sich mit derjenigen Abstammungsgruppe zu identifizieren, mit der sie der Norm nach eigentlich nicht verwandt sind.

Bei der Suche nach den Normen einer Kultur stößt man gewöhnlich zuerst auf die Formulierung der *idealen Norm*. Es handelt sich dabei um eine Regel oder einen Satz Regeln, die in der sozialen Wirklichkeit nicht voll und ganz eingehalten werden. Das liegt unter anderem daran, daß die Norm in ihrer idealen Form nicht angewandt werden kann, weil die Situationen, die sie regelt, in der Wirklichkeit nie in allen Details identisch sind, oder weil die Folgen, die sich aus der Anwendung einer idealen Norm für die Beteiligten ergeben, eine Katastrophe für sie bedeuten würden.

So gilt beispielsweise für den Fußgänger beim Überqueren einer belebten Straße als ideale Norm, daß er bei Rot stehenbleibt und bei Grün geht. In Wirklichkeit betreten einzelne Fußgänger, die es eilig haben, schon bei noch auf Rot stehender Ampel die Straße, wenn erkennbar ist, daß alle Autos vor dem gekennzeichneten Fußgängerübergang angehalten haben. Sie wissen, daß ihre Ampel in Kürze sowieso auf Grün schalten wird. Auch wäre es töricht, stehen zu bleiben, wenn die Ampel auf Rot springt, während man sich gerade mitten auf der Straße befindet.

Bei vielen ethnischen Gruppen ist der sexuelle Kontakt mit Blutsverwandten im sogenannten Inzesttabu streng verboten. Auf die Frage, wie diejenigen bestraft werden, die dagegen verstoßen, erhält man häufig die Antwort, dafür werde man von den eigenen Verwandten getötet. Die Aussage ist nichts anderes als eine ideale Norm, denn in Wirklichkeit kommt es bei derartigen Vergehen praktisch nie zu Tötungen, sondern zu weit weniger dramatischen "Bestrafungen" (gesellschaftliche Ächtung usw.), einfach deswegen, weil eine Tötung in jeder Gesellschaft ein katastrophales Ereignis für alle Beteiligten darstellt, auch für die Überlebenden. Weist man Informanten darauf hin, daß ideale Norm und wirkliches Verhalten hier nicht in Einklang stehen, so sagen sie häufig, in "früheren Zeiten" jedenfalls sei man für Inzest mit dem Tode bestraft worden. Dies aber ist aus den gleichen Gründen wie in der Gegenwart unwahrscheinlich. Die ideale Norm als kulturell überformte Regelung hat trotzdem ihre Berechtigung: Sie hilft Daseinsprobleme zu lösen, indem sie theoretische Ausgangspositionen dafür liefert.

Normen sind, wie viele andere Kulturelemente und Regelungen, häufig nicht rational begründbar, zum Beispiel deutsche Tischsitten. Warum legen wir beim Suppelöffeln die linke Hand neben den Teller auf den Tisch und nicht auf den Schoß, was anderswo, in der amerikanischen Gesellschaft etwa, völlig in Ordnung ist? Es gibt in der Tat keine objektive Begründung dafür.

Aus der Nichtbegründbarkeit von Normen können sich Erziehungsprobleme ergeben. Kinder, die an Tischsitten gewöhnt werden sollen, beginnen in einem bestimmten Alter, spätestens in der Pubertät, danach zu fragen, warum sie sich so verhalten sollen, wo es doch auch anders gehe. An dieser Stelle können Erziehende einen entscheidenden Fehler machen, wenn sie versuchen, für das Verhalten bei Tisch eine rationale, einsichtige Begründung zu geben. Kleinere Kinder kann man damit zufriedenstellen, pubertierende Jugendliche dagegen weniger. Sie erkennen schnell, daß sich vieles, was ihnen von den Erwachsenen als "anständiges Verhalten" empfohlen wird, von diesen nicht recht begründen läßt, und lehnen es dann noch entschiedener ab, sich entsprechend zu verhalten. Wenn Eltern schließlich in akute Beweisnot geraten und zu Formulierungen greifen wie "man" müsse sich so und so verhalten, weil es eben so üblich sei, wird es unerfreulich: Die Diskussion nimmt an Lautstärke zu, und die Fetzen fliegen. Dabei liegt das richtige Argument greifbar nahe. Man braucht einem Kind nur zu erläutern, daß die Mitmenschen (nach Abschluß ihrer Enkulturation) in bestimmten Situationen ein Verhalten erwarten, das sie als Norm für diese Situation erfahren und verinnerlicht haben. Wer dieses Verhalten an den Tag legt, erscheint ihnen als "anständig", wird von ihnen akzeptiert und erfährt ihre Zuwendung. Wer sich anders verhält, wird von ihnen abgelehnt und hat nichts von ihnen zu erwarten. Mit diesem Hinweis stellt man den zu Erziehenden vor eine Alternative, in der er selbst, und auch viel unmittelbarer, entscheiden kann, was er soll oder will. Sich an die Norm zu halten heißt nämlich nichts anderes, als diejenige der beiden Möglichkeiten zu wählen, die sich gewöhnlich als die befriedigendere erweist. So läßt sich aufmüpfigen Jugendlichen gegenüber viel leichter argumentieren, und die Diskussion endet seltener in beiderseitiger Verärgerung.

Normen sind die faßbarsten Belege dafür, warum Kulturen verschieden sind. Betrachten wir als Beispiel noch einmal die Art und Weise, wie man ein Feuer macht. Als Ausgangsmaterialien benützen Europäer zu diesem Zweck Papier und Streichhölzer, Südseeinsulaner dagegen Bastfasern, die man mit dem *Feuerpflug* zum Brennen bringt. (Der Feuerpflug ist ein Gerät aus zwei Hölzern, die aneinander gerieben werden. Mit der entstehenden Reibungshitze lassen sich Holzabrieb und leicht brennbare Fasern entzünden.) Darüber hinaus gibt es rein technisch eine ganze Reihe verschiedener Wege, um ein brauchbares Feuer anzuzünden und es zu unterhalten. Man kann zum Beispiel den vorzubereitenden Holzstoß schichten oder kegelförmig anlegen, indem man die Holzstücke schräg aufstellt, so daß sie sich an der Spitze berühren. Das hängt sicher auch mit der Art des Brennmaterials zusammen, das man in seiner Umwelt vorfindet, aber nicht ausschließlich. Irgendwie und irgendwann hat sich jede Kultur auf eine bestimmte der zahlreichen Möglichkeiten, Feuer zu machen, festgelegt. Wie und warum kann manchmal logisch gar nicht mehr begründet werden. Diese Eigenschaft haben Normen übrigens mit den *Werten* gemeinsam.

Werte im kulturellen Sinne sind Vorstellungskomplexe von dem, was als wünschens- und erstrebenswert anzusehen oder zu fordern ist. Beispiele für Werte aus den Kulturen des Abendlandes sind Wohlstand, Jugendlichkeit, Selbstsicherheit, Schlanksein und viele andere. Auch Situationen können von Wertvorstellungen gekennzeichnet sein. Kinder erwarten von Erwachsenen (Lehrern) in aller Regel nicht nur Umgang in entspannter, sondern in lebhafter, fröhlicher Atmosphäre, ein Verhalten, zu dem Erwachsene nicht ständig bereit sein können.

Werte sind nicht absolut. Sie erscheinen nur im Rahmen der dazugehörigen Kultur als Werte und können in einer anderen als Unwerte erscheinen. Schlanke Frauen gelten beispielsweise in mikronesischen Gesellschaften als wenig attraktiv und nicht in der Lage, viele Kinder zu bekommen. Je korpulenter eine Frau, umso größer das Ansehen ihres Mannes, denn nur so wird augenfällig, daß er reich genug ist, um sie (und ihre Kinder) gut ernähren zu können. In europäisch-westlichen Gesellschaften dagegen ist Übergewichtigkeit immer ein Unwert.

Es gibt Werte, die von den Mitgliedern einer Kultur ohne längeres Zögern oder Überlegen genannt werden können. Man nennt sie *explizite* Werte. Zu ihnen gehören beispielsweise Treue, Wahrhaftigkeit, Schlanksein usw. Werte wie das Akzeptiertsein in der eigenen Gruppe sind weniger bewußt und können daher von den Betroffenen nicht so leicht beschrieben werden. Man nennt sie *implizite* Werte. Gleiches gilt übrigens auch für den Bereich der Normen, so daß von expliziten und impliziten Normen gesprochen werden kann.

Werte bilden Zielvorstellungen. Sie haben daher Aufforderungscharakter, das heißt, sie motivieren zum Handeln. Menschen, die ein Ziel erreichen wollen, mit dem sie einen bestimmten Wert verbinden, beschreiten unter Umständen sogar Wege, die von Unwerten gekennzeichnet sind. So gilt es zwar als abzulehnen, einen Menschen hungern zu lassen, denn Hunger ist in der Regel nichts Erstrebenswertes. Hungert jedoch ein Mensch, um schlank zu werden, so erregt er damit Bewunderung.

Dadurch, daß Wertvorstellungen zum Handeln motivieren, wirken sie gleichzeitig normierend, das heißt, sie geben den Handlungsweisen der Betroffenen eine charakteristische Struktur. Weil es als erstrebenswert gilt, in den Augen der Mitmenschen als "anständiger" Mensch zu erscheinen, beachten wir zum Beispiel beim Essen eine Reihe von Regeln, die uns als "anständig" ausweisen: Wir halten uns an die Tischsitten, die in unserer Gesellschaft üblich sind. Die Einhaltung der Tischsitten gibt unserem Verhalten beim Essen seine charakteristische Struktur. Es erscheint genormt.

Auf einer Reihe von Inseln Ozeaniens kann man sich durch sogenannten Zeremonialtausch von bestimmten Wertgegenständen einen Namen machen. Das Prestige, das in dieser Weise gewonnen wird, gilt als höchst erstrebenswert und motiviert besonders Männer dazu, mit viel Geschick, Kenntnissen und wohl auch Intrigen andere zu manipulieren, um den Ruf zu erwerben, ein sogenannter "Big Man" zu sein (Stagl 1983).

Werte sind hierarchisch geordnet, das heißt, sie folgen einer Rangordnung. Treue stellt einen höheren Wert dar als Schlanksein. Innerhalb der Kultursysteme, zu denen sie gehören, bilden Werte komplizierte und gewichtige Teilsysteme. Als solche lassen sie sich, wie andere Kulturelemente auch, nur schwer in andere Kultursysteme einpassen. Wer in einer fremden Kultur arbeitet, empfindet die Unvereinbarkeit seiner eigenen Wertvorstellungen mit denen seiner Partner meist als unangenehm. Ein besonders krasses Beispiel dafür ist das Recht auf Leben, das in europäisch-westlichen Kulturen zu den sogenannten Menschenrechten zählt.

Es gibt Ethnien, für die das Recht auf Leben in diesem Sinn unter Umständen eine Gefahr für ihre Existenz bedeutet. Wildbeuter können ihren Lebensunterhalt nur erwerben, wenn sie mobil sind. Das heißt, sie müssen ihr Sammelgebiet großräumig durchziehen und nutzen können. Das ist nur möglich, wenn die Zahl der Kleinkinder, die getragen werden müssen, begrenzt wird. Wenn solche Gruppen Methoden der Empfängnisverhütung nicht kennen, bleibt ihnen kein anderer Weg als der, überzählige Kinder zu töten, was in der Regel gleich nach der Geburt geschieht. Wenn man sie am Leben ließe, würde man das Überleben der Gruppe gefährden. Für die Menschen mit einer solchen Kultur ist Recht auf Leben daher mindestens ein problematischer Begriff. Es als Menschenrecht auch für diese Kinder zu fordern, würde bei ihnen zwangsläufig auf Unverständnis stoßen. Wollte man es durchsetzen, müßte man sie veranlassen, ihre Wirtschaftsform zu ändern, ein Prozeß, der nicht nur störanfällig, sondern auch langwierig wäre und hohe Kosten erforderte. Wer es dennoch versuchen würde, bekäme wahrscheinlich auch zu hören, daß er ein Kulturzerstörer sei. So können sich in der Unvereinbarkeit von Wertsystemen die Forderung nach der Einhaltung von Menschenrechten und die Forderung nach der Erhaltung von Kulturen gegenseitig ausschließen.

Mehr zum Thema dieses Kapitels findet sich in folgenden Werken:

Cain, Horst: Persische Briefe auf Samoanisch. Anthropos 70.1975:617-626.

Fischer, Hans (Hrsg.): Ethnologie. Eine Einführung. Berlin 1983.

Freeman, Derek: Liebe ohne Aggression. Margaret Meads Legende von der Friedfertigkeit der Naturvölker. München 1983.

Ritz, Hans: Die Sehnsucht nach der Südsee. Bericht über einen europäischen Mythos. Göttingen 1983.

Rudolph, Wolfgang: Kultur, Psyche und Weltbild. In: Trimborn 1971:54-71. (Kommentar: Sehr gute Einführung in die Thematik dieses Kapitels. Viele Gedanken daraus sind in den obigen Text eingeflossen.)

Scheurmann, Erich: Der Papalagi. Die Reden des Südsee-Häuptlings Tuiavi'i aus Tiavea. Zürich 1977.

Stagl, Justin: Politikethnologie. In: Fischer 1983: 205-229.

Stein, Gerd (Hrsg.): Die edlen Wilden - Verklärung von Indianern, Negern und Südseeinsulanern auf dem Hintergrund der kolonialen Greuel. Vom 16. bis zum 20. Jahrhundert. Frankfurt/M. 1984(a).

Stein, Gerd (Hrsg.): Europamüdigkeit und Verwilderungswünsche - Der Reiz, in amerikanischen Urwäldern, auf Südseeinseln oder im Orient ein zivilisationsfernes Leben zu führen. Frankfurt/M. 1984(b).

Trimborn, Hermann (Hrsg.): Lehrbuch der Völkerkunde. Stuttgart 1971.

10. Kapitel:

Kultur und Über-Ich (Gewissen)

> In diesem Kapitel wird erklärt, wie Kulturen die Fähigkeit des Menschen beeinflussen und formen, mit anderen in einer Gemeinschaft zu leben, zu erkennen, was "gut" und "böse" ist, seine eigenen Handlungen daraufhin zu prüfen und ethisch-moralische Urteile zu fällen. Ausgangspunkt sind die Begriffe Über-Ich und Gewissen. Es wird ausführlich dargestellt, welche Funktionen sie haben, welche charakteristische Entwicklung diese Funktionen im Lauf des Enkulturationsprozesses unter verschiedenen sozialen Bedingungen erfahren, bis schließlich je nach Kultur zwei Haupttypen erkennbar werden, schamorientiertes und schuldorientiertes Über-Ich bzw. Gewissen. Den letzten Teil des Kapitels bilden Folgerungen, die sich aus den beiden Orientierungen ergeben, sowohl für die betroffenen Individuen, als auch für den Fremden, der damit befaßt ist.

Das Thema des Kapitels ist Teil eines Fachgebiets, das man im letzten Jahrhundert *Völkerpsychologie*, später *Ethnopsychologie* und in neuerer Zeit *psychologische Anthropologie* genannt hat (Beuchelt 1983). In Amerika heißt sie *cross-cultural psychology.* Ihre Forschungsgegenstände sind vielschichtig, schwierig und auch umstritten. Ich beschränke mich auf die Behandlung des Teilthemas *Über-Ich-* bzw. *Gewissensorientierung.*

Anthropologische Grundbedingungen

Wir müssen uns zunächst an das erinnern, was im vorhergehenden Kapitel über die Bedingungen der Enkulturation eines menschlichen Individuums gesagt wurde: daß es zum Zeitpunkt seiner Geburt noch keine Kultur besitzt, daß aber sein Zentralnervensystem (sein Gehirn) über eine Anlage dazu verfügt, die das Individuum befähigt, im Lauf seiner Entwicklung eine Kultur (oder auch mehrere) zu übernehmen und in seine Psyche zu integrieren. Nach Abschluß dieses Prozesses steht ihm diese Kultur schließlich als Strategie zur Lösung seiner Daseinsprobleme zur Verfügung.

In dieser Anlage zur Kultur ebenfalls vorhanden ist eine Sprachkompetenz, eine Befähigung des Individuums, im Lauf seiner Entwicklung eine Sprache (oder auch mehrere) zu lernen und in seine Psyche so intensiv zu integrieren, daß ihm schließlich nicht mehr bewußt wird, daß Sprache und Wirklichkeit nicht dasselbe sind: Die Wörter und die mit ihnen bezeichneten Dinge, Vorgänge und Beziehungen erscheinen uns weitgehend als identisch.

In der Anlage zur Kultur enthalten ist weiter eine Befähigung des Individuums, sein Verhalten und das der anderen nach bestimmten Maßstäben zu bewerten und als "gut" oder "böse" zu identifizieren. Auch diese Befähigung bildet eine Strategie zur Gestaltung und Bewältigung des Daseins, wie wir noch sehen werden. Diese Anlage nennen wir das *Gewissen*. Die Bezeichnung ist allerdings ein eher volkstümlicher Ausdruck. In der Psychologie spricht man vom *Über-Ich* (englisch *superego*). Für unsere einfacheren, pragmatischeren Zwecke genügt es jedoch, vom Gewissen zu sprechen.

Bei seiner Geburt verfügt das Individuum ausschließlich über eine *Anlage zum Gewissen*, aber noch über keinerlei ethisch-moralische Maßstäbe, mit denen es sein Handeln als "gut" oder "böse" bewerten, geschweige denn steuern könnte. Diese Maßstäbe erwirbt sich das Individuum im Lauf seiner Entwicklung durch Lernen. Der Lernvorgang verläuft in der gleichen Weise wie alle übrigen Lernprozesse in der Enkulturationsphase, durch Erfahrungen in (Tausenden von) konkreten Situationen.

Am Ende dieses Lernprozesses verfügt das Individuum über einen komplexen und sehr detaillierten Satz von Regeln zur ethisch-moralischen Bewertung seiner eigenen Handlungen, aber auch zur Bewertung der Handlungen anderer. Es verfügt somit über eine Strategie, mit deren Hilfe es sich auf andere einstellen kann, indem es sein eigenes Handeln nach den Regeln dieser Strategie kontrolliert und ausrichet. Das Gewissen und die Maßstäbe, die das Handeln des Individuums steuern, sind in fast vollkommener Weise abhängig von der Gesamtkultur, die das Individuum während seiner Entwicklung umgibt, die es in sich aufnimmt.

Es ist ein verbreiteter Irrtum, zu meinen, Gewissen sei etwas, was die Natur dem Menschen mitgegeben habe, eine Art Organ, das sich auf "natürliche" Weise, also von selbst entwickle und seine ethisch-moralischen Funktionen in ihm ausübe, unabhängig von den Mitmenschen und Einflüssen seiner sozialen und kulturellen Umgebung, als so etwas wie die "Stimme Gottes". Das ist es sehr wohl auch. Die metaphorische Ausdrucksweise "Gewissen als Stimme Gottes" hat jedoch ihre Tücken. Sie engt unseren Blick auf ganz bestimmte Aspekte ein und bewirkt, daß wir eine Reihe anderer, ebenfalls wichtiger Aspekte übersehen. Die Verengung kann insbesondere das Erkennen ganz anderer Gewissensorientierungen erheblich stören. Wir sollten sie

131

daher erst benützen, wenn klar ist, wie sich Gewissen in seiner Gesamtheit darstellt.

Zwar wird jedes normal entwickelte Kind mit einer Anlage geboren, die sich im Lauf seiner Entwicklung zu einem Gewissen formt. Aber es ist eben nur eine Anlage, eine Disposition, von der gleichen Art und Struktur wie die Dispositionen zur Übernahme einer Kultur und Sprache, mit denen ein Mensch geboren wird. Diese werden im Lauf des Enkulturationsprozesses von der kulturellen und sozialen Umgebung des Individuums in charakteristischer Weise geformt, so daß es zu erheblichen Unterschieden in der Gewissensorientierung menschlicher Gesellschaften kommt. Daher können das Gewissen und seine Funktionen nur dann richtig verstanden werden, wenn man sie in ihrer kulturellen Bedingtheit betrachtet und beschreibt.

Das menschliche Gewissen und seine Funktionsfähigkeit sind also weitestgehend bestimmt durch die Voraussetzungen, die von der Kultur bereitgestellt werden, in der ein Individuum aufwächst. Nur wer in einer christlich-europäisch-westlichen Umgebung enkulturiert wird, benützt christliche Maßstäbe und eine ganz bestimmte Grundorientierung zur Steuerung seines Handelns. Individuen aus einer ostasiatischen Kultur wie der japanischen zum Beispiel werden von dieser mit einer wesentlich anderen Grundorientierung ausgestattet, wie wir noch sehen werden.

Daher ist es falsch, wenn man die Handlungen von Menschen in fremden Kulturen von vornherein mit christlich-europäisch-westlichen Maßstäben zu bewerten versucht. Unter Umständen begehen wir diesen Fehler schon dann, wenn wir Menschen aus unserem eigenen Lebensraum, die in einer anderen sozialen Schicht leben als wir selbst, damit beurteilen.

Evangelikale Christen und besonders die Missionare unter ihnen neigen dazu, bei der Interpretation von Handlungen und Verhaltensweisen der Menschen in ihrem Arbeitsbereich unvorsichtigerweise immer gleich mit einzubeziehen, was die Bibel dazu sagt, ohne zu bedenken, daß die zu interpretierenden Handlungen und Verhaltensweisen von Menschen stammen, für die biblische Maßstäbe gar keine Rolle spielen, in ihrem Enkulturationsprozeß nie eine Rolle spielten, also in ihr Gewissen gar nicht integriert wurden. Wer so vorgeht, schüttet sich mit seiner theologischen Argumentation den Weg zur Erkenntnis der wirklichen Gewissenssituation in seinem Wirkungsbereich erfahrungsgemäß sehr nachhaltig zu, oft auf Jahre hinaus.

Ähnliches geschieht vermutlich auch in der Seelsorge in unserer eigenen Gesellschaft.

Wirkliche Erkenntnis und richtiges Verstehen des Fremden ist nur möglich, wenn man Struktur und Funktionen des Gewissens erst einmal unter rein anthropologischen Gesichtspunkten betrachtet und danach überlegt, was die Bibel dazu sagt.

Funktionen des Gewissens

Wer richtig verstehen will, worum es sich dabei handelt, muß sich immer vor Augen halten, daß Gewissen nicht in erster Linie etwas mit Religion zu tun hat, sondern daß es auch und gerade in Bereichen wirksam ist, die keinen direkten Bezug zur Theologie haben. Das Gewissen steuert nämlich zunächst einmal das *Sozialverhalten* des Menschen, indem es ihm die Kriterien für "richtiges" und "falsches" Handeln gegenüber Menschen liefert. Diese Kriterien gibt es in allen Gesellschaften, unabhängig davon, ob sie eine "heilige Schrift", die solche Kriterien ausdrücklich beschreibt, besitzen oder nicht. Wenn sich zwei Buschmänner für eine bestimmte Tageszeit (etwa nach Sonnenstand) an einer bestimmten Stelle (einem Felsen, einem Baum) zur Jagd verabreden, so kann das Unternehmen nur stattfinden, wenn sie sich an die Abmachung halten. Dazu brauchen beide ein funktionierendes Gewissen. Es muß sie über ihr Verantwortungsgefühl oder mit Hilfe von "Gewissensbissen" daran erinnern, daß der eine vergeblich wartet, wenn der andere unzuverlässig ist.

Daß in diesem Fall das individuelle Gewissen eine erhebliche Rolle spielt, ist offensichtlich. Die Frage, ob sich derjenige, der sich nicht an die Abmachung hält, schuldig macht oder gar eine Sünde begeht, ist dagegen unerheblich, zumindest sekundär, vielleicht sogar spitzfindig. Jedenfalls ist die Einhaltung der Abmachung nicht notwendigerweise abhängig davon, daß die Beteiligten fürchten müßten, durch eine höhere Macht bestraft zu werden, wenn sie sich nicht an ihr Versprechen halten würden. Eine theologische Dimension ist hier also nicht erkennbar. Am Beginn einer sachgemäßen und umfassenden Beschreibung des menschlichen Gewissens sollte daher eine rein anthropologische Sichtweise stehen. Rechtes und falsches Handeln sind nämlich zunächst einmal definiert durch die Traditionen der Gesellschaft, in der sie als recht und falsch gelten, in der sie die zwischenmenschlichen Beziehungen regeln, auch ohne Bezug zu einer außermenschlichen Autorität.

Das Gewissen übt hier wichtige *soziale Funktionen* aus, ohne die ein Gesellschaftsgefüge nicht aufrechterhalten werden kann. Man könnte dies die *horizontale Dimension des Gewissens* nennen. Weil rechtes und falsches Handeln aber auch unter dem Aspekt von Schuld und Sünde zu bewerten sind, die nicht oder nur in zweiter Linie von der betreffenden Gesellschaft definiert werden, sondern von einer Autorität, die über ihr steht, von einem Gott, einer Gottheit, übt das Gewissen *religiöse Funktionen* aus, mit deren Hilfe ein Individuum sein Handeln unabhängig von gesellschaftlichen Bezügen bewerten und organisieren kann. Man könnte dies die *vertikale Funktion des Gewissens* nennen.

Engagierten (evangelikalen) Christen entgeht dieser Unterschied in der Regel. Sie übersehen daher leicht, daß auch Menschen ohne jegliche Kenntnis der Bibel zwischen Gut und Böse unterscheiden und folglich ein Gewissen haben. Sie neigen dazu, Menschen in fremden Gesellschaften mit anderer Gewissensorientierung "Gewissenlosigkeit" zu unterstellen. Außerdem steht in ihrem betont christlich orientierten Bewußtsein die religiös-theologische Dimension, der vertikale Aspekt, derart im Vordergrund, daß sie der sozialen Dimension, dem horizontalen Aspekt, einen Zusammenhang mit dem Gewissen absprechen. Daß sie die beiden Gewissensaspekte nicht deutlich wahrnehmen, bringt sie nicht selten dazu, jede Verhaltensform, die abzulehnen ist, ("für die man sich schämen muß"), als Schuld oder Sünde zu betrachten. Wie fatal das sein kann, läßt sich an folgendem Beispiel leicht erkennen:

Ein Europäer putzt sich "anständig" die Nase, indem er ein Taschentuch benutzt. Man kann natürlich auch mit dem Daumen das eine Nasenloch zuhalten und das andere kräftig durchblasen. Dieser sogenannte "Fuhrmannsgruß" gilt unter Europäern als nicht gesellschaftsfähig. Ihn deswegen als Schuld oder Sünde zu bezeichnen wäre lächerlich. Evangelikale Christen neigen jedoch dazu, diese Verbindung herzustellen. Manche gesellschaftlichen Konventionen wie Mode (Rocklänge und Frisur, besonders bei Frauen), Theater und Kino kommen dabei leichter als andere in den Verdacht, nicht nur inakzeptabel, sondern Sünde zu sein.

Um zu vermeiden, daß der horizontale und der vertikale Aspekt der Gewissensorientierung nicht getrennt gesehen oder einer von beiden übersehen werden kann, wäre es besser, statt der Bezeichnung Gewissen den (in der Psychologie üblichen) Ausdruck *Über-Ich* zu gebrauchen. Er ist neutral und ermöglicht dem, der sich mit dem Thema befaßt, eher den Blick auf das

Ganze. Er hat aber auch Nachteile. Für die Praxis des täglichen Umgangs mit Menschen anderer Über-Ich-Orientierung ist es einfacher, beim Ausdruck Gewissen zu bleiben, vorausgesetzt, man hält sich immer vor Augen, daß es sich dabei um eine Befähigung des Menschen handelt, sein Tun zu bewerten, sowohl im Bezug auf die Mitmenschen, als auch im Bezug auf eine außermenschliche Autorität.

Abhandlungen zum Thema Gewissen geraten leicht so theoretisch, daß es schwierig ist, in ihnen einen Bezug zu realen Gegebenheiten zu erkennen. Ich schildere daher zunächst drei vereinfachte Fallbeispiele von Situationen aus der Praxis, in denen Gewissen unter verschiedenen kulturellen und sozialen Bedingungen eine Rolle spielt.

1. Fall: Peter ist ein junger Mann, der in einer europäisch-westlichen Kultur aufgewachsen ist. Er besucht eine Schule. Eines Tages betritt er deren Sekretariat, das in diesem Augenblick unbesetzt ist. Er entdeckt einen Zehnmarkschein auf dem Schreibtisch der Sekretärin und nimmt ihn an sich. Er vergewissert sich, daß er dabei nicht gesehen wurde, und verläßt das Sekretariat.

Damit müßte er eigentlich beruhigt sein. Er ist es aber nicht. Was er getan hat, läßt ihm keine Ruhe. Ständig ist er mit dem Gedanken beschäftigt, daß er sich mit seiner Tat zum Dieb gemacht hat. Nach einer Zeit des Nachdenkens eröffnet er sich, um die Angelegenheit in Ordnung zu bringen.

2. Fall: Namalik ist ein junger Mann, der in einer traditionalen Kultur aufgewachsen ist. (Als traditionale Kulturen bezeichnet man manchmal die von mündlichen Traditionen bestimmten Kulturen Afrikas, Asiens usw., die keine Schrift besitzen oder bis vor kurzem keine besaßen.) Auch er besucht eine Schule. Eines Tages entdeckt er, daß die Tür zum Lebensmittellager offen ist. Er vergewissert sich, daß er nicht beobachtet wird, nimmt sich einige Dosen Fleisch und macht sich damit aus dem Staub.

Nach einigen Tagen gibt der Leiter der Schule bekannt, daß einige Dosen Fleisch fehlen, ohne dabei einen Verdacht zu äußern oder einen Namen zu nennen. Nichts geschieht. Wieder nach einiger Zeit - im Umfeld des Täters hatten sich inzwischen leere Dosen gefunden - gibt der Leiter indirekt zu erkennen, daß er ziemlich sicher weiß, wer der Dieb ist. Dieser stellt sich nicht, sondern verschwindet während der kommenden Nacht, um sich nie wieder blicken zu lassen. Dafür schickt er jemand anderen aus seiner Familie, einen Onkel, der die Sache in Ordnung bringt.

3. Fall: Piggy heißt eigentlich Dietmar und ist dreizehn Jahre alt. Er ist viel zu dick, weil er ständig Süßigkeiten ißt. Das hat ihm seinen Spitznamen eingebracht. Beim Weitsprung in der Sportstunde schaffen Klassenkameraden ohne weiteres Sprünge von mehr als 3 Metern. Nur Piggy landet immer bloß bei der Marke 1.50 in der Sprunggrube, worüber er höchst enttäuscht und unglücklich ist.

Aus den drei Fallbeispielen kann man Schlüsse ziehen. Dazu empfiehlt es sich, zunächst die beiden ersten Fallbeispiele zu vergleichen. Zu beachten ist dabei, daß Menschen sehr verschiedene Charaktertypen verkörpern und daher auf ein und dieselbe Situation äußerst verschieden reagieren können. Brauchbare Schlüsse sind nur zu erwarten, wenn wir voraussetzen, daß Peter und Namalik sich hinsichtlich ihrer Charaktertypen weitgehend gleichen.

Im Verhalten der beiden gibt es eine Reihe von Gemeinsamkeiten und Unterschieden. Beiden ist klar, daß sie gegen ein **Sittengesetz** verstoßen. Sie vergewissern sich, ob sie bei ihrem Diebstahl beobachtet werden oder nicht. Damit ist klar, daß beide ein funktionsfähiges Gewissen besitzen. Unterschiedlich dagegen ist ihre Reaktion auf das, was sie getan haben. Peters Beunruhigung führt bei ihm dazu, daß er sich eröffnet. Das schafft den Grund für die Beunruhigung, sein **schlechtes Gewissen**, aus der Welt. Namalik dagegen scheint dieses Bedürfnis nicht zu haben. Er wartet erst einmal ab, scheint mit seinem schlechten Gewissen leichter leben zu können als Peter. Umso dramatischer fällt dann auch seine, Namaliks, Reaktion aus, als öffentlich zu werden droht, daß er der Dieb ist. Er nimmt sich aus der Angelegenheit heraus, indem er verschwindet, und er bringt sie mit Hilfe eines **Stellvertreters** wieder in Ordnung.

In diesen beiden Fällen ist eine religiöse Dimension im Spiel. Es geht hier nämlich auch um Gewissen im theologischen Sinn, weil Diebstahl nicht nur einen Verstoß gegen gesellschaftliche Normen darstellt, sondern auch gegen die Normen, die von einer wie auch immer gearteten außermenschlichen Autorität gesetzt werden. Im Fall Piggy dagegen ist eine theologische Dimension nicht erkennbar.

Den leichtesten Zugang zum Verstehen der Orientierungen, die sich hinter diesen Fallbeispielen verbergen, findet man, indem man zunächst das entwickelte Gewissen des erwachsenen Individuums betrachtet und danach untersucht, auf welche Weise es entsteht, wie aus der Anlage zum Gewissen eine funktionsfähige ethisch-moralische Kompetenz hervorgeht. Das heißt konkret, daß man zwei Aspekte auseinanderhalten muß, die das Gewissen aufweist: seine Erscheinungsformen beim Erwachsenen und seine Entwicklung während der Kindheit und Jugend.

Das entwickelte Gewissen des erwachsenen Individuums hat in allen menschlichen Gesellschaften folgende Funktionen:

1. Es *prüft* Handlungen, beabsichtigte oder begangene, daraufhin, ob sie mit den Normen der betreffenden Gesellschaft, der Gruppe usw. übereinstimmen oder nicht. Dabei spielt es keine Rolle, ob eine Handlung oder Verhaltensweise schon in die Tat umgesetzt oder nur beabsichtigt ist. Geprüft werden beide. Für die Absicht ist die Prüfung durch das Gewissen besonders wichtig, wie wir noch sehen werden.

2.1. Es *signalisiert* Übereinstimmung mit diesen Normen durch ein Gefühl, recht zu handeln oder gehandelt zu haben. Die vom Gewissen geprüften Handlungen und Verhaltensweisen werden dabei als gut, anständig oder normenkonform erkannt. Das Gefühl, das daraus folgt, heißt volkstümlich "gutes Gewissen".

2.2. Es *signalisiert* Nichtübereinstimmung mit diesen Normen durch ein Gefühl, Unrecht zu tun oder getan zu haben. Die vom Gewissen geprüften Handlungen und Verhaltensweisen werden dabei als böse, unanständig oder gegen die Norm verstoßend erkannt. Das Gefühl, das daraus folgt, heißt volkstümlich "schlechtes Gewissen", und es wird als **Bestrafung** wahrgenommen.

3. Es *kontrolliert* das Individuum durch das Gefühl des schlechten Gewissens und *verhindert* (in der Regel) Verstöße gegen die Normen durch die Erwartung dieser Bestrafung.

Zu beachten ist dabei folgendes: Identifiziert das Gewissen eine Handlung oder Verhaltensweise als gut, so macht es dem Individuum den Weg frei zu ungehinderter Aktion. Identifiziert das Gewissen dagegen eine Handlung als Normenverstoß, dann funktioniert es als Bestrafer. Ist das Böse, der Normenverstoß, geschehen, so wird das Individuum durch das Gefühl, etwas Böses, Unpassendes oder Unanständiges getan zu haben, das heißt durch ein "schlechtes Gewissen", bestraft. Ist der Normenverstoß noch nicht geschehen, sondern geplant, aber erkannt, funktioniert das Gewissen als **Sperre**: Es verhindert böses, unpassendes oder unanständiges Verhalten, indem das Individuum *erwartet*, von seinem Gewissen durch das Gefühl eines schlechten Gewissens bestraft zu werden.

Von erheblicher Bedeutung ist die sehr *unterschiedliche Qualität*, in der ein "gutes" und "schlechtes Gewissen" erfahren wird. Es wäre eigentlich zu erwarten, daß im Gegensatz zur Bestrafung durch das eigene schlechte Gewissen ein gutes Gewissen als Belohnung erfahren wird. Das ist in der Regel nicht der Fall. Dem entscheidenden und handelnden Individuum werden in den Tausenden von konkreten Situationen, die es alltäglich erlebt, viel eher die Peinlichkeiten bewußt, die es begeht, rechtes Handeln in seinen zahllosen kleinen Ausprägungen dagegen (leider) nur selten. Dem Gefühl des guten Gewissens kommt in diesem Zusammenhang daher nur geringe Bedeutung zu. Ein Mensch, der normenkonform handelt, erlebt sein Gewissen weder als Institution, die ihm den Weg zum Handeln ausdrücklich freimacht, noch empfindet er das Gefühl, recht zu tun oder getan zu haben, als in besonderer Weise hervorgehoben. Im täglichen Handeln und Verhalten hat das gute Gewissen etwas Selbstverständliches, Undramatisches an sich.

Ganz anders dagegen das Gefühl des schlechten Gewissens: Ein Mensch, der gegen die Normen seiner Kultur, seiner Gesellschaft oder Gruppe zu handeln vorhat, erlebt sein Gewissen als Institution, die ihm den Weg zum Handeln mehr oder weniger gebieterisch versperrt, und er empfindet das Gefühl, nicht normenkonform gehandelt zu haben, als belastend. Im täglichen Handeln und Verhalten hat das schlechte Gewissen etwas Auffälliges, Gewichtiges, Dramatisches, Hemmendes und Blockierendes an sich.

Schuldgefühl und Schamgefühl

Diesem höheren begrifflichen Gewicht, das dem schlechten Gewissen im menschlichen Denken und Fühlen zukommt, entspricht ein weiteres Kennzeichen, das dem guten Gewissen fehlt. Das schlechte Gewissen übt seine Funktionen in zwei verschiedenen Erscheinungsformen aus. Es verhindert und bestraft Normverletzungen sowohl über ein *Schuldgefühl*, als auch über ein *Schamgefühl*. Dieser Sachverhalt ist ein enorm wichtiger.

Schuldgefühle sind in aller Regel Gewissensreaktionen, mit denen das Individuum auf Verstöße gegen Normen reagiert, die von seiner Kultur, Gesellschaft oder Gruppe ausdrücklich als *Recht* und *Gesetz* formuliert werden. Es kann sich dabei um schriftlich formulierte Ordnungen handeln (Bürgerliches Gesetzbuch, Straßenverkehrsordnung), oder auch einfach um mündliche Absprachen (Zusage eines Vortragstermins, der eingehalten werden muß). Schuldgefühle sind aber auch Gewissensreaktionen, mit denen das Individuum auf Verstöße gegen Normen reagiert, von denen es weiß, daß sie von einer außermenschlichen Autorität, einer Gottheit etwa, gesetzt sind. Solche Normverletzungen heißen *Sünde*, ein Begriff, den es im übrigen nicht nur in christlichen Kulturen gibt.

Schamgefühle dagegen sind in aller Regel Gewissensreaktionen, mit denen das Individuum auf Verstöße gegen Normen reagiert, die von seiner Kultur, Gesellschaft oder Gruppe als allgemein akzeptierte Regeln des *Anstands*, der *Gesittung*, des *Wohlverhaltens* angesehen werden, als das, was sich gehört und was "man" erstreben sollte. Dazu zählen etwa Tischmanieren, Kleiderordnungen, ein bestimmtes Körpergewicht, das man nicht überschreiten sollte, oder die Fähigkeit, eine sportliche Leistung zu erbringen, die von den übrigen Mitgliedern der eigenen Gruppe in gleicher Weise erbracht wird.

Damit lassen sich auch Piggys Empfindungen beim Weitsprung eindeutig als Reaktionen seines Gewissens identifizieren, obwohl er dabei keinerlei Schuld oder gar Sünde begeht: Er schämt sich, weil er das, was seine Klassenkameraden können, nicht leisten kann. Piggy empfindet es als Schande, daß er die Norm, die von "den anderen" in seiner Gruppe gesetzt wird, nicht erfüllt.

Streng einteilen lassen sich einschlägige Situationen aber nicht in solche, in denen man ausschließlich ein Gefühl der Schuld oder der Scham empfindet. Es ist eigentlich immer beides vorhanden, und die Übergänge können sehr fließend sein. Wichtig ist jedenfalls, daß Gewissen nicht nur etwas mit Schuld (Sünde) und den dazugehörigen Empfindungen zu tun hat, sondern auch mit Scham (Schande) und den dazugehörigen Empfindungen. Beide, das Schuldgefühl und das Schamgefühl, steuern Handlungen und

139

Verhaltensweisen eines Individuums so, daß es mit den übrigen Mitgliedern seiner Kultur, Gesellschaft oder Gruppe funktionieren und sich in diese einordnen kann. Nur dann, wenn es über ein Mindestmaß an differenzierten Fähigkeiten dieser Art seines Gewissens verfügt, ist es überhaupt integrierbar. "Gewissenlose" Menschen, die weder Schuld noch Scham empfinden, kann es auf Dauer daher in keiner Gesellschaft geben. Menschliche Gesellschaften und Gruppen gibt es nur, weil ihre Mitglieder ein Gewissen besitzen, dessen Anlage in charakteristischer Weise entwickelt wurde und eine bestimmte gemeinsame Orientierung zeigt.

Schuldorientierung und Schamorientierung

Von Bedeutung ist nun, daß sich die Gewissensorientierung nur im Bereich des schlechten Gewissens als so differenziert (Schuld, Scham) erweist, dies allerdings mit erheblicher Tragweite und ungeahnten, vielfach übersehenen oder bislang noch nicht erkannten Konsequenzen.

Wenn man die verschiedenen Kulturen, Gesellschaften und Gruppierungen auf ihre Gemeinsamkeiten und Unterschiede hin untersucht, erkennt man *zwei Grundformen* menschlicher Gewissensorientierung. Es gibt Kulturen, Gesellschaften und Gruppen, deren Individuen überwiegend *schuldorientiert*, und andere, deren Individuen überwiegend *schamorientiert* reagieren. (Man beachte: Die Betonung liegt auf "überwiegend"!) Zugespitzt gesagt: Es gibt Kulturen, Gesellschaften und Gruppen, deren Individuen von ihrem Gewissen überwiegend mit Schuldgefühlen bestraft werden, wenn sie gegen Normen verstoßen, und es gibt solche, deren Individuen von ihrem Gewissen überwiegend mit Schamgefühlen bestraft werden, wenn sie gegen Normen verstoßen. Aus diesen beiden Kriterien ergeben sich tiefgreifende Unterschiede im Verhalten der Menschen und natürlich auch für die Kulturen insgesamt.

Gesellschaften mit eher schuldorientierten Individuen sind generell weniger eng strukturiert und normiert. Sie lassen Pluralismus der Meinungen zu und neigen zur Vielfalt ihrer Wertmaßstäbe und Handlungsmuster. Weil *Freiheit des Individuums* als hoher Wert gilt, sind sie eher vom Zerfall bedroht, denn es wird den Individuen zugestanden, sich selbst, ihre Meinungen und Bedürfnisse für wichtiger halten zu dürfen als die "der anderen". Bei Entscheidungen, die eine gemeinsame Meinung erfordern, wird eine Diskussion gewöhnlich nur so lange geführt, bis Mehrheiten erkennbar sind.

Gesellschaften mit eher schamorientierten Individuen sind enger strukturiert, oft sogar streng hierarchisch. Sie neigen zur Vereinheitlichung der Meinungen, Wertmaßstäbe und Handlungsmuster. Ihre Mitglieder sehen sich eher gezwungen, ihre individuelle Freiheit, ihre Meinungen und Bedürfnisse den Interessen der Gruppe unterzuordnen. Sie sind weniger wichtig als "die anderen". Bei Entscheidungen, die eine gemeinsame Linie erfordern, wird eine Diskussion gewöhnlich so lange geführt, bis sich alle Beteiligten der zu findenden Lösung anschließen können. (Europäer haben für diesen gelegentlich äußerst langwierigen Prozeß die Bezeichnung "Palaver" erfunden.)

Der Typ Kultur mit überwiegender Schuldorientierung findet sich hauptsächlich in den komplexen, industriell geprägten europäisch-westlichen Gesellschaften. Es ist allerdings zu beachten, daß dies im besonderen für die oberen Gesellschaftsschichten und das städtische Milieu dieser Kulturen gilt. In ihren unteren Gesellschaftsschichten und in dörflichen Situationen ist die Schamorientierung auch hier vergleichsweise deutlicher ausgeprägt. Die Verbreitung des Prinzips Schuldorientierung scheint sich mit denjenigen Gebieten zu decken, in denen das Christentum die herrschende Religionsform bildet, oder in denen zumindest die gesellschaftlichen Grundlagen davon bestimmt sind ("das christliche Abendland"). Ganz so einfach sind die Verhältnisse jedoch nicht. Vor Verallgemeinerungen dieser Art sollte man sich hüten.

Der Typ Kultur mit überwiegender Schamorientierung dagegen findet sich ausgeprägt in den wenig komplexen Gesellschaften, eher schriftlosen, auf mündlichen Traditionen basierenden ethnischen Gruppen der Wildbeuter, Pflanzer, Ackerbauer und Viehzüchter, unter Umständen aber auch in so komplexen modernen Industriegesellschaften wie der japanischen oder chinesischen.

Enkulturation und Gewissensorientierung

An dieser Stelle können wir uns nun der Frage zuwenden, auf welche Weise der *Vorgang der Gewissensorientierung* abläuft, genauer gesagt, wie es zur Ausprägung eines eher schuldorientierten oder eher schamorientierten Gewissens in Kindheit und Jugend kommt.

Zwei Bedingungen müssen erfüllt sein, damit Gewissensorientierung überhaupt stattfindet: 1. Ein Kind braucht (mindestens) *eine Bezugsperson*,

2. das betreffende Kind muß eine Veranlagung besitzen, die es danach verlangen läßt, zu einer Bezugsperson *eine von Harmonie geprägte Beziehung* aufzubauen und zu erhalten.

Jedes normal entwickelte Kind wird mit dem Bedürfnis nach einer harmonischen Beziehung zu mindestens einer Bezugsperson geboren. Diese ist in der Regel seine Mutter, die erste Person, mit der es in körperlichen und seelischen Kontakt kommt, ein Kontakt, der neben vielem anderen auch seine Gewissensbildung in entscheidender Weise steuert. Im Lauf seiner Entwicklung treten weitere Bezugspersonen in das Blickfeld des Kindes, in dem Maß, wie sich seine Fähigkeiten zur Kontaktaufnahme mit diesen erweitern und differenzieren.

Wir hatten gesehen, daß der Enkulturationsprozeß durch die Bezugspersonen eines Kindes in einer Weise bestimmt wird, daß es deren Kultur vollkommen unbewußt aufnimmt und zu seiner eigenen macht. Das gilt auch und insbesondere für die Orientierung seines Gewissens, die ja ein Teil jener Kultur ist, die es übernimmt. Folglich stammen die Normen und Werte, die es verinnerlicht, und die sein Gewissen mehr und mehr bestimmen, in erster Linie von seiner Bezugsperson (oder seinen Bezugspersonen). Um klarzumachen, wie man sich den Ablauf dieses Vorgangs denken muß, hier ein konkretes Beispiel:

Eine Mutter (oder auch ein Vater) unterhält sich mit einem vierjährigen Kind im Wohnzimmer über eine Rose, die in einer hohen, schlanken Blumenvase auf dem Tisch steht. Als das Telefon klingelt, das im Nebenzimmer steht, erklärt die Mutter/der Vater dem Kind, daß sie/er den Anruf beantworten und das Kind so lange allein lassen müsse. Es solle alles so belassen, wie es jetzt sei, insbesondere solle es die Vase nicht anfassen, bis sie/er zurückkomme. Das Telefongespräch daure nicht lange.

Es gibt eine ganze Reihe von möglichen (und unmöglichen!) Situationen, die das Kind geschaffen haben kann, wenn die Bezugsperson zurückkommt. Nehmen wir zunächst die einfachste: Die Vase steht an ihrem Platz. Das Kind war gehorsam und hatte die Anweisung der Bezugsperson beachtet. Wie reagiert diese nun darauf? Auch da gibt es die verschiedensten Möglichkeiten.

Erste Möglichkeit: Die Bezugsperson ist aufmerksam, stellt fest, daß das Kind getan hat, was sie ihm gesagt hatte, und gibt ihm zu verstehen, daß sie mit ihm und seinem Verhalten zufrieden ist. In einer solchen Reaktion erfährt das Kind Harmonie zwischen sich und seiner Bezugsperson, genauer, es erfährt, daß die harmonische Beziehung, die es von seiner Natur her mit seiner Bezugsperson aufgebaut hat, vollkommen ungestört, ja sogar bestätigt ist, denn von der Bezugsperson gehen deutliche Signale aus, die dies besagen. Für das Kind ist die Erfahrung positiv, aber nicht besonders eindrucksvoll, keineswegs dramatisch, sondern etwas, was es als *normal* erfährt.

Zweite Möglichkeit: Die Bezugsperson nimmt nicht nur wahr, daß ihr Kind getan hat, was sie wollte, sondern versucht, solches Verhalten bewußt zu fördern, indem sie darüber in Begeisterung und überschwengliches Lob ausbricht. Auch diese Reaktion erfährt das Kind als positiv, als Bestätigung der Harmonie, nach der es verlangt. Daß die überschwengliche Reaktion der Mutter problematisch ist, kann es nicht wahrnehmen. Warum ist sie überzogen?

Die Bezugsperson, die bei "richtigem" Verhalten eines Kindes ständig in begeistertes Lob ausbricht, nimmt sich selbst die Möglichkeit, in wirklich herausragenden Fällen kindlichen Wohlverhaltens, wo dies viel weniger selbstverständlich ist, ihr Lob entsprechend zu gestalten: sie entwertet es inflationär, und ihr Kind bekommt einen falschen Eindruck von der Bedeutung und vom Stellenwert seines Handelns. Kinder, deren Gewissen unter solchen Bedingungen geformt werden, erwarten im Lauf der Zeit mehr und mehr auch für bedeutungslose Selbstverständlichkeiten Aufmerksamkeit und Anerkennung von ihren Mitmenschen. Sie reagieren beleidigt, wenn sie ihnen nicht zuteil wird.

In der Regel jedoch wird der Bezugsperson gar nicht besonders zum Bewußtsein kommen, daß ihr Kind getan hat, was es sollte. Folglich wird sie gar nicht ausdrücklich darauf eingehen. Ihre Reaktion ist normal, jedenfalls ohne Dramatik. Dies ist ein wichtiger Gesichtspunkt, wie wir gleich sehen werden.

Schauen wir uns erst einmal eine ganz andere Situation an, die von der Bezugsperson nach dem Telefonat vorgefunden werden kann: Die Vase liegt in Scherben am Boden und die Rose in einer Pfütze auf dem Tischtuch (oder umgekehrt). Wie reagiert die Bezugsperson jetzt?

Auch hier gibt es wieder mehrere Möglichkeiten, nämlich eine breite Palette von Nichtbeachtung und wortlosem Beheben des Schadens bis hin zu Wutausbruch und körperlicher Gewalt gegenüber dem Kind. Der Regelfall wird so aussehen, daß die Bezugsperson in irgendeiner Weise "böse" wird. In jedem Fall reagiert sie dramatischer, als sie es täte, hätte das Kind gehorcht. Dies ist der entscheidende Unterschied in den beiden Situationen.

Das Kind erfährt hier die Reaktion seiner Bezugsperson als Signal dafür, daß die Harmonie zwischen ihm und ihr gestört ist, und es erlebt diese Störung als Verletzung, als Trauma. Von diesem Augenblick an wird ein normal veranlagtes und bis dahin normal entwickeltes Kind einiges oder alles tun, um die Harmonie zwischen sich und seiner Bezugsperson wiederherzustellen. Wichtiger aber ist, daß dem Kind in dieser Situation klar wird, daß es etwas "Böses" getan hat, und zwar in dem Sinn, daß seine Bezugsperson durch sein Handeln und Verhalten "böse" geworden ist. Die Verletzung, die es dadurch erfährt, empfindet es als "Bestrafung".

Aus Tausenden solcher Einzelerlebnisse abstrahiert ein Individuum während seiner Kindheit und Jugend, das heißt während seiner Enkulturationsphase, was in der Welt, in der sozialen Umgebung seiner Bezugsperson(en) als gut und böse, als anständig und unanständig, als ehrenvoll und beschämend, als Schuld und rechtes Handeln, als zu Erstrebendes oder zu Meidendes gilt: Es lernt die Normen und Werte seiner Kultur aus der Reaktion seiner Bezugsperson(en) auf sein eigenes Handeln und Verhalten.

Diese Reaktionen erscheinen ihm positiv, wenn es dabei Harmonie zwischen sich und der jeweiligen Bezugsperson empfindet, und sie erscheinen ihm negativ, wenn es die Harmonie zwischen sich und der jeweiligen Bezugsperson als gestört erfährt. Gut und böse, anständig und unanständig, zu Erstrebendes oder zu Meidendes sind also primär Bewertungen von Handlungen und Verhaltensweisen, die aus Reaktionen von seiten der Bezugsperson(en) eines Individuums gewonnen und in seinem Gewissen verinnerlicht wurden.

Die Verinnerlichungen sind nur auf dem Weg solcher Erfahrungen möglich. Ohne sie findet keine Orientierung auf die Normen und Werte einer Gesellschaft hin statt. Gewissensorientierung entsteht folglich nicht von Natur aus, sondern wird von den Bezugspersonen gesteuert und erzwungen.

Daraus ist ersichtlich, welche Verantwortung die Bezugspersonen eines Individuums für dessen Gewissensbildung tragen. Kaum jemand weiß dies bewußt oder ahnt es auch nur.

Verinnerlichung der Reaktion von Bezugspersonen bedeutet aber mehr als nur die Fähigkeit, gut und böse, anständig und unanständig, ehrenvoll und beschämend, Schuldhaftes und Gerechtes voneinander zu unterscheiden. Wenn die "böse" gewordene Bezugsperson und die Störung der Harmonie als Bestrafung erst einmal verinnerlicht sind, dann ist für ethisch korrektes Handeln eine Bezugsperson nicht mehr nötig. Sie ist von jetzt an sozusagen in das Gewissen eingebaut und funktioniert von dort aus als gutes oder böses Gewissen, als Kontroll- und eventuell als bestrafende Instanz. Es ist ein Über-Ich entstanden.

Aus dem Unterschied, daß Reaktionen von Bezugspersonen auf Normenverstöße in der Regel bewußter wahrgenommen und erlebt werden als deren Reaktionen auf Normenkonformität, läßt sich erklären, warum ein schlechtes Gewissen später viel dramatischer auf das Bewußtsein wirkt als ein gutes Gewissen.

Was bisher zur Entstehung des individuellen Gewissens gesagt wurde, erklärt noch nicht, wie es zu einem eher schuldorientierten oder eher schamorientierten Gewissen kommt. Der Unterschied hat eine verblüffend einfache Ursache. Wir kennen sie aus Untersuchungen in verschiedenen Kulturen mit charakteristischer Gewissensorientierung, die besonders von Melford E. Spiro (1958 und 1961) durchgeführt wurden. Eine Faustformel lautet danach folgendermaßen: Gesellschaften, in denen Kinder von **wenigen Bezugspersonen** enkulturiert und sozialisiert werden, bringen eher schuldorientierte Individuen hervor. Gesellschaften, in denen Kinder von **zahlreichen Bezugspersonen** enkulturiert und sozialisiert werden, bringen eher schamorientierte Individuen hervor.

Um klarzumachen, wie Gewissensorientierung in Gesellschaften aussieht, die zur Schamorientierung führen, hier noch einmal ein konkretes Beispiel:

Auf den Inseln Mikronesiens ist die Länge des Gottesdienstes nicht festgelegt. Er dauert eben so lange, wie der Prediger etwas zu sagen hat, oder solange die Leute zuhören wollen. Kinder werden dabei schon einmal unruhig, und ihre Mütter haben dann Mühe, sie zu beruhigen, wenn sie es nicht vorziehen, die Kirche zu verlassen, um von draußen zuzuhören, wo sich die Kinder anderweitig beschäftigen können, ohne zu stören.

Eine europäische Mutter würde ihrem Kind gut zureden, an seine Fähigkeit zum Aushalten appellieren, ihm ihre Uhr zeigen und erklären, daß der da vorn aufhören werde, wenn der Zeiger an einer bestimmten Stelle steht. Eine Insulanerin dagegen wird ihr Kind abzulenken versuchen. Das gelingt ihr nur eine Zeitlang. Schließlich greift sie zu einem überraschenden Mittel. Sie zeigt dem Kind die anderen Kirchenbesucher und sagt: "Die alle sehen jetzt, was du für ein ungezogenes Kind bist!" Wenn ein (weißer) Ausländer im Gottesdienst anwesend ist, wird er gar bevorzugt derjenige sein, von dem die Mutter sagt, er sehe, was für ein ungezogenes Kind sie da bei sich habe. Die Reaktion des Kindes ist charakteristisch: Es verbirgt sein Gesicht. Aus Tausenden solcher Erlebnisse abstrahiert ein Individuum während seiner Enkulturationsphase sehr genau, was in seiner Kultur als gut und böse, anständig und unanständig, ehrenvoll und beschämend, als erstrebenswert und zu meiden gilt. Dies lernt es aber nicht aus den Reaktionen seiner unmittelbaren Bezugspersonen, sondern unter ständigem Hinweis auf einen erweiterten Personenkreis, auf die Gruppe, *die anderen*, wer das auch immer sein mag. Im Lauf seiner Entwicklung richtet es sein Handeln und Verhalten mehr und mehr nach dem, was diese eventuell dazu meinen: es wird zu einem vorwiegend schamorientierten Individuum.

Auch ein in dieser Weise geformtes Gewissen hat die Normen und Werte seiner Kultur verinnerlicht, einschließlich der Kontroll- und Bestrafungsinstanz, aber nicht in der gleichen Form und Gewichtung. Es ist deutlich weniger als Über-Ich ausgeprägt. "Die anderen" sind vom betreffenden Individuum wohl verinnerlicht, bleiben aber in der Wirklichkeit viel stärker bedeutsam für sein Handeln und Verhalten, als dies bei einem schuldorientierten Individuum der Fall ist. Nur wenn diese bedeutsamen anderen präsent sind, finden Kontrolle und Bestrafung für Normverletzungen wirklich statt.

Die Bestrafung, die ein schamorientiertes Individuum erwartet, wenn es sich nicht normenkonform verhält, ist weit weniger ein Schuldgefühl als ein Schamgefühl. Dieses ist es, was ein schamorientiertes Individuum in erster Linie als schlechtes Gewissen erfährt.

Schamorientierung als Gruppenorientierung

Daß es vornehmlich die ethnischen Gesellschaften sind, die aus betont schamorientierten Individuen bestehen, hat seine Gründe. Ihre Wirtschaftsform und Lebensweise ist nur möglich, wenn ihre Mitglieder in einer festgefügten *Gruppe* miteinander kooperieren. Ohne Einbindung in eine solche Gruppe kann das Individuum nicht befriedigend leben, unter Umständen nicht einmal überleben.

Großwildjagd zum Beispiel ist für einen einzelnen Jäger mit einfachen Jagdwaffen (Pfeil und Bogen, Speer) aus verschiedenen Gründen zu schwierig: Die Waffe eines Einzelnen kann die Beute nicht zur Strecke bringen, weil diese ihn wittert, auf Distanz geht oder einfach zu groß ist. Daher braucht er Mitjäger, die ihm das Tier zutreiben, damit er nah genug herankommen kann, um es sicher erlegen zu können.

Dadurch, daß man Menschen über ein schamorientiertes Gewissen zu einer Gruppe zusammenbringen, zusammenhalten und unter Umständen sogar zusammenschweißen kann, ist hohe Arbeitsproduktivität zu erzielen. Japaner, deren Kultur ausgeprägt schamorientierte Individuen hervorbringt, empfinden nicht selten Hemmungen, den Urlaub, der ihnen zusteht, voll auszuschöpfen. Sie leiden unter dem Gefühl, ihre Arbeitskollegen damit zu benachteiligen, sie im Stich zu lassen. Dies ist unter anderem ein Grund, warum die japanische Wirtschaft floriert. Japaner ordnen ihre individuellen Interessen nicht nur ihrer Verwandtschaftsgruppe, sondern auch dem Kollektiv unter, in dem sie arbeiten.

Kann man daraus herleiten, daß schamorientierte Individuen zur Teamarbeit fähiger sein könnten als schuldorientierte? Die Frage ist schwierig zu beantworten. In Firmen europäisch-westlicher Industriegesellschaften wird heute schon versucht, über eine absichtlich herbeigeführte Gruppenorientierung die Produktivität von Mitarbeitern zu erhöhen, indem man sich die Dynamik zunutze macht, die in Gruppen jedweder Art wirksam wird, sobald sie sich gebildet haben.

Gruppendynamische Prozesse sind komplizierte Vorgänge, die hier nicht in allen Einzelheiten beschrieben werden können. Eines ihrer wichtigsten Elemente besteht darin, daß sich die Gruppenmitglieder gegenseitig mehr und mehr an sich heranlassen. Im Lauf der Zeit werden sie so unmerklich zu

147

den "anderen", vor denen man sich eröffnet, vielleicht sogar entblößt, indem man sie schließlich auch an sehr persönlichen Gedanken und Empfindungen teilnehmen läßt, so daß eine Art Intimität entsteht, die enge emotionale Verbindungen zwischen den Gruppenmitgliedern schafft. Das hält einerseits die Gruppe nachhaltig zusammen und konzentriert damit ihre Leistungsfähigkeit, denn einzelnen Mitgliedern ist es in diesem Stadium des gruppendynamischen Prozesses nicht mehr so leicht möglich, sich einem Ziel zu entziehen, das sich die Gruppe selbst gestellt hat oder das ihr als Aufgabe zugewiesen wurde. Andererseits aber haben die Individuen durch den Zusammenschluß gewisse Freiheiten verloren, eigenständig und anders zu handeln, als die Gruppe es will, denn sie müßten dann ihr Gesicht verlieren, als Spielverderber oder gar als Verräter gelten. Davon wird später noch einmal die Rede sein.

Weil Angehörige ethnischer Gruppen als Einzelne nicht überleben können, haben solche Gesellschaften eine Strategie von hoher Effektivität entwickelt, mit deren Hilfe ihre Mitglieder gezwungen werden können, sich der Gruppe und ihren Interessen unterzuordnen: das schamorientierte Gewissen. Die Interessen "der anderen" in der Gruppe, und damit die Interessen des Ganzen, sind wichtiger als die des Individuums. Wer sich dem entziehen wollte, käme ins Gerede als einer, der anders sein will. Der potenzielle Abweichler empfindet dies als Schande, fürchtet ein schlechtes Gewissen und wird so zur Konformität, zur Einordnung in die Gruppe gezwungen.

Individuum und Gruppenorientierung

In Gesellschaften, die vorwiegend schamorientierte Individuen hervorbringen, spielt das *Prestige* des Einzelnen eine bedeutende Rolle. Prestige ist das Gegenteil von Schande. Prestige gibt es nur in den Augen "der anderen", und es ist schon von daher als besonderes Kennzeichen gruppenorientierter Situationen erkennbar. Nur wer sich normenkonform verhält und bereit ist, seine individuellen Bedürfnisse im weitesten Sinne denen seiner Gruppe unterzuordnen, kann überhaupt damit rechnen, daß er Prestige in irgendeiner Form erwerben wird. Das hat in prestigeorientierten Gesellschaften unterschiedliche Folgen.

Unter Umständen gilt es als besonders erstrebenswert, *hohes Prestige* zu erwerben, das seinen Träger aus der übrigen Gruppe heraushebt. Auf diese Weise erwirbt er *Status* und kann sich damit für ein öffentliches Amt qualifizieren. Bei Wildbeutern erwirbt ein Mann Prestige dadurch, daß er sich als besonders erfolgreicher Jäger erweist, dessen Rat von den anderen gesucht wird. Als solcher hat er mehr als andere die Chance, die Führung der Gruppe zu übernehmen, nicht, weil er ausdrücklich zum Anführer bestimmt würde, sondern einfach aufgrund des Status, den "die anderen" ihm zuerkennen, weil er auf einem Gebiet Prestige erworben hat, das von ihnen als überlebensnotwendig erachtet wird. Frauen können Prestige erwerben, indem sie als Pflanzerinnen besonderen Erfolg haben.

Es gibt ethnische Gesellschaften mit schamorientierter Grundstruktur, in denen das Prestige in geradezu institutionalisierter Form erkennbar ist. In zahlreichen Kulturen Melanesiens gibt es das "Amt" des **Big Man**. So lautet die englische Übersetzung der Bezeichnungen für diesen Typus in den betreffenden melanesischen Sprachen und übrigens auch der Fachterminus in der Ethnologie.

Die wichtigsten Eigenschaften eines Big Man sind Ehrgeiz und Energie, die Fähigkeit, andere zu manipulieren und weitreichende Aktivitäten zu inszenieren. Sein eigentliches Prestige aber beruht auf seinem Erfolg im Anhäufen von Reichtümern wie Schweinen, Gartenbauprodukten, Wertgegenständen und auf seiner Großzügigkeit bei der Herausgabe solcher Reichtümer. Daneben muß er natürlich auch noch andere Bedingungen erfüllen. Er muß im Kampf Mut beweisen, spezielle Kenntnisse im Bereich der Magie besitzen und redegewandt sein. Sein Prestige hat er dennoch nur, weil er von einer Gruppe von schamorientierten Gefolgsleuten umgeben ist, die ihm zuarbeiten und ihre individuellen Bedürfnisse denen der Gruppe unterordnen, um an diesem Prestige teilhaben zu können.

Einerseits fördern solche Gesellschaften das Entstehen eines Big Man. Gleichzeitig aber steuern sie dagegen, indem sie (natürlich nicht ausdrücklich) fordern, daß dies eher unmerklich, in aller **Bescheidenheit**, zu geschehen habe. Anders gesagt: Das, was solche Gesellschaften als bescheidenes Handeln und Verhalten bezeichnen, gilt als hoher Wert, als erstrebenswertes, eigentliches Kennzeichen normenkonformer Mitglieder der betreffenden Gruppe. Wer sich in deren Sinn unbescheiden verhält, muß sich schämen, muß also ein schlechtes Gewissen haben, verliert Gesicht und Prestige. Dieser Mechanismus verhindert, daß alle Mitglieder der Gruppe in einen ruinösen Wettlauf um die Stellung eines Big Man eintreten. Er bewirkt aber auch einen enormen Druck auf die einzelnen Individuen, ihr Bedürfnis nach Selbstverwirklichung zu zügeln, zu unterdrücken. Sie müssen sich oft genug geradezu demütigen, um zu demonstrieren, daß sie sich den Gruppeninteressen unterordnen.

Solche Zwänge führen zu Spannungen im Individuum. In schamorientierten Gesellschaften scheinen besonders Männer darunter zu leiden, daß sie sich nicht selbst verwirklichen, sich nicht aus der Gruppe herausheben dürfen, ohne sich dafür schämen zu müssen, ohne ihr Gesicht zu verlieren. Die Hemmungen dazu haben sie in der Phase ihrer Gewissensorientierung erworben und können nicht dagegen an, denn sie müßten dann gegen ihr Gewissen handeln. In solchen Situationen wenden Männer ein problematisches Verfahren an, um ihre Hemmungen wenigstens gelegentlich loszuwerden: Sie betrinken sich, damit sie sich frei fühlen zu zeigen, was in ihnen steckt, wer sie eigentlich sind.

Hier liegt einer der Gründe für die **Beliebtheit von Rambo-Filmen** und eine besondere Art von **Alkoholmißbrauch** in Gesellschaften mit vorwiegend schamorientierten Individuen. Gemeint ist nicht in erster Linie die Alkoholabhängigkeit durch soziale Not oder fehlende Lebensperspektiven, sondern ein Bedürfnis nach Geltung, das vor allem jüngere Männer dazu bringt, sich von Zeit zu Zeit zu betrinken, um dann verhaltensauffällig zu werden, Schlägereien anzuzetteln und Dinge von Wert zu zerstören. Ohne Alkohol wären ihre Hemmungen vor derartigem Verhalten zu groß. Unter Alkohol jedoch fallen die Hemmungen der Schamorientierung in einer Weise, die sie zu solchen Handlungen veranlaßt. Dann können sie die Rolle spielen, die sie unter den Bedingungen ihrer Gruppenorientierung nicht spielen dürfen. Daß es sich nicht um Alkoholmißbrauch aufgrund von sozialer Not oder fehlender Lebensperspektive handelt, zeigen die ganz anderen Begleitumstände dieses Verhaltens: getrunken wird häufig als Gruppe und nur von Zeit zu Zeit. Destruktiv ist dieses Verhalten auch ohne Randale. Der Verdienst, auf den die Gruppe des Betreffenden angewiesen ist, wird vertrunken, und die Befriedigung, die sich aus solchem Tun ergibt, ist keine echte Selbstverwirklichung.

Ungewöhnlich für den fremden Beobachter ist, daß diese Art des Alkoholmißbrauchs in sozialen Situationen auftritt, die eigentlich als intakt zu bezeichnen sind. Die Gesellschaften, die solchen Alkoholmißbrauch mit ihren Strukturen begünstigen, stützen dieses Verhalten unter Umständen sogar, indem sie es entschuldigen: Die Männer, die sich destruktiv aufgeführt haben, waren eben betrunken. Was sollte man da anderes von ihnen erwarten?

Um eine solche Entschuldigung zu erzielen oder einfach sein Selbstbewußtsein zu stützen, genügt es manchmal, nur den Anschein des Betrunkenseins zu erwecken. Drei Gymnasiasten aus einer schamorientierten Gesellschaft wollten auf einem Schulfest Eindruck machen, indem sie den Mädchen gegenüber souverän aufzutreten gedachten. Ihre Minderwertigkeitsgefühle und Hemmungen, das wußten sie, konnten sie nur ablegen, wenn sie sich Mut antranken. Die dazu nötige Menge Alkohol aber konnten sie sich nicht kaufen. Ihr Taschengeld, das sie zusammenlegten, reichte nur für eine einzige Dose Bier. Diese teilten sie sich in der Absicht, nur nach Alkohol zu riechen, statt sich wirklich zu betrinken. Für ihr Selbstbewußtsein und sicheres Auftreten genügte es den dreien, daß die Mädchen nur den Eindruck hatten, sie seien betrunken.

Alkoholmißbrauch aus sozialer Not und fehlender Zukunftsperspektive gibt es zwar ebenfalls, aber nur in Verhältnissen, die auch sonst problematisch sind (Slums großer Städte und vergleichbare Situationen).

Ein weiteres Beispiel für extremes Verhalten, das mit schamorientierter Gewissensausrichtung erklärbar ist, könnte das sogenannte *Amoklaufen* in manchen Gebieten Südostasiens (z.B. Malaysia) sein. Der Amokläufer entlädt die Aggression, die sich bei ihm angestaut hat, weil er seine individuellen Bedürfnisse über lange Zeit zurückstellen mußte, indem er gewalttätig wird und Menschen tötet. Auch dieses Verhalten wird von den Gesellschaften, in denen es auftritt, zum Teil entschuldigt mit dem Hinweis, daß der Betreffende nicht anders konnte, denn er stand unter dem enormen Druck, sein Prestige zurückzugewinnen, sein Gesicht zu wahren, sich zu beweisen (Karim 1990).

Gruppenorientierung und Ethik

Eine Schamorientierung des individuellen Gewissens, die den Erhalt der Gruppe als oberstes Ziel hat, bringt eine *charakteristische Ethik* hervor. Vor dem Hintergrund dieses Ziels sind alle Handlungen und Verhaltensweisen gut, die dem Erhalt der Gruppe dienen, und böse, wenn sie deren Existenz bedrohen. Außerhalb der eigenen Gruppe sind sie von geringerer ethischer Bedeutung. Normverletzungen wie Egoismus, Geiz, Lüge, Diebstahl, Mord usw. wiegen folglich schwerer, wenn sie gegen Mitglieder der eigenen Gruppe begangen werden. Gegen Mitglieder einer fremden Gruppe sind solche Handlungen und Verhaltensweisen weniger böse und gelten als geringere "Sünden".

151

Der Begriff *Sünde* erscheint hier abhängig vom Bezug zur Gruppe. Sünde ist folglich eher *sozial definiert* als durch Gebote einer außermenschlichen Autorität, einer Gottheit etwa. Zwar nimmt man in vielen solcher Gesellschaften an, daß die Toten der betreffenden Gruppen als Ahnengeister (und damit als gottähnliche Wesen) darüber wachen, daß die Lebenden keine Normverletzungen begehen. Wer in diesem Sinn "sündigt", muß damit rechnen, daß er oder andere in seiner Gruppe von den Ahnengeistern mit Krankheit, Unglück oder Tod bestraft werden. Von dieser Strafe wird er aber in weit geringerem Ausmaß oder gar nicht bedroht, wenn er die gleiche Normverletzung gegen Gruppenfremde begeht. Ihnen gegenüber gilt die gleiche Sünde als weniger schwerwiegend. Der Sünder kann sogar damit rechnen, daß sich die Mitglieder seiner Gruppe mit ihm solidarisieren, ihn gegen die Rache von außen in Schutz nehmen. Würden sie es nicht tun, bekämen sie ein Gewissensproblem: sie würden gegen die eigene Gruppe handeln. Solche Solidarität kann der Sünder sogar von den eigenen Ahnengeistern erwarten, die ihn gegen Attacken der Ahnengeister der anderen Gruppe verteidigen.

Dieser Mechanismus ist der Grund, warum es beispielsweise in afrikanischen Staaten den sogenannten *Tribalismus* gibt. Darunter versteht man die Bevorzugung der eigenen ethnischen Gruppe, des eigenen Stammes (lat. *tribus*, engl. *tribe*, franz. *la tribu*) zum Nachteil der anderen. Ein Minister, der die Mitglieder seiner eigenen ethnischen Gruppe nicht bevorzugt mit Ämtern bedenkt, ein Lehrer, der den Schülern, mit denen er verwandt ist, schlechte Zensuren verpaßt, kommt ins Gerede und damit in Gewissensnot: er muß sich schämen, wird von einem schlechten Gewissen geplagt, weil er von seiner Gesellschaft auf eine Schamorientierung hin ausgerichtet wurde, die ihm ein unparteiisches Urteil nicht erlaubt.

Solches Verhalten wird von Angehörigen europäisch-westlicher Kulturen gemeinhin als *Korruption* bezeichnet. Als korruptes Verhalten kann es jedoch nur verstanden werden, wenn man dem Betreffenden ein schuldorientiertes Gewissen unterstellt. Für den Schamorientierten ist gruppenorientiertes, gruppenkonformes Verhalten die einzige Möglichkeit, ethischmoralisch korrekt zu handeln. Würde der Betreffende nicht seine Gruppe bevorzugen, würde sie ihn ihrerseits als korrupt bezeichnen müssen.

Aus alledem ist klar ersichtlich, daß Gewissensorientierungen ganz wesentlich von den Kulturen bestimmt sind, in denen sie entstehen und gebraucht werden. Jede Kultur stellt den Menschen die Strategien zur Verfügung, die sie brauchen, um ihr Dasein zu meistern. Unter diesen Umständen ist Schuld- und Schamorientierung des Gewissens als eine integrierte Teilstrategie innerhalb eines Kulturganzen zu verstehen.

Gruppenorientierung und Gemeinde

Wir haben gesehen, daß Individuen mit schamorientiertem Gewissen eher bereit sind, ihre Interessen dem Gruppeninteresse unterzuordnen als schuldorientierte. Dieser Sachverhalt spielt eine gewisse Rolle im Bereich dessen, was man im Christentum unter *Gemeinde* versteht.

Menschen unseres christlich-westlichen Kulturkreises, die sich einer Gemeinde (oder Gemeinschaft) anschließen, müssen sich unter Umständen mit einer für sie neuartigen Gewissenssituation auseinandersetzen: Sie scheinen eine Verschiebung in Richtung Schamorientierung erfahren zu haben, denn sie empfinden das Bedürfnis oder sind einfach nur der Meinung, ihr Handeln und ihre Verhaltensweisen von jetzt an nach "den anderen", den Mitgliedern ihrer Gemeinde und Gemeinschaft richten zu sollen. Diese bilden in der Tat eine Gruppe, die unbewußt Normen setzt und in manchen Zusammenhängen auch gezielt fordert, daß Normen eingehalten werden. Als echte Mitglieder gelten unter Umständen nur solche, die eine bestimmte Kleidung und Haartracht tragen oder meiden, keinen Alkohol trinken oder keinen Fernsehapparat besitzen. Das Bedürfnis, sich mit diesen Normen zu identifizieren, braucht an sich noch kein Hinweis auf Schamorientierung zu sein. Sobald jedoch das neue Mitglied Besorgnis empfindet, nicht als Mitglied anerkannt zu werden, wenn es sein Handeln und Verhalten nicht nach den Normen der betreffenden Gemeinde oder Gemeinschaft richtet, ist Schamorientierung im Spiel. Dahinter kann sich ein Problem verbergen.

Es gibt Individuen, die das Bedürfnis entwickeln, ihr Handeln und Verhalten überwiegend oder ständig nach diesen "anderen" zu richten. Die Angst eines Individuums, dadurch sein Gesicht zu verlieren, kann es in einen Zustand permanenter Unfreiheit führen und ihm die Kraft nehmen, individuell zu entscheiden, zu handeln und sich zu verhalten, eine Zwangslage, die "den anderen" ein massives Übergewicht verleiht. Es gibt Menschen, die seelisch dadurch so stark deformiert werden, daß sie sich in psychiatrische Behandlung begeben müssen. Solche Zwangssituationen sind häufiger als gemeinhin angenommen wird.

Mißbrauchbarkeit der Gruppenorientierung

Hier finden wir die Ergebnisse und Wirkungen von gruppendynamischen Prozessen wieder, von denen früher die Rede war, in deren Ablauf eine Eröffnung oder sogar eine Entblößung des Individuums stattfindet und daraufhin eine bedeutende Rolle spielt. Die Eröffnung kann so weit gehen, daß sie zur Selbstaufgabe des Betreffenden führt, ein Stadium, in dem er vollkommen manipulierbar ist.

Es gibt Lebensbereiche, in denen Gewissensorientierung dieser Art mißbraucht wird. Wir wissen heute, daß extreme politische Gruppierungen und Terrororganisationen ihre Mitglieder zur Konformität zwingen, indem jeder, der "aussteigen" will, damit rechnen muß, als "Spielverderber" oder "Verräter" gebrandmarkt zu werden, ein Vorwurf, den Menschen, die zur Schamorientierung neigen, nicht ertragen können. Sie sind unter Umständen eher bereit, ein Verbrechen zu begehen, als sich diesem Verdacht auszusetzen. Sie handeln gruppenkonform, gegen ihren eigentlichen Willen.

Schamorientierung geht Hand in Hand mit dem Bedürfnis des Individuums, von seiner Gruppe anerkannt zu werden, und mit der Angst, diese Anerkennung zu verlieren. Schamorientierte Individuen zeigen in der Regel eine Neigung dazu, ihr Bedürfnis nach Anerkennung zu übersteigern, und sie leiden entsprechend unter dem erhöhten Druck, sich diese Anerkennung zu erhalten. Manche sind dafür zu erheblichen Opfern bereit, so daß sie die merkwürdigsten Dinge mit sich machen lassen. Solche Individuen sind besonders leicht in eine Gruppenkonformität zu zwingen.

Man findet sie z.B. in Jugendbanden, in denen sie sich zu den schlimmsten kriminellen Handlungen und Verhaltensweisen hergeben, nur um ihre Anerkennung als Gruppenmitglieder aufrechtzuerhalten. Die entscheidende Entblößung, die ein künftiges Mitglied an die Gruppe kettet, kann in einer "Mutprobe" bestehen, in deren Verlauf ein Zigarettenautomat aufgebrochen oder einer wehrlosen alten Frau die Handtasche entrissen wird, wobei "die anderen" zuschauen.

Gruppenzwang durch Rückgriff auf Schamorientierung üben manchmal auch fundamentalistische religiöse Vereinigungen auf ihre Mitglieder aus. Wer seine Mitgliedschaft kündigen will, muß mit völligem Gesichtsverlust rechnen. Es gibt Sekten, in denen die verbleibenden Mitglieder einem ausgetretenen Mitglied den Gruß verweigern.

Solche Mechanismen sind auch im Spiel, wenn Menschen in den Dunstkreis einer der sogenannten *Psychosekten* geraten, alle Brücken zu ihrem bisherigen Leben und zu ihrer Familie abbrechen, oft genug mit ruinösen finanziellen Folgen, Abbruch der Ausbildung oder der beruflichen Laufbahn. Die entscheidende Eröffnung, die dann die Selbstaufgabe und Manipulierbarkeit zur Folge hat, ist etwa ein detailliertes öffentliches Bekenntnis von "Sünden" (bzw. von dem, was in solchen Sekten alles als solche bezeichnet wird) vor der ganzen Gemeinde (in der Funktion "der anderen"). Die Absolution besteht darin, daß die Betreffenden danach als in die Gemeinschaft aufgenommen gelten. (Vergl.: Boston Church of Christ "Soldaten für Gott", Der Spiegel 1.1994:55-57).

Hat sich ein solches Individuum bis zu einem gewissen Grad in eine derartige Gruppe integrieren lassen, weil es sich angenommen fühlte und vermeintliche oder echte Anerkennung fand, dann gibt es für schamorientierte Individuen kein Zurück ohne massiven Verlust dieser Anerkennung. Trennung von der Gruppe ist eine Schande und wird gefürchtet, eine Hemmung von erheblicher Wirkung, wie die Erfahrung zeigt.

Menschen, die so aufgenommen worden sind, werden von den anderen aufmerksam begleitet. Manchmal wird ihr Lebenswandel streng überwacht bis hin zu dem, wie sie sich kleiden und wie sie denken sollen. Die Mitglieder solcher Gemeinden sind unter Umständen dazu aufgerufen, sich gegenseitig zu beobachten und auf einander zu achten, einander zu kontrollieren, alles im Namen eines diffusen Zwecks zur Aufrechterhaltung der Gemeinsamkeit oder auch im Namen einer außermenschlichen Autorität. Das kann bis zu kollektivem Selbstmord gehen, wofür es inzwischen eine Reihe von Beispielen gibt. Solche "Kirchen" oder besser Kulte haben den Charakter totalitärer Partei- und Staatsstrukturen, wie wir sie aus diktatorischen Systemen kennen.

Mißbrauch der Schamorientierung von Menschen liegt vor, wenn marxistisch orientierte Gesellschaftssysteme ihre Bürger dazu auffordern, sich gegenseitig zu überwachen, um Andersdenkende, Kritiker, "Abweichler" zu Konformität im Sinne der Staatsideologie zu zwingen. Wer sich in der ehemaligen DDR ins "gesellschaftliche Abseits" stellte, wurde öffentlich angeprangert und ging seines Prestiges verlustig, in dem er beispielsweise für unwürdig erklärt wurde, der örtlichen freiwilligen Feuerwehr anzugehören: klassischer Fall eines Ausschlusses aus der Gruppe wegen fehlender Unterordnung unter das Gruppeninteresse.

In sozialistischen Ländern ist dieses Verfahren als Erziehungsprinzip auch in den Schulen verbreitet. Schüler, die sich nicht ideologiekonform verhalten, werden öffentlich bloßgestellt. Undiszipliniertes Verhalten, ja selbst einfache Verstöße gegen die Hausordnung werden vor der ganzen Schulgemeinschaft, vor dem "Kollektiv", den bedeutsamen "anderen", zur Sprache gebracht: ein zugegebenermaßen äußerst wirksames Instrument zur Einbindung des Individuums in die Gruppe.

Mißbräuchliche Einwirkung auf die Gewissensorientierung liegt auch vor, wenn man ein Kind einseitig durch Beschämung zu normenkonformem Verhalten erzieht. Dies geschieht dadurch, daß auf sein Handeln und Verhalten nicht nur seine unmittelbaren Bezugspersonen wie Vater und Mutter reagieren, sondern daß eine mehr oder weniger große Zahl von "anderen" davon Kenntnis bekommt und Einfluß darauf nimmt. Wenn Kinder bei abweichendem Verhalten ständig die Frage vorgehalten bekommen, was "die Leute", eine Art imaginäre Gruppe, von ihm denken, wird es schließlich sein Handeln und Verhalten immer weniger vor sich selber rechtfertigen und verantworten, sondern sich nach "den Leuten" richten, sich fremdbestimmen lassen und entsprechend unter dem Gefühl der Unfreiheit leiden.

In unserem europäisch-westlichen Kulturkreis entstehen auf diese Weise Gewissensausrichtungen mit Schamorientierung häufiger bei Kindern aus christlichem Elternhaus. Die Kinder von Pfarrern, Predigern, Missionaren sind dabei in entscheidenden Phasen ihrer Entwicklung und Enkulturation dem Zwang ausgesetzt, zum Teil jahrelang, ihr Handeln und Verhalten auf eine Gemeinde und deren Wertvorstellungen hin auszurichten, weil sie einerseits die Existenz der Familie nach außen (über die Stellung des Vaters) gefährden würden, und andererseits nach innen die Harmonie in der Familie aufrechterhalten wollen. Dieser Druck kann auch von Eltern als Gemeindemitgliedern ausgehen, die fürchten, ins Gerede zu kommen, wenn ihre Kinder sich nicht so verhalten, wie dies von den übrigen Gemeindemitgliedern erwartet wird, indem die Kinder beispielsweise nicht regelmäßig an den sonntäglichen Veranstaltungen teilnehmen wollen.

Viele überstehen es ohne nachhaltige Beeinträchtigungen, erinnern sich aber ungern an das, was sie dabei empfanden. Für andere wiegen die Folgen schwerer. Von Natur aus willensstarke Kinder entziehen sich spätestens in der Pubertät dem Gruppenzwang, revoltieren und kehren der Gemeinde den Rücken. Oft wenden sie sich ganz vom Christentum ab. Einige lassen sich verformen bis zur Unfähigkeit, eigene Entscheidungen zu treffen, zu handeln und sich zu verhalten ohne die Angst, "die anderen" könnten etwas dagegen haben, würden sie mit Verachtung strafen und als Verworfene betrachten. So entstehen Schamorientierungen, die als sogenannte *ekklesiogene Psychosen* zu klinischen Fällen werden. Dieses Ausmaß ist wohl eher selten. Das Leiden, das geheim gehalten wird, ist aber weiter verbreitet, als wir glauben.

Hierher gehört auch die Frage der *Anpassung*, besser der *Angepaßtheit* von Kindern. Es ist klar, daß nur solche Individuen in der Lage sind, mit anderen in einer Gruppe oder Gemeinschaft zu leben, die einen gewissen Grad der Anpassung an die Normen und Werte erfahren haben, die in ihrer Gruppe Gültigkeit haben. Wer eine solche Anpassung nicht in ausreichendem Maß besitzt, kann entweder überhaupt nicht Mitglied werden, bleibt eine Randfigur oder wirkt als Störenfried innerhalb der Gruppe.

Randfiguren haben es schwer insofern, als sie ständig ein Gefühl des Unbefriedigtseins empfinden und psychische Energie investieren müssen, um nicht ganz aus der Gruppe oder Gemeinschaft hinausgedrängt zu werden. Individuen dagegen, die eine zu starke Gewissensbildung in Richtung Schamorientiertheit erfahren haben, leiden ebenfalls, denn sie können von der Gruppe leicht erpreßt werden. Sie sind überangepaßt und ordnen sich dem Willen anderer unter, weil sie nicht die Kraft besitzen, ihren eigenen Willen dagegenzusetzen.

Es ist daher falsch, wenn man Kinder in der Enkulturationsphase ohne Gewissensorientierung beläßt, indem ihre Bezugspersonen ihnen keine Erfahrungen mit Normen, Normverletzungen und deren Folgen vermitteln, mit welchen Begründungen auch immer, etwa der, man wolle ihnen ihre individuellen Freiheiten nicht beschneiden und ihnen eigene Entscheidungen zugestehen. Dies kann ein Gewissen nur in die Orientierungslosigkeit führen. Entscheidend ist offenbar eine Gewissensorientierung, die nur so viel Angepaßtheit wie nötig vermittelt. Diese muß irgendwo zwischen den Extremen von Schuldorientierung und Schamorientierung liegen. Wo genau dieser Ort zwischen den Extremen liegt, wird bestimmt von der Kultur der Gesellschaft, in der das betroffene Individuum leben muß. In unseren europäisch-westlichen Kulturen liegt er offenbar näher bei der Schuldorientierung, in anderen näher bei der Schamorientierung.

Letzteres gilt nun in hohem Maß für die Gesellschaften schriftloser Kulturen, weithin für solche aus der Dritten Welt, aber auch für manche der komplexeren Kulturen wie die japanische, und für bestimmte religiöse Gruppierungen. Hier ist die Gruppenbezogenheit entweder lebensnotwendig für das Individuum, oder es ist eine aus der Vergangenheit der betreffenden Gesellschaft stammende Form der Gewissensorientierung, die ihr Funktionieren aus irgendwelchen Gründen nicht verloren hat.

Übrigens war Schamorientierung wahrscheinlich auch die Regel in den Protokulturen der europäischen-westlichen Gesellschaften der Gegenwart: Die Germanen und Gallier mit ihrer Stammesorganisation lassen diesen Schluß durchaus zu. (Aus einer Protokultur sind durch Entwicklung andere Kulturen hervorgegangen.)

Ein im europäischen Mittelalter übliches Verfahren zur "Bestrafung" von Normverletzungen, die nicht eigentlich als kriminell angesehen werden konnten, war der sogenannte *Pranger*, auch *Schandpfahl* genannt. An den Pranger gestellt wurden beispielsweise unverheiratete Frauen, die schwanger geworden waren. Man stellte sie "den anderen" zur Schau mit einer doppelten Absicht: für sie selbst als Strafe, denn sie erfuhren die Schande, den Verlust ihres Gesichts und ihrer Ehre als Gewissensnot, für "die anderen" als Warnung vor solchem Handeln oder Verhalten, um sie so zur Normenkonformität zu zwingen.

Gruppenorientierung und Fehlleistung

Es wäre falsch, wenn man behauptete, schamorientierte Gewissensorientierung sei geringerwertig im Vergleich zur eher schuldorientierten Gewissensprägung des Westens. Jede Kultur ist abhängig von der Umwelt, in der ihre Individuen leben, und darüber hinaus von einer ganzen Reihe geschichtlicher Unwägbarkeiten. Wenn diese Umwelt eine bestimmte Kultur als Strategie zur Bewältigung des Daseins verlangt und andere ausschließt, dann kann es sein, daß die so geformte Kultur nur die eine oder andere Gewissensorientierung als Strategie zuläßt. Daraus ergeben sich Konsequenzen und

Kompromisse, die das Individuum auf sich nehmen muß bzw. zu schließen hat.

Eine solche Konsequenz ist zunächst ganz allgemein die erhöhte *Angst* schamorientierter Individuen davor, *einen Fehler zu machen*, und sei er auch noch so bedeutungslos in den Augen eines eher schuldorientierten Europäers. Fehler bedeuten Gesichts- und Prestigeverlust, besonders dann, wenn "die anderen" ihn als solchen erkennen. Aus dieser erhöhten Angst heraus ergibt sich ein erhöhter Zwang zum Vertuschen des Fehlers.

In solchen Gesellschaften gilt es als grobe "Unverschämtheit", einen Menschen für einen Fehler vor anderen zu *kritisieren*. Es würde ihn diskreditieren, ihm das Gesicht und das Prestige zu nehmen.

Dem Fremden fällt auf, daß schamorientierte Menschen nicht selten in hemmungsloses Lachen ausbrechen, wenn sie vor anderen etwas falsch gemacht haben oder bei einer Fehlleistung ertappt werden. Dieses Lachen ist schwierig zu erklären. Auf Kulturfremde wirkt es wie arrogantes Verhalten, ein Mißverständnis mit zum Teil fatalen Folgen. Das Lachen ist, wie die Erfahrung lehrt, fast immer die Maske, hinter der sich das ganze Elend einer tief empfundenen Beschämung verbirgt.

Gruppenorientierung als Lehrerproblem

Die allgemeine Einstellung schamorientierter Individuen zur Fehlleistung hat enorme Auswirkungen in Unterrichtssituationen, sei es nun in der Schule mit Kindern oder in Kirche und Gemeinde mit Erwachsenen. Die Unterschiede zu entsprechenden Unterrichtssituationen in europäisch-westlichen Kulturen sind gravierend. Kaum ein Entwicklungshelfer oder kirchlicher Mitarbeiter, der in der Dritten Welt als Lehrer arbeitet, wird darauf vorbereitet. Die meisten geraten dadurch zum mindesten in der Anfangsphase ihrer Tätigkeit in Bedrängnis.

In der europäisch-westlichen Unterrichtsmethodik und Lehrerausbildung gibt es das Prinzip des Arbeitsunterrichts, das der Pädagoge Georg Kerschensteiner (1854-1932) eingeführt hat. Es besagt etwa, daß der Lehrer nicht doziert, sondern die Unterrichtsinhalte in eine detaillierte Kette von Fragen zerlegt, die er seiner Klasse stellt. Die von den Schülern gefundenen individuellen Antworten ergeben mosaikartig zusammengesetzt das bei ihnen vorhandene Wissen, von dem aus neue Inhalte verknüpfend und erweiternd gelernt werden können.

Eine solche Fragetechnik führt aber nur dann zu antwortender Schüleraktivität, wenn die Gefragten keine Angst haben zu antworten, selbst dann nicht, wenn ihre Antwort falsch sein sollte. Muß ein Schüler befürchten, daß er wegen einer falschen Antwort sein Gesicht verliert, wird er sich hüten, ein solches Risiko einzugehen.

Daher folgt auf eine Frage des Lehrers in einer Klasse, in denen schamorientierte Schüler sitzen, für gewöhnlich gespannte Stille. Jeder hofft, daß es ihn nicht treffen möge, wenn der Lehrer jemand aufruft. Man kann sich leicht vorstellen, wie lähmend sich das auf den Gang einer Unterrichtsstunde auswirken muß. Der einzige Vorteil, den man darin sehen kann: Der Lehrer kann die Lähmung der Schüler als einfaches Mittel zur Lösung von Disziplinproblemen benützen, indem er eine Frage stellt, die alle fürchten und daher mit Schweigen quittieren.

Wird jemand aufgerufen, so kann er in der Regel nicht schweigen, ohne sich eine weitere Gewissensnot aufzubürden. In schamorientierten Gesellschaften gilt es als ungehöriges und daher beschämendes Verhalten, dem echt oder auch vermeintlich Höhergestellten die Antwort zu verweigern. Auch damit verliert man sein Gesicht. Daher antwortet der Aufgerufene gewöhnlich, trotz seiner Angst, aber so leise, daß niemand oder nur seine allernächste Umgebung versteht, was er sagt. Auf diese Weise kommt er der Pflicht zur Antwort nach, sagt aber etwas, was in seiner Unhörbarkeit zum mindesten nicht als eindeutig falsch identifizierbar ist. Nicht nur Kinder, sondern auch Erwachsene reagieren so, wenn auch wegen ihrer Lebenserfahrung nicht mehr ganz so ausgeprägt.

Eine andere Art der Antwort auf eine Lehrerfrage besteht darin, daß nicht der Gefragte antwortet, sondern ein befreundeter Mitschüler, der neben ihm sitzt und die fast unhörbare Antwort verstanden hat. Dieser leidet insofern weniger unter der Angst, sein Gesicht zu verlieren, wenn er etwas Falsches sagt, als er nicht direkt gefragt war und nur wiederholt, was ein anderer gesagt hat. Seine Reaktion ist für "die anderen" als Hilfsbereitschaft erkennbar und daher entlastet, selbst dann, wenn der Befreundete etwas Falsches wiederholt, denn es kann ja angenommen werden, daß er selbst eine falsche Antwort nicht gegeben hätte. Sein Gesichtsverlust hält sich daher zumindest in Grenzen. Er war ja eigentlich gar nicht dran. Und wenn es richtig ist, was er sagt, kann sowieso niemand etwas dagegen haben. Andererseits ist die Ehre desjenigen, der an der Reihe war, in etwa gerettet oder seine Schande abgemildert, denn er hat ja seine Antwort, sollte sie falsch gewesen sein, in der Tat nicht selbst gegeben.

Es ist beeindruckend, mit welcher Geduld unhörbare Antworten von den Mitschülern hingenommen werden. Schüler in europäisch-westlichen Kulturen würden schon nach kurzer Zeit dagegen protestieren und darauf aufmerksam machen, daß sie nichts verstehen können. Eine Klasse wird erfahrungsgemäß nervös, wenn sich die unverständlichen Antworten wiederholen. Für eine schamorientierte Klasse wäre es ungehörig, wenn sie durch die Bitte um Wiederholung zeigte, daß sich der Betreffende unrichtig verhält. Die Einsicht, daß eine unhörbare Antwort genauso sinnlos ist wie gar keine, vermag daran nichts zu ändern.

Im Extremfall können schamorientierte Schüler allerdings auch dramatisch reagieren, besonders dann, wenn der Lehrer über diese ihre Orientierung nicht Bescheid weiß und durch Ungeschicklichkeit entsprechendes Verhalten provoziert. Folgendes ist möglich: Der Lehrer stellt eine Frage, und es wird still im Klassenzimmer. Daraus schließt er, daß seine Frage nicht verstanden wurde, und er formuliert sie mehrmals um, obwohl dies in Wirklichkeit gar nicht nötig wäre. Aber selbst dann meldet sich niemand. Die Angst davor, daß der Lehrer auf eine Antwort hin nicht in uneingeschränktes Lob ausbrechen könnte und der Antwortende sich schämen müßte, ist so groß, daß beharrlich geschwiegen wird.

Der Lehrer könnte in solchen Situationen die Antwort selbst geben. Es würde aber mit der Zeit dazu führen, daß niemand mehr nachdenkt, wenn eine Frage gestellt wird. Er könnte schließlich versuchen, einen Schüler namentlich aufzurufen, nachdrücklich eine Antwort einzufordern und gleichzeitig zu betonen, die Antwort brauche nicht vollkommen zu sein.

Bei mehrmaliger Wiederholung führt auch dieses Verfahren in eine Sackgasse. Besteht der Lehrer einem schweigenden oder nur zu leise sprechenden Schüler gegenüber auf einer Antwort, dann gibt er indirekt, aber gleichwohl öffentlich zu verstehen, daß der Betreffende falsch handelt. Das verwandelt die Angst des Gefragten in Aggressivität. Entweder antwortet er schließlich laut und deutlich, aber wütend, oder er verweigert sich für immer, indem er sein Buch durch das Klassenzimmer wirft und die Schule im Zorn verläßt, auch für immer. Eine solche Reaktion ist eher selten, bei jüngeren schamorientierten Schülern sowieso. Bei älteren Schülern in der Pubertät kommt es leichter dazu und ist offener aggressiv. Bei Erwachsenen bleibt die Aggressivität, die durch eine solche Konfrontation ausgelöst wurde, eher verdeckt und durch Vernunft kontrolliert, ist aber trotzdem ein erheblicher Störfaktor in den zwischenmenschlichen Beziehungen.

Immerhin gibt es in schamorientierten Gesellschaften auch Mutige, die laut antworten, weil sie sich ihrer Sache sicher sind, weil sie glänzen wollen, oder auch nur, weil sie wissen, daß sie mit ihrer falschen Antwort einen Heiterkeitserfolg haben werden.

Generell jedoch wird die Eigeninitiative von Lernenden durch Schamorientierung stark gebremst. Pädagogik, besonders aber Didaktik und Methodik des Unterrichts können nicht umhin, sich darauf einzustellen. Nicht individuell-schuldorientiert, sondern gruppenbezogen-schamorientiert muß unterrichtet werden. Was bedeutet dies? Vereinfacht gesagt muß man Folgendes beachten:

Der Unterricht mit schamorientierten Individuen, ob Kinder oder Erwachsene, hat in erster Linie die Gruppe, nicht das Individuum in den Blick zu nehmen. Der Unterrichtende stellt einen Lerninhalt vor, indem er ihn in groben Zügen erklärt, danach Fragen zu Einzelheiten formuliert, die durchaus im Sinne des europäisch-westlichen Modells vom Prinzip des Arbeitsunterrichts bestimmt sein können. Die Fragetechnik des Lehrers aber muß auf jeden Fall die Formulierung von Antworten so vorbereiten und erleichtern, daß diese schließlich für eine Mehrheit der Klasse als richtig erkennbar werden: sie müssen den Schülern als "leichte" Antworten erscheinen. Nur so wird die Hemmschwelle zum aktiven Antworten des Einzelnen niedriggelegt, oder es werden Gruppenantworten möglich, etwa im Sinne der Aufforderung durch den Lehrer: "Jetzt geben wir alle gemeinsam die Antwort."

In einer westlich-schuldorientierten Klasse würde dies zu chaotischen Verhältnissen führen, insbesondere bei hohen Schülerzahlen. Die Erfahrung zeigt, daß in Klassen mit schamorientierten Schülern diese Gefahr sehr viel geringer ist oder gar nicht besteht. Selbstverständlich sollte auch da die Klasse bzw. Lerngruppe für diesen Unterrichtsstil eher klein sein.

Eine schamorientierte und damit gruppenorientierte Lernweise, die durch entsprechende Gewissensprägung bedingt wird, ist das Vorsprechen eines Lerninhaltes durch den Lehrer, dessen Worte von den Schülern im Chor, d.h. als Gruppe nachgesprochen, oft auch einfach nachgebrüllt werden. Es handelt sich hier um ein in der Dritten Welt weit verbreitetes Lehr- und Lernverfahren. Das Prinzip der ständigen Wiederholung ist dabei wohl ein wichtiges und wirksames Element. Individuelle Denkarbeit jedoch, die das zu lernende Wissen erst einsichtig machen kann, wird dabei nicht geleistet.

Gruppenorientierung und Stellvertreter

Ein weiteres Kennzeichen von Kulturen mit vorwiegend schamorientierten Individuen ist der *Stellvertreter*. In der Klassenzimmersituation, in der auf eine Lehrerfrage nicht der Gefragte antwortet, sondern ein befreundeter Mitschüler neben ihm, der sein Vertrauen besitzt und die fast unhörbare Antwort verstanden hat, haben wir es mit einem solchen Stellvertreter zu tun. Er mildert oder verhindert den drohenden Gesichtsverlust. Der Typus des Stellvertreters ist aber noch wichtiger in Situationen, in denen jemand sein Gesicht, sein Prestige verloren hat, weil er schuldig geworden ist, beispielsweise weil er etwas gestohlen hat.

Auch schamorientierte Individuen haben, wie im Fallbeispiel 2 (S. 134) beschrieben, das Bedürfnis, Schaden, den sie angerichtet haben, wieder gut zu machen. Die Schwelle der Schande, die sie dabei überwinden müssen, liegt für sie allerdings ungleich höher als für Individuen mit Schuldorientierung. Möglicherweise hat dies zur Ausprägung des Stellvertreters geführt, dessen Auftreten die Belastungen mildern helfen, die ein schamorientiertes Individuum auszuhalten hätte, wenn es selbst zu seiner Tat stehen müßte.

In schamorientierten Gesellschaften kann man in der Tat nicht selbst darangehen, etwas zu bereinigen, was man einem anderen angetan hat. Wer so handelte, würde in aller Offenheit zeigen, was für eine "unverschämte" Person er in Wirklichkeit ist. Damit käme der Betreffende in weitere Gewissensnot. Er müßte gegen sein Gewissen handeln, wenn er nicht einen Stellvertreter schickte, sondern selbst käme, um sich zu entschuldigen. So hat er es während seiner Enkulturationsphase gelernt.

Fremde aus europäisch-westlichen Gesellschaften sind über derartiges Verhalten oft verärgert, weil sie diesen Zusammenhang nicht kennen, und reagieren entsprechend. Kirchliche Mitarbeiter versuchen, oft genug vergeblich, schamorientierte Individuen dazu zu bringen, begangenes Unrecht wieder in Ordnung zu bringen, indem sie die Täter drängen, selbst bei den Betroffenen vorzusprechen und sich zu eröffnen, eine Undenkbarkeit und der Gipfel der "Unverschämtheit" für einen, der schuldig geworden ist. In seinen Augen muß sich die unangenehme Geschichte so nur verschlimmern. Nur die Einschaltung eines Stellvertreters kann das vermeiden.

Dieser Stellvertreter hat aber auch in anderen Zusammenhängen seine Aufgaben, zum Beispiel als Bittender. Wenn ein junger Mann heiraten will, kann er sein Vorhaben nicht selbst bei den Eltern des Mädchens vorbringen, sondern schickt beispielsweise seinen Onkel. In manchen Fällen kann man nicht einmal einen Gegenstand borgen oder um die Mithilfe bei einer schwierigen Arbeit bitten, ohne einen Stellvertreter einzuschalten, wenn man sein Gesicht nicht verlieren will.

In diesem Zusammenhang wird meist übersehen, daß es deutliche Parallelen dazu im Neuen Testament gibt: Jesus als Stellvertreter des Menschen vor Gott. Schamorientierten Christen erscheint er als solcher leichter plausibel als anderen.

Gruppenorientierung und Leidensdruck

Insgesamt gesehen leidet ein schamorientiertes Individuum unter seiner Gewissensorientierung ungleich schwerer als ein schuldorientiertes. Das erweist sich in Briefen, die geschrieben werden, wenn jemand erklären will, warum er verschwinden wird, sich nicht mehr blicken lassen kann, weil er Schande auf sich geladen hat oder geladen zu haben meint. Symptomatisch darin sind superlativische Wendungen ("dies ist der allerletzte Brief, den ich schreibe"), Todessymbolik und Höllenmetaphern ("Ich ertrinke in Feuer und in Blut") usw.

Aus der Gewissensorientierung ergibt sich unter Umständen in gruppendynamischen Experimenten ein Problem für Individuen, die sich im Lauf des Prozesses "den anderen" so sehr eröffnen, daß sie zu spät erkennen, wie sehr sie sich entblößt haben, was sie ursprünglich nicht wollten. Mit ihrer Eröffnung haben sie gewissermaßen die Souveränität über ihre Individualität aus der Hand geben, was als schmerzlich, als Leiden erfahren wird.

Gruppenorientierung und Selbstmord

Dramatischer Ausdruck für das Leiden schamorientierter Individuen, das von Zwängen und dem Bedürfnis nach Einordnung in ihre Gruppe herrührt, ist der *Selbstmord*. Depressionen, die bei Menschen in europäisch-westlichen Lebensbezügen durch Überforderung, ausweglose Situationen, durch fehlende oder als vertan erkannte Zukunftsperspektiven ausgelöst werden und hier ein klassisches Selbstmordmotiv bilden, entstehen beim Schamorientierten wesentlich aus der Schande, die er über seine Gruppe gebracht hat, wodurch er das Gefühl bekommt, sich selbst ausgeschlossen zu haben, und sei es nur vermeintlich.

Wer sein Prestige verloren hat, kann es unter Umständen wiedergewinnen, indem er sich selbst aus der Gruppe herausnimmt, indem er sich physisch auslöscht. Selbstmorde mit diesem Motiv sind in der japanischen Gesellschaft häufig zu beobachten, wo Schüler, die das Klassenziel nicht erreicht haben, oder Studenten, die durch das Examen gefallen sind, sich töten, um ihre Schande bzw. die Schande ihrer Familie zu tilgen.

In schamorientierten Gesellschaften Ozeaniens kann es vorkommen, daß sich ein Mensch erhängt, weil er von einem hochrangigen Mitglied seiner Familie gerügt wurde. In diesem Fall ist neben der Rückgewinnung seines Prestiges noch ein weiteres Motiv im Spiel: Der Selbstmörder will den Kritiker für seine Zurechtweisung bestrafen, indem er ihm mit seinem Freitod Gewissensbisse vermittelt, auf lange Zeit oder für immer. Dies ist sprachlich unter Umständen exakt faßbar. Die Insulaner von Chuuk in Mikronesien kennen ein kurzes Wort (*mwún*) für das Schuldgefühl, das einer empfindet, der einem anderen durch Kritik das Prestige genommen und ihn damit in den Selbstmord getrieben hat. Dieses Wort wird ausschließlich in diesem Zusammenhang gebraucht.

Gruppenorientierung als Rahmenbedingung für kirchliche Mitarbeiter

Es ist nicht möglich, in einer solchen Einführung auch nur einigermaßen erschöpfend auf die vielfältigen Konsequenzen einzugehen, die sich aus der Scham- bzw. Gruppenorientierung fremder Gesellschaften ergeben, und mit denen sich der europäisch-westlich orientierte kirchliche Mitarbeiter in gruppenorientierten Gemeindestrukturen konfrontiert sieht. Folgendes sollte er in allen Situationen im Blick haben:

Angehörige schamorientierter Gesellschaften und Gruppen sind grundsätzlich überfordert oder zumindest in einer schwierigen Lage, wenn sie die Entscheidung, Christen zu werden, *als einzelne* in die Tat umsetzen wollten. Es würde sie in elementarer Weise von ihrer Gruppe isolieren, sie aus ihr herausbrechen. Es käme dem Versuch gleich, gegen ihr eigenes Gewissen zu handeln. Leichter fällt diese Entscheidung, wenn sich wenigstens zwei zusammentun, um sie zu realisieren. Daher gilt bei diesem Schritt die Regel: entweder alle gemeinsam oder keiner. (Man vergleiche dazu die alt- und neutestamentlichen Textstellen, die mit den Worten beginnen: "Ich und mein Haus ... wollen ...". Es sind Hinweise auf Gruppenentscheidungen.)

Individuelle Entscheidungen, die einem Schamorientierten abverlangt werden, kosten diesen unter Umständen unvergleichlich mehr psychische Kraft und Selbstverleugnung als einen Schuldorientierten.

Eine ähnliche Überwindung bedeutet es für den Schamorientierten, von dem man ein öffentliches Sündenbekenntnis vor seiner Gemeinde oder einfach vor Zuhörern erwartet, ehe er getauft werden kann. In manchen evangelikalen Kreisen unserer abendländisch-christlichen Gesellschaften wird besonderer Nachdruck auf diese Art des "Zeugnisses" gelegt. Einem Schamorientierten fällt ein solches ungleich schwerer, weil er es vor seiner engeren oder erweiterten Gruppe ablegt, die sowieso schon weiß, was für ein Mensch er war und ist, und der sich nun noch weiter eröffnen muß. Dabei kann es vorkommen, und die Erfahrung zeigt es, daß Individuen unter dem Druck der Situation in ihrem Zeugnis dadurch Prestige zu gewinnen versuchen, daß sie ihren Zuhörern besonders drastische "Sünden" präsentieren, die sie "früher" begangen haben. Auch dies ist mit der Schamorientierung ihres Gewissens ohne weiteres erklärbar.

Predigten, die von schamorientierten Pastoren vor schamorientierten Zuhörern gehalten werden, sprechen häufiger vom *Gesetz*, das zu befolgen ist, und seltener von der Freiheit, zu der Christen berufen sind. Die Folge ist, daß Gemeinden in schamorientierten Kulturen einen eher alttestamentlichen Charakter haben.

Es hat den Anschein, als gehöre zu schamorientierten Gesellschaften eine Religionsform, in deren Theologie *Selbsterlösung* ein zentrales Anliegen ist. Das müßte gründlicher erforscht werden.

Stellt man abendländischen Christen die Frage, ob die Texte der Bibel eher eine schamorientierte oder schuldorientierte Thematik aufweisen, so erhält man ziemlich unverblümt die Antwort, die Bibel lege Nachdruck auf Schuldorientierung. Die Befragten zeigen sich gar verwundert darüber, daß dies überhaupt Gegenstand einer Frage sein kann. Eine Nachprüfung bringt jedoch Verblüffendes zutage.

Im revidierten Luther-Text kommen der Begriff Schuld und seine Ableitungen (schuldig usw.) insgesamt rund vierzigmal vor, der Begriff Scham, seine Synonyme und Ableitungen (Schande, schändlich, sich schämen, Schmach, schmähen usw.) dagegen rund siebzigmal, also fast doppelt so oft. Als unerwartet zeigen sich die Verhältnisse, wenn man nur das Neue Testament auf die beiden Begriffsbereiche hin durchsieht: hier findet man Schuld und seine Ableitungen rund sechzehnmal erwähnt, Scham usw. dagegen rund dreißigmal, also ebenfalls doppelt so oft.

Die absoluten Zahlen variieren je nach Übersetzung, so zum Beispiel in den englischen Ausgaben der King-James-Bibel oder der Revised Standard Version. In beiden ist das Übergewicht des Begriffs Scham übrigens noch weit größer (Noble 1975:26).

Natürlich wäre es fatal, aus solchen rein statistischen Daten theologische Schlußfolgerungen zu ziehen. Nichts liegt mir ferner! Bedenkenswert aber ist Folgendes: Die Gemeinden in Kleinasien und Griechenland, die Paulus gründete und für die er einen großen Teil seiner theologisch wichtigen Passagen schrieb, bestanden nicht aus den Intellektuellen und aus der Oberschicht jener Zeit, sondern aus Menschen der Unterschicht und aus Sklaven, die aus den ethnischen Gruppen kamen, deren Gebiete von Griechenland erobert worden waren. Von beiden, der Unterschicht und von ethnischen Gruppen ist zu erwarten, daß sie eher schamorientiert als schuldorientiert sind. Ist dies auch für die Gemeinden des Neuen Testaments anzunehmen? Ich traue mich nicht, eine klare Antwort zu geben. Sollte es zutreffen, so müßte die paulinische Theologie vom Gewissen aus einem anderen Blickwinkel neu betrachtet und anders verstanden werden, als wir eher schuldorientierten Europäer dies in der Gegenwart tun. Paulus hätte seine Theologie des Gewissens dann nämlich nach den Notwendigkeiten und Problemen von eher schamorientierten Individuen und entsprechenden Gemeindestrukturen ausgerichtet. Kaum ein europäischer Theologe oder kirchlicher Mitarbeiter in Übersee denkt darüber nach.

Insgesamt gesehen wäre es auch völlig falsch, Schamorientierung des Gewissens vorwiegend als negativ zu betrachten. Gruppen, die aus schamorientierten Individuen bestehen, halten besser und dauerhafter zusammen. Man könnte im Blick auf Schamorientierung geradezu von einem gemeindebildenden Prinzip sprechen.

Im säkularen Bereich verhindert Schamorientierung offenbar recht wirksam Kriminalität. Dies beweist die soziale Situation in dörflichen Strukturen im Unterschied zu städtischen.

In der Missiologie übrigens gibt es Ansätze zu einer differenzierten Theorie des Gewissens. Sie heißt *Elenktik* (Müller 1988), und sie ist stark ausgerichtet auf ethisch-moralische Aspekte des Gewissens wie Schuld, Sünde und Vergebung, d.h. auf seinen religiösen Bezug. Soziale Funktionen des Gewissens stehen eher am Rand ihres Interesses. Das Neue an der Elenktik aber ist, daß in ihren theoretischen Grundlagen die Dimensionen berücksichtigt sind, die von Anthropologie und Ethnologie zum Thema Über-Ich und Gewissensorientierung beigetragen werden.

Mehr zum Thema dieses Kapitels findet sich in folgenden Werken:

Bakhtiar, Mansour: Das Schamgefühl in der persisch-islamischen Kultur. Eine ethnopsychoanalytische Untersuchung. Berlin 1994.

Beuchelt, Eno: Psychologische Anthropologie. In: Fischer 1983:345-361.

Fischer, Hans (Hrsg.): Ethnologie. Eine Einführung. Berlin 1983.

Kaplan, Bert (ed.): Studying personality cross-culturally. Evanston 1961.

Karim, Wazir Jahan (ed.): Emotions of culture. A Malay perspective. Singapore et al. 1990.

Kasdorf, Hans; Müller, Klaus (Hrsg.): Bilanz und Plan: Mission an der Schwelle zum dritten Jahrtausend. Festschrift für George W. Peters zu seinem achtzigsten Geburtstag. (Titel der englischen Ausgabe: Reflection and Projection. Missiology at the threshold of 2001). Bad Liebenzell 1988.

Müller, Klaus W.: Elenktik: Gewissen im Kontext. In Kasdorf/Müller 1988:416-454.

Noble, Lowell L.: Naked and not ashamed. An anthropological, biblical, and psychological study of shame. Jackson, Michigan 1975.

Spiro, Melford E.: Children of the Kibbutz. Cambridge Mass. 1958.

Spiro, Melford E.: Social systems, personality, and functional analysis. In: Kaplan (ed.) 1961:93-127.

11. Kapitel:

Denkformen

> In diesem Kapitel wird erklärt, wie Kulturen und die Lebensräume, in denen man sie findet, das Denken der Menschen hinsichtlich seiner Logik und Begriffsbildung formen, und warum Rassenunterschiede nicht mit Unterschieden in den geistigen Fähigkeiten gleichgesetzt werden dürfen. Erklärt werden weiter (an einigen signifikanten Beispielen) die erheblichen Unterschiede in den Weltbildern verschiedener Kulturen, die Andersartigkeit ihrer Lernverfahren, ihrer Mengenbegriffe, Maßeinheiten, ihrer Orientierung in Zeit und Raum bis hin zu ihrem Planungsverhalten.

Viele Europäer neigen aufgrund der Komplexität ihrer eigenen Kultur zu der Ansicht, daß Menschen aus fremden Kulturen intellektuell nicht auf der gleichen Stufe stehen wie sie selbst. Über die Mitglieder schriftloser (oder bis vor kurzem schriftloser) ethnischer Gruppen wird diese Äußerung besonders leichtfertig getan, merkwürdigerweise oft im gleichen Atemzug mit der Behauptung, sie verhielten sich in idealer Weise als Umweltschützer. Europäer, die so denken, erklären diesen vermeintlichen Unterschied biologisch. Sie folgern daraus, daß **Rassenunterschiede** auch Unterschiede in den geistigen Fähigkeiten, in Intelligenz und Charakter bedeuten. Diese Grundeinstellung bestimmte übrigens auch die Anfänge der wissenschaftlichen Ethnologie. Gelegentlich ist sie bis heute nicht ganz überwunden.

Wenn es um Menschen in schriftlosen Kulturen ging, sprach man von den *Primitiven*. Das bedeutete, daß man ihre intellektuelle und charakterliche Ausrüstung für eher tierähnlich hielt. Man räumte zwar ein, daß gewisse geistige Fähigkeiten bei ihnen weiter entwickelt seien als bei den sogenannten *Zivilisierten*, zum Beispiel ihre Wahrnehmungsfähigkeit, ihr Gesichts-, Gehörs- und Orientierungssinn, wie dies auch bei intelligenten Tieren zu beobachten ist. Gleichzeitig aber galt als ausgemacht, daß die Logik dieser Menschen, ihr Vorstellungs-, Erinnerungs- und vor allem Abstraktionsvermögen, beschränkt sei. Man hielt sie für naiv und kindlich in ihren Gefühlen, und man unterstellte ihnen, sie seien impulsiv und nicht in der Lage, sich von ihren unmittelbaren materiellen Bedürfnissen freizumachen, um nach "Höherem" zu streben.

Was man damals nicht wußte, war die Tatsache, daß die Art des Menschen zu denken, zu fühlen und zu wollen in erheblichem Maß an die Kultur gebunden ist, die er zur Gestaltung seines Daseins benützt. Vor dem Hintergrund der europäisch-westlichen Kulturen konnten die sogenannten Primitiven daher nur als geistig Minderwertige erscheinen, und ihr Verhalten, ihre Normen und Werte mußten als abnorm eingestuft werden.

Dies gilt, wie wir heute wissen, auch in umgekehrter Weise. Entwicklungshelfer und kirchliche Mitarbeiter, besonders aber Touristen aller Art, wirken auf Menschen in fremden Gesellschaften unter Umständen genauso naiv, kindlich, phantasielos und arrogant. Ihre geistige Ausstattung kommt ihnen ähnlich rätselhaft vor und gibt ihnen oft genug Anlaß zu erheblichen Zweifeln daran, ob sie es bei ihnen überhaupt mit intelligenten Wesen zu tun haben.

Es ist falsch, wenn man behauptet, Menschen in schriftlosen Gesellschaften seien von ihrer biologischen Ausstattung her nicht in der Lage, logisch, abstrakt oder auch nur originell zu denken, seien uneinsichtig und geistig unfähig, offensichtliche Irrtümer zu erkennen, Schlüsse daraus zu ziehen und sich so aus Sackgassen zu befreien oder Fehlentwicklungen zu erkennen. Daß sie so erscheinen, liegt nicht nur an den falschen Vergleichen, die man anstellt, wenn man ihr Verhalten aus einem bestimmten kulturellen Rahmen herausnimmt und mit einem anderen interpretiert. Zu solchen Fehlurteilen kommt man auch dadurch, daß man nicht unterscheidet zwischen dem, was ein Mensch an geistigem Potential besitzt, und dem Spielraum, den ihm die Zwänge der gesellschaftlichen und kulturellen Strukturen, in denen er leben muß, zur Nutzung dieses Potentials erlauben.

Wenn man einmal gesehen hat, wie wenig Kinder bei indianischen Ethnien in Südamerika durch Erwachsene zum kreativen Denken oder auch nur zum Spielen angeregt werden, dann wundert man sich nicht mehr darüber, daß sich ihre kognitiven Fähigkeiten nicht in der gleichen Weise entwickeln wie bei europäischen Kindern.

Wenn die Umwelt einer ethnischen Gruppe keine Vorratswirtschaft erzwingt, weil dies sinnlos wäre (z.B. in einer Pflanzerkultur, wo das ganze Jahr über Vegetationszeit herrscht), dann kann man nicht erwarten, daß diese Menschen Interesse an einem Sparkonto zeigen, wenn sie sich im Zuge der wirtschaftlichen "Entwicklung" ihres Landes innerhalb weniger Jahre mit einer Geldwirtschaft konfrontiert sehen und damit zurechtkommen müssen.

Europäer, die solche Verhältnisse kritisieren, betonen gewöhnlich das Irrationale, das darin gewiß enthalten ist. Weil es ihnen besonders ins Auge sticht, betonen sie es darüber hinaus als mangelnde Logik, als Unfähigkeit, Dinge wahrzunehmen, die in "zivilisierten" Gesellschaften eben wahrgenommen werden. Dabei übersieht diese Kritik, daß die Verhältnisse so einfach oft nicht sind, wie sie sich aus europäisch-westlicher Sicht darstellen.

Man hat behauptet, sogenanntes primitives Denken sei planmäßig festgelegt. Der französische Psychologe und Philosoph Lévy-Bruhl (1857-1939) sprach in seinen Arbeiten vom "Gesetz der mystischen Teilhabe" bei Naturvölkern. Damit meinte er, deren Mitglieder seien nur am mystischen Aspekt als dem für sie wahren Wesen der Dinge interessiert und könnten nicht zwischen sich und den Objekten unterscheiden. Ihr Denken nannte er daher "prälogisch".

Wir wissen heute, daß diese Art der Beschreibung naturvölkischen Denkens oberflächlich, *eurozentristisch* und spekulativ ist. Entsprechende Urteile sind Vorurteile, weil vor der Erfahrung der eigentlichen Wirklichkeit gewonnen, sie sind Unterstellungen, für die es objektive Beweise schlichtweg nicht gibt.

Tatsächlich entdeckt man bei genauerem Zusehen "prälogisches" Verhalten (in welchem Sinn auch immer) ohne viel Mühe auch in modernen Zivilisationen. Was ist beispielsweise rational an einem Fahrverhalten, das bei Nebel und Sichtweiten von zehn Metern eine Geschwindigkeit von 130 km/h beibehält, mit verheerenden Massenkarambolagen als Folge? Und was ist logisch am wuchernden Individualismus von Gesellschaften, die das Recht auf Selbstverwirklichung des Einzelnen bis zur Unregierbarkeit ihrer staatlichen Gemeinwesen treibt, wie wir es zunehmend in den westlichen Massendemokratien beobachten?

Als Beweise für "primitives" Denken werden oft Extremfälle ins Feld geführt: Pfeil und Bogen erscheinen dem Maschinengewehr auf den ersten Blick tatsächlich hoffnungslos unterlegen. Nur: Wer von den "Zivilisierten", die ein Maschinengewehr benutzen, wäre in der Lage, Pfeil und Bogen herzustellen oder auch nur in einer Weise zu benützen, die ihm Nahrung verschafft? Im übrigen wird bei dieser Argumentation ein wichtiger zeitlicher Aspekt außer Acht gelassen: Wenn diese Art der Jagd primitiv ist, dann waren unsere eigenen Vorfahren, die solche Waffen benützten, ebenfalls Primitive.

Menschen haben zu allen Zeiten in allen nur denkbaren Lebensräumen diejenigen Strategien, Techniken und Denkstrukturen entwickelt, die ihnen das Leben ermöglichten und sicherten. Die Ergebnisse waren unter Umständen erstaunlich. Man denke nur an die Fähigkeiten der Polynesier, Mikronesier und Melanesier auf dem Gebiet der Seefahrerei (Lewis 1975). Dies gilt auch für den Bereich des Abstrakten: Die Mythologie und Metaphysik der Maori auf Neuseeland oder die Religion der alten Ägypter stellen in ihrer Gedankenfülle phantastische Leistungen des menschlichen Geistes dar.

All dies kann auch nicht ohne Blick auf den Zweck beurteilt werden, dem es dient, und nicht ohne Beachtung der Umwelt, in der dies alles funktioniert und von der es bestimmt ist. Das Wissen und die Technologie eines Europäers sind völlig ungeeignet, um beispielsweise in der Arktis oder der Kalahariwüste zu Nahrung zu kommen. So gesehen kehren sich die Verhältnisse gar um: Die Kulturen der europäisch-westlichen Zivilisationen erscheinen unter diesen Bedingungen als primitiv, die der Inuit (Eskimo) und Pygmäen dagegen als entwickelt und hochstehend.

Kulturelle Differenzierung ist also weder gleichzusetzen mit dem Vorhandensein von geistigen Fähigkeiten, noch ist es Voraussetzung für Lernfähigkeit und Erfindungsgabe. Daß wir Europäer in der Lage sind, zu lernen, wie man Pfeil und Bogen herstellt und benutzt, das gilt umgekehrt ohne Einschränkung auch für Angehörige schriftloser Kulturen.

Kulturen und ihre Erzeugnisse entstehen, wie wir gesehen haben, auch aufgrund von Umweltbedingungen. Einen Verbrennungsmotor entwickelt man folglich nur da, wo diese Bedingungen gegeben sind: Metall, Chemikalien, Elektrizität, dazu Kenntnisse, die in verschiedenen anderen Wissensbereichen erworben wurden und erst zu einem späteren Zeitpunkt, oft genug zufällig, einen erkennbar sinnvollen Zusammenhang mit dem neu zu Entwickelnden ergeben. Es wäre absurd, den Menschen, die in einer Umwelt leben, in der entsprechende Voraussetzungen oder auch nur die Notwendigkeiten dazu fehlen, zu unterstellen, sie seien geistig weniger leistungsfähig. So zu argumentieren liefe auf die Behauptung hinaus, Afrikaner seien unfähig, einen Motor zu erfinden, weil sie ihn nicht erfunden haben. Ich würde es als bedenkliche Unterstellung empfinden, wenn jemand von mir behauptete, ich könne nicht Chinesisch lernen, weil ich es in meinem Leben nie gelernt habe. Was Menschen tatsächlich gemacht haben, kann also kein Maßstab dafür sein, wozu sie insgesamt fähig sind.

Vieles, was wir Europäer an Technologie besitzen, ist in Wirklichkeit von früher so genannten Primitiven erfunden worden, zum Teil vor Tausenden von Jahren. Wir selbst haben dies alles nur entwickelt, verfeinert, spezialisiert: das Rad, Haustiere, den Kalender, die Woche (von den Chinesen erfunden), die Kehrwoche (von den Schwaben erfunden), das Papier und vieles andere.

Unterschiede in den geistigen Eigenschaften sind keine Rassenmerkmale. Wir wissen heute, daß alle lebenden Menschenrassen zur Gattung homo sapiens gehören, und daß die biologischen Merkmale, in denen sich Rassen unterscheiden, so minimal sind, daß sie vernachlässigt werden können. Sie liegen unter einem Prozent.

Die geistigen Fähigkeiten von Menschen verschiedener Rassen sind in Wirklichkeit so sehr überformt von ihrer Enkulturation, daß man sie nur schwer miteinander vergleichen kann. Unterschiede in den geistigen Fähigkeiten lassen sich nur dann verläßlich bestimmen, wenn die Verglichenen hinsichtlich ihrer intellektuellen und sozialen Umgebung, ihrer Interessenlage und ihrer Motivation gleich sind. Sinnvoll verglichen werden kann daher nur innerhalb ein und derselben Kultur und innerhalb eines beschränkten geographischen Raums.

Einer der wichtigsten Unterschiede in den Denkformen zwischen europäisch-westlichen und schriftlosen Kulturen liegt in der *Art des Lernens* begründet, mit deren Hilfe ihre Mitglieder ihr Wissen und ihre Strategien zur Daseinsbewältigung gewinnen. Europäisch-westlich orientiertes Lernen ist wesentlich *institutionalisiertes* Lernen. In ethnischen Gesellschaften dagegen lernt man *funktional*. Das heißt konkret, wir Europäer gehen zur Schule, wo Lernprozesse systematisch angelegt, Lerninhalte entsprechend in Lernschritte aufgeteilt werden, und praktisches Tun eine theoretische Vor- oder Nachstrukturierung erfährt. Lernen durch Zuschauen und Nachmachen, mithin funktionales Lernen, ist zwar auch ein Verfahren, das wir benützen, aber es ist in das institutionalisierte Lernen integriert und als Ergänzung dazu gedacht.

Nicht so in schriftlosen Kulturen. Dort ist funktionales Lernen weitgehend das einzige Prinzip, mit entsprechenden Folgen. Lernen versteht man hier in erster Linie als Anhäufung und Summierung von Wissen. Es geht um Fakten und Verfahren, um Gedächtnisleistung und Fertigkeiten, die auf die unmittelbaren Notwendigkeiten der Welt, in der man lebt, anwendbar sind. Im europäisch-westlichen, institutionalisierten Lernen geht es vielmehr darum, verknüpfend und schlußfolgernd denken zu lernen, und dies gilt schon als Wert an sich.

Es hat sich erwiesen, daß institutionalisiertes, systematisch aufgebautes Lernen dazu führt, daß das Individuum nicht nur in gewohnten Situationen in der Lage ist, mit seinem Wissen ein theoretisches oder praktisches Problem zu lösen, sondern auch mit völlig neuartigen Situationen zurechtzukommen, die unerwartet auftreten. Wer gelernt hat, verknüpfend und schließend zu denken, der erkennt auch in Problemstellungen, mit denen er bislang noch nicht umgehen mußte, leichter und schneller das Prinzip, nach dem er suchen muß, um eine Lösung zu finden. Dies fällt einem Individuum schwerer, das solche Verfahren nur funktional oder nur auswendig gelernt hat.

In schriftlosen Gesellschaften werden Lernen und Wissen selten um ihrer selbst, sondern vielmehr um der unmittelbaren Anwendbarkeit willen betrieben. Wissensinhalte sind auf das Wesentliche hin vereinfacht, weil sich damit leichter Erklärungen formulieren lassen, die plausibel erscheinen. Das zeigt sich schon beim **Weltbild** schriftloser Gesellschaften. Es ähnelt dem, das unsere Vorfahren bis weit ins Mittelalter selbst hatten: die Erde als flache Scheibe, darüber halbkugelförmig der Himmel.

Denkformen als Strategien zur Daseinsbewältigung sind streng auf die natürliche Umwelt einer ethnischen Gruppe bezogen und darauf ausgerichtet, was ihre Mitglieder wirklich betrifft. So sind **Zahlensysteme** oft auf das Notwendige beschränkt. Die Asheninka, eine indianische Ethnie in Amazonien, kennen außer "nichts", "eins", "zwei" und "viele" keine anderen Mengen. (Wo es bei ihnen inzwischen Schulunterricht gibt, lernen sie die entsprechenden spanischen Bezeichnungen und damit selbstverständlich auch einen erweiterten Mengenbegriff.)

Nicht überall ist das Dezimalsystem anzutreffen. Für einfachere Verhältnisse ist das Zwölfersystem, das früher im Abendland üblich war (Dutzend, der Tag zu zweimal zwölf Stunden usw.), viel geeigneter, denn eine

Menge von 12 Einheiten ist durch mehr Zahlen (1,2,3,4,6,12) zu teilen als eine Menge von 10 (1,2,5,10).

Die *Maßsysteme* sind auf den menschlichen Körper bezogen: Spanne, Elle, Klafter, Fuß usw. Die Auslegerboote der Ozeanier werden von Spezialisten gebaut, die dazu jeweils ihre eigenen Körpermaße benützen. Die Ergebnisse sind daher sehr von ihren Erbauern geprägte, individuelle Lösungen.

Größere *Entfernungen* werden nach Strecken gemessen, die ein Mensch in einer bestimmten Zeit zurücklegen kann, z.B. Tagesreisen.

Die *Orientierung im Raum* geschieht anhand von Flüssen, wo es sie gibt. Man geht "flußabwärts" oder "flußaufwärts". Auf Inseln in Ozeanien liegt ein Ort "Richtung Meer" oder "Richtung Land". Die vier europäisch-westlichen Himmelsrichtungen gibt es nicht überall, und wenn man Entsprechendes findet, dann ist es begrifflich unter Umständen etwas anders gelagert. Südseeinsulaner gehen nach Osten "hinauf", nach Westen "hinunter", nach Süden "hinein" und nach Norden "hinaus". In Nepal gibt es ethnische Gruppen, die ihren Lebensraum als "oben" empfinden, den Rest der Welt dagegen als "unten". Bei europäischen und amerikanischen Besuchern, die wieder nach Hause reisen, erkundigt man sich höflich, wann man damit rechnen könne, daß sie wieder "heraufkommen", nach Nepal wohlgemerkt.

Besonders deutlich sind die Unterschiede zwischen europäisch-westlichen und schriftlosen Kulturen in Bezug auf den *Zeitbegriff*. Der zeigt schon innerhalb unseres eigenen Denkens eine interessante Struktur. Es kann sein, daß er sprachlich so erscheint, als bewege sich die Zeit, ein Zeitpunkt oder ein zeitlich festgelegtes Ereignis auf die Menschen zu: wir sagen "der Frühling kommt". Es kann aber auch sein, daß die Zeit als stehend aufgefaßt wird, in der sich die Menschen auf einen Zeitpunkt oder ein Ereignis zubewegen: wir sagen "es geht auf Weihnachten zu".

Da Geschichte in unserem Denken eine größere Rolle spielt und natürlich auch institutionalisiert unterrichtet wird, entsteht die Vorstellung, die Ereignisse folgten einander in gerader Linie. Diese Reihung kann man *lineares* Geschichtsdenken nennen. In schriftlosen Kulturen ohne die Kenntnis größerer geschichtlicher Tiefe (man weiß nur genauer, was bis vor zwei, drei Generationen geschehen ist) entsteht dieses gedanklich lineare Zeitband nicht im gleichen Maß. Dort springt eher ins Auge, daß die Welt, in der man lebt, sich wohl ständig verändert, aber nach Ablauf eines Jahres wieder genau so ist wie zwölf Monate zuvor. Auch kehren bestimmte Ereignisse wie Frühlings- oder Erntedankfeste in regelmäßigen Abständen wieder. Das ergibt einen "Jahreskreis", dem ein *zyklischer* Zeitbegriff zugrundeliegt.

Auch werden in schriftlosen Kulturen kleinere Zeitabschnitte bei weitem nicht so differenziert begriffen wie bei uns: Es gibt keine Stunden, Minuten oder Sekunden. Man rechnet in Tageszeiten: Dunkelheit, Dämmerung, Morgenzeit mit angenehmer Temperatur, heiße Zeit usw. Will man sich mit jemandem treffen, so macht man aus, bei welchem Sonnenstand dies geschehen solle, und diesen deutet man unter Umständen mit der Hand oder dem Arm an, die man in bestimmtem Winkel zur Horizontalen neigt.

Generell sind Menschen in schriftlosen Gesellschaften nur sehr grob zeitorientiert. Im Unterschied zu uns Europäern sind sie deutlich stärker *ereignisorientiert*. Eine Besprechung oder ein Gottesdienst beginnen nicht zu einem bestimmten Zeitpunkt (auch nicht, wenn sie darauf angesetzt sind!), sondern dann, wenn die Teilnehmer da sind, oder wenn es aufgehört hat zu regnen. Zu Ende ist das Ereignis entsprechend, wenn alles besprochen ist, wenn die Teilnehmer Hunger haben oder wenn sich die Sonne dem Horizont nähert.

Wir *zeitorientierten* Europäer wirken oft merkwürdig auf ereignisorientierte Mitarbeiter, z.B. wenn wir sagen, es sei Zeit, zum Essen zu gehen. Eine solche Äußerung erregt ihre Heiterkeit, denn sie selbst essen, wenn sie hungrig sind, wenn etwas zu Essen da ist, oder wenn sie finden, die Arbeit sei gerade eher lästig, und man könnte etwas Besseres tun als arbeiten. Für ereignisorientierte Menschen ist es möglicherweise eine Zumutung, daß ein Verkehrsmittel wie der Intercity pünktlich zwei Minuten nach der vollen Stunde eintrifft oder abfährt und nicht wartet, um eventuell Verspätete noch mitzunehmen.

Dieser Denkrahmen macht uns zeitorientierten Europäern oft größte Mühe, denn wir sind darauf programmiert, daß Zeit und Arbeit die Produktivität bestimmen, die wir erzielen wollen. Es steht außer Zweifel, daß kein Weg um eine Veränderung des ereignisorientierten Denkrahmens herumführt, wenn ethnische Gruppen, in denen heute noch schriftlose Kulturen den Gang des Lebens bestimmen (oder vor kurzem noch bestimmten), Veränderungen oder Neuerungen wollen, z.B. Schulunterricht oder ein funktionierendes

Verkehrs- und Wirtschaftssystem. Sie sind ohne eine Umstellung von der Ereignisorientierung hin zur Zeitorientierung nicht zu erreichen.

Zeit- und Ereignisorientierung stehen in direktem Bezug zu einem anderen Verhalten, das uns Angehörige europäisch-westlicher Gesellschaften von Menschen aus schriftlosen Kulturen erheblich unterscheidet. Unternehmungen müssen *geplant* werden, und zwar umso gründlicher und detaillierter, je mehr Menschen daran beteiligt sind, und je komplexer das Ergebnis sein soll, das mit dem Plan angestrebt wird.

Wir Europäer planen ein Unternehmen in der Regel von Anfang bis Ende durch, einschließlich der Finanzierung und des Zeitaufwands, denn die Kosten sind umso geringer, je früher das Ziel erreicht ist. Unter Umständen gibt es mehrere Planalternativen für den Fall, daß etwas anders laufen könnte als vorgesehen.

Ein wichtiger Aspekt europäisch-westlichen Planungsverhaltens wird sichtbar, wenn im Lauf der Ausführung eines Unternehmens ein unvorhergesehenes Ereignis von einiger Bedeutung für seinen erfolgreichen Abschluß eintritt. Von diesem Zeitpunkt an wird dann der ganze Plan revidiert, wiederum einschließlich der Kosten- und Zeitkalkulation. Dies alles gilt für den Bau eines Hauses ebenso wie für eine wissenschaftliche Expedition.

Bei solchem Planungsverhalten spielt der Zeitfaktor insofern eine bedeutende Rolle, als er leicht die Ursache für allerhand Streß, Nervosität, schlaflose Nächte und Herzinfarkte werden kann.

Ganz anders dagegen bei Menschen in schriftlosen Kulturen. Wenn sie wissen, was sie wollen, fangen sie mit den Mitteln an, die sie gerade zur Verfügung haben. Wenn ihnen beim Hausbau zu einem bestimmten Zeitpunkt bestimmte Materialen oder das Geld dafür ausgehen, dann ruht das Werk so lange, bis das Fehlende wieder zur Verfügung steht. Von Zeit ist nicht die Rede. Das heißt, zwischen Idee und Ausführung des Plans liegt eine lange Periode improvisierender Tätigkeit, die zwar irgendwann auch zum Ziel führt, aber eben ohne Zeitorientierung. Ein interessantes Beispiel dafür hat Gladwin (1964) veröffentlicht.

Dieses Verhalten schont zwar die Nerven der Betreffenden ungemein, weil es ohne Hetze geschieht. Für ein gemischtes, aus Einheimischen und

Europäern bestehendes Arbeitsteam aber ist es meist unerfreulich, stressig, eine Quelle ständiger Zerwürfnisse, bis hin zu schweren Konflikten. Zu vermeiden sind sie nur, wenn beide Seiten bereit sind, im Umgang miteinander ein weit höheres Maß an Geduld aufzubringen, als es in einer nicht gemischten Arbeitsgruppe erforderlich wäre.

Mehr zum Thema dieses Kapitels findet sich in folgenden Werken:

Barnett, Homer G.: Innovation: the basis of cultural change. New York et. al. 1953.

Gladwin, Thomas: Culture and logical process. In: Goodenough 1964:167-177.

Goodenough, W. Hunt: Explorations in cultural anthropology. Essays in honor of George P. Murdock. New York et al. 1964.

Hallpike, C. R.: The foundations of primitive thought. Oxford 1979.

Lewis, David: We the navigators. The ancient art oft landfinding in the Pacific. Honolulu 1975.

12. Kapitel:

Kultur und Sprache

In diesem Kapitel wird erklärt, in welcher Weise Sprachen als Teilsysteme von Kulturen zu sehen sind, nicht nur als Mittel zur Kommunikation zwischen ihren Sprechern, sondern auch hinsichtlich der Art und Weise, wie Sprachen aufgrund ihrer charakteristischen Grammatikstrukturen die Dinge, Vorgänge und Eigenschaften behandeln und darstellen, die in den dazugehörigen Kulturen eine Rolle spielen. Dabei geht es insbesondere um die Frage, welche Zusammenhänge zwischen Sprache, Denken und Wirklichkeit bestehen und darum, daß Denken und Logik nicht unabhängig von Sprache möglich sind. Weiter wird erklärt, auf welche Weise Sprachstrukturen die Formung von Begriffen beeinflussen, und wie sich die so geformten Begriffe auf Wahrnehmung und Handeln der Sprachbenutzer auswirken.

Unter allen Bereichen, aus denen sich Kulturen zusammensetzen, gibt es zwei, mit deren Hilfe sich Menschen bevorzugt als zusammengehörig definieren. Von diesen beiden hat die **Sprache,** die sie benützen, das größte Gewicht als Element, anhand dessen sie sich als "gleich" wie die Mitglieder ihrer Gruppierung und als "verschieden" von Fremden identifizieren. (Das andere, beinahe ebenso gewichtige Element ist ihre **Religion**, die in den folgenden beiden Kapiteln behandelt wird.) Im Gespräch mit Bewohnern schwäbischer Dörfer kann man zu hören bekommen, die im Nachbardorf sprächen bestimmte Wörter anders aus oder benützten für einen Sachverhalt ganz andere Wörter als sie selbst. Das wird in einer Weise gesagt, daß man heraushört, die Leute aus dem Nachbardorf seien als irgendwie "anders" auszugrenzen.

Sprache ist in der Tat ein Element, das wie kaum ein anderes den verschiedenen Kulturen ihr charakteristisches, unverwechselbares Gepräge verleiht, insbesondere dann, wenn für die betreffenden Sprachen eine typische Schrift geschaffen wurde wie in den Kulturen Süd- und Ostasiens.

Sprachen sind jedoch weit mehr als nur charakteristische Kulturelemente. In Wirklichkeit bilden sie komplizierte Strukturen, in denen Kultur verschlüsselt, sozusagen kartographiert vorliegt. Sprachen dienen ihren Sprechern nicht nur zur Verständigung, wie das oberflächlich gesehen den Anschein hat. Wir wissen heute, daß sie das menschliche Denken in einem Ausmaß beeinflussen und formen, daß man mit Fug und Recht behaupten kann, eine bestimmte Sprache zwinge ihre Sprecher, die Welt um sie herum, die Dinge und Vorgänge darin, deren Eigenschaften und Zustände in typischer Weise wahrzunehmen, zu ordnen, zu begreifen und Aussagen darüber zu machen, um entsprechend darüber verfügen zu können. Folglich bildet auch Sprache innerhalb der dazugehörigen Kultur als Strategie zur Bewältigung des Daseins eine Teilstrategie von hoher Komplexität und Bedeutung.

Sprache ist nicht einfach ein Ausdruck des Denkens. Viele Menschen meinen, Denken und Logik seien unabhängig von Sprache bei allen Menschen von Natur aus identisch, lediglich die Lautqualitäten ihrer Sprachen seien verschieden, die Wörter klängen zwar anders, fremd, ungewohnt, die Bedeutungen der Wörter jedoch seien die gleichen. Das ist nur in sehr beschränktem Maß richtig. Aufgrund zahlreicher Forschungen an Sprachen aus den verschiedensten Kulturen wissen wir inzwischen mit Sicherheit, daß Sprachen einerseits Ausdruck der unterschiedlichsten Denkformen sind, und andererseits, daß Sprachen durch ihre speziellen Strukturen die unterschiedlichsten Denkformen bei denen schaffen, die sie als Muttersprache sprechen lernen (müssen). Diese Behauptung wurde vereinzelt von Gelehrten schon in der frühen Neuzeit aufgestellt. Richtig deutlich aber hat sie erst Wilhelm von Humboldt (1767-1835) formuliert. Seine Ideen fanden lange Zeit wenig Beachtung, unter anderem, weil die allgemeine Sprachwissenschaft erst zu Beginn des 20. Jahrhunderts Methoden entwickeln konnte, die den eigentlichen Stellenwert der Humboldtschen Denkansätze erkennbar werden ließen. Es waren im besonderen die amerikanischen Ethnologen und Linguisten Edward Sapir (1884-1939) und Benjamin Lee Whorf (1897-1941), die Humboldts Ideen vom Zusammenhang zwischen Sprache und Weltbild wieder aufgriffen und zum Thema ihrer Forschungen machten. Sie lösten mit der sogenannten *Sapir-Whorf-Hypothese* eine weltweite wissenschaftliche Diskussion aus, die zum Teil mit Erbitterung geführt wurde und die Völkerkunde schließlich um eine wichtige Methode bereicherte: die *kognitive Anthropologie* (vgl. Kap. 19).

Sapir und sein Schüler Whorf hatten beim Studium von amerikanischen Indianersprachen festgestellt, daß deren Sprecher bestimmte Erscheinungen ihres Lebensraums in ganz anderer Weise begriffen und darüber redeten als Sprecher des Englischen oder anderer indo-europäischer Sprachen. Whorf fiel zum Beispiel auf, daß Hopi-Indianer im Südwesten der USA die Begriffe "Blitz" oder "Welle" nicht als Dinge, sondern als Vorgänge mit kurzer Zeitdauer wahrnehmen, und er stellte fest, daß die Hopi-Sprache sie nicht mit Substantiven bezeichnet, wie die indo-europäischen Sprachen, sondern mit

Wortformen, die zur Klasse der Verben gehören. Daraus zog er eine Reihe von Schlüssen im Sinne Humboldts.

Vergleicht man die Mittel und Verfahren, mit deren Hilfe sich Naturerscheinungen wie "Blitz" und "Welle" in den Grammatiksystemen der Hopi und der Sprecher indo-europäischer Sprachen darstellen, so wird zunächst erkennbar, daß in diesem Beispiel gleiche menschliche Wahrnehmungen unterschiedliche *Klassifizierungen* erfahren haben, die einen als Dinge, die anderen als Vorgänge.

Wenn man Sprachen auf diesen Sachverhalt hin untersucht, indem man nach dem Prinzip der Beispielhäufung eine ausreichende Zahl von einschlägigen Erscheinungen vergleicht, dann wird deutlich, daß Sprache ein *Ordnungssystem* bildet, nach dem Menschen ihre Erfahrungen im elementarsten und wohl auch im weitesten Sinne mit Sinnbezügen versehen, indem sie Dinge, Vorgänge, Eigenschaften, Zustände und Umstände begrifflich einander zuordnen und aus der Zuordnung ein Begriffsgebäude machen.

Das so entstandene System ordnet seine Teileelemente nicht nach einer Vielzahl von Kriterien, sondern begnügt sich für diesen Zweck mit einigen wenigen. Das bedeutet zwar eine Beschränkung, sorgt aber auch für sparsamen Umgang mit den beschränkten Kapazitäten des menschlichen Sprachvermögens und -gedächtnisses.

Das Ordnungssystem Sprache funktioniert nun nicht nur in der einen Richtung, daß (ursprünglich passiv) Wahrgenommenes einen Sinnbezug bekommt. Sind die wahrgenommenen Dinge, Vorgänge, Eigenschaften, Zustände und Umstände erst einmal begrifflich eingeordnet und damit auch zu Teileelementen eines Sprachsystems geworden, dann erscheinen sie uns so sinnvoll, daß wir sie beim Sprechen darüber auch aktiv nicht mehr anders darstellen. Für einen Europäer sind "Blitze" und "Wellen" jetzt Dinge, für einen Hopi-Indianer dagegen Vorgänge, und dies so selbstverständlich (und weitgehend unbewußt!), daß keiner von beiden auf die Idee kommt, das zu hinterfragen. Das kann zu Verständigungsschwierigkeiten führen, wenn die beiden miteinander über Wahrnehmungen Informationen austauschen müssen.

Die Wörter einer Sprache haben in der Tat die Fähigkeit, der mit den Sinnesorganen wahrgenommenen Wirklichkeit im menschlichen Gehirn eine charakteristische Form oder zum mindesten bestimmte Qualitäten zu verleihen, die sie ohne Sprache nicht hätten. Dadurch, daß "Blitz" und "Welle" im Deutschen und in verwandten Sprachen mit der Kategorie "Substantiv" bezeichnet werden, bekommen sie den Charakter von Dingen. Man nennt das den **Hypostasierungseffekt** der Kategorie Substantiv. Weil dieser Effekt weitgehend im Unbewußten verankert ist, sind seine Wirkungen schwer zu fassen. Ein hochrangiges Problem bilden solche Effekte dadurch, daß sie unter Umständen das Erkennen wirklicher Zusammenhänge nachhaltig behindern oder gar verhindern, wie aus dem Folgenden ersichtlich ist.

Weil Substantive im Deutschen meistens Dinge bezeichnen, nehmen umgekehrt Sprecher des Deutschen diejenigen Elemente der Wirklichkeit, die sie mit Substantiven bezeichnen, primär als Dinge wahr, eine Folge des Hypostasierungseffekts. Daß dies nicht zwangsläufig als die absolut "richtige" Interpretation der Wirklichkeit angesehen werden kann, haben wir am Beispiel von "Blitz" und "Welle" in der Hopi-Sprache gesehen.

Der gleiche Hypostasierungseffekt könnte der Grund dafür gewesen sein, warum die Chemie und Physik in ihrer Frühzeit mehrere Jahrhunderte lang davon überzeugt war, daß "Hitze" (oder "Wärme") ein Stoff sei, weil das Phänomen mit einem Substantiv bezeichnet wird. Das könnte die Erkenntnis verzögert haben, daß Hitze (Wärme) "in Wirklichkeit" (physikalisch gesehen) ein bestimmter Bewegungszustand von Atomen und Molekülen ist, also alles andere als ein Stoff. Hier stellt Sprache die "wirklichen" Verhältnisse in einer Weise verzerrt dar, daß in der Geschichte ihrer Erforschung Umwege unvermeidlich waren.

Whorfs Forschungen in diesem Bereich und sein Nachdenken über die Folgen der unterschiedlichen Möglichkeiten, die dem Menschen zur Versprachlichung der Welt gegeben sind, haben ihn zur Formulierung des (heute so genannten) **sprachlichen Relativitätsprinzips** veranlaßt. Es lautet:

"Menschen, die Sprachen mit sehr verschiedenen Grammatiken benützen, werden durch diese Grammatiken zu typisch verschiedenen Beobachtungen und verschiedenen Bewertungen äußerlich ähnlicher Beobachtungen geführt." (Whorf 1963:20)

In welcher Form das Whorfsche Relativitätsprinzip das menschliche Denken beeinflussen kann, habe ich bei meiner eigenen ethnologischen Feldarbeit verschiedentlich an eindrucksvollen Beispielen erlebt.

Die Insulaner von Chuuk sagen *kinissow*, wenn sie sich für ein Geschenk bedanken. Daraus kann man als Europäer schließen, daß es "danke" bedeutet. Die Insulaner sagen aber auch *kinissow*, wenn sie sich entschuldigen. In einer solchen Situation kann es nicht "danke" bedeuten, und umgekehrt ist es nicht möglich, in der ersten Situation die Bedeutung "Entschuldigung" zu erkennen, denn man entschuldigt sich nicht, wenn man etwas geschenkt bekommt.

In ethnographischen Berichten aus der Zeit bis in die fünfziger Jahre des 20. Jahrhunderts finden sich nicht allzu selten Kommentare zu diesem Sachverhalt, die etwa besagen, die "Eingeborenen" seien nicht in der Lage, "logisch" zu denken, sie drückten sich ohne System und ohne genaueren Bezug zur Wirklichkeit aus. Heute wissen wir, daß ganz anders argumentiert werden muß:

Die Insulaner von Chuuk benützen ein und dasselbe Wort in zwei Situationen, die für uns Europäer grundverschieden sind oder gar nichts miteinander zu tun haben. Weil sie in beiden Situationen ein und dasselbe Wort benützen können, müssen wir annehmen, daß für sie diese Situationen Merkmale aufweisen, die in beiden gleich oder ähnlich sind, und die sich ihnen folglich als Parallelen präsentieren. Diese Gemeinsamkeit, die für die Insulaner selbstverständlich ist, müssen wir Fremden dagegen erst zu entdecken versuchen. Sie besteht darin, daß man sich auf Chuuk nach der Annahme eines Geschenks einem anderen gegenüber in der gleichen Weise "verpflichtet" fühlt, wie wenn man jemand Unrecht getan hat. Dies ist das beiden Situationen gemeinsame Merkmal, weswegen man in beiden Fällen *kinissow* sagen kann.

Man sollte dieses Prinzip dennoch mit Bedacht anwenden, denn nicht immer haben zwei "verschiedene" Situationen zwangsläufig deswegen Gemeinsamkeiten, weil für sie das gleiche Vokabular gebraucht wird. Man kann "übersetzen" (=einen Fluß queren), "übersetzen" (=in eine andere Sprache übertragen) und "übersetzen"(= eine Bewegung über ein Getriebe mechanisch verändern). Hier spielen im übrigen subtile sprachliche Unterschiede (Silbenakzent) eine Rolle. Auch gibt es zufällige Übereinstimmungen (identische Wörter), die sich im Lauf der Entwicklung einer Sprache ergeben haben und ohne genaue Analyse zu Fehlinterpretationen führen müssen. (Beispiel: Ein "Engländer" kann ein Bürger Großbritanniens sein, aber auch ein verstellbarer Schraubenschlüssel. Hier Gemeinsamkeiten finden zu wollen, wäre naiv.)

Hinter der Tatsache, daß Vorgänge und Dinge in charakteristischer Weise begrifflich verklammert oder getrennt werden, steckt ein Prinzip, das in allen Sprachen wirksam ist. Weil man nichts darüber vorhersagen kann, erschwert es dem Fremden das Sprachelernen, wenn er als Lernender nicht darauf gefaßt ist, und es erschwert die Verständigung zwischen Menschen, die Sprachen aus verschiedenen Sprachfamilien benützen. Verständigungsschwierigkeiten gibt es oft genug selbst dann noch, wenn die betreffende Sprache vom jeweils Fremden gut beherrscht wird. Andererseits hält die Nichtvorhersagbarkeit von Begriffskombinationen ständig Überraschungen bereit, die dem Lernenden Entdeckerfreuden vermitteln, wenn er einmal ein bestimmtes Niveau im Umgang mit der Sprache erreicht hat, mit der er sich beschäftigen muß.

Um derartige Überraschungen zu erleben, braucht man sich nicht unbedingt in den Bereich einer außereuropäischen Sprache begeben. Das Französische bezeichnet die Beine von Hunden und Katzen als "pattes" (Pfoten). Diese Vokabelgleichung (patte=Pfote) trifft die Wirklichkeit sehr gut, aber nur so lange, bis man entdeckt, daß auch Pferde, Elefanten, Störche, Fliegen und Schnaken "pattes" besitzen. Pfoten? Doch wohl nicht!

Die Tatsache, daß Sprachen (und damit Kulturen) Begriffe in unterschiedlichster und selten vorhersagbarer Weise verklammern, hat aber noch andere Auswirkungen auf das Sprachelernen. Die Verklammerungen sind nur in wenigen Fällen von der Natur vorgegeben und daher nur selten rational begründbar. Die meisten sind mit den betreffenden Sprachsystemen zusammen entstanden und auch den einheimischen Sprachbenutzern nicht bewußt. Um verständlich zu sprechen, genügt es nicht, einfach Vokabeln zu lernen und zu gebrauchen. Zusätzlich zur Beherrschung von Lauten, Grammatik und Schreibung muß der Fremde die begrifflichen Verklammerungen lernen, wenn er einen Sachverhalt so darstellen will, daß sein Gesprächspartner erkennen kann, was er meint. Dabei muß er anders vorgehen, als er es während seiner Schulzeit tat.

Dort hatte er vermutlich ein Wörterheft geführt, in das er die sogenannte "Vokabelgleichung" eintrug, zum Beispiel: la patte = die Pfote. Diese Vokabelgleichung ist nur dann richtig, wenn man sich auf einen kleinen Ausschnitt der Wirklichkeit beschränkt (Hunde, Katzen, alles, was im Deutschen eben "Pfoten" besitzt). Wenn man aber die "ganze" Wirklichkeit ins Auge faßt, d.h. alle Situationen sammelt, in denen Tiere "pattes" besitzen (Pferde, Elefanten, Störche, Fliegen, Schnaken usw.), dann ist die Vokabelgleichung falsch.

Sie wird umso falscher, je geringer der Verwandtschaftsgrad der beiden Sprachen ist. (Man bedenke: Französisch und Deutsch sind indoeuropäische Sprachen, und trotzdem zeigen sie solche Unterschiede!) Daher müssen fremde Sprachen im Bereich der Wortbedeutungen grundsätzlich anders gelernt werden als über die Vokabelgleichung. Wie man es richtig macht, ist nicht leicht in wenigen Worten zu sagen. Ich will es trotzdem versuchen.

Nehmen wir an, jemand, der Französisch lernt, sei dabei, die Bedeutung des Wortes "la patte" zu erfassen. Vielleicht hat er es zum erstenmal im Zusammenhang mit den "Beinen" von Hunden gehört. Ein naiver Sprachbenutzer würde es (Vokabelgleichung!) von da an vielleicht zur Bezeichnung von Tischbeinen gebrauchen und Heiterkeitserfolge damit erzielen. (Zu mehr taugt die Vokabelgleichung in der Tat nur selten!) Richtig vorgehen würde der Betreffende, wenn er jemand fragen würde, welche Dinge und Wesen alle über "pattes" verfügen. Dann bekäme er (nach und nach) die obengenannte Sammlung von Tieren, d.h. den Begriff, der sich mit dem Wort verbindet, und er könnte es von da an "richtig" anwenden, nämlich so, wie es muttersprachliche Sprecher des Französischen tun.

Mit diesem Verfahren lernt man nicht nur Sprache, sondern gleichzeitig ihre Begrifflichkeit und im weiteren Sinne die Kultur, deren Teil sie ist. Wie Sprache nach solchen Kriterien zu lernen ist, erfährt man in den flüssig geschriebenen und leicht verständlichen Arbeiten von Brewster and Brewster 1977 und Wiesemann 1992. Die Autoren gehen ausdrücklich darauf ein, wie man mit dem Problem in einer außereuropäischen Situation am besten umgeht. Für ethnologisch Interessierte empfiehlt sich darüber hinaus Burling 1984.

Whorfs Relativitätsprinzip, das vor allem in Brewster and Brewster gebührend berücksichtigt wird, ist nicht unumstritten. Interessant an der

Diskussion ist die Beobachtung, daß diejenigen Sprachwissenschaftler, die es ablehnen, einen tiefgreifenden und folgenschweren Zusammenhang zwischen Sprache, Denken und Wirklichkeit zu sehen, keine Ethnologen sind. In der Reihe der Befürworter dieses Zusammenhangs finden sich Ethnologen dagegen in größerer Zahl, darunter besonders solche, die durch eigene Untersuchungen an nicht-indo-europäischen Sprachen zu ähnlichen Ergebnissen wie Whorf gelangt sind (Gipper 1972:77-78). Ich selbst bin während meiner mehrjährigen sprachlich-ethnologischen Feldarbeit in Mikronesien zu einem überzeugten Verfechter der Sapir-Whorf-Hypothese geworden. Ein Schlüsselerlebnis dabei war folgendes:

Im Lauf der Beschäftigung mit der Sprache der Inselgruppe, in der ich arbeitete, sammelte ich unter anderem das bislang noch nicht aufgenommene Vokabular für den menschlichen Körper, d.h. den Wortschatz für Anatomie und Physiologie, um seine Struktur und den Begriff "Körper" überhaupt daraufhin zu untersuchen, wie er sich im Denken der Insulaner darstellt (Käser 1989). Bei der Bearbeitung des Atemvorgangs stieß ich auf ein Wort, das mir zunächst nicht viel sagte, das sich aber schließlich als Zugang zu einem eindrucksvollen und unerwarteten begrifflichen Zusammenhang erwies. Das Wort lautete *ngasangas* und erschien regelmäßig in Situationen, in denen vom Atmen die Rede war.

Eines Nachmittags stand ich an der Bootsanlegestelle des Dorfs, in dem ich lebte, und unterhielt mich mit einigen Einheimischen. Plötzlich zeigte einer von ihnen auf eine prächtige Schirmqualle, die mit pulsierenden Stößen vorbeischwamm, und ich vernahm einen kurzen Satz, in dem das Wort *ngasangas* vorkam, was mich überraschte, denn Quallen, so bislang meine Überzeugung, "atmeten" nicht in dieser Weise. Ich fragte genauer nach und hatte schließlich zwei Kontexte, d.h. zwei akzeptable, also korrekte Sätze in der fremden Sprache, die eine weitere Überraschung bargen. Im Deutschen lauten sie wie folgt: "eine Qualle schwimmt", "ein Mensch atmet". In der Sprache von Chuuk dagegen lauten die beiden Sätze: *emén nimmatong ⌊aa ngasangas⌋* und *emén aramas ⌊aa ngasangas⌋*. Meine Verwunderung wird verständlich, wenn man die beiden eingerahmten Satzenden vergleicht: völlige Übereinstimmung, ganz im Gegensatz zu den deutschen Versionen. Ich hatte das Atmen eines Menschen und die Bewegungen einer Qualle bisher immer als verschieden empfunden und begriffen. Daher war ich überhaupt nicht darauf vorbereitet, daß die beiden Vorgänge von irgend jemandem mit ein und demselben Wort bezeichnet werden könnten.

Mir war sofort klar, daß der Grund für die gleiche Bezeichnung in der rhythmischen Bewegung zu suchen war, die beiden Vorgängen gemeinsam ist. Ich konnte es aber erst erkennen, als eine Sprachstruktur mich darauf aufmerksam gemacht hatte.

Beim Nachhaken fand ich nun, daß die Insulaner nicht nur das rhythmische Heben und Senken des Brustkorbs mit *ngasangas* bezeichnen, sondern auch das Schlagen des Herzens, und von diesem Augenblick an wurde die Sache spannend. Als ich nämlich meinen Gesprächspartnern die Frage stellte, wohin die Atemluft beim Einatmen gehe, bekam ich von ausnahmslos jedem Befragten die Antwort, sie gehe ins Herz. Es stellte sich heraus, daß niemand einen Zusammenhang mit den Lungen ansprach, die bezeichnenderweise "Schwämme" heißen.

Das war aber noch nicht alles. Als ich schließlich fragte, was für eine Art Krankheit der Husten, das Asthma und die Lungenentzündung seien, und wieder niemand zögerte zu behaupten, es seien alles Herzkrankheiten, da war ich überzeugt davon, daß ich auf einen schwer zu erschütternden Beleg für Whorfs sprachliches Relativitätsprinzip gestoßen war.

Die Tatsache, daß sich Asthma für die Insulaner begrifflich als eine Herzkrankheit darstellt, könnte unter Umständen folgende Konsequenz haben: Nehmen wir an, eine Krankenschwester aus Europa bilde als Entwicklungshelferin einheimische Krankenschwestern aus. Nehmen wir weiter an, es werde eines Tages ein Patient als Notfall eingeliefert, der an einem akuten Asthmaanfall leidet und sofort Hilfe braucht. Die Europäerin will eine entsprechende Spritze geben und bittet die Einheimische, das Asthmamittel zu holen. Die greift in der Eile zu einem Herzmittel, was für sie Sinn hat, und weil in der Eile niemand eine Frage stellen kann oder auch nur das Medikament überprüft, muß der Patient sterben. Dies wäre dann durch eine sprachliche Konstellation bewirkt worden.

Das Beispiel ist hypothetisch. Ich vermute aber, daß die enormen Probleme in der Entwicklungshilfe mit ihren Milliardenverlusten an Geld und Material gar nicht so selten durch Mißverständnisse dieser Art zustandekommen. Das wäre zu untersuchen.

Damit waren meine Überraschungen jedoch noch immer nicht zu Ende. Bei der systematischen Arbeit an der Physiologie des Atemvorgangs und seiner Versprachlichung mit Namiyo, einem meiner Informanten, geschah Folgendes: Zunächst äußerte er wie alle anderen Befragten, die Atemluft gehe ins Herz. Als ich ihm aber die Frage stellte, ob ihm beim Schweineschlachten nicht schon aufgefallen sei, daß die Atemwege nicht im Herzen, sondern in den Lungen endeten, unterbrach er mich spontan und sagte, darüber habe er sich schon öfter gewundert. Vielleicht sei das bei den Schweinen anders. In der Regel jedenfalls gehe der Atem ins Herz.

Diese Äußerung ist in mehrfacher Hinsicht von Bedeutung. Namiyo hatte entdeckt, daß es sich mit den Atemwegen in Wirklichkeit anders verhält als er und die Allgemeinheit dies annehmen und für richtig halten. Er war verwundert darüber, aber auch in der Lage, den darin liegenden Widerspruch zu erkennen und zu formulieren. Bemerkenswert aber ist die Tatsache, daß er den häufig beobachteten Sachverhalt offensichtlich nicht voll und ganz als Realität akzeptieren konnte, weil die Vorstellungen, die "Theorie", die er wie alle übrigen Befragten von diesem Sachverhalt besaß, zur beobachtbaren Wirklichkeit in Widerspruch standen.

Auf den Widerspruch kann nach Lage der Dinge nicht erst Namiyo gestoßen sein, sondern schon viele andere Insulaner vor ihm. Was hat bewirkt, daß sich die "Theorie" gehalten hat, obwohl sie in erkennbarem Widerspruch zur beobachteten Wirklichkeit steht? Es sind ganz offensichtlich sprachliche Gründe, die eine Korrektur der Theorie nachhaltig verhindert haben und noch verhindern. Der Atemvorgang und das Schlagen des Herzens sind mit dem gleichen Wort *ngasangas* bezeichnet. Dieser Zusammenhang bewirkt die Vorstellung, daß der Atem ins Herz geht und nicht in die Lungen.

Sicherlich führt eine sprachliche Konstellation dieser Art nicht zwangsläufig zu solchen Mißverständnissen. Wenn im Deutschen das Wort "Messe" eine Industrieausstellung, einen katholischen Gottesdienst und den Speiseraum auf einem Schiff bedeuten kann, so heißt das nicht, daß sich daraus Verständnisprobleme ergeben müssen. Auch in der Sprache von Chuuk gibt es viele Wörter, die aufgrund eines einzigen gemeinsamen Merkmals sehr "verschiedene" Dinge bezeichnen können, ohne daß es zu Begriffsverwirrungen kommt. Die semantischen Eigenschaften des Wortes *ngasangas* aber führen in der Tat zu falschen Schlüssen, die selbst durch anschaulichste Erfahrungen der Wirklichkeit nicht nachhaltig korrigiert werden: Mein Informant wunderte sich nur darüber, daß sich die Wirklichkeit nicht der

"Theorie" entsprechend darstellt, geriet aber deswegen über seine "Theorie" selbst nicht ernsthaft in Zweifel.

In Untersuchungen, die sich mit den Beziehungen zwischen Sprache und Wirklichkeit befassen, wird immer wieder betont, die Auswirkungen sprachlicher Strukturen auf die Wahrnehmung der Wirklichkeit seien eher gering einzuschätzen, weil es immer in erster Linie die Wirklichkeit gewesen sei, die den Strukturen menschlicher Sprachen ihre Form gegeben habe, denn zeitlich gesehen sei die Wirklichkeit ja schließlich vor der Entstehung von Sprachstrukturen existent gewesen. Dieses Argument trifft hier nicht zu. Im Gegenteil. Das Beispiel *ngasangas* zeigt, wie ein Begriff zu Denkstrukturen geführt hat, die der Wirklichkeit widersprechen, und wie er diese aufrechterhält. Mikronesier sträuben sich aufgrund solcher Denkstrukturen, die beobachtete Wirklichkeit in diesem Bereich menschlicher Wahrnehmung als Realität anzuerkennen.

Dies gilt, und das muß bedacht werden, nicht ohne Einschränkung, und mit schwerwiegenden Folgen sicherlich nur im verhältnismäßig unreflektierten Sprechen. Niemand ist so sehr den Strukturen seiner Sprache ausgeliefert, daß er nicht lernen könnte, Zusammenhänge bewußt so zu erfassen, wie sie der Wirklichkeit entsprechen, auch wenn sprachliche Strukturen dem entgegenstehen. Seit Jahrhunderten ist klar, daß der Tag-Nacht-Rhythmus durch die Erdrotation zustande kommt. Trotzdem sagen wir immer noch, die Sonne "gehe auf und unter". Niemand wird durch eine solche Formulierung daran gehindert, die wirklichen Verhältnisse bewußt zu erfassen. Das gilt selbstverständlich auch für Mikronesier. Für sie ergibt sich aus der sprachlichen Struktur von *ngasangas* aber auf jeden Fall, daß ihre Sprache die Wahrnehmung der Wirklichkeit in einer Weise vorstrukturiert, daß falsche Folgestrukturen entstehen. Ein mikronesisches Kind, das die Sprache seiner menschlichen Umgebung erwirbt, übernimmt deren Denkstrukturen ohne Möglichkeit zu Alternativen. Im Fall von *ngasanga*s ist es diesen Strukturen zunächst einmal ausgeliefert und lernt daher, die Wirklichkeit, der dieser Terminus zugeordnet ist, falsch zu interpretieren. Hier ist Sprache eindeutig das Primäre, der Filter, durch den die Wirklichkeit wahrgenommen werden muß. Das gleiche gilt, und davon bin ich überzeugt, mutatis mutandis auch für ein europäisches Kind.

Aus dem bisher Gesagten geht hervor, daß man in den Strukturen von Sprachen sozusagen die Oberfläche von Begriffsstrukturen sehen kann, mit deren Hilfe sich diese Begriffsstrukturen beschreiben und analysieren lassen. Daraus geht aber auch hervor, daß an den Entwicklungshelfer und kirchlichen Mitarbeiter in Übersee die Forderung gestellt werden muß, daß er die Sprache der Menschen seines Arbeitsbereichs nicht nur benützen, sondern auch auf Begriffsstrukturen hin untersuchen lernt. Von kirchlichen Mitarbeitern (Missionaren) erwartet man dies merkwürdigerweise eher als von Ärzten und Krankenschwestern, obwohl beide ohne Unterschied in der Lage sein müssen zu verstehen, wie sich die Welt in den Köpfen der Menschen fremder Kulturen darstellt, und wie die Dinge dort zusammengehören. Nur wenn man Sprache in dieser Weise beherrscht, kann man sich selbst als Fremder verständlich machen und entsprechend effiziente Arbeit leisten.

Mehr zum Thema dieses Kapitels findet sich in folgenden Werken:

Brewster, E. Thomas; Brewster, Elizabeth S.: LAMP. Language acquisition made practical. Field methods for language learners. Colorado Springs ²1977.

Burling, Robbins: Learning a field language. Ann Arbor, Michigan 1984.

Gipper, Helmut: Gibt es ein sprachliches Relativitätsprinzip? Untersuchungen zur Sapir-Whorf-Hypothese. Frankfurt am Main 1972.

Käser, Lothar: Die Besiedlung Mikronesiens: eine ethnologisch-linguistische Untersuchung. Berlin 1989.

Whorf, Benjamin Lee: Sprache, Denken, Wirklichkeit. Beiträge zur Metalinguistik und Sprachphilosophie. Reinbek bei Hamburg 1963 (und später).

Wiesemann, Ursula (Hrsg.): Verstehen und verstanden werden. Praktisches Handbuch zum Fremdsprachenerwerb. Lahr/Schwarzwald 1992. (Kommentar: Die Autorin ist Mitarbeiterin bei den Wycliff Bibelübersetzern, Leiterin des Sprachlernseminars.)

13. Kapitel:

Religion

> In diesem Kapitel wird erklärt, was es bedeutet, wenn Menschen sich religiös verhalten, indem sie mit dem "Heiligen" umgehen und diesem in ihrer Welt, ihrem Lebensraum und ihrer Zeit einen profanen und einen sakralen Bereich zuweisen. Es wird gezeigt, daß Religion ein Ordnungssystem liefert, mit dessen Hilfe sich der Kosmos zu einem Weltbild formen läßt, in dessen Zentrum ein Bild des Menschen von sich selbst steht, aufgrund dessen religiös motivierte Strategien (Beziehungsaufnahme mit höheren Mächten, Rituale usw.) zur Bewältigung der Probleme des täglichen Lebens formuliert und Antworten auf die Frage nach einer Fortdauer der menschlichen Existenz über den Tod hinaus gesucht werden können.

Religion, der zweite Kulturbereich, über den Menschen sich als gleich oder verschieden identifizieren, ist ähnlich komplex und umfangreich wie Sprache, bildet ein ähnlich hochrangiges Ordnungssytem innerhalb der jeweiligen Kultur und gehört zu den wichtigsten Teilstrategien, auf die Menschen zur Gestaltung und Bewältigung ihres Daseins zurückgreifen.

Für den fremden Beobachter ist das oft nicht einsichtig. Die wenigsten ahnen, welche Bedeutung Religionen für die Menschen anderer Kulturen haben, besonders der schriftlosen.

In den Religionsformen der Menschheit geht es um zwei einander gegenüberstehende, aber auch einander zugeordnete Aspekte der Wirklichkeit, in die sich Raum, Zeit, Wesen, Dinge, Vorgänge, und Eigenschaften einordnen lassen: das *Heilige* oder *Sakrale* und das *Profane*. Mit dem Heiligen, das in allen Religionen in charakteristischer Weise aus dem Profanen ausgegrenzt erscheint, werden zugleich die Bereiche des *Übernatürlichen* erfaßt, strukturiert, dem menschlichen Denken und Fühlen verfügbar gemacht und Antworten gesucht auf grundlegende Fragen nach der Abhängigkeit des Menschen von unkontrollierbaren Mächten, denen er sich ausgeliefert fühlt, und die er deshalb beeinflussen oder gar beherrschen möchte. In den betreffenden Kulturen selbst wird die für Europäer selbstverständliche Gegenüberstellung von "Natürlichem" und "Übernatürlichem" nicht vorgenommen.

Religionen beinhalten Strategien zur Lösung einer ganzen Reihe von Daseinsproblemen. Zu ihnen gehört insbesondere die Beantwortung der Frage nach der Bedeutung des Todes: Was hat der Mensch zu erwarten, wenn er stirbt?

Viele Religionsformen umfassen Kulturbereiche, die Europäer eher als philosophisch, naturwissenschaftlich, medizinisch und ähnlich einstufen würden.

Dabei ist Religion in schriftlosen Kulturen eher selten eine eigenständige, klar faßbare Kategorie. Sie ist im Grunde genommen überall präsent und wirksam. Bei allen ihren Tätigkeiten versuchen Menschen, den Erfolg ihrer Arbeit zu sichern, indem sie z.B. ihren Ahnengeistern opfern, um ihr Wohlwollen zu gewinnen, oder sie benützen Talismane und Amulette, um schädliche Einflüsse von einem Unternehmen fernzuhalten. Dennoch bleibt ihnen Religion als **Denkrahmen** weitgehend unbewußt. Sie ist ein **Hintergrundphänomen**. Darauf beruht nicht nur ihre hohe Wirksamkeit, sondern auch ihre Stabilität gegenüber verändernden Tendenzen: Religionen sind von Natur aus **konservativ**, konservativer als andere Kulturbereiche.

In europäisch-westlichen Kulturen dagegen erscheint Religion als eigenständige Kategorie neben Kulturbereichen wie Wirtschaft, Kunst, Verwandtschaft, Technik, Politik usw. Daß es sich um eine eigenständige Kategorie handeln muß, zeigt sich darin, daß Religion institutionalisiert sichtbar wird, z.B. als Sonntagsereignis. An den übrigen Tagen der Woche verhält sich kaum ein Europäer so deutlich religiös, daß seine Religion dabei erkennbar würde. Sie zeigt sich in der Gegenwart mehr und mehr als **Festreligion**, die sie weitgehend geworden ist, an Weihnachten und Ostern, wenn die Kirchen voll sind, oder wenn ein **Übergangsritual** wie Taufe, Konfirmation, Hochzeit, Beerdigung usw. ansteht .

Zu der Beobachtung, daß Religion in schriftlosen Kulturen ein Hintergrundphänomen ist, paßt, daß es kaum eine schriftlose Sprache gibt, die ein Wort für den Begriff "Religion" hat, wie Europäer ihn verstehen. Lehrer, die als Entwicklungshelfer Unterrichtsmaterialien für den Religionsunterricht erstellen müssen, suchen oft lange nach einem brauchbaren Terminus. Wörter, die man in den betreffenden Sprachen für "Religion" findet, bedeuten eventuell auch "Tradition", "Ordnung", "Gesetz", "Denkweise" und sogar "Althergebrachtes". Eine religiöse Dimension ist zwar in allen diesen Begriffen enthalten, aber verdeckt.

Auch frühe indo-europäische Sprachen hatten kein Wort dafür. Lateinisch "religio" bedeutet eigentlich "Sorgfalt" bei der Beobachtung der **Omina** (Zeichen) in der Natur (Vogelflug usw.), aus denen der Wille höherer Mächte abgelesen werden sollte. Das Gegenteil von "religio" ist "neglegentia", die Nachlässigkeit im Beobachten und Beachten der Omina. Erst später bildete sich der Begriff Religion in der Form heraus, wie wir ihn heute benützen. (Die Herleitung seiner Bedeutung aus dem lateinischen Verb "religare" = zurückbinden im Sinne einer Bindung an eine übermenschliche Autorität ist unbefriedigend und wenig fundiert.)

Mit Religion als einem eigenständigen Begriff aus den europäisch-westlichen Kulturen verbindet sich eine Schwierigkeit. Wenn wir das, was Religion in unserem Denken bedeutet, in fremden Kulturen suchen, finden wir es oft nur teilweise, weil nicht alle Bereiche unserer eigenen Religion in fremden Kulturformen ausgeprägt sind. Dadurch entgeht uns oft, welche Elemente dort zusätzlich noch zur Religion gehören. Die Folge ist, daß wir sie übersehen, weil wir sie nicht erwarten. Deswegen ist eine Grundvoraussetzung für erfolgreiche religionsethnologische Forschung nicht nur längere Erfahrung im Zusammenleben mit der zu untersuchenden Gesellschaft, sondern auch überdurchschnittliche Kenntnisse in ihrer Sprache.

Ganz grob kann man unterscheiden zwischen sogenannten **Hoch-** oder **Schriftreligionen** einerseits und den **Religionen schriftloser Kulturen** andererseits. Schriftreligionen kennen in der Regel einen einzigen Gott und heißen daher **monotheistisch** (Islam, Christentum). Die Religionen schriftloser Kulturen kennen dagegen eher eine Art Göttergremium mit einem sogenannten **Höchsten Wesen** an der Spitze, das zwar manche Züge eines monotheistischen Gottes trägt, sich aber darüber hinaus von diesem unterscheidet. Diese Aussage ist jedoch nur als grobe Näherung zu verstehen. Gottesvorstellungen können erheblich variieren und müssen für jede Kultur im einzelnen untersucht werden.

Man kann mit Fug und Recht behaupten, daß es keine menschliche Gruppierung gibt, in der nicht irgendeine Form von religiösem Verhalten praktiziert wird. Sogenannter Atheismus ist ein eher seltenes und individualisiertes Phänomen, das nur unter Intellektuellen in einigermaßen konsequenter Form vorkommt. Für Menschen, die in schriftlosen Gesellschaften leben, ist Atheismus bzw. Religionslosigkeit nicht vorstellbar.

In den Religionen der Erde sind die Teilbereiche, aus denen sie sich zusammensetzen, sehr unterschiedlich entwickelt und ausgeprägt. In manchen steht der **Glaube an Wunder** an erster Stelle. Dies ist ganz allgemein in Religionen schriftloser Kulturen der Fall. In den Gesellschaften der sogenannten Hochreligionen ist der Glaube an Wunder kennzeichnend für die Unterschicht, zumindest für solche Teile der Bevölkerung, in denen Bildung und Wissen nur eine geringe Rolle spielen, oder bei Menschen, die Religion in besonderem Maß mit dem Emotionalen verbinden. Beispiele dafür sind die verschiedenen charismatischen Gruppierungen bis hin zu ekstatischen Religionsformen und Besessenheitskulten wie **Voodoo**, **Candomblé**, **Macumba** und **Umbanda** in Westafrika und Lateinamerika.

Die Mittelschicht einer Bevölkerung ist weniger mit dem Wunderglauben beschäftigt als vielmehr mit den *ethisch-moralischen Aspekten* ihrer Religion. Im Vordergrund steht hier, vereinfacht gesagt, was als angemessenes (anständiges!) und unangemessenes (unanständiges!) Verhalten anzusehen ist. Dabei wird unangemessenes Verhalten nicht nur als unmoralisch verworfen, sondern weitgehend mit dem indentifiziert, was die Bibel als Sünde bezeichnet. Das hat in europäisch-westlichen Gesellschaften Folgen in der Einstellung von Mitgliedern der Mittelschicht im Bezug auf die Mode, auf manche Vergnügungen (Tanzen, Theater), und es hat Folgen im Bereich der Arbeitsmoral. Wer es durch Fleiß, Ausdauer usw., also durch moralisch als positiv ausgewiesene Verhaltensweisen (Tugenden) zu etwas bringt, gilt unter Umständen als besonders von Gott gesegnet und damit akzeptiert. Dies ist einer der Grundgedanken des Calvinismus.

Die Oberschicht dagegen *intellektualisiert* ihr Interesse am Religiösen und greift jene Aspekte heraus, die philosophischen Charakter haben. Theologische Phänomene und das ihnen zugrundeliegende Theoriegebäude sind die Gegenstände, mit denen man sich befaßt. Hier besteht die Tendenz, daß der Bezug der Religion zum Leben verlorengeht.

Religion als Kulturkomplex kann, wie schon erwähnt, außergewöhnlich vielseitig sein und aus einer schwer überschaubaren Fülle von Einzelphänomenen bestehen, aber nie sind alle Möglichkeiten in einer einzigen Religion auch tatsächlich realisiert. Das bewirkt die teilweise enormen Unterschiede zwischen den verschiedenen Religionen der Erde.

Gemeinsamkeiten finden sich umso häufiger, je allgemeiner die Begriffe sind, die man vergleicht. Die Unterschiede sind am größten auf der untersten Ebene der Begrifflichkeit. Konkret bedeutet das, daß sich Gottesvorstellungen oft als überraschend gleichartig erweisen, daß aber schon beim Opferbegriff so erhebliche Unterschiede bestehen, daß bei vergleichender Interpretation größere Verstehens- und Verständigungsprobleme auftreten.

Zu den allgemeinsten Ähnlichkeiten der verschiedenen Religionsformen der Menschheit gehört der **Glaube an die Existenz und Wirksamkeit von Mächten**, die über dem Menschen stehen und mächtiger sind als er selbst. Die Unterschiede liegen in den Glaubensinhalten und Wertbegriffen, den religiösen Erlebnis- und Ausdrucksformen.

Josef Haekel hat im "Lehrbuch der Völkerkunde" (Trimborn 1971) einen Beitrag veröffentlicht, der eine griffige Unterteilung des Religionskomplexes enthält und von dem im übrigen viele Anregungen zu diesem Kapitel ausgegangen sind. Hier eine Zusammenfassung des Wichtigsten. Nach Haekel besteht Religion:

1. aus *Vorstellungen* des Menschen von seiner Religion,
2. seinen *Einstellungen* dazu und
3. den *Handlungen,* die sich aus 1. und 2. ergeben.

Vorstellungen

Zu den Vorstellungen des Menschen vom Inhalt seiner Religion gehört ein *Weltbild.* Aus ihm ergeben sich Erklärungen für vieles, was man ohne Kenntnis dieses Weltbildes nicht verstehen könnte. Unter Weltbild versteht man ganz allgemein Urteile über Natur und Kosmos, Spekulationen über das Wesen der Dinge, Versuche, physikalische, chemische und biologische Vorgänge sinnvoll zu erklären. Konkret bedeutet dies, daß man in vielen schriftlosen Kulturen annimmt, die Erde sei eine flache Scheibe, in deren Zentrum der eigene Lebensraum liegt, über dem sich der Himmel wie eine Schüssel wölbt. Als Beweise wird von den Betreffenden angegeben, daß es von der Stelle, wo sie selbst leben, bis zum Horizont in alle Richtungen gleich weit sei. Dieses Weltbild ähnelt dem, das unsere Vorfahren bis ins Mittelalter und in die Neuzeit selbst hatten.

Trotz seiner Einfachheit kann ein solches Weltbild interessante Aspekte aufweisen. Bei meiner ethnologisch-linguistischen Feldarbeit in Mikronesien fand ich auf der Suche nach einem Wort für den Begriff "Himmel" eine ganze Reihe von Wörtern, die dafür gebraucht werden können. Das war zunächst verwirrend für mich. Ein Informant, den ich dazu befragte, erklärte mir, der gesamte Raum unter der Himmelshalbkugel sei "Himmel", und er beginne unmittelbar an der Erdoberfläche. (Das deutsche Sprichwort von den Bäumen, die nicht in den Himmel wachsen, kann es folglich in dieser Kultur nicht geben.)

Der Himmelsraum selbst ist in verschiedene Schichten mit eigenen Namen eingeteilt, z.B. "Lufthimmel", "Geisterhimmel", "Wolkenhimmel", "Sternhimmel", so daß ein stockwerkartiges Gebilde entsteht. Daher also die zahlreichen Termini, die somit nur scheinbar alle "Himmel" bedeuten. (Schon allein dies kann bei der Übertragung christlicher Vorstellungen in eine solche Denkstruktur Schwierigkeiten machen, wenn man sich überlegen muß, welches von den vielen Wörtern für den "Himmel" in Bibeltexten zu benützen ist.)

Ein Asheninka-Indianer im Amazonasgebiet beschrieb mir ein ähnliches Weltbild mit einer Erdscheibe, von Wasser umgeben und mit dem halbkugelförmigen Himmelsgewölbe darüber. Auf die Frage, an welcher Stelle der Erdscheibe wir uns befänden, sagte er wie selbstverständlich: "Genau in der Mitte." Als ich ihn um eine Begründung dafür bat, meinte er: "Schau hin! Genau über uns ist der Himmel am höchsten."

Bei den Iraya auf der Philippineninsel Mindoro findet man ein kompliziertes Weltmodell mit acht Himmelsschichten, von denen die unterste in Baumwipfelhöhe beginnt. Jeder dieser Schichten sind bestimmte Merkmale zugeordnet: meteorologische Ereignisse wie Wolkenbildung und Regen, Vogelflug, astronomische Erscheinungen wie Sonne, Mond und Sterne. Jede dieser Schichten gilt auch als Wohn- und Aufenthaltsort von bestimmten Geistern.

Der stockwerkartige Aufbau des Raums unter dem Himmelsgewölbe setzt sich nicht selten in den Raum unter der Erde fort, wo in der Regel die dem Menschen eher übelgesinnten bis bösartigen Geister leben, manchmal auch die Totengeister der Verstorbenen. Letztere halten sich jedoch gewöhnlich als unsichtbare Wesen in der Welt der Lebenden und im Raum unter dem Himmelsgewölbe auf.

Im Bereich der Vorstellungen spielt die Existenz und Wirksamkeit von Mächten, die über dem Menschen stehen, eine beherrschende Rolle. Diese Mächte können personalisiert oder unpersönlich gedacht sein. Ein Beispiel für Personalisierung sind Geister, gut und böse gesinnte, die in menschlicher oder tierischer Form geschildert werden, einen eigenen Namen tragen und individuell mit charakteristischen Fähigkeiten und Verhaltensweisen ausgestattet sind. Ein Beispiel für unpersönliche Mächte ist das *Mana* (das "ungewöhnlich Wirkungsvolle") ozeanischer Ethnien oder das *Manitu* ("übernatürliche Kraft") nordamerikanischer Indianergruppen.

Unter den Vorstellungen, die sich in den meisten Religionen findet, spielt ein Wesen eine zentrale Rolle, das über allen anderen Wesen, Dingen und Vorgängen steht, die es in der Welt gibt: das sogenannte *Höchste Wesen*.

In den Religionen, die keine Schrift besitzen, ist das Höchste Wesen fast immer ein Mann, uralt und häufig *otios*, das heißt untätig. Es wohnt meist auf der obersten Himmelsstufe, weit entfernt von den Menschen. Wenn es überhaupt in das Weltgeschehen eingreift, dann über Anweisungen an Geistwesen, die dem Höchsten Wesen nachgeordnet sind, oft die Ahnengeister der Menschen auf der Erde.

Das Höchste Wesen gilt als grundsätzlich gutartig und weise. Es kann aber auch sehr zornig werden. Zu den hervorstechendsten Eigenschaften des Höchsten Wesens zählt eine Großtat: Es hat (gewöhnlich) die Welt geschaffen, genauer die Dinge in der Welt, die allen Menschen unterschiedslos gehören, das Meer, das Wasser, das Feuer. Der Schöpfungsakt selbst ist ein geistiger Akt wie Denken, Wünschen, Singen oder Sprechen. Nach der Schöpfung lebte das Höchste Wesen eine Zeitlang mit den Menschen zusammen, zog sich dann aber aufgrund der Verderbtheit der Menschen in den Himmel zurück, weit weg, und mischt sich seither eigentlich nicht mehr in ihre Belange ein. Daher wird es von den Menschen zwar verehrt, aber man gibt sich nicht eigentlich mit ihm ab, man opfert ihm nicht und betet auch eher selten zu ihm. Solches Verhalten zeigt man aber sehr wohl gegenüber Geistern, die dem Höchsten Wesen nachgeordnet sind.

Nicht immer darf man mit der Vorstellung rechnen, das Höchste Wesen habe die Welt aus dem Nichts erschaffen. Es gibt Religionen, nach deren Vorstellungen die Welt einfach schon immer existierte, die im Lauf einer Art *Urzeit* aber stetig ergänzt und vervollkommnet wurde, indem sogenannte *Urzeitwesen* oder **Kulturheroen** Quellen, Flüsse, Gebirge und Meere hinzufügten und so der bestehenden Welt ihr eigentliches Gepräge gaben.

Interessant sind die Namen, die man im Zusammenhang mit dem Höchsten Wesen verwendet. Es heißt etwa der Unbekannte, der Große Geist, der Barmherzige, der Alleinige, der Selbstseiende, der Leuchtende, der Erhabene usw. (Man vergleiche dazu Jesaja 9,5.) Darin zeigt sich die Unfaßbarkeit, in der das Höchste Wesen dem Menschen gegenübertritt: immer ist es allwissend und allmächtig.

Nicht selten ist das Höchste Wesen verheiratet, manchmal mit mehreren Frauen, und es hat zahlreiche Nachkommen. Wenn es verheiratet ist, kann das Höchste Wesen als Regen personifiziert sein, seine Frau entsprechend als die Erde, die durch den Regen fruchtbar gemacht wird. Diese Vorstellungen finden sich vor allem in den Religionen von Bodenbauern. Seine Nachkommen gelten unter Umständen als **Kulturbringer**, die Techniken und Gerätschaften aus Teilbereichen der betreffenden Kultur erfunden haben: Töchter des Höchsten Wesens etwa den Webstuhl, Gesang und Tanz, Söhne die Jagd, den Fischfang und den Ackerbau. Von ihnen haben die Menschen diese Dinge bekommen, aufgrund von Traumerlebnissen, einer Liebesbeziehung oder auch durch Diebstahl.

Unter den Mitgliedern der Familie des Höchsten Wesens erscheint in der Mythologie zuweilen eines als mißraten, eine Art schwarzes Schaf. Meist ist es einer der Söhne. Er ist ein Tagedieb, hat es ständig auf Frauen abgesehen und ist dafür bestens ausgestattet. Er besitzt nicht selten ein überdimensioniertes Geschlechtsorgan und entsprechende sexuelle Potenz. Er macht sich ein Vergnügen daraus, Überschwemmungen, Bergrutsche, Vulkanausbrüche und andere Naturerscheinungen zu inszenieren, und vertreibt sich die Zeit damit, den Menschen allerhand Streiche zu spielen. In der Ethnologie nennt man ihn den **Trickster**.

Das Höchste Wesen hat viele Züge mit Hochgottheiten wie Allah oder Jahwe gemeinsam, insbesondere in seiner Eigenschaft als Erschaffer der Welt. Dennoch kann man die Bezeichnung, die eine Ethnie für ihr Höchstes

Wesen benützt, nicht einfach übernehmen, wenn man den Gott der Bibel bezeichnen will. In wesentlichen Punkten ist das Höchste Wesen ganz anders geartet. Es ist kein Gott, der seinen Sohn für die Menschen opfert. Auch hat das Höchste Wesen nicht immer die Funktionen eines Richters, vor dem sich Menschen nach ihrem Tod für ihren Lebenswandel verantworten müssen. Wenn man eine indigene (=bei den Mitgliedern einer Ethnie benützte) Bezeichnung für das Höchste Wesen verwenden will, muß man daher sehr genau prüfen, welche Eigenschaften sich in den Köpfen der betreffenden Menschen damit verbinden. Es wundert daher nicht, daß sich in vielen Bibelübersetzungen die (indo-europäischen) Wörter "Gott" oder "Deus" in einer Form finden, die der Lautstruktur der betreffenden Sprache angeglichen ist, zum Beispiel als "Koot", "Tios" und Ähnliches. Diese Bezeichnungen müssen zwar auch erst mit Bedeutung gefüllt werden, ein Prozeß, der unter Umständen längere Zeit braucht. Ihnen haften aber nicht die Aspekte an, die mit den Bezeichnungen des Höchsten Wesens in den betreffenden Religionen verknüpft sind. Trotzdem darf man nicht erwarten, daß die Einführung einer Fremdbezeichnung alle diesbezüglichen Probleme löst.

Zum Bereich der Vorstellungen einer Religion gehört auch ihre *Mythologie*. Darunter versteht man entweder die Gesamtheit aller Mythen, die für eine Religion kennzeichnend sind, oder die (wissenschaftliche) Lehre von den Mythen. Mythos bedeutet im Griechischen etwa "Sage", "Dichtung von Helden, Geistern, Göttern". Mythen sind mündlich überlieferte, im Glaubensleben und in der Weltanschauung einer Kultur verankerte Erzählungen. Ihre eigentliche Funktion ist es, Sachverhalte, die nicht auf einfache Weise erklärbar sind, in eine Handlung zu kleiden, die man erzählen, über die man sprechen kann. Durch diese Aktionalisierung erscheint das Unerklärbare sinnvoll und sein Vorhandensein begründet. Mythen bilden darüber hinaus einen bedeutenden Teil des Erzählguts einer Ethnie, das heißt sie stellen einen Aspekt ihrer *oralen* ("mündlichen") *Literatur* dar. Sie sind jedoch in weitaus höherem Maß vom Religiösen bestimmt als andere Bereiche der oralen Literatur wie Lieder, Rätsel usw. Haekel unterscheidet folgende Arten:

a) *Kosmogonische Mythen* berichten von der Entstehung oder Erschaffung der Welt durch das Höchste Wesen oder den Hochgott.

b) *Anthropogonische Mythen* schildern die Ereignisse um die Entstehung der Menschen, die teils vom Höchsten Wesen oder dem Hochgott geschaffen werden, teils direkt aus der vorhandenen Schöpfung hervorgehen, aus Früchten wie Kokosnüssen, aus Pilzen, Eiern und vielen anderen Dingen.

c) *Urzeitmythen* behandeln Ereignisse, die im Zeitraum kurz nach der Schöpfung abgelaufen sind. In australischen Kulturen heißt dieser Zeitraum *Traumzeit*, weil man annimmt, die Welt sei damals so gewesen, wie man sie heute nur noch im Traum erlebt. Während dieser Zeit wurde die bestehende Schöpfung durch mächtige, übermenschlich anmutende Vorfahren der Menschen ergänzt. Indem sie die Welt durchwanderten, schufen sie charakteristische Örtlichkeiten in der Landschaft: auffällige Felsen (wie den berühmten Ayer's Rock), Wasserstellen, Täler, Höhlen usw.

Zu jener Zeit lebte das Höchste Wesen in vielen Kulturen noch mit den ersten Menschen und deren Nachkommen zusammen auf der Erde, meist so lange, bis die betreffenden Menschen eine Untat begingen, die vom Höchsten Wesen damit bestraft wurde, daß es sich aus der Gemeinschaft der Menschen zurückzog oder diese aus der Gemeinschaft mit ihm aussperrte. Die dramatischen Ereignisse, die mit dieser Untat verbunden sind, behandelt ein weiterer Mythentypus.

d) *Transformationsmythen* berichten von einschneidenden Ereignissen, die eine nachhaltige Veränderung der Welt bewirkten und dieser ihre gegenwärtige Form gaben. Die Trennung von den Menschen, die das Höchste Wesen vornimmt, stellt sich in solchen Mythen dar als unüberbrückbare Vergrößerung der Entfernung zwischen Himmel und Erde, die ursprünglich so nahe beieinander lagen, daß die Menschen beide Bereiche jederzeit bequem erreichen konnten, indem der Himmel mittels einer Leiter oder einer Liane zugänglich war. Diese Leiter ist von da an umgestoßen, die Liane gekappt. Das Höchste Wesen lebt fortan den Menschen völlig entrückt.

Zu den Transformationsmythen gehören auch Ereignisse wie Sintfluten oder Weltenbrände, nach denen die Erde und die Schöpfung den alten paradiesischen Zustand nicht mehr besitzen. Die Katastrophe, die den neuen Zustand herbeiführt, stellt sich meist als Bestrafung der Menschheit dar, die einen solchen Grad an Verderbtheit erreicht hat, daß sich das Höchste Wesen zum Eingreifen gezwungen sieht.

e) *Göttermythen* schildern das Leben, die Taten und Schicksale von menschlich gearteten, aber mit übermenschlichen Zügen ausgestatteten

Wesen, die nicht selten auch als Nachkommen des Höchsten Wesens gelten. Beispiele für diesen Mythentyp finden sich in den griechischen Heldensagen (Herakles, Odysseus).

Oft enthalten Göttermythen Berichte, in denen erzählt wird, auf welche Weise den Menschen bestimmte Techniken oder materielle Elemente ihrer Kultur bekannt wurden. Der griechische Halbgott Prometheus etwa brachte den Menschen das Feuer vom Olymp auf die Erde, indem er es stahl. Auf ähnliche Weise, z.b. durch Diebstahl von Saatgut aus dem Himmel, lernte man in anderen Kulturen den Ackerbau. Solche Mythen heißen auch *ätiologische Mythen* (Ätiologie = Lehre von den Ursachen).

f) *Naturmythen* beinhalten unter Umständen solche Ätiologien. Sie erklären beispielsweise physikalische Erscheinungen wie den Blitz (als Waffe des Zeus), den Donner (als Dröhnen des Hammers, den der Germanengott Wotan schwingt), die Gestirne und was damit zusammenhängt (der Mann im Mond). In den Naturmythen zeigt sich in der Regel die Wirtschaftsform der betreffenden Ethnie: In den entsprechenden Mythen von Wildbeutern ist von der Entstehung der Jagdtiere, der Erfindung der Jagdwaffen und -geräte usw. die Rede.

g) *Messianistische Mythen* sind eher selten. Die Ereignisse, die sie schildern, liegen in der Zukunft. Sie berichten von einem Heilsbringer, der erscheinen wird, von einem Messias, der kommt, um die Menschen aus einer unerträglich gewordenen Lage zu befreien. Eine solche Lage kann rein wirtschaftlicher Natur sein, z.B. Hunger und Elend aufgrund von Dürre, oder auch politisch bedingt, z.B. Unterjochung durch eine fremde Macht, Kolonialismus. Solche Mythen bilden die Grundlage von *Heilserwartungsbewegungen* (Cargokulte, Chiliasmus, Nativismus, vgl. Kap. 16.)

h) *Eschatologische Mythen* berichten ebenfalls von Ereignissen, die in der Zukunft liegen, von endzeitlichen Katastrophen, die der Welt und der Schöpfung ihren ursprünglich idealen Zustand zurückgeben, indem das Höchste Wesen zu den Menschen zurückkehrt und die Toten auferstehen (Eschatologie = Lehre vom Weltende und Anbruch eines Gottesreichs). Auch eschatologische Mythen gehören zu den eher seltenen Mythentypen.

Grundmotive wie die Sintflut oder der Brudermord, die sich in den Mythen zahlloser Ethnien und Kulturen als kleinste Sinneinheiten wiederfinden, nennt man *Mythologeme*.

Daß zwischen den Mythen der verschiedenen Kulturen und bestimmten Berichten aus dem Alten Testament Parallelen bestehen, ist augenfällig. Gott schafft die Welt durch Sprechen, ein Mythologem aus dem Bereich der kosmogonischen Mythen. Der Sündenfall ist eine Tat, die den Menschen aus der unmittelbaren Gegenwart Gottes vertreibt, ein Mythologem aus dem Bereich der Urzeitmythen. Die Sintflut ist eine Folge der Verderbtheit der Menschen und ein Ereignis, das die Welt gewaltig verändert, ein Mythologem aus dem Bereich der Transformationsmythen. Die Reihe der Parallelen ließe sich mühelos fortsetzen. Zwei Aspekte daraus sind für uns von größerer Bedeutung.

Missionare und andere kirchliche Mitarbeiter suchen bei ihrer Lehrtätigkeit in der Regel Anknüpfungspunkte zwischen den Aussagen der Bibel und denen der Religionen, in deren Rahmen sie arbeiten. Für sie sind die Parallelen zwischen der Mythologie der fremden Kultur und den genannten Berichten der Bibel oft willkommene Anlässe, vorhandenes religiöses Wissen und Denkmuster mit dem Neuen, das sie bringen, wirksam zu verknüpfen. Das ist zwar nur bedingt möglich, gelingt aber im Einzelfall leichter als bei den Vorstellungen vom Höchsten Wesen.

Eine andere Frage (und Schwierigkeit) ist die nach der historischen Realität von Ereignissen, die in mythischen Berichten geschildert werden. Zwar ist zu vermuten, daß sie einen wie auch immer gearteten historischen Kern haben. Es ist aber auch zu vermuten, daß sie aufgrund langer oraler Tradition bis zur schriftlichen Fixierung Veränderungen erlebt haben, in deren Verlauf bestimmte Einzelheiten einen besonderen Stellenwert bekommen haben. Ein wesentlicher Grund dafür liegt wohl darin, daß solche Berichte schwierig Vorstellbares oder eigentlich Unvorstellbares vorstellbar machen sollen.

Ich könnte mir denken, daß den Berichten mit mythologischem Charakter, die wir im Alten Testament vor uns haben, eine ähnliche Funktion zugedacht war wie den Gleichnissen, die Jesus im Neuen Testament benützt, um den Sachverhalten, die er lehrte, ein einprägsames Profil zu verleihen. Diese

203

Gleichnisse sind auch keine Ereignisse, die real irgendwann einmal stattgefunden haben.

Es wäre allerdings etwas einseitig, die einschlägigen alttestamentlichen Berichte ausschließlich als Mythen einzuordnen, wie sie sich in den Kulturen der Welt finden. Jesus selbst führt immer wieder alttestamentliche Stellen als Belege für seine Thesen an, und er zitiert, wenn ich ihn recht verstehe, alles, was dort steht, als faktisch. Wer glaubt, was er in Johannes 14,6 über sich selbst sagt, für den sind die Texte der Genesis nicht Mythen mit dem gleichen Stellenwert wie die Mythen der Völker. Eine endgültige Antwort auf die (nicht erst seit Bultmanns theologischen Äußerungen und seiner Forderung nach Entmythologisierung diskutierte) Frage, wie diese Berichte zu verstehen sind, kann das aber nicht sein, weil Glaubenswahrheiten allein keine wissenschaftlichen Beweise darstellen können.

Religionen beinhalten immer auch ein *Menschenbild*. Das beginnt ganz konkret bei Vorstellungen vom menschlichen Körper, von seiner Anatomie und Physiologie, seinem Aufbau und seinen Funktionen. Diese können erheblich abweichen von Anatomie und Physiologie europäisch-westlicher Wissenschaft.

Von Bedeutung sind ferner die Aussagen fremder Kulturen über die Natur psychologischer Erscheinungen und intellektueller Fähigkeiten des Menschen, Aussagen darüber, wie er sich vom Tier unterscheidet, wie unbelebte Dinge begriffen werden usw. Dies alles muß man kennen und einbeziehen, wenn man verstehen will, daß es sich bei den Religionen der Welt in der Tat um Strategien handelt, die von breitester Wirkung in allen Lebensbereichen der betreffenden Menschen sind.

Auf diesem Teilgebiet hält die Ethnologie Forschungsergebnisse noch nicht in dem Ausmaß bereit, wie das für Entwicklungshelfer und kirchliche Mitarbeiter nötig wäre. Überhaupt scheint mir, daß dem Menschenbild der verschiedenen Kulturen immer noch eher selten die Aufmerksamkeit gewidmet wird, die ihm eigentlich zukommt. Dieser Mangel ist besonders gravierend im Zusammenhang mit der Entwicklung von Unterrichtsprogrammen und pädagogisch-didaktischen Konzepten, die erfolgreichen Schulunterricht möglich machen. Für Länder mit ethnischer Vielfalt ist das besonders schwierig, aber auch besonders nötig. In der Gegenwart allerdings werden künftige Lehrer in der Dritten Welt immer noch selten bis überhaupt nicht darauf vorbereitet, daß sie Menschen mit einem ganz anderen Selbstverständnis zu unterrichten haben werden (vgl. dazu besonders Kap. 10 und 14).

Einstellungen

Die Einstellungen des Menschen zu seiner Religion ergeben sich weitgehend aus seinen Vorstellungen. Unter Einstellungen versteht man Absichtshaltungen und Emotionen gegenüber den einzelnen Glaubensinhalten: Verehrung, Hingabe, Furcht, sittliche Bindung, Streben nach Kontrolle und Bemeisterung der Mächte, die man über sich stehend wähnt.

Unter den Einstellungen spielen zwei emotionale Bereiche eine besondere Rolle: Verehrung und Hingabe einerseits, Furcht andererseits. Diese Elemente finden sich in so vielen Religionen, daß man vom *Faszinosum* (dem Eindrucksvollen) und dem *Tremendum* (dem Erschreckenden) spricht, die das Religiöse und ganz allgemein das Heilige kennzeichnen.

Beispiele für das Faszinosum sind die Eindrücke, die man etwa in einer gotischen Kathedrale mit ihrer himmelstürmenden Architektur oder beim Anblick einer haushohen Buddhastatue im Dämmer eines Tempels in Thailand empfindet. Ein Beispiel für das Tremendum ist etwa die Opferpraxis der altamerikanischen Hochkulturen (Inka, Azteken) und der Polynesier, die ihren Göttern Menschenopfer darbrachten, wobei den Geopferten unter Umständen das Herz bei lebendigem Leib herausgenommen wurde. Im Christentum ist ein eindrucksvolles Faszinosum und Tremendum zugleich die Schilderung des Jüngsten Gerichts in den Requiem-Kompositionen Mozarts oder Verdis ("Dies irae").

Handlungen

Religiös motivierte Handlungen werden stark bestimmt von den Einstellungen mit ihrem emotionalen Hintergrund. Aber auch die Vorstellungen des Menschen vom Inhalt seiner Religion wirken sich auf seine religiösen Handlungen aus.

Es gibt Handlungen, die in der Absicht geschehen, Verbindung mit höheren Mächten aufzunehmen. Die wichtigsten sind *Gebet* und *Opfer*.

Gebete als Anbetungen enthalten Elemente der Hingabe und Verehrung, aber auch solche der Unterwerfung. Die meisten Gebete formulieren eine Bitte, ein Element, das voraussetzt, daß man demjenigen gegenüber seine Unterlegenheit ausdrückt, an den man die Bitte richtet.

Das Opfer ist schwieriger zu beschreiben. Man unterscheidet verschiedene Arten, je nachdem, mit welcher Absicht geopfert wird.

Da ist zunächst das Opfer als Gabe oder Geschenk. Es wird einer höheren Macht in der Absicht gebracht, diese zu besänftigen für den Fall, daß man sie erzürnt hat. Ihren Zorn erkennt man am Unheil, das über einen gekommen ist und für das es keine andere Erklärung gibt. Diese Bedeutung des Wortes "Opfer" könnte auf das lateinische Verb "offerre" (anbieten) und das Substantiv "offerenda" (Gaben, Spenden) zurückgehen, eine Etymologie (=sprachliche Herkunft), die nicht ganz sicher ist.

Opfer als Gaben oder Geschenke werden jedoch viel häufiger in der Absicht gebracht, sich die höhere Macht günstig zu stimmen, ja zu verpflichten, um dann Bitten äußern zu können, durch deren Nichterfüllung die höhere Macht ihr Gesicht verlieren würde. Solcherart Opfer finden sich in Kulturen, in denen sich jemand, der ein Geschenk annimmt, damit zu einem Gegengeschenk verpflichtet. Hier zeigt sich das Opfer in der Form einer Art Manipulation, die Züge magischen Verhaltens trägt. Diese Bedeutung des Wortes "Opfer" könnte auf das lateinische Verb "operari" (beschäftigt sein mit, betreiben) zurückgeführt werden, eine Etymologie, die ebenfalls nicht ganz sicher ist.

Das Gabenopfer ist also ein Gut, von dem man sich trennt, um es einer höheren Macht zu übereignen. In dieser Definition muß unbedingt die Absicht des Opfernden berücksichtigt werden, die vom Gefühl der Zuwendung und Unterwerfung, aber auch von manipulatorischen Absichten begleitet sein kann. Der Wert des zu Opfernden braucht nicht hoch zu sein. Es genügt unter Umständen, daß seine Beschaffung oder der Transport zur Opferstelle Mühe macht. Manche Handlungen, die bei uns Europäern kaum einen oder überhaupt keinen religiösen Bezug haben, wirken auf Miglieder fremder Religionen wie Opferhandlungen.

Wenn wir z.B. Blumen auf ein Grab bringen, so ist das in aller Regel schlichte Pietät, jedenfalls kein Opfer an unsere Verstorbenen (je nach Konfession etwas verschieden), nicht einmal ein Geschenk. Menschen in altindonesischen Kulturen dagegen interpretieren solches Verhalten als Opferverhalten. Und wenn wir eine Gärtnerei damit beauftragen, einen Blumenstrauß auf ein Grab zu bringen, so erscheint ihnen das sinnlos. Blumen sind zwar als Opfer an Verstorbene durchaus geeignet, aber an und für sich so wertvoll nicht. Man muß sich schon die Mühe machen, sie selbst hinzubringen.

In zahlreichen Religionen gibt es das sogenannte *blutige Opfer*, in dessen Verlauf ein Tier oder auch ein Mensch getötet wird. Die Motive dafür sind unterschiedlich. Das Blut, das vergossen wird, kann ein Zeichen der Sühne für begangene Sünden sein. Hinter der Tötung kann aber auch einfach die Vorstellung stehen, daß die "Seele" des Tiers oder des Menschen vom Körper "befreit" werden muß, um von einer höheren Macht angenommen zu werden oder überhaupt in ein irgendwie geartetes "Jenseits" zu gelangen. Diese letztere Art des blutigen Opfers trägt eher Züge des Gabenopfers.

In diesem Zusammenhang gibt es im Deutschen eine terminologische Besonderheit. "Opfer" sind beide, das Gabenopfer und das blutige Opfer. Im Englischen und Französischen sind die beiden begrifflich etwas schärfer gefaßt: mit "offering" und "offrande" einerseits und "sacrifice" andererseits ist eine klare Unterscheidung der beiden Opferarten möglich.

Die Person des Opfernden ist in schriftlosen Kulturen nicht besonders spezialisiert. Jeder kann ein Opfer bringen, der einen Grund dafür hat. Meist ist es jedoch ein Ältester oder das Familienoberhaupt. Je komplexer und je stärker geschichtet eine Gesellschaft wird, umso deutlicher formiert sich das Amt des *Priesters*, und umso differenzierter und komplizierter wird das entsprechende Ritual.

Die Frage des Opfers und seiner Funktionen hat eine Fülle von Literatur hervorgebracht und Diskussionen ausgelöst, unter anderem auch in der Tiefenpsychologie und Psychoanalyse (Siegmund Freud und seine Schule). Darüber hinaus gibt es eine ganze Reihe von Aspekten des Opferbegriffs, die hier nicht erschöpfend behandelt werden können. Wer mehr darüber wissen muß, findet entprechende Informationen in Thiel 1984. (Auch der Inhalt dieser grundlegenden Arbeit ist vielfältig in den Text dieses Kapitels eingeflossen.)

Ein weiterer Bereich der Handlungen ist in der **Darstellung übermenschlicher Wesen**, ihrer Erlebnisse und Taten zu sehen, Begebenheiten, die aus der Mythologie oder der Geschichte einer Religion im weiteren Sinne bekannt sind. Zu solchen Darstellungen gehören religiös strukturierte Ereignisse, bei denen Masken auftreten, die jenseitige Wesen repräsentieren. Solche Auftritte können den Charakter von mythischen Dramen annehmen, in denen nachgespielt wird, wie bestimmte Elemente der betreffenden Kultur entstanden sind, zum Beispiel die Nahrungspflanzen. Es kann sogar die Ansicht herrschen, man müsse die betreffenden Begebenheiten regelmäßig in der Art eines Theaterstücks aufführen oder den betreffenden Mythos rezitieren, um das regelmäßige Wachstum der Nahrungspflanzen zu gewährleisten.

Ein Beispiel für einen solchen Mythos kennen wir aus dem Bericht über das südostasiatisch-melanesische Mythologem vom Mädchen "Hainuwele", das erschlagen und zerstückelt wurde. Aus der Untat entstand Segen, indem die vergrabenen Körperteile zu Nahrungspflanzen wurden: der Kopf zur Kokosnuß, Arme und Beine zu Yams usw. Es ist offensichtlich, daß sich eine solche Begebenheit als Stoff für ein mythisches Drama geradezu anbietet.

Etwas Ähnliches kann man in den Mysterienspielen des europäischen Mittelalters bis hin zu den Passionsspielen sehen, wie sie im bayerischen Oberammergau in regelmäßigen Zeitabständen gegeben werden.

Gebet, Opfer und die Darstellung mythischer Begebenheiten haben bestimmte Formen und Inhalte. Als Handlungen im Rahmen einer Religion sind sie zudem an Zeiten und andere Umstände gebunden. Ihr Erscheinungsbild und ihre Abläufe folgen Regelungen mit nur wenig Spielraum für Abweichungen. Es handelt sich bei ihnen meist um sehr alte Kulturelemente von manchmal rätselhafter Herkunft, oft ausgestattet mit heute unerklärbaren Teilelementen. Es sind Aspekte, die in besonderer Weise **Tradition** darstellen. Ihre festgefügten Formen geben ihnen den Charakter eines **Ritus** oder **Rituals**. (Merkwürdigerweise gibt es beide Wortformen, wobei das erste häufig im Singular, das zweite häufig im Plural gebraucht wird.)

Riten sind zunächst einmal Handlungen, die etwas bewirken sollen. Unter diesen kann man vier verschiedene Arten unterscheiden, je nachdem, welche Wirkungen man mit ihnen erzielen will:

1. Handlungen zur Abwendung des Bösen heißen *apotropäische Riten* (griech. apotropein = wegwenden). Das Böse kann sehr unterschiedliche Formen haben. Es gibt Rituale, die Vulkanausbrüche verhindern und solche, die Attacken von bösen Geistwesen unmöglich machen sollen. Ein apotropäischer Ritus in diesem Sinne, der bis vor noch nicht allzu langer Zeit in Weinbaugegenden üblich war, ist das Auslösen von Lärm bei drohendem Hagelschlag. Man ließ die Kirchenglocken läuten oder schickte einen Trupp Männer in die Reben, die Salven von Böllerschüssen abzufeuern hatten, deren Lärm die existenzbedrohende Gefahr abwenden sollte.

In vielen Kulturen gibt es apotropäische Riten gegen den *bösen Blick*. Von manchen Menschen nimmt man an, daß sie mit seiner Hilfe Menschen und Tiere krankmachen und töten können. Man schützt sich unter Umständen dagegen, indem man die Hand vor das Gesicht hält.

2. Manchmal dringt das Böse an unerwarteter Stelle oder plötzlich und überraschend in eine menschliche Gemeinschaft ein. In diesem Fall muß es daraus entfernt werden. Handlungen, die diesem Zweck dienen sollen, heißen *Eliminationsriten* (lat. eliminare = über die Schwelle, aus dem Haus treiben). Ein klassischer Eliminationsritus ist die Übertragung der Sünden einer Gemeinschaft auf einen sogenannten *Sündenbock*, den wir aus dem Alten Testament kennen.

Eliminationsriten waren auch die *Hexenverfolgungen* des europäischen Mittelalters und der Neuzeit. Die sogenannten Hexen repräsentierten Böses, das verdeckt in der Gesellschaft vorhanden war und durch Folter, Tod auf dem Scheiterhaufen und durch andere Grausamkeiten eliminiert werden mußte. Bestrafung der Betreffenden war zwar auch ein Kriterium, aber nicht das wichtigste.

3. In der Verbrennung haben wir es mit einer Übergangsform zu den *Reinigungsriten* zu tun, die man als spezielle Form der Eliminationsriten sehen kann. Man macht diese Unterscheidung, weil Reinigungsriten das sogenannte Böse zwar auch eliminieren, aber nicht so sehr aus der Gesellschaft als aus dem Individuum. Betrachtet man die Religionen der Welt daraufhin, so hat man den Eindruck, als bildeten diese individuellen Reinigungsriten die Hauptmasse der Riten überhaupt.

Reinigung durch das Feuer, das Böses und Unheiliges ausbrennt, ist eine Vorstellung, die sich in schriftlosen Kulturen nur selten findet. In ihnen ist das Feuer eher Symbol für das Leben und seine Kraft. In Hochreligionen dagegen gilt das Feuer eher als ein reinigendes Element. In diesem Zusammenhang müssen z.B. Vorstellungen von einem Fegefeuer gesehen werden.

Viel weiter verbreitet als das Feuer zur Reinigung ist das Wasser, etwa im Hinduismus das rituelle Bad, wie man es von den Ufern des Ganges kennt, wo sich unter Umständen Tausende zu diesem Zweck ins Wasser begeben. Im Islam gibt es verschiedene Waschungen. Das Christentum kennt Tauf- und Weihwasser. Zwar gilt auch das Wasser vielfach als ein Symbol für das Leben, besonders in Wüstengebieten, wo es knapp ist. Dort hat es aber auch sakrale Bedeutung. Sogar als Opfergabe kann es dann unter Umständen verwendet werden.

Ein weiteres Reinigungsmittel im Ritualsinne ist das Salz. In manchen Gebieten ist es so kostbar, daß es als Währung und dann oft auch als Opfergabe dient. Symbolisch steht es meist für Unverderblichkeit und Festigkeit.

Blut kann ebenfalls rituellen Reinigungswert haben. Manchmal dient es in Ritualen zum Abschluß eines Vertrags: Blutsbrüderschaft gibt es zum Beispiel verbreitet in Afrika. Zwei Männer, die nicht miteinander verwandt sind, mischen dabei symbolisch ein paar Blutstropfen.

Ein weiteres Reinigungsritual läuft unter Bedingungen von Enthaltsamkeit ab, d.h. Fasten, sexuelle Enthaltsamkeit, Verzicht auf Schlaf, Belustigungen usw. Fasten gilt vor allem in Schriftreligionen als Vorbereitung auf die Begegnung mit dem Numinosen (numinos = alles, was mit dem Übermenschlichen, Göttlichen zu tun hat). Manche Religionswissenschaftler erklären den Verzicht auf Essen und Trinken als symbolischen Tod. Das erscheint etwas weit hergeholt, ist aber durchaus sinnvoll.

4. Von hervorragender Bedeutung in allen Kulturen sind die sogenannten *Übergangsriten*, in ihrer Bedeutung erkannt und zum ersten Mal systematisch beschrieben von Arnold van Gennep in seiner Publikation von 1909 (deutsch in Schmitz 1964). Übergangsriten begleiten eine Veränderung des ständigen Aufenthaltsortes, des Zustands, der sozialen Position und des Alters einer Person: den Eintritt ins heiratsfähige Alter, die Einsetzung in ein Amt (z.B. als Priester), die Bestattung usw.

Übergangsriten treten besonders häufig als *Initiationsriten* (lat. initiatio=Einführung) in Erscheinung. Dabei wechselt der Initiand von einer Lebensaltersstufe in eine andere über, meist aus dem Kindes- bzw. Jugendalter in das des Erwachsenen. Auf diese Weise erlangt der Betreffende jenen Status, den er braucht, um von den Mitgliedern seiner Gesellschaft ernstgenommen und für mitspracheberechtigt gehalten zu werden.

Die Initiation eines Menschen in seine Gesellschaft beginnt oft schon mit einem Ritus, der die Schwangerschaft seiner Mutter begleitet, zumal dann, wenn sie zum erstenmal schwanger ist. Dieses Ritual kann äußerst komplex sein, was seinen Ablauf und seine Funktionen betrifft. Übergänge gelten als besonders gefährdet, weil man annimmt, daß übelgesinnte Geister den Initianden bedrohen. Kleine Kinder werden vielfach als bevorzugte Opfer solcher Attacken angesehen. Daher müssen die Übergangsriten Teilrituale zur Abwehr entsprechender Gefahren enthalten.

In Übergangsriten spielt oft die Zeit eine Rolle, denn viele sind an bestimmte Termine gebunden oder haben mit astronomischen Ereignissen zu tun. Die Initiationsfeiern der Yao, einer islamisierten Ethnie im Süden Tansanias, finden während des Vollmonds Ende Juli oder Anfang August statt. Jugendliche gelten danach als Erwachsene.

Die Grundstruktur des Initiationsrituals ist eine *Reklusion*, der zeitweilige Ausschluß der Initianden aus ihrer Lebensgemeinschaft. Man bringt sie aus dem Dorf in den Busch, in den nicht-kultivierten Raum, den Bereich, wo die Geister bzw. die Ahnen ihren Aufenthalt haben.

Am Ende der Reklusion wird oft eine *Beschneidung* oder auch *Exzision* vorgenommen, eine Zahnentfernung etwa, die dann als äußeres Zeichen der Initiation gilt. Dieser Teil des Rituals ist oft gleichzeitig eine Mutprobe, bei der Äußerungen von Schmerz zum Nichtbestehen der Initiation führen.

Initiationsriten können zu traumatischen Erlebnissen werden. Beschneidungen laufen in der Regel unter problematischen medizinischen Bedingungen ab. Sie bedeuten nicht nur körperliche Verletzungen, die von quälenden Schmerzen begleitet werden. Die hygienischen Verhältnisse führen oft zu schweren Infektionen, die schlecht versorgt werden und nicht richtig ausheilen. Die Narbentatauierungen, mit denen Jungen in Neuguinea im Lauf des Rituals versehen werden, gestaltet man besonders deutlich sichtbar, indem man die Schnitte in die Rückenhaut mit Asche füllt. Die so infizierten Wunden ergeben umso respektablere Narben. Es bedeutet aber auch wochenlang hohes Fieber, und das ist noch das wenigste. Bei Mädchen ergibt sich aus den Verstümmelungen im Genitalbereich in der Mehrzahl der Fälle lebenslange sexuelle Erlebnisunfähigkeit.

Wenn die Quälereien schließlich zu Ende sind, das heißt wenn die Initiationsrituale in der festgelegten Reihenfolge abgewickelt wurden und damit ihr erfolgreicher Abschluß erreicht ist, wird gefeiert. Man zieht neue Kleider an, es wird gegessen, getanzt, und in manchen Fällen werden dann auch gesellschaftliche Normen für einige Tage aufgehoben, während derer z.B. sexuelle Freizügigkeit erlaubt ist.

Der Mensch, der im Laufe seines Lebens in dieser Weise eine Reihe von Übergangsriten durchläuft, beendet jeweils einen Lebensabschnitt mit Andeutungen zu einem symbolischen Tod, dargestellt durch seine Ausgliederung aus der Gesellschaft, Erleiden von Schmerzen, Krankheitszuständen und ähnliches, und er beginnt einen neuen Lebensabschnitt mit Andeutungen einer symbolischen Auferstehung, dargestellt durch Wiedereintritt in seine Gesellschaft, Genesung, neue Kleidung, Ausrüstungsgegenstände usw. Und schließlich gelangt er nach seinem realen physischen Tod hinüber in das Leben als Ahnen- oder anderer Geist.

Das Ritual, das diesen Übergang begleitet, ist in der Regel das letzte eines individuellen Lebenslaufs. Es ist manchmal nicht mit dem Bestattungsritual identisch, das sich in einer Reihe von Kulturen sehr aufwendig gestaltet. Der eigentliche Übergang in ein Dasein als Totengeist wird vielfach erst ein paar Tage bis zu einem Jahr später rituell vollzogen. Bei einer Zeitdifferenz von einem Jahr wird die Leiche des Betreffenden unter Umständen exhumiert, die Gebeine gereinigt und endgültig bestattet.

Wenn man diese Art Übergangsriten unter dem Aspekt der gesamten Zeit sieht, in der ein Individuum existiert, stößt man auf eine verdeckte, aber besonders interessante Funktion dieser Institution. In vielen schriftlosen Kulturen kann man von einem Verbund der Übergangsriten sprechen, die den Lebenslauf ihrer Mitglieder strukturieren. Sie teilen den Strom der Ereignisse in Abschnitte ein, die überschaubar werden, indem sie deren Beginn und Ende durch ein festliches Ereignis markieren, an das sich alle Beteiligten lebhaft erinnern können. So entsteht ein einfaches Geschichtsverständnis, für schriftlose Kulturen ein wichtiger Gesichtspunkt. Eine vergleichbare Art der Zeiteinteilung kannte man im alten Griechenland, wo die Perioden zwischen den Olympischen Spielen nach dem Sieger der vorausgehenden Spiele genannt wurden. So konnte man auch andere Ereignisse chronologisch fixieren, z.B. die Geburt eines Kindes als im 3. Jahr der Olympiade des Nikias geschehen.

Riten, in denen der Zeitfaktor besonders hervortritt, finden sich in Bodenbauerkulturen. Sonne, Mond und die Jahreszeiten verhalten sich zyklisch. Daher sind Sonnwenden und Mondphasen Anlässe für Rituale, entsprechend auch die Sonnen- und Mondfinsternisse. Bei den Inuit gibt es größere Rituale vor Beginn der arktischen Winternacht, bei Jägern vor Beginn der Jagdzeit. Weit verbreitet sind Neujahrsfeste.

Riten, die den Übergang von einem Ort an einen anderen begleiten, sind zum Beispiel zu absolvieren, wenn man aus dem profanen in einen heiligen Bezirk eintritt, wenn man ein Stammesgebiet verläßt usw. Ein solches Ritual stellt übrigens ursprünglich auch der in der Antike übliche Einzug eines siegreichen Heeres durch einen Triumphbogen dar.

Wie Rituale enstanden sind, läßt sich in vielen Fällen nicht erklären. Ist ihr Ursprung bekannt, kann man unter Umständen daraus schließen, daß sie aus Problemen des täglichen Lebens und aus Verfahren zu ihrer Lösung hervorgegangen sind, daß sie ursprünglich der Ausdruck einer Emotion, einer Ergriffenheit waren oder auf ein konkretes Ereignis zurückgehen. Als Rituale in ihrer endgültigen Form enthalten sie nur noch die wichtigsten Elemente des ursprünglichen Vorgangs, der dann im Ritual stilisiert erscheint. Dazu einige Beispiele:

Früher war man in Deutschland überzeugt, daß die Seele eines Menschen nach dessen Tod den Körper und auch das Sterbezimmer in der Form einer geistartigen Person verlasse. Um ihr das Verlassen des Zimmers zu erleichtern, mußte ein Fenster geöffnet werden. In manchen ländlichen Gegenden tut man dies heute noch, auch wenn die Betreffenden eine solche Seelenvorstellung nicht mehr haben. Das Öffnen des Fensters ist Teil des Rituals geworden, das den Tod eines Menschen begleitet.

Das moslemische Gebet, in dessen Verlauf sich der Betende auf der Erde kniend immer wieder vornüberbeugt und aufrichtet, könnte man als körperlichen Ausdruck einer Ergriffenheit vor dem Tremendum des Religiösen erklären, der im Lauf der Zeit formalisiert wurde und in der Gegenwart als Ritual erscheint.

Ein Beispiel für ein konkretes Einzelereignis, das im Lauf seiner Ritualisierung in hohem Maß stilisiert wurde, ist jenes Abendessen in Jerusalem, bei dem sich Jesus zum letzten Mal mit allen seinen Jüngern traf. Daraus wurde das Abendmahl bzw. die Kommunion, ein auf das Allerwichtigste reduziertes Ritual von exemplarischem Zuschnitt.

Magie

Weil sich in der Struktur von Ritualen oft kein erklärbarer Zusammenhang zwischen ihrem Ablauf und dem erkennen läßt, was sie bewirken sollen, erscheinen sie oft vollkommen irrational. Rituale dieser Art sind besonders geeignet, den Charakter des *Magischen* hervortreten zu lassen, der sie kennzeichnet.

Hinter vielen Ritualen steht als besonderes Merkmal die erklärte Absicht, aktiv in Abläufe einzugreifen, die man mit gewöhnlichen (physikalischen, natürlichen) Mitteln nicht beeinflussen kann oder will. Dazu ein Beispiel:

Gegen Diebe, die Feldfrüchte stehlen wollen, hilft im allgemeinen ein stabiler Zaun oder eine Mauer. Wenn diese zu teuer oder zu arbeitsaufwendig sind, ist es einfacher, man verhängt mit Hilfe eines bestimmten Rituals ein *Tabu* über das Feld oder den Garten, dessen Wirkung jeden Dieb (oder ein Mitglied seiner Familie) erkranken oder zu Tode kommen läßt. Damit ein potenzieller Bösewicht erkennt, daß ihm ein solches Verhängnis droht, bringt man an den Grenzen des Grundstücks sichtbare Zeichen dafür an, sogenannte Tabuzeichen. Die abschreckende Wirkung des Tabus setzt allerdings voraus, daß mögliche Diebe die gleiche Kultur besitzen wie diejenigen, die das Tabu verhängen, d.h. die Diebe müssen davon überzeugt sein, daß die beabsichtigte Wirkung tatsächlich auch eintreten wird.

Diese Art Tabu ist aber nur eine von vielen. Bezieht man andere mit ein, dann sind Tabus als *Verbote* oder *Meidungen* zu definieren, deren Nichtbeachtung mit Sanktionen verbunden ist. Wer ein Tabu bricht, macht sich schuldig und muß mit Bestrafung rechnen. Diese kann von einer Macht ausgehen, die man sich als über dem Menschen stehend denkt, sie kann aber auch einfach in einer Ächtung durch die Gesellschaft bestehen. Ein Beispiel für ein religiöses Tabu im christlichen Bereich: Der Name Gottes ist tabu insofern, als er nicht als Fluch mißbraucht werden darf. Ein Beispiel für ein gesellschaftliches Tabu: Der Kraftausdruck "Scheiße" ist in bestimmten sozialen Situationen tabu. Wer ihn trotzdem benützt, muß mit Ächtung rechnen, die er als Strafe empfindet. Bei den Insulanern von Chuuk findet man den Begriff Tabu auch in den Verwandtschaftsbeziehungen. Ein höherstehendes Familienmitglied, dem gegenüber Respektverhalten gefordert ist, wird bei ihnen als "tabu über den anderen" bezeichnet.

Die Wirkung der meisten Tabus gilt als von einer höheren Macht verursacht, sei sie nun personalisiert gedacht, also ein Geistwesen, oder unpersönlich, einfach als etwas **ungewöhnlich Wirkungsvolles**, das man mit Hilfe von Ritualen aktivieren kann. In der Ethnologie nennt man es **Mana**. Diese "Kraft" in ihrem eigentlichen Wesen verstanden zu haben, ist unerläßlich für die Interpretation jeglicher Art von Magie.

Daß dieser Kraft in vielen Religionen ein hervorragender Stellenwert zukommt, zeigt sich darin, daß die dazugehörigen Sprachen eine Bezeichnung dafür besitzen. Mana bildet folglich eine offene Kategorie, ganz im Gegensatz zum Begriff "Religion", der nur selten sprachlichen Ausdruck findet und somit eine verdeckte Kategorie darstellt.

Es sind nicht selten klingende Namen, mit denen diese Kraft bezeichnet wird. Die Irokesen nennen sie "Wakonda", die Algonkin "Manito". Bei afrikanischen Pygmäen findet sie sich unter der Bezeichnung "Megbe", bei vielen Bantu-Ethnien als "Ndoki" und dessen Ableitungen. Der bekannteste Ausdruck dafür ist die Bezeichnung Mana, und als solche wurde sie zur Typusbezeichnung für alle Erscheinungen dieser Art. Es handelt sich um eine Wortform aus dem austronesischen (ozeanischen) Sprachkreis. Zur Typusbezeichnung in der Ethnologie wurde sie deswegen, weil der Begriff Gegenstand einer berühmten Ethnographie war.

Im Jahr 1891 veröffentlichte R. H. Codrington eine Arbeit unter dem Titel "The Melanesians. Studies in their anthropology and folklore". Darin definiert er Mana als "unpersönliche Kraft, die dennoch immer mit einer Person verbunden ist, die diese Kraft lenkt" (119). Diese Definition ist, wie wir heute wissen, etwas zu eng, trifft aber den Kern der Sache.

Bei den nun folgenden Einzelaspekten des Manabegriffs handelt es sich weitgehend um den ozeanischen. Man sollte nicht erwarten, daß der Manabegriff überall da, wo man ihn findet, eine vergleichbare Vollständigkeit der Merkmale aufweist. In den einzelnen Religionen sind jeweils nur Teile seines möglichen Bedeutungsspektrums tatsächlich realisiert.

Mana bezeichnet eine Eigenschaft von Vorgängen, Dingen und Wesen, die sich darin zeigt, daß sie sich als unerwartet oder ungewöhnlich wirkungsvoll erweisen. Diese Eigenschaft kann man nicht einfach mit den Bezeichnungen "Kraft" oder "Macht" übersetzen, wie es vielfach geschieht, denn diese geben die Bedeutungsbreite des Begriffs nur eingeschränkt wieder. Mana ist nämlich nicht nur im religiösen Bereich am Werk, sondern auch in profanen, eher alltäglich zu nennenden Zusammenhängen. Neben "Macht" und "Kraft" bezeichnet es je nach Kulturzusammenhang unter Umständen auch "Autorität", "Status", "Glück" (im Unterschied zu "Pech", das man haben kann), "Wunder" und selbst "Gültigkeit".

Mana ist an und für sich ein wertneutraler Begriff. Subjektiv gesehen jedoch ist er ambivalent. Es gibt gutes und böses Mana, je nachdem, ob es Wirkungen hat, die als nützlich oder schädlich erfahren werden. Ein Schadenszauber gilt für die davon Betroffenen in jedem Fall als mit schädlichem Mana versehen.

Ob ein Vorgang, Ding oder Wesen Mana besitzen, ist äußerlich an ihnen nicht unbedingt erkennbar. Erst ihre Wirkungen sind es, die darauf schließen lassen. Sie müssen sich als mit Mana versehen erweisen.

Dinge erweisen sich meist dadurch als mit Mana versehen, daß sich mit ihrer Hilfe beabsichtigte Wirkungen in ungewöhnlicher Form erzielen lassen, oder sogar Wirkungen, die normalerweise nicht von ihnen zu erwarten sind. Das kann auf verschiedene Art geschehen.

Wenn ein Mensch bei einem Sturz vom Baum unverletzt bleibt oder von einem fallenden Gegenstand nur knapp verfehlt wird, reagieren Beobachter etwa mit den Worten, "Mensch, du mußt heute aber eine Menge Mana besitzen!" Europäer hätten vermutlich von Glück gesprochen, das der Betreffende gehabt hat.

Daß ein Speer Mana besitzen muß, erkennt man daran, daß er häufiger sein Ziel trifft als andere, oder daß sich mit ihm größere Fische speeren lassen als mit anderen. Die ungewöhnliche Wirkung kann in diesem Fall auch vom Mana dessen verursacht werden, der den Speer führt. Daß es in der Tat keine Eigenschaft des Speeres ist, sondern das Mana des Fischenden, das erwiese sich dann, wenn dieser mit verschiedenen Speeren dieselbe ungewöhnliche Wirkung erzielen würde wie zuvor mit einem einzigen Speer.

Nicht alles, was eine beabsichtigte Wirkung erzielt oder sich als besonders zweckdienlich erweist, besitzt auch Mana. Ein Werkzeug, mit dem sich besser arbeiten läßt als mit anderen, ist eher besonders "tauglich", aber nicht mit Mana versehen. Situationen, in denen sich ein Ding als mit Mana versehen erweisen kann, sind dadurch gekennzeichnet, daß nur geringe Wahrscheinlichkeit dafür besteht, eine beabsichtigte Wirkung tatsächlich zu erzielen. Je geringer diese Wahrscheinlichkeit, umso größer das Mana, das sich erweisen kann. Das heißt, ein Speer beweist nicht nur im Vergleich zu anderen Speeren, daß er Mana besitzt, sondern auch dadurch, daß er beispielsweise mehrfach hintereinander die gleiche Stelle trifft.

Es gibt Menschen, deren Auftreten auf andere so beeindruckend wirkt, daß es Respektverhalten und Gehorsam bei ihnen auslöst. Die *Autorität* einer solchen Persönlichkeit beruht auf dem Mana, über das sie (offensichtlich) verfügt, und das auch dem *gesprochenen Wort* einer solchen Persönlichkeit eigen ist. Je widerspruchsloser ihre Anweisungen befolgt werden, umso größer muß auch ihr Mana sein. In diesem Zusammenhang umfaßt der Begriff neben der Kategorie "Autorität" auch die der "Macht".

Status und Mana bedingen sich gegenseitig. Wer sich als mit Mana versehen erweist, genießt hohen Status. Umgekehrt wird demjenigen Mana zugeschrieben, von dem anzunehmen ist, daß er Status besitzt.

Das Mana des gesprochenen Wortes einer solchen Autoritätsperson kann wie jedes Mana gefährlich werden. Ein von ihr geäußerter Fluch über jemand, der sich ihrem Willen entgegenstellt, bewirkt Unheil für den Betreffenden und kann seinen Tod bedeuten.

In dieser Form kann der Manabegriff im Denken christianisierter Ethnien eine größere Rolle spielen. Wenn Vertreter einer Kirche, Missionare oder einheimische Geistliche, etwas, was Sünde ist, auch nur beim Namen nennen, so muß der, der sie begangen hat, befürchten, daß er Opfer eines Fluchs wird, verursacht durch das gesprochene Wort der Autoritätsperson.

Andererseits wirkt sich das Mana von kirchlichem Personal meist vorteilhaft aus. Ein Geistlicher an Bord eines Kanus oder eines Lastwagens macht ein Unglück auf See oder im Straßenverkehr unwahrscheinlich, so die Erwartung, auch wenn sich das betreffende Fahrzeug nicht in verkehrstüchtigem Zustand befindet.

Der Umgang mit Menschen, deren Mana eine Gefahr bedeuten kann, zwingt zur Beachtung einer Reihe von Verhaltensregeln. Wer aufgrund seiner Autorität besonderen Status genießt (oder umgekehrt), ist tabu, was bedeutet, daß ihm gegenüber Respektverhalten geboten und bei einem Verstoß dagegen mit nachteiligen Folgen zu rechnen ist.

Es gibt sogar Emotionen mit Mana und einer entsprechenden Wirkung. Gefühlen des Unwillens, des Hasses, die eine Person mit höherem Status empfindet, oder einfach ihrem Wunsch, jemand zu bestrafen, werden unter Umständen Folgen wie Unheil, Krankheit oder Tod für denjenigen zugeschrieben, gegen den sich diese Gefühle richten. Das führt in manchen Ethnien dazu, daß sich Menschen aus Angst vor solchen Folgen bei Personen mit höherem Status schon entschuldigen, wenn sie nur vermuten, daß sie den Betreffenden beleidigt haben könnten. Eine Versöhnung auf Vorrat sozusagen.

Übrigens gilt alles, was über Mensch und Mana gesagt wurde, auch für Geister. Je höher das Mana eines Geistwesens, umso höher sein Status unter seinen Artgenossen.

Vorgänge, für die man keine Erklärung findet, Ereignisse, die sich eigentlich nicht so ereignen können, wie sie es tun, werden oft ebenfalls auf die Wirkung von Mana zurückgeführt. Die Wirkung kann von Menschen und Dingen ausgehen. Häufig ist ein Geistwesen daran beteiligt. Hier bezeichnet Mana etwas, was Europäer als **Wunder** verstehen würden.

Geister, die in der Lage sind, durch Willens- oder Sprechakte Dinge aus dem Nichts zu erschaffen, aber auch Blitze zu schleudern und Überschwemmungen auszulösen, vermögen dies aufgrund ihres Mana.

Die meisten animistisch orientierten Ethnien kennen Berichte von Geistern, die mit Hilfe dieser Eigenschaft die Welt und die Menschen hervorgebracht haben. Physische Kräfte, die sie dabei anwenden, werden gewöhnlich mit einem anderen Wort bezeichnet.

Daß Vorgänge, Dinge und Wesen Mana besitzen, muß sich erweisen. Man entdeckt Mana deswegen meist durch Zufall, auch seinen Verlust. Unter Umständen aber können Dinge und selbst Menschen mit Mana versehen oder mit noch mehr Mana ausgestattet werden. Dies geschieht manchmal durch Berührung mit einem Ding oder Wesen, das diese Eigenschaft schon besitzt.

Weit verbreitet ist die Vorstellung, daß Mana im Rahmen einer *rituellen Handlung* übertragen wird oder entsteht. So entsteht das Mana eines Medikaments im Lauf des Herstellungsprozesses (vgl. Kap. 15). Hier zeigt sich, wie eng der Manabegriff mit dem der *Magie* verbunden ist. Magische Verfahren sind folglich nicht ausschließlich dadurch definiert, daß eine sprachliche Formel ("Zauberspruch") gebraucht würde, um dem Vorgang oder Ergebnis die magische Wirkung zu verleihen. In vielen Fällen genügt schon die Einhaltung des Rituals, das heißt die Einhaltung der als richtig tradierten Reihenfolge der zu unternehmenden Schritte, die Mana erzeugen und zur magischen Wirksamkeit führen. Die Reihenfolge, nach der vorgegangen wird, kann die magische Formel ersetzen.

Auch bei *Talismanen* und *Amuletten* können solche Mechanismen im Spiel sein. Man benützt sie, weil man entdeckt zu haben glaubt, daß sie in ungewöhnlicher Weise wirksam sind, also eine Art Mana besitzen. Sie haben sich als mit Mana versehen erwiesen, oder man nimmt an, daß sie im Rahmen eines Rituals, einer Weihehandlung etwa, zu ungewöhnlichen Wirkungen befähigt wurden.

In der Ethnologie hält man Amulett und Talisman mit folgendem Unterschied auseinander: Amulette dienen mit ihrer Wirksamkeit eher dazu, Unheil abzuwehren, das Böse fernzuhalten, Talismane dagegen sollen ihren Trägern Glück bringen, das Gute also herbeiholen.

Einen besonderen Fall stellen die *Fetische* dar, deren Wirksamkeit ebenfalls auf Kräften beruht, die dem Mana ähnlich sind. Ein Fetisch ist ein materielles Objekt, dem eine unpersönliche Kraft oder eine persönlich gedachte Macht innewohnt, die durch Geschenke (Opfer) aktiviert, manipuliert und sogar gesteigert werden kann. (Diese Definition des Begriffs Fetisch lehnt sich eng an diejenige an, die Thiel 1986 in seiner lesenswerten Einführung zu diesem Phänomen formuliert hat.) Dagegen können Amulette, Talismane, Dinge des täglichen Lebens und Menschen, die Mana besitzen, dieses in aller Regel nicht durch irgendwelche Gaben an den betreffenden Gegenstand selbst erworben haben. Wohl aber kann auch bei ihnen unter Umständen durch eine Opferhandlung Mana entstehen, wenn diese Teil des Rituals ist, in dessen Verlauf man das Entstehen von Mana erwartet. Das Opfer wird dann an ein Geistwesen gerichtet, von dem man annimmt, daß es Mana verleiht oder erhöht.

Mana als Persönlichkeitsmerkmal (Autorität) kann kaum im Rahmen einer Handlung entstehen. Wohl aber bewirkt die Handlung, mit der ein Mensch in ein Amt eingesetzt wird, z.B. ein Häuptling, erhöhtes Mana als Amtsautorität bei dem Betreffenden. Unter Umständen geschieht es durch das Bestehen einer Prüfung.

Auch dieses Denkmuster findet sich bei christianisierten Ethnien mit animistischem Hintergrund in bezeichnender Weise. Das Gebet eines Kirchenältesten gilt unter Umständen als wirksamer als das Gebet eines gewöhnlichen Christen. Diese erhöhte Wirksamkeit ist nicht das Ergebnis einer Übertragung von Mana bei der Einsegnungshandlung, mit der er in sein Amt eingesetzt wurde, sondern gilt als während der Handlung entstanden.

Geister können daran beteiligt sein, wenn ein Ding oder Wesen Mana bekommt. Ihre Mitwirkung ist dazu aber nicht unbedingt erforderlich. Mana gilt zwar immer als etwas Ungewöhnliches, Außergewöhnliches, nicht aber als etwas rein Religiöses, Jenseitiges, an jenseitige Wesen Gebundenes. Dafür, daß Mana seinen Ursprung letztlich im Jenseits haben könnte oder müßte, lassen sich selten eindeutige Beweise finden.

Wie weit der Manabegriff überhaupt von religiösen Vorstellungen entfernt sein kann, zeigt ein Ereignis, das ich selbst bei sprachlichen Untersuchungen zum Manabegriff in Ozeanien erlebt habe. Ich hatte einem Bekannten für seine Mitarbeit einen Dollarscheck gegeben, mit dem er im Laden auf einer Nachbarinsel einkaufen konnte. Auf diesem Scheck hatte ich in der Eile die Unterschrift vergessen. Prompt kam der Betreffende am nächsten Tag zurück und sagte wörtlich, der Scheck sei ohne Unterschrift nicht mit dem nötigen Mana versehen, um damit einzukaufen. Diese Aussage enthält, wie einige andere Mana-Wendungen seiner Sprache, keinerlei religiösen Bezug im eigentlichen Sinn.

Faßt man zusammen, so ist Mana im wesentlichen das ungewöhnlich Wirkungsvolle, das Vorgängen, Dingen und Wesen eigen ist und sich als Autorität äußern kann. Geistwesen sind je nach Status mit besonders wirkungsvollem Mana versehen. Es handelt sich dabei aber nicht um etwas ausschließlich Jenseitiges, der Religion Zuzurechnendes.

Im übrigen ist der Manabegriff ein geradezu klassisch zu nennendes Problem der Religionsethnologie. In der Geschichte der Manaforschung lassen sich zwei Perioden unterscheiden. Die Arbeiten der Periode bis zum Erscheinen der Dissertation von Friedrich Rudolf Lehmann (1915) zeigen eine Neigung zur Spekulation, die durch das Fehlen einer ausreichenden Grundlage an ethnographischen und linguistischen Ausgangsdaten bedingt ist, was wiederum zu unzulässigen Verallgemeinerungen und Vereinseitigungen des Manabegriffs geführt hat. In seiner Dissertation hat Lehmann die bis 1915 vorliegenden Berichte zum Manabegriff zusammengestellt, verglichen und diese Arbeit 1922 erweitert noch einmal erscheinen lassen. Seine Feststellung, daß sprachliche Gesichtspunkte eine wichtige Rolle als Erkenntnisinstrument zur Erfassung des Manabegriffs spielen, hat in der darauffolgenden Periode zu einer ganzen Reihe von empirischen Untersuchungen geführt, für welche der Aufsatz von Raymond Firth (1970) als beispielhaft gelten kann.

Mit Hilfe des Mana-Konzepts läßt sich eine Definition des Begriffs **Magie** herleiten. Es handelt sich bei ihr um Verfahren, höhere Mächte zum eigenen Nutzen (oder zum Schaden anderer) zu manipulieren, indem durch genau eingehaltene Riten (korrekt gesprochene Formeln, korrekt durchgeführte Opferhandlungen usw.) solche Mächte veranlaßt und sogar gezwungen werden, dem Betreffenden zu Willen zu sein. Kennzeichen der Magie ist also das Zwangsläufige, Automatische. Wenn das Ritual, das Mana schafft oder aktiviert, in exakt vorgeschriebener Weise durchgeführt wird, kann die Wirkung nicht ausbleiben, so die Vorstellung derer, die sich ihrer bedienen.

Magie kann man daher auch verstehen als Gegensatz zu dem, was man "eigentliche Religion" nennen könnte, nämlich die Selbstauslieferung des Menschen an die höheren Mächte und seine Unterwerfung unter sie. Der magisch Handelnde unterwirft sich ihnen nicht, sondern bemächtigt sich ihrer.

Übrigens ist Magie als Geisteshaltung nicht auf schriftlose Religionen beschränkt. Sie kommt überall vor.

Eine etwas andere Art der Manipulation höherer Mächte liegt vor, wenn Menschen Verborgenes, in der Zukunft Liegendes zu erfahren versuchen, indem sie Materialien benützen, aus deren Beschaffenheit das Verborgene, Zukünftige herausgelesen wird: Kaffeesatz, Spielkarten, die gelegt werden und deren Kombination interpretiert wird, Steine, Knochen und Federn, mit denen einheimische Heiler Zufallsbilder würfeln, um Erkenntnisse über die Behandlung einer Krankheit daraus zu gewinnen. Dieses Verfahren nennt man ***Divination*** (lat. divinus = göttlich, den Willen einer Gottheit betreffend).

Es gibt eine ganze Reihe von Arten der Divination. Die Römer kannten die sogenannten ***Omina*** in der Natur, nach denen man sein Verhalten richtete. Eine schwarze Katze, die links von einem Beobachter auftauchte, galt als böses Omen. Von dem Augenblick an mußte man den Tag über vor unbedachten Handlungen und Unheil auf der Hut sein. Bei den Römern wurde die Divination von speziellen Amtsträgern durchgeführt: Die ***Auguren*** interpretierten den Stand der Sterne, den Flug von Vögeln und die Beschaffenheit der Eingeweide von Opfertieren, um Unbekanntes in Erfahrung zu bringen.

Eine volkstümliche Form der Divination liegt vor, wenn jemand einem Gänseblümchen die Blütenblätter auszupft, um herauszufinden, welche Hoffnungen er oder sie sich in einer Paarbeziehung machen kann ("er/sie liebt mich, liebt mich nicht ...").

Ethik

Eine letzte Form der Handlungen, die sich aus Vorstellungen und Einstellungen des Menschen von und zu seiner Religion ergeben, und die hier zur Sprache kommen soll, ist die Erfüllung einer Forderung nach sittlicher Lebensführung im Hinblick auf Gebote und Verbote von Wesenheiten und Mächten, die über dem Menschen stehend gedacht werden. Es geht hier um Fragen der ***Ethik***.

Forderungen, sein Leben als Mensch nach bestimmten Regeln zu führen, gibt es in allen Formen von Religion. Ohne die Einhaltung solcher Regeln wäre ein Zusammenleben von Menschen in einer Gemeinschaft nicht möglich. So muß die Forderung "du sollst nicht stehlen" überall gestellt und eingehalten werden. Wenn jeder einfach an sich nehmen könnte, was einem anderen gehört oder was dieser sich mit Fleiß erarbeitet hat, fiele schon allein der Anreiz zum sorgsamen Wirtschaften und zu geregelter Arbeit weg, ohne die eine menschliche Gruppierung ihre Existenz nicht sichern kann. Eine ähnlich grundlegende Forderung ist das Gebot "du sollst keinen Mord begehen". Ohne strikte Forderung danach und ohne daß es Möglichkeiten gäbe, ihre Einhaltung zu erzwingen, würde sich eine Gemeinschaft selbst zerstören.

Erzwungen wird die Einhaltung solcher *ethischer Normen* auf zwei Arten: 1. durch Verankerung im Gewissen (Über-Ich) des Individuums während der Phase der Enkulturation und 2. durch die Verknüpfung solcher Forderungen mit dem Willen einer außermenschlichen Autorität, einer höheren Macht, die mit Bestrafung droht, wenn sie nicht erfüllt werden. Anders gesagt: Verstöße gegen die Normen, die von einer außermenschlichen Autorität gesetzt werden, müssen den Zorn dieser Autorität hervorrufen. Die Folge ist ein *Zustand der Sünde*, in dem der Betreffende nicht verharren darf, wenn er Folgerisiken vermeiden will. Diese Risiken betreffen in schriftlosen Religionen grundsätzlich nicht nur den "Sünder", sondern die Gruppe, zu der er gehört: Ein Vater, der seinen Lohn vertrinkt, wird damit bestraft, daß er oder eines seiner Kinder verunglückt. Die Furcht, ein solches Unglück zu verursachen, ist geeignet, Normenverstöße verhindern zu helfen, wenn auch nicht absolut.

Der Repräsentant von außermenschlicher Autorität in diesem Sinn kann ein Höchstes Wesen sein. Wo es Ahnenverehrung gibt, sind es eher die verstorbenen Familienangehörigen, die sie verkörpern. Das kann im Zuge der Christianisierung zu merkwürdigen Begriffsverknüpfungen führen. Für den kirchlichen Mitarbeiter aus Europa ist es meist überraschend, wenn er erkennt, daß Menschen mit einem solchen kulturellen Hintergrund, nachdem sie Christen geworden sind, dem Heiligen Geist die Funktionen des Bestrafers zuschreiben, der Sünden mit Krankheit und vorzeitigem Tod ahndet.

Hinter diesem Denkmuster steht die Vorstellung, daß auf Sünde nicht Verdammnis in einem irgendwie gearteten "Jenseits" oder in der "Hölle" steht, sondern Strafe im irdischen Leben. Dieses Prinzip läßt sich abgewandelt auch in Religionsformen erkennen, in deren Lehre es gar keine höheren Mächte gibt, die eine problematische Lebensführung mit derartigem Unheil bestrafen könnten. Der Buddhismus im strengen Sinn des Wortes kennt weder Gottheiten noch Bestrafung für Sünde in einer jenseitigen Existenz. Wer ein sittlich nicht einwandfreies Leben führt, riskiert anderes Unheil: Solange er sündigt, wird er als Lebewesen ständig neu geboren (reinkarniert), auf einer sozial niedrigeren Stufe als zuvor, ein Schicksal, das ihn bis auf die Stufe der Tiere hinunterführen kann. Erst wenn es ihm gelingt, ein sündenfreies Leben zu führen, muß er das Unheil eines irdischen Lebens nicht mehr erdulden, sondern löst sich als Existenz auf: Er geht ins Nirvana ein.

Religion und Existenzsicherung

Die Religionen der Welt, so wurde zu Beginn des Kapitels gesagt, zeigen eine ganze Reihe von Gemeinsamkeiten, aber auch eine ungeheure Vielfalt an Unterschieden. Diese Tatsache muß aus einem wichtigen Grund zum Schluß noch einmal aufgegriffen werden. In allen Religionen der Menschheit spielt die Wirtschaftsform einer Gesellschaft und alle Faktoren, die sie bewirken (geographische Lage, Klima usw.), eine wesentliche Rolle. So wird in einer Kultur, in der Wasser knapp, aber für die Land- und Viehwirtschaft von entscheidender Bedeutung ist, die dazugehörige Religion in entsprechender Weise ausgeprägt sein: es wird eine Regengottheit geben, eine Reihe von Ritualen, um diese zu veranlassen, rechtzeitig die nötigen Niederschläge oder das Anschwellen von Flüssen zu besorgen, und es wird religiöse Spezialisten geben, Regenzauberer etwa, denen man zutraut, die entsprechenden Rituale zu beherrschen. Schriftlose Religionen sind also stark auf *Existenzsicherung*, Beherrschung von Naturkräften usw. angelegt und geben dem fremden Beobachter den Eindruck einer ausgeprägten *Diesseits- und Gegenwartsorientierung*.

In den europäisch-westlichen Kulturen sind Fragen der Beherrschung von Naturkräften dagegen kaum ein Thema für den Bereich religiösen Verhaltens. Hier liegen die Schwerpunkte in der *Zukunftsorientierung*. Ist die gegenwärtige Existenz des Individuums mit den Mitteln der modernen Technologie auch weitgehend zu sichern, so bleibt doch sein zukünftiges Schicksal unsicher, weil zukünftige Ereignisse unbekannt sind. Daher greift man bei uns verstärkt zu Formen der Verbindungsaufnahme mit über dem Menschen stehend gedachten Mächten, mit deren Hilfe die eigene Zukunft erfahrbar und beeinflußbar gemacht werden soll: *Spiritismus* (Kontaktaufnahme mit den

Geistern Verstorbener), *Divinationsverhalten* (Kartenlegen), *Astrologie* (Horoskopgläubigkeit), *Wahrsagerei* (Handlesen usw.) und vieles andere.

Religion im weiteren Sinne ist aber in allen Kulturen und Gesellschaften immer Ausdruck dessen, daß der Mensch sich nicht mit der Beobachtung der sichtbaren, meßbaren Wirklichkeit zufrieden geben kann. Überall auf der Welt haben Menschen die Überzeugung, daß es mehr geben müsse als das, was ihnen unmittelbar zugänglich und erfahrbar ist. Ihr Drang nach Erkenntnis einer Realität, die "dahinter" liegt oder liegen könnte, ist schwer zu unterdrücken. Das Bedürfnis des Menschen, dieses Dahinter, die Welt jenseits der Natur, die Zeit nach dem Tod des Individuums zu ergründen, ist offenbar nicht einfach das "Opium des Volks", wie es Karl Marx genannt hat, sondern eines der Grundbedürfnisse des Menschen, das befriedigt werden muß, wenn er psychisch gesund bleiben soll.

Mehr zum Thema dieses Kapitels findet sich in folgenden Werken:

Codrington, R. H.: The Melanesians. Studies in their anthropology and folklore. Oxford 1891.

Firth, Raymond: The analysis of Mana: an empirical approach. In: Harding 1970:316-333.

Gennep, Arnold van: Les rites de passage. Étude systématique des rites. Paris 1909.

Haekel, Josef: Religion. In: Trimborn 1971:72-141.

Harding, Thomas G.: Wallace, Ben J. (eds.): Cultures of the Pacific. New York 1970.

Lehmann, Friedrich R.: Mana. Eine begriffsgeschichtliche Untersuchung auf ethnologischer Grundlage. Dresden 1915.

Lehmann, Friedrich R.: Der Begriff des "außerordentlich Wirkungsvollen" bei Südseevölkern. Leipzig 1922.

Schmitz, Carl A. (Hrsg.): Religionsethnologie. Frankfurt/M. 1964.

Thiel, Josef Franz: Religionsethnologie. Grundbegriffe der Religionen schriftloser Völker. Berlin 1984.

Thiel, Josef Franz (Museum für Völkerkunde Frankfurt): Was sind Fetische? Frankfurt am Main 1986.

Trimborn, Hermann (Hrsg.): Lehrbuch der Völkerkunde. Stuttgart 1971.

14. Kapitel:

Animismus

> In diesem Kapitel wird erklärt, was Animismus als umfassendes Ordnungssystem ist, aus welchen Teilbereichen er sich zusammensetzt, welche Arten von Animismus es gibt, und in welcher Weise er als Strategie zur Bewältigung bestimmter Lebensprobleme zu verstehen ist. Insbesondere wird dargelegt, daß Animismus weniger eine Religion als eine Weltanschauung darstellt, in deren Zentrum ein charakteristisches Menschenbild steht.

Der Begriff Animismus ist eines der zentralen Konzepte der vergleichenden Religionswissenschaft und Religionsethnologie. Unter Animismus in seiner allgemeinsten Form versteht man den **Glauben an die Existenz und Wirksamkeit von geistartigen Wesen**, die sich in menschen- oder tierähnlichen Formen manifestieren und über Wissen, Macht und Fähigkeiten verfügen, die der Mensch nicht besitzt. In traditionalen (schriftlosen) Kulturen zählen zu diesen geistartigen Wesen nicht nur *Geister* im eigentlichen Sinn des Wortes, sondern auch *Seelen* von Menschen, und unter Umständen können auch Dinge so etwas wie eine Seele besitzen.

Entstehungszeit und frühe Formen animistischer Religionen liegen im Dunkel des Beginns der Menschheitsgeschichte. In der Religionsethnologie gilt heute als wahrscheinlich, daß der Animismus den Denkrahmen für die allerersten Formen religiöser Betätigung des Menschen überhaupt darstellt. Dazu wurden im Lauf der Forschungsgeschichte eine Reihe von Hypothesen formuliert, die sich jedoch als zu einseitig erwiesen. Zwei davon haben eine gewisse Bedeutung erlangt, widersprechen sich aber in grundsätzlicher Weise.

Nach Tylor (1871) entstand der Animismus aus der Erfahrung des *Traums*, in dem der Mensch ohne Bewußtsein ist und sich dennoch als existent erlebt. Daraus, so Tylor, habe der Mensch geschlossen, daß neben seinem Körper (mindestens) ein zweites Wesen zu ihm gehöre, dessen Erlebnisse im Traum miterlebbar seien. Dieser Schluß habe zur Konzeption einer Seele (lat. anima) geführt, die den Körper ergänze, und deren Vorhandensein eine unabdingbare Voraussetzung für das Leben des Körpers bilde. Die so entstandene Seelenvorstellung und der dazugehörige Glaube an die Existenz und Wirksamkeit von Geistern, so Tylor, sei der Ausgangspunkt menschlichen Religionsverhaltens überhaupt. Menschliche Seelen habe man nach dem Tode der Betreffenden als Ahnengeister und später als gottähnliche Wesen verehrt. Aus einer Vielzahl von hochrangigen Geistern sei im Denken der Menschen schließlich einer zum Höchsten Wesen geworden. Auf diese Weise habe sich in einer späten Phase der Entstehung der menschlichen Kultur die Lehre von einem einzigen Gott entwickelt, der **Monotheismus**.

Nach Schmidt (1926-1955) hatten die Menschen ursprünglich ein monotheistisches Gottesbild, das aber im Lauf der Geschichte der menschlichen Kultur verblaßte und zu einem Glauben an die Wirksamkeit einer Vielzahl von sehr verschiedenen Geistern verkam. Diese Erklärung ist in der einschlägigen Literatur als **Degenerationshypothese** bekannt.

Zum gegenwärtigen Zeitpunkt erscheint es unmöglich zu beweisen, daß einer der beiden Ansätze zutreffend ist.

Man kann davon ausgehen, daß alle heute noch existierenden sogenannten Naturvölker animistische Religionsformen benützen, um bestimmte Probleme ihres Daseins zu lösen. Da es sich dabei um Kulturen handelt, die keine Schrift besitzen oder bis vor kurzem noch keine besaßen, werden Wissen und Fähigkeiten ihrer Mitglieder grundsätzlich mündlich und ohne institutionalisierten Unterricht weitergegeben. (Daher nennt man sie in neueren Veröffentlichungen auch traditionale Kulturen.)

Diese Mündlichkeit und fehlender institutionalisierter Unterricht bringen es mit sich, daß Animismus, entgegen landläufiger Ansicht, auch im Islam, Buddhismus, Shintoismus usw. eine bedeutende Rolle spielt, vor allem in dörflichen Situationen und unter den Bewohnern der großen Städte der Dritten Welt, die nicht lesen und schreiben können. Es handelt sich hier um Religionsformen, die man als Volksislam, Volksbuddhismus usw. bezeichnet, mit animistischen Grundstrukturen, die nicht zu übersehen sind.

Animistische Religionen selbst enthalten weder missionarische noch militante Züge wie beispielsweise Islam und Christentum. Es existiert auch keinerlei einheitliche animistische Theologie. Und da es in absehbarer Zeit keine schriftlosen Gesellschaften bzw. Naturvölker im ursprünglichen Sinn des Wortes mehr geben wird, ist der Animismus in seiner eigentlichen Form zum Verschwinden verurteilt. In afro-amerikanischen Religionsformen wie Voodoo oder Umbanda wird er jedoch seine enorme Bedeutung auch weiterhin behalten.

Animismus einfach als Religion traditionaler Kulturen zu bezeichnen ist eine unzulässige Vereinfachung. Schon das Etikett "Religion" ist problematisch. Es ist besser, wenn man ihn als eine Weltanschauung mit vielerlei Aspekten sieht. Eines seiner Grundkonzepte ist die Vorstellung, daß es neben den materiellen Dingen und Wesen in der Welt nicht nur eine unermeßliche Zahl von *geistartigen Wesen* gibt, sondern ebensoviele *geistartige Dinge*. In manchen Animismen besteht die Ansicht, jedem einzelnen materiellen Ding und Wesen entspreche ein geistartiges, das jenem zugeordnet ist, eine Art unsichtbares Duplikat des betreffenden materiellen Dings oder Wesens. Mit dieser Konzeption eines **spirituellen Doppels**, wie es von Fischer (1965) zutreffend genannt wurde, entsteht ein animistisches **Bild vom Aufbau der Welt**, das zwei Aspekte enthält, die sich in etwa spiegelbildlich zueinander verhalten: Jedes Ding existiert in zwei identischen Formen, einer sichtbaren, materiellen, und einer unsichtbaren, geistartigen.

Mit dem Konzept eines spirituellen Doppels der Dinge werden bestimmte andere Religionskomplexe wie das Opfer für den Europäer begrifflich genauer faßbar als bisher. Wenn Speisen, die Ahnengeistern als Gabe dargebracht werden, äußerlich gesehen unberührt bleiben, so bedeutet dies nach animistischer Theorie möglicherweise nur, daß deren materieller Teil unangetastet bleibt. Was von den Ahnengeistern verzehrt wird, ist das spirituelle Doppel der Speisen. Deren materieller Teil kann danach wohl noch von Menschen gegessen werden, hat aber keinen Nährwert mehr. Dinge ohne ihr spirituelles Gegenstück gelten daher als in ihrer Funktionsfähigkeit eingeschränkt, eine Feststellung, die mutatis mutandis auch für den Menschen gilt, wie noch zu zeigen sein wird.

Gerade in diesem Zusammenhang erweist sich Animismus nicht nur als Religion, sondern auch als Naturwissenschaft und -philosophie in einem einfachen Sinne, denn er versucht, Antworten auf die Frage nach dem innersten Wesen der Welt und der Dinge zu geben.

Eines der bedeutendsten Elemente animistischer Weltbilder ist die Überzeugung, daß es Geistwesen gibt, die das Geschehen in der Welt entscheidend beeinflussen. Diese Geister werden entweder als gut oder böse bezeichnet, je nachdem, wie man sie sich den Menschen gegenüber eingestellt denkt.

Viele Animismen kennen nicht nur die Furcht vor bösen, sondern in der Tat auch die Zuwendung zu (in ihrem Sinne) guten Geistern, verstorbenen Familienangehörigen beispielsweise, mit denen man in aller Regel über **Medien** (Mittelspersonen) Kontakt aufnimmt, um ihren Rat zu hören und ihnen Verehrung entgegenzubringen. Diese Geister und den Umgang mit ihnen als Umgang mit Dämonen zu bezeichnen, wie häufig von einem abendländisch-europäisch-christlichen Standpunkt aus geschehen, ist Animisten unverständlich, denn Geister von Verstorbenen entsprechen animistischen Vorstellungen von guten Geistwesen in besonderer Weise. Daher können Animisten nur schwer verstehen, daß die Bibel den Umgang mit ihnen verbietet.

Beschreibungen böser Geistwesen schildern sie als grundsätzlich tiergestaltig (theriomorph), oft mit abnormen Körperformen, und als besonders aggressiv. Ihre Intelligenz wird dagegen als eher gering eingeschätzt. Man kann sie daher täuschen und sich so in vielfältiger Weise auch vor ihnen schützen. Dazu ein Beispiel.

In Hongkong kann man Menschen beobachten, die sich ohne ersichtlichen Grund und in scheinbar selbstmörderischer Absicht unmittelbar vor einem Omnibus oder einem Schwertransporter auf die andere Straßenseite stürzen. Die verblüffende Erklärung für das riskante Verhalten: sie fühlen sich von einem bösen Geist verfolgt, der mit dieser unerwarteten Handlungsweise unter die Räder kommen und überfahren werden soll.

Guten Geistwesen gegenüber sind die bösen eher machtlos. Sie gelten als licht- und menschenscheu, Eigenschaften, vor deren Hintergrund die Lichtmetaphorik der Bibel und der Stellenwert des Begriffs "Gemeinde" im Neuen Testament für Animisten bedeutsam werden.

Mit solchen Eigenschaften lassen sie sich nur schwer mit den dämonischen Wesen der Bibel gleichsetzen, die mit Intelligenz und Macht ausgestattet sind und unter dem Befehl Satans stehen, Menschen gezielt ins Verderben zu stürzen. Es zeigt sich, daß eine unbedachte Gleichsetzung animistischer böser Geistwesen mit biblischen Dämonen in Bibelübersetzungen zu unlösbaren theologischen Folgeproblemen führen muß.

Böse Geistwesen gelten in aller Regel als die **Ursachen von Krankheiten**, deren Behandlung in animistischen Kulturen wesentlich in Abwehr und

Vertreibung solcher Geister besteht. Animistische Denksysteme enthalten daher praktisch immer auch eine *medizinische Theorie* von beträchtlichem Umfang. Diese Tatsache wird sowohl im ärztlichen Missionsdienst, als auch in medizinischen Entwicklungshilfeprogrammen bislang viel zu wenig zur Kenntnis genommen, ein Mangel, der beispielsweise zu Fehlbeurteilungen von Aussagen führt, die animistisch orientierte Patienten machen, wenn sie ihre Beschwerden schildern. (vgl. Kap. 15.)

Krankheiten und anderes Unheil können aber auch von Geistern ausgehen, die sonst als grundsätzlich gute gelten, zum Beispiel von Ahnengeistern, die Fehlverhalten von lebenden Familienmitgliedern dadurch bestrafen, daß jemand in der Gruppe erkrankt oder auf andere Weise Unheil erleidet. Sünde wird, wie schon erwähnt, in animistischen Religionen in der Regel nicht in einem jenseitigen, sondern im diesseitigen Leben bestraft, durch Unheil, Hunger, Krankheit und Tod. Vorstellungen von einer Hölle sind im Prinzip unanimistisch.

Zentraler Bereich animistischer Religionsformen ist ihr *Menschenbild*. Der Mensch besteht aus einem *Körper* und mindestens einer *Seele*. Diese Seele ist aber nicht unmittelbar an den Körper gebunden oder in diesem eingeschlossen, sondern lebt in der Regel in seiner Nähe und, besonders wichtig, führt eine Eigenexistenz als Persönlichkeit: Sie ist mit Emotionalität, Willen und Denkvermögen ausgestattet. Deswegen nennt man sie in der religionsethnologischen Literatur "Freiseele", "Traumego" oder "spirituelles Doppel", um nur die wichtigsten zu nennen (Fischer 1965; Käser 1977). Die beiden Hauptfunktionen solcher Seelen sind Schutz des Körpers vor Unheil, besonders vor den Attacken böser Geistwesen, und die Aufrechterhaltung der normalen Lebensvorgänge im menschlichen Körper. Das heißt, der Mensch kann sehr wohl für eine gewisse Zeit leben, ohne daß sein spirituelles Gegenstück unmittelbar anwesend sein müßte. Erst bei längerer Abwesenheit der Seele vom Körper stellen sich charakteristische Symptome von eingeschränkter Funktionsfähigkeit wie Kreislaufschwäche, Arbeitsunlust, Depressionen usw. als Folgen von *Seelenverlust* ein. Wenn die Seele nicht rechtzeitig zum Körper zurückkehrt, kommt es zum Koma und schließlich zum Tod des Betreffenden.

Seele in diesem Sinne bezeichnet aber nicht auch den *Sitz der Emotionen* wie im europäisch-westlichen Denken. Seele als Sitz der Emotionen stellen sich Animisten in aller Regel als *Körperorgan* vor. Meist sind es auffällige Organe wie Leber, Herz, Nieren oder einfach das Körperinnere. Hier denkt man sich dann auch den Sitz der intellektuellen Vorgänge wie Denken, Erinnern, und hier finden sich auch die Charaktereigenschaften wie Mut, Urteilskraft usw.

Einen solchen Sitz der Emotionen und des Denkens besitzt aber nicht nur der Körper, sondern auch die Seele (Freiseele, Traumego, spirituelles Doppel!) des Menschen, die, wie erwähnt, damit eine eigene Persönlichkeit darstellt. Auch Geistwesen, böse wie gute, besitzen ihn.

Diese typisch animistische "Psychologie" und die dazugehörige "Psychopathologie" ist bislang ebenfalls eine Quelle ständiger Fehlinterpretationen des Phänomens Animismus durch Angehörige europäisch-westlicher Kulturen. Im übrigen steckt auch die Forschung in diesem Bereich noch eher in ihren Anfängen.

Die charakteristisch animistischen Vorstellungen von der Doppelexistenz des Menschen als Körper und Seele bedingen eine Fülle von weiteren Vorstellungen, besonders im Zusammenhang mit dem Tod des Menschen. Wenn er stirbt, vergeht nach animistischem Verständnis nur sein Körper, also seine diesseitige Form. Seine Seele, seine jenseitige Form, bleibt, was sie immer schon war, ein Geistwesen, das nun allerdings keinem Körper mehr zugeordnet ist.

Daher ist es oft nicht so, daß man sich vorstellt, die Seele eines Verstorbenen gehe in ein irgendwie geartetes "Jenseits", wie es die Hoch- und Schriftreligionen kennen, denn Diesseits und Jenseits sind in animistischen Weltvorstellungen räumlich nicht getrennt. Wohl gibt es in der geistartig gedachten Parallelwelt Orte, die von Seelen Verstorbener besonders gern aufgesucht werden, oder in denen sie ihren ständigen Aufenthalt haben. Von dort können sie jedoch in der Regel jederzeit wieder in ihren früheren Lebensraum gelangen.

In einem so gearteten Jenseits lebt auch jenes Höchste Wesen, von dem im vorhergehenden Kapitel die Rede war.

Man darf nicht erwarten, daß die Animismen der zahlreichen ethnischen Gruppen auf der Erde überall gleiche Formen aufweisen. Das gilt höchstens für einige Grundprinzipien, auf denen sie beruhen. So ist beispielsweise die

Verehrung von verstorbenen Familienmitgliedern nicht zwangsläufig ein Element solcher Denkstrukturen. Man kann von zwei grundsätzlich verschiedenen Typen animistischer Religionen ausgehen: Es gibt a) Animismus ohne Ahnenkult und b) Animismus mit Ahnenkult.

Typ a) findet sich vorwiegend in Kulturen von Wildbeutern (Jägern und Sammlern), die nicht seßhaft sind. Bei ihnen existiert überwiegend die Vorstellung, aus der Seele eines Menschen werde nach dem Tod ein böses Geistwesen, das man fürchten muß. Sie bestatten ihre Toten daher nicht zeremoniell, sondern beseitigen sie eher, meiden die Bestattungsstellen, opfern ihren Verstorbenen nicht und suchen auch keinen Kontakt mit ihnen.

Ihre Mittler zwischen Jenseits und Diesseits sind in der Regel nicht Medien, sondern **Schamanen**. Deren Form des Kontakts mit Geistern ist die **Ekstase**. Sie senden, so die Vorstellung, ihre Seele (oder eine ihrer Seelen) auf eine **Reise ins Jenseits**, wo diese mit sogenannten **Hilfsgeistern** zusammentrifft und von ihnen mit Wissen ausgestattet wird, die der Schamane braucht, um seine Funktionen als Heiler von Krankheiten zu erfüllen. Diese Hilfsgeister sind in der Regel nicht als Geister von Verstorbenen konzipiert.

Typ b) findet sich vorwiegend in Kulturen von Bodenbauern (Pflanzer, Ackerbauer), die seßhaft sind. Bei ihnen findet sich die Vorstellung, aus der Seele eines Menschen werde nach dem Tod ein gutes Geistwesen, das sich weiterhin wie ein Familienmitglied verhält, und von dem man folglich Hilfe und Solidarität erwarten kann. Bodenbauer bestatten ihre Toten daher in erreichbarer Nähe, opfern ihnen und verehren sie.

Ihre Mittler zwischen Jenseits und Diesseits sind die **Medien**. Deren Form des Kontakts mit Geistern ist die **Besessenheit**. Sie werden, so die Vorstellung, von den Geistern Verstorbener aus dem Jenseits aufgesucht, die durch sie, die Medien, den Lebenden gegenüber ihren Willen kundtun.

Zwischen Animismus und Christentum gibt es gewisse Parallelstrukturen. Beide gehen davon aus, daß es eine materielle Welt (ein Diesseits) und eine geistartige Welt (ein Jenseits) gibt, zwischen denen vielseitige Beziehungen bestehen. Das hat die Tätigkeit von Missionaren in Vergangenheit und Gegenwart insofern begünstigt, als sich christliche Inhalte viel leichter in animistische Denkstrukturen einfügen lassen als in die Lehrgebäude von

Schriftreligionen. Andererseits sind die Unterschiede zwischen den beiden Religionsformen durchaus erheblich.

Das Gottesbild des Animismus (vgl. Kap. 13) ist gewöhnlich weder das eines liebenden Vaters, der seinen Sohn opfert, um die Menschen zu erlösen, noch das eines strafenden Richters, der die Menschen für ihre Taten zur Verantwortung zieht. (Letzteres ist eher möglich.)

Beim Menschenbild sind die Unterschiede nicht ganz so gravierend, wobei einer Einteilung in Körper, Seele und Geist im Rahmen biblischer Theologie eine animistische Einteilung in Körper, spirituelles Doppel und Sitz der Emotionen gegenübersteht.

Sünde in ihrer animistischen Begrifflichkeit ist nicht in erster Linie etwas, was gegen die Normen einer außermenschlichen Autorität verstößt, sondern sie stellt einen Verstoß gegen die Normen dar, die den Erhalt der betreffenden Gruppe, Familie usw. garantieren. Folglich sind es auch die Ahnengeister als Mitglieder der Gruppe, die über die Einhaltung dieser Normen wachen. Sünde erscheint im animistischen Denkrahmen daher eher als sozial definiert.

Es ist ein elementares Mißverständnis, wenn man meint, Animismus sei identisch mit **Okkultismus**. Wäre dies der Fall, könnten animistisch orientierte Gruppen keine normale menschliche Gemeinschaft bilden, denn wirklich okkult belastete Menschen führen eine freudlose, selbstzerstörerische, im Grunde asoziale Existenz. Wenn es animistische Kulturen schon in frühen Phasen der Menschheitsgeschichte gab, und es gibt viele Hinweise darauf, dann haben sie zum mindesten einige tausend Jahre überdauert. Es ist schwer vorstellbar, daß ihre Träger vom Okkulten beherrschte Menschen gewesen wären. Man muß aber wissen, daß Animisten die Grenzen zum Okkulten nicht klar erkennen können. Hier liegt ihr Problem auch häufig dann noch, wenn sie Christen geworden sind.

Animistische Denkstrukturen lassen sich äußerlich nur sehr schwer fassen. Als Denkstrukturen stellen sie Begriffe dar und sind somit in den Köpfen der Menschen verborgen. Faßbar aber sind sie dennoch, weil sie in der Sprache der Betreffenden ihren Niederschlag gefunden haben. Wer einen bestimmten Animismus wirklich verstehen will, muß zuerst einmal gründlich die Sprache der betreffenden Gruppe lernen. Nur sie bietet einen gesicherten

Zugang zu dem, was Animisten selbst unter ihrem Animismus verstehen. Erst nach mehreren Jahren Gesamterfahrung in der betreffenden Kultur und Zusammenleben mit ihren Menschen kann man sich eine Beurteilung und damit eine Bewertung der einschlägigen Phänomene zutrauen.

Die Erkenntnis, daß alles Kulturelle und speziell die Religion einer Ethnie auch in ihrer Sprache kartographiert vorliegt, hat der kognitiven Anthropologie (vgl. Kap. 12 und 19) als neuerer Forschungsrichtung auch in der Religionsethnologie besonderes Gewicht verliehen. Deren Verfahren und Ergebnisse lassen sich besonders gut in die Praxis des kirchlichen Mitarbeiters und Entwicklungshelfers in fremden Kulturen umsetzen. Daher wird an dieser Stelle noch einmal auf einschlägige Arbeiten hingewiesen (Renner 1980 und 1983, D'Andrade 1995).

Nachdrücklich hinweisen möchte ich zum Schluß dieses Kapitels auf folgendes: Niemand kann erwarten, daß er das Denken von Menschen mit animistischem Weltbild verstehen und damit umgehen lernen könne, indem er einfach passiv Erfahrungen damit sammelt. Es gibt wohl kaum einen Kulturbereich, in dem man sich mit einem solchen Lernverhalten mehr vom Zufall abhängig machen würde, als auf diesem. Zu brauchbaren Ergebnissen, Einstellungen und effektiver Arbeit kommen Europäer hier nur, wenn sie erstens systematisch Daten sammeln, und zweitens, wenn sie sauber trennen zwischen dem, was Animismus ist, und dem, was die Bibel dazu sagt. Wer von vornherein beides vermengt, verschüttet sich jeden Weg zu verwertbarer Erkenntnis der Realität. Wer diesen Rat befolgt, kann mit Gewinn auch die ausführliche Arbeit von Steyne (1990 und 1993) als Zugang zu diesem schwierigen Thema benützen.

(Das Thema dieses Kapitels ist hier in Kürzestfassung behandelt. In Wirklichkeit erfordert die Behandlung des Animismus einen eigenständigen Band. Er befindet sich in der Planung.)

Mehr zum Thema dieses Kapitels findet sich in folgenden Werken:

D'Andrade, Roy: The development of cognitive anthropology. Cambridge et al. 1995.

Fischer, Hans: Studien über Seelenvorstellungen in Ozeanien. München 1965.

Fischer, Hans (Hrsg.): Ethnologie. Eine Einführung. Berlin 1983.

Käser, Lothar: Der Begriff "Seele" bei den Insulanern von Truk. Diss. Freiburg 1977.

Renner, Egon: Die kognitive Anthropologie. Aufbau und Grundlagen eines ethnologisch-linguistischen Paradigmas. Berlin 1980.

Renner, Egon: Die Grundlinien der kognitiven Forschung. In: Fischer 1983:391-425.

Schmidt, Wilhelm: Der Ursprung der Gottesidee. Münster 1926-1955 (zahlreiche Bände).

Steyne, Philip M.: Gods of power. Columbia SC 1990. (deutsche Ausgabe: Machtvolle Götter. Eine Untersuchung über Glaube und Gebräuche des Animismus, wie er von Naturvölkern praktiziert wird, und wie er heute in allen religiösen Bewegungen vorkommt. Bad Liebenzell 1993.)

Sundermeier, Theo: Nur gemeinsam können wir leben. Das Menschenbild schwarzafrikanischer Religionen. Gütersloh 1988.

Tylor, Edward Burnett: Primitive Culture. Researches into the development of mythology and philosophy, religion, art and custom. 2 vols. London 1871.

15. Kapitel:

Medizin

> In diesem Kapitel wird erklärt, was Krankheit unter Bedingungen schriftloser Kulturen beinhaltet, wie man sich ihre Entstehung denkt, nach welchen Prinzipien man sie behandelt, und in welcher Form dies alles mit Religion verbunden ist. Dabei wird insbesondere eingegangen auf die Bedeutung des Begriffs Medikament, seine Herstellungsweise, Wirksamkeit und die Merkmale, nach denen sich dieser Komplex von (europäisch-westlicher) wissenschaftlicher Medizin unterscheidet.

Im Kapitel über den Begriff Religion war in verschiedenen Zusammenhängen vom animistischen Menschenbild (Körper, Seele als eigenständige geistartige Person, beide mit Emotionalität, Willen und Denkvermögen ausgestattet) die Rede gewesen. Der Körper als die "diesseitige" Existenzform des Menschen hatte sich dabei als derjenige Teil des Individuums gezeigt, an dem sich "Sünde" in Form von Krankheit rächt. Dieser Sachverhalt macht augenfällig, daß Animismus als Weltbild eine medizinische Theorie beinhaltet.

Der Fremde mit europäisch-westlichem Hintergrund, der in einer solchen Kultur arbeitet, muß von zwei Grundbegriffen ausgehen, wenn er animistisch konzipierte medizinische Vorstellungen untersuchen und verstehen will: ***Krankheit*** (im Sinne von Kranksein) und ***Medizin*** (im Sinne von Medikament). Für beide Begriffe gibt es in den Sprachen einschlägiger Kulturen jeweils ein Wort, denn sie betreffen das menschliche Dasein in so elementarer Weise, daß darüber gesprochen werden muß. Außerdem gibt es zwei weitere Begriffe, die jeweils eng mit Krankheit und Medizin zusammengehören. Mit Vorstellungen von Kranksein verbindet sich der Begriff ***Diagnose***, mit den Vorstellungen von Medikamenten der Begriff ***Therapie***.

Für Menschen in schriftlosen Gesellschaften ist Kranksein in aller Regel ein ungleich dramatischeres Ereignis als für Menschen in Gesellschaften mit wissenschaftlicher Medizin und einem funktionierenden staatlichen Gesundheitswesen. Bei uns kann eine Blinddarmentzündung innerhalb kürzester Zeit diagnostiziert und operiert werden, und Zahnschmerzen lassen sich selbst dann problemlos behandeln, wenn sie zu einem Zeitpunkt auftreten, wo Zahnarztpraxen keine regulären Sprechzeiten haben. Sonntagsdienst und Notarzt sind fast jederzeit erreichbar, selbst unter schwierigsten Bedingungen.

Bei einem Unfall in unwegsamem Gelände wird der Hubschrauber des Rettungsflugdienstes zu Hilfe gerufen. Dagegen kann auf einer abgelegenen Insel in Ozeanien ohne regelmäßigen Schiffsverkehr oder in einer Siedlung im amazonischen Regenwald, die Hunderte von Kilometern vom nächsten Krankenhaus entfernt liegt, eine einfache Infektion den sicheren Tod bedeuten. Kranksein in einer solchen Situation bedeutet folglich eine elementare Bedrohung der menschlichen Existenz, und es ist leicht einzusehen, daß es für die Betroffenen in solchen Gesellschaften einen anderen Stellenwert haben muß als für uns. Schon allein dies ist ein ausreichender Grund dafür, daß sie anders auf Kranksein reagieren, als der Fremde dies tut oder erwartet.

Die Unterschiede beginnen bereits bei der Frage, welche körperlichen Zustände als Krankheiten eingestuft werden. Für Europäer sind Schwangerschaft und ihre Begleiterscheinungen unter Umständen krankhafte Zustände, vielleicht deswegen, weil Schwangere (und Neugeborene) in regelmäßigen Abständen ärztliche Beratung in Anspruch nehmen, auch wenn keine unmittelbare medizinische Notwendigkeit dafür besteht. In Weltgegenden, wo von schwangeren Frauen bis kurz vor der Geburt schwere Arbeit wie das Heranschleppen von Holz und Wasser erwartet wird, hat ihr Zustand begrifflich nichts mit Kranksein zu tun. Dagegen sind Gliederschmerzen und Muskelkater, die nach stärkerer körperlicher Beanspruchung auftreten, durchaus Krankheiten, die als Grund für Arbeitsunfähigkeit oder Nichtstun angegeben werden, oder deretwegen man sich vom Arzt behandeln lassen will. Auch muß man darauf gefaßt sein, daß bestimmte Erkrankungen als etwas anderes klassifiziert werden, als Europäer dies erwarten würden: Wie wir im Kapitel über Sprache und Kultur gesehen haben, gehören Husten und Asthma bei den Insulanern von Chuuk aus sprachlichen Gründen zu den Herzkrankheiten, nicht aber zu den Erkrankungen der Luftwege.

Krankheitsursachen zeigen eine besonders interessante Denkstruktur. Es gibt indirekte und direkte Krankheitsursachen. Zu den indirekten gehören in erster Linie *Verstöße gegen kulturelle Normen*. Diese können ein sehr breites Spektrum bilden. Sie reichen von abweichendem Verhalten in dem Sinn, daß jemand die Dinge nicht in der traditionellen Form tut, wie sie die Vorfahren getan haben, bis hin zu *Sünden*, d.h. Verstößen gegen die ethischen Normen, die das Zusammenleben der Menschen bestimmen. Hat jemand etwa einen Diebstahl begangen, kann Krankheit oder anderes Unheil die Folge sein.

Verstöße gegen die Normen erregen das Mißfallen von Mächten, die man sich als über dem Menschen stehend denkt (Ahnengeister, Gottheiten). Die Übel, die sie in ihrem Zorn über die Menschen kommen lassen (Krankheit, Naturkatastrophen wie Erdbeben, Dürren, Heuschreckenplagen, Hungersnöte und Tod), werden nicht nur als Bestrafung für solches Fehlverhalten interpretiert. Die Bedrohung mit diesen Übeln ist auch geeignet, Fehlverhalten im voraus durch Abschreckung zu verhindern.

Sünden bzw. Normenverstöße als Auslöser einer Krankheit sind begrifflich nur selten in einem Katalog festgelegt, der bestimmte böse Taten einer bestimmten Krankheit oder einem bestimmten Unheil zuordnen würde. Im Fall einer Erkrankung oder eines katastrophalen Ereignisses, für die es keine naheliegende Erklärung gibt, versucht man, den Urheber zu finden, indem man rekonstruiert, wer sich in den zurückliegenden Wochen und Monaten eines Verstoßes schuldig gemacht haben könnte. Es gelingt fast immer, jemanden zu finden, der dafür in Frage kommt.

Nachdrücklich hingewiesen werden muß auch auf die Tatsache, daß Unheil, Krankheit und Tod als Bestrafung für Normenverstöße und Sünden nicht zwangsläufig denjenigen treffen müssen, der die Normverletzung tatsächlich begangen hat. Es kann irgend jemanden in seiner Gruppe, Familie treffen: seine Kinder, Eltern usw. Dies ist Teil der Gruppenorientierung, die in solchen Kulturen die sozialen Strukturen stabilisiert: das Individuum kann durch sein Verhalten Gruppenmitglieder gefährden. Krankwerden und Sterben sind solche Gefährdungen.

Ahnengeister und Gottheiten bedienen sich direkter Krankheitsursachen, um die Einhaltung von Normen zu erzwingen oder begangene Normverletzungen zu bestrafen. Entweder sie beauftragen böse Geister, die als Auslöser von bestimmten Krankheitssymptomen gelten, einen Menschen zu attackieren und krank zu machen. Oder sie nehmen ihm seine Seele (sein spirituelles Doppel, sein Traumego), jenes Geistwesen, das dem Menschen, wenn es bei ihm ist, seine volle Lebens- und Funktionsfähigkeit verleiht und seinen Körper gegen die Attacken von krankmachenden bösen Geistwesen verteidigt. In diesem Fall spricht die Ethnologie von Krankheit durch **Seelenverlust**.

Seelenverlust kann übrigens auch eintreten, wenn sich jemand erschrickt oder Schmerzen erleidet, daß seine Seele (oder eine von mehreren) die Nähe des Körpers fluchtartig verläßt oder sich von ihm abwendet, weil sie sein Leiden nicht mehr mit ansehen kann, z.B. bei einer Frau, die in den Wehen liegt. Die einschlägigen Krankheitssymptome sind meist Schwächezustände, Erscheinungen, die von der wissenschaftlichen Medizin als Schlaganfall diagnostiziert würden, und komatöse Zustände, um nur einige wenige zu nennen.

Wer in einer noch nicht lange christianisierten Gesellschaft mit animistischem Hintergrund tätig ist, sollte damit rechnen, daß die Initiative zu diesen beiden Arten der Bestrafung für Fehlverhalten unter Umständen Gott oder dem Heiligen Geist zugeschrieben wird. Man geht dann davon aus, daß sie übelgesinnte Geister beauftragen, einen Menschen zu attackieren, oder daß sie einen Seelenverlust verursachen. Die Ursache dafür ist in den vorhandenen Denkstrukturen zu sehen, die trotz anderslautender christlicher Unterweisung diesen Schluß unbewußt so plausibel erscheinen lassen, daß die entsprechenden Vorstellungen über lange Zeiträume erhalten und wirksam bleiben.

Zu den indirekten Krankheitsursachen gehört auch der sogenannte **böse Blick**, der manchen Menschen zugeschrieben wird, die damit Unheil anrichten können, und es gehören die verschiedensten Arten von **Schadenszauber** dazu. Die Ethnologie nennt diesen Komplex bisweilen auch **Hexerei**. In schriftlosen und vergleichbaren Gesellschaften gibt es Spezialisten, denen man den Auftrag erteilen kann, einen Menschen, den man aus irgendeinem Grund schädigen will, mit Hilfe eines Rituals erkranken zu lassen und ihn auf diese Weise auch umzubringen. Es handelt sich dabei um Rituale, die Kräfte (Mana!) oder auch Geister aktivieren sollen, um Menschen körperlich und psychisch krank zu machen oder ihnen anderweitig zu schaden. Beide Arten des Schadenszaubers, krankmachendes Ritual und böser Blick, sind vorzugsweise dann im Spiel, so die Vermutung, wenn ein junger Mensch ohne offensichtlichen Grund plötzlich stirbt.

Es gibt ethnische Gruppen, in deren Kulturen diese Art von Magie besonders ausgeprägt ist und zu erheblichen sozialen Spannungen führt: wer von Krankheit oder Unheil betroffen wird, sucht sofort Verdächtige, die er der Hexerei bezichtigt, meist solche, mit denen er oder seine Familie schon aus anderen Gründen verfeindet ist. Die Vorwürfe sind selten überprüfbar und treffen meist die Schwächeren in der Gesellschaft, vor allem junge Frauen. Die vermeintlich Geschädigten nehmen Rache, oft grausam und blutig.

Neben den indirekten Krankheitsursachen spielen in animistischen Denksystemen die direkten eine weitaus differenziertere, ja die eigentliche Rolle: *Kontakte mit bösen, pathogenen Geistwesen.* Um krank zu werden, muß man nicht notwendigerweise mit einem solchen Geistwesen in körperliche Berührung gekommen sein. Es genügt, wenn man es sieht oder auch nur hört. Die Asheninka im ostperuanischen Pajonal sind der Überzeugung, daß schon der Anblick eines Regenbogens, der als Machwerk von Dämonen gilt, zu schweren Durchfallerkrankungen führen kann.

In diesen Zusammenhang gehören auch *Behinderungen* aller Art. Blindheit als Folge von Onchozerkose ("Flußblindheit") wird von betroffenen Afrikanern oft damit begründet, daß sie das Revier eines dämonischen Wesens betreten haben und dafür mit dem Verlust ihres Augenlichts bestraft wurden. Ähnliches gilt für Mißbildungen bei Neugeborenen (Muttermale, deformierte oder fehlende Gliedmaßen usw.), die man als Folgen einer Attakke ("Biß") des noch Ungeborenen durch ein böses Geistwesens betrachtet. Mißgebildete Kinder werden, je nach Grad der Mißbildung, oft gar nicht als menschlich, sondern schlechthin als böse Geistwesen angesehen und auch mit dem entsprechenden Terminus bezeichnet. Weil man sie fürchtet, werden sie vernachlässigt und gehen meist früh zugrunde. Dies ist einer der Gründe, warum man in solchen Gesellschaften Behinderungen verhältnismäßig selten zu Gesicht bekommt.

In medizinischen Systemen mit animistischer Grundstruktur muß man damit rechnen, daß jeder Krankheit, genauer gesagt jedem unterscheidbaren Symptom, ein ganz bestimmtes Geistwesen zugeordnet ist, von dem man sagt, es habe die betreffende Krankheit oder das Symptom verursacht. Faßbar sind diese Geister in ihren Namen, mit denen oft auch die von ihnen ausgelösten Krankheiten bezeichnet werden.

Hierin liegt ein Hinweis auf eine Verbindung zwischen zwei Begriffsstrukturen, die modernem europäisch-westlichem Denken völlig fremd ist: einem System von Krankheiten entspricht ein System von Geistwesen. Die beiden Systeme sind quasi parallelgeschaltet.

Dem Fremden, insbesondere dem akademisch ausgebildeten, stellt sich ein System von Krankheiten als etwas der Naturwissenschaft Zugehöriges dar, ein System von Geistwesen dagegen als etwas Religiöses oder mindestens der Religion Zuzurechnendes. Diese begriffliche Trennung scheint mir eine der Ursachen dafür zu sein, daß nur wenigen Ärzten, die in der Dritten Welt arbeiten oder gearbeitet haben, auffällt oder aufgefallen ist, daß die Menschen, die sie medizinisch betreuen, gerade diesen Zusammenhang als sehr eng empfinden. Zugespitzt formuliert lautet das Problem: Ein begrifflicher Zusammenhang zwischen Medizin und Religion, für Europäer kaum denkbar, ist für Animisten etwas Selbstverständliches. Das kann zu schwerwiegenden Mißverständnissen zwischen europäischem Arzt und einheimischem Patienten führen.

Derartige Vorstellungen von der Entstehung und Natur von Krankheiten sind aber keineswegs auf animistisch zu nennende Denkweisen beschränkt. Menschen ohne formale Schulbildung haben keine differenzierten Kenntnisse von Anatomie und Physiologie wie wir, die wir mindestens Grundbegriffe der Teile und Funktionen des menschlichen Körpers gelernt haben. Daher findet man bei ihnen manchmal die merkwürdigsten Erklärungen für bestimmte Krankheiten. Ein Beispiel dafür ist die schon erwähnte Vorstellung bei den Insulanern von Chuuk, daß die Luft, die man einatmet, ins Herz geht, daß folglich Husten und Asthma keine Erkrankungen der Luftwege und Lungen, sondern Herzkrankheiten sind, die mit entsprechenden Mitteln behandelt werden müssen (vgl. Kap. 12). Einheimische Heiler sind auf solche Denkstrukturen vorbereitet, europäische Ärzte dagegen nicht. Wenn ihre Patienten sich über entsprechende Beschwerden äußern und dabei unbewußt auf eigene Denkmuster zurückgreifen, führt das unweigerlich zu Mißverständnissen.

Aus alledem ergibt sich die Forderung an den kulturfremden Arzt oder die kulturfremde Krankenschwester, daß sie erstens möglichst die Sprache ihres Arbeitsgebietes lernen sollten, und zweitens, daß sie eigentlich gar nicht anders können, als neben der Religion auch die Vorstellungen von Anatomie und Physiologie der betreffenden Ethnie kennenzulernen. Diese haben nichts mit Animismus im engeren Sinn zu tun, sind aber zum Verstehen von Patientenaussagen unbedingt erforderlich.

Die *Diagnose* wird von den einheimischen Heilern auf verschiedene Art und Weise gestellt. Die einfachste beruht auf Augenschein oder aufgrund der Schilderung, die der Patient von seinen Beschwerden gibt. Daraufhin ordnet der Heiler die Symptome einer bestimmten Krankheit zu, wie es für ihn Tradition ist. Dies bedeutet keinen grundsätzlichen Unterschied zu Diagnoseverfahren in der wissenschaftlichen Medizin.

Anders ist es, wenn Geistwesen (Hilfsgeister, Ahnengeister) über einen *Schamanen* oder ein *Medium* nach möglichen Krankheitsursachen befragt werden. Dieses Verfahren, im Jenseits vermutetes medizinisches Wissen zu erlangen, wird insbesondere dann angewandt, wenn es sich um eine bisher unbekannte Krankheit handelt. Auch *Träume* können Aufschluß darüber geben. Häufig aber wird eine Diagnose durch *Divination* gestellt (vgl. Kap. 13).

Der Bereich der *Therapie*, in dem es vermutlich die schwerwiegendsten Mißverständnisse zwischen Vertretern der wissenschaftlichen Medizin und Patienten aus schriftlosen Gesellschaften gibt, ist der Begriff *Medikament*. Die Mißverständnisse rühren daher, daß jede Seite den Begriff mit anderen Attributen verbindet und dementsprechend gedanklich nach unterschiedlichen Gesichtspunkten erfaßt. Solche Gesichtspunkte sind folgende:

Medikamente in einem animistischen Sinn werden nicht in erster Linie in der Absicht angewandt, Krankheiten zu heilen, sondern um *Symptome zu beseitigen*. Das hat zur Folge, daß *einmalige Anwendung* als das Wesentliche gilt, und daß ein Medikament abgesetzt wird, wenn die Symptome abgeklungen sind. Im Zusammenhang mit wissenschaftlicher Medizin kann dies für den Patienten tödliche Folgen haben. Es gibt zahlreiche Erkrankungen, die es erforderlich machen, ein Medikament auch dann noch zu nehmen, wenn ihre Symptome abgeklungen sind.

Das kann bedeuten, daß ein Arzt den Patienten, bei dem er eine Behandlung begonnen hat, dazu bringen oder sogar zwingen muß, falls die Art der Erkrankung dies erfordert, die Einnahme eines Medikaments fortzusetzen, auch wenn er keine Symptome mehr hat. Unter Umständen muß er ihn rufen lassen, denn für den Patienten gibt es von seinem eigenen medizinischen Verständnis her keinen Grund, ein Medikament längerfristig einzunehmen.

Weiter nehmen animistisch orientierte Patienten an, daß ein Medikament gezielt nur das eine erkrankte Organ beeinflußt, für das es im Augenblick eingesetzt wird, ohne jegliche Nebenwirkungen auf andere Organe. Oft halten sie es auch für selbstverständlich, daß es in der wissenschaftlichen Medizin für jede nur erdenkliche Erkrankung, auch für Krebs, ein spezielles, sicher wirkendes Mittel gibt. Unter diesen Bedingungen kann der Hinweis, daß Rauchen Lungenschädigungen bewirkt, mit der Bemerkung abgetan werden, im Krankenhaus gebe es Arznei für alles.

Ein Medikament im Sinne schriftloser Gesellschaften muß spürbar sein. Vom kulturfremden Arzt wird daher oft erwartet, daß er eine Spritze verabreicht, daß sein Medikament bitter oder zum mindesten unangenehm schmeckt, oder in spektakulären Mengen eingenommen werden muß.

Als Medikamente werden in animistischen Medizinsystemen vor allem **Pflanzen**, aber auch Teile von **Tierkörpern** verwendet. In manchen ethnischen Gruppen gelten **Erden** und **Mineralien** als heilkräftig. Im Zusammenhang damit ist interessant, daß die Zahl der Pflanzen im Lebensraum einer Ethnie, die als medizinisch wirksam eingestuft werden, in etwa der Zahl der Symptome entspricht, die als Krankheiten begriffen und bezeichnet sind. Diese Medizinpflanzen erscheinen dann auch als Teile eines Begriffs- und Wortfelds, mit dessen Hilfe die Betreffenden die Pflanzenwelt, die sie kennen, auf einfachem Niveau "naturwissenschaftlich" erfassen.

Hier erkennen wir eine weitere Verbindung zwischen Begriffsstrukturen, die modernem europäisch-westlichem Denken fremd ist und im übrigen die oben genannte ergänzt: einem (medizinischen) System von Krankheiten entspricht nicht nur ein (religiöses) System von Geistwesen, sondern darüber hinaus auch noch die Flora, ein (biologisches) System von Pflanzen. In Wirklichkeit sind es also drei Systeme, die hier quasi parallelgeschaltet sind.

Aus der Tatsache, daß Menschen mit animistischem Hintergrund als bedeutendste Krankheitsursache den Kontakt mit bösen Geistwesen ansehen, ergeben sich einige wichtige Konsequenzen. Ihr gesamter Medizinbegriff hat eine wesentlich religiöse Basis. Daher ist der Heiler immer auch der Fachmann im Bereich der Religion, dessen Behandlungsmethoden einen grundsätzlich religiösen Charakter haben. Aus Urgeschichte und Archäologie wissen wir, daß dies auch in frühen Kulturformen so gewesen ist, z.B. bei den Mayas und Inkas, im alten Ägypten usw. Auch im Alten und Neuen Testament ist das Prinzip erkennbar: Für Leprapatienten war der Priester zuständig (3. Mose 13; Matth. 8,4).

Medikamente traditioneller Art werden nicht so verstanden, daß man annimmt, sie wirkten primär aufgrund ihrer chemischen Zusammensetzung. Diese ist sekundär oder bleibt außer Betracht, weil das Medikament ohne eine entsprechende **magische Formel**, oder ohne **Herstellungsritual**, das in seiner herkömmlichen Form peinlich genau eingehalten werden muß, keine heilende Wirkung erzielen kann. Ohne die Formel oder die "richtige" Herstellungsweise entstünde nicht das richtige *Mana*, das nötig ist, um das Medikament im beabsichtigten Sinne wirksam zu machen.

Ein einheimischer Heiler wird also schon beim Sammeln der nötigen Zutaten besondere Sorgfalt walten lassen. Unterläuft ihm beim Herstellungsprozeß ein Fehler, so bricht er den Vorgang ab, verbrennt das bisher Erarbeitete und beginnt von neuem. Tut er es nicht, kann das mit "falschem", d.h. gefährlichem Mana versehene Medikament die Symptome, die er beseitigen will, bei seinem Patienten verstärken und sogar bei ihm selbst schaffen, ihn krank machen und töten.

Hierin zeigt sich die Ambivalenz (Doppelwertigkeit) des Begriffs Medikament. Es soll nicht nur heilen, sondern kann auch den Tod bringen. Daher wird in den Sprachen der ethnischen Gruppen mit einem solchen Medizinverständnis das Wort für den Begriff "Medikament" auch zur Bezeichnung von Chemikalien, Pestiziden, Desinfektions- und Reinigungsmitteln verwendet.

Medikamentös behandeln, auslösen oder verstärken lassen sich nach den Vorstellungen solcher Denksysteme auch bestimmte Zustände wie die sexuelle Attraktivität eines Menschen. Ein entsprechendes Medikament erhöht entweder seine Anziehungskraft, oder es löst bei der Person, deren Aufmerksamkeit erregt werden soll, Gefühle wie Liebe und sexuelles Verlangen aus. Um solche Medizin werden afrikanische Heiler bei den in Ghana und Burkina Faso lebenden Kusase häufig von Frauen angegangen, die fürchten oder verhindern wollen, daß sich ihre Männer von ihnen abwenden.

Solcherart Medikamente bekommen ihr Mana ebenfalls während des Herstellungsprozesses oder durch die magische Begleitformel, mit entsprechendem Risiko, wenn dabei Fehler passieren. Die üblichen Grundstoffe dafür sind wohlriechende Flüssigkeiten, die zu ortsüblichen Kosmetika verarbeitet werden. Industriell hergestellte, importierte Parfums und Duftstoffe können mit der gleichen Absicht verwendet werden und heißen dann ebenfalls "Medikament". Darunter fallen unter Umständen sogar kosmetische Erzeugnisse, die nur mittelbar eine solche Wirkung haben, z.B. Haarfärbemittel, Shampoo und selbst Zahnpasta.

Schließlich gibt es in animistischen Medizinsystemen Medikamente, mit deren Hilfe man bestimmte psychisch-intellektuelle Zustände verändern zu können glaubt. Sie werden in den verschiedensten Situationen gebraucht. Wenn ein Mensch durch finstere Stimmung oder Neigung zu Anfällen von Tobsucht auffällt, die man seinem Kontakt mit einem bösen Geistwesen zuschreibt, so behandelt man ihn mit einem Medikament, das zur "Aufhellung" seines Gemüts führt.

Auch von ganz normalen Menschen wird ein solches Medikament in Situationen gebraucht, in denen kluges Handeln, gutes Gedächtnis, schnelle Auffassungsgabe, Klarheit des Denkens und Redens nötig sind, z.B. bei der Planung eines größeren Unternehmens, vor wichtigen Entscheidungen oder beim Auswendiglernen von magischen Formeln, die fehlerlos aufgesagt werden müssen. Weil man einer solchen "Medizin der Erleuchtung" vorteilhafte Wirkungen auf den Bereich der Emotionen zuschreibt, erwartet man von ihr eine Erhöhung des eigenen Leistungswillens, der Ausdauer und Selbstbeherrschung. Daher bedient man sich ihrer immer auch dann, wenn man Lampenfieber beherrschen will, mutig sein muß, wenn sportliche Höchstleistungen von einem erwartet werden oder, zunehmend in der modernen Zeit, wenn ein Examen zu bestehen ist.

Wegen ihrer positiven Wirkung auf die intellektuellen Fähigkeiten des Menschen wird diese Medizin besonders von Handwerkern bei komplexen Arbeiten und von den Experten im Bereich magischer Praktiken gebraucht, also von Fachleuten für den Bau ozeanischer Auslegerkanus, von afrikanischen Regenmachern und selbstverständlich von einheimischen Heilern selbst.

Medien, unter deren Mitwirkung Lebende mit den Verstorbenen ihrer Gruppe in Kontakt treten können, nehmen unter Umständen ein solches Medikament zur Erleuchtung ihrer geistigen Fähigkeiten, wenn sie ihre Funktionen für die Gemeinschaft besonders gut erfüllen wollen oder müssen. Nur dann gilt das Medium als in der Lage, klar und richtig über die Wünsche, Auskünfte, Ratschläge und Absichten des befragten Ahnengeistes zu berichten.

Sogar bei Geistwesen selbst ist eine solche Medizin als wirksam denkbar. Sie kann daher Bestandteil eines Opfers sein, das man einem Ahnengeist bringt, um ihn zu klarer Auskunft zu bewegen oder seinen Zorn zu besänftigen, ihn zu freundlicher Haltung zu veranlassen.

Ständig vorhandene oder angeborene Abnormitäten im seelisch-geistigen Bereich lassen sich durch diese Art Medizin allerdings nicht beseitigen. Menschen mit entsprechenden Merkmalen gelten in der Regel auch gar nicht als behandlungsfähige menschliche Wesen, sondern als böse Geister, oder als von solchen gezeugt.

In allen diesen Fällen handelt es sich nicht um Psychopharmaka, wie man sie in der modernen Psychiatrie verwendet, mit einer entsprechend wirksamen chemischen Basis. Es sind Medikamente, die rein aufgrund von *Analogien* (z.B. helle Farbe gleich Erhellung im seelisch-intellektuellen Bereich) oder aufgrund der Vorstellungen von Mana wirksam sind, mit dem sie im Lauf ihrer Herstellung aufgeladen wurden. Diese Medikamente sind auch nicht vergleichbar mit jenen Drogen und Narkotika, die von Schamanen eingenommen werden, um visionäre, ekstatische Zustände auszulösen, die als Erlebnisse ihrer vom Körper befreiten Seele interpretiert werden. Bei diesen Mitteln handelt es sich in der Tat um die Wirksamkeit chemischer Bestandteile. Wegen ihrer etwas anderen Zweckbestimmung brauchen sie dann auch nicht zwangsläufig als Medikament klassifiziert zu sein.

Nicht nur die Farbe macht eine Pflanze oder ein Mineral zum möglichen Grundstoff für ein Medikament gegen ein analog gefärbtes Symptom. Vielfach nimmt man auch an, die Wirkung eines Medikaments beruhe auf einer Analogie in der Form, die es aufweist. Vereinfacht gesagt muß eine rote Geschwulst, die aussieht wie eine Tomate, mit einer solchen oder ähnlichen Frucht behandelt werden, zumindest mit einer Medizin, die daraus gewonnen wird. Form und Farbe der Pflanze bewirken dann die Beseitigung der Symptome, oder sie rufen sie bei falscher Verfahrensweise hervor.

Auch bei nichtmedikamentöser Behandlung von Krankheitssymptomen wie *Massagetechniken* (bei Tuberkulose!) spielt in der animistischen Medizin neben den wissenschaftlich anzuerkennenden heilsamen Wirkungen dieser Verfahren der Ablauf, die Reihenfolge des Vorgehens, häufig die Rolle einer magischen Formel, die bei anderen Vorgängen gesprochen wird. Die Massage allein macht keinen Sinn als Mittel zur Beseitigung von Beschwerden.

Auf all diese Zusammenhänge ist medizinisches Personal aus europäisch-westlichen Kulturen selten bis nie vorbereitet, wenn es eine Tätigkeit in Übersee beginnt. Dieses Unvorbereitetsein macht das Arbeiten schwierig, denn Arzt und Patient gehen von verschiedenen begrifflichen

Voraussetzungen aus, ohne sich dessen bewußt zu sein. Das muß zwangsläufig zu Mißverständnissen führen, denn beide setzen voraus, daß ihr Gegenüber die gleichen Absichten und Erklärungsmodelle hat wie sie selbst. Die Erwartungen an das Verhalten des jeweils Fremden sind entsprechend ausgerichtet, werden aber nicht erfüllt. Das erschwert die Zusammenarbeit auf die Dauer erheblich.

Die enge Verklammerung von Religion und Medizin in animistisch orientierten Gesellschaften ist nicht nur ein Entwicklungshilfeproblem ersten Ranges, sondern auch eine nicht zu unterschätzende Gefahr für die betroffene Kultur, wenn ihrer Bevölkerung wissenschaftliche Medizin etwa als Entwicklungshilfeprogramm ohne Einbeziehung vorhandener Denkstrukturen sozusagen verordnet wird, beispielsweise dadurch, daß eine Behörde für die ständige Anwesenheit eines Arztes in einem größeren Distrikt sorgt. Da der Arzt mit völlig anderen, nicht der Religion zugehörigen Methoden arbeitet als der einheimische Heiler, wird seine Anwesenheit zunächst einmal einen Konflikt mit diesem auslösen. Der Konflikt wird auch dann unvermeidlich sein, wenn der Arzt versuchen sollte, die Methoden des Heilers in seine eigene Tätigkeit mit einzubeziehen. Der Heiler wird nämlich spätestens in dem Augenblick für seinen "Kollegen" aus der Wissenschaft untragbar und vor der einheimischen Bevökerung unglaubwürdig, wenn er beispielsweise eine Tuberkulose durch Massagetechniken und Opfer an Geister zu heilen versucht und damit scheitert, der Arzt dagegen eine Behandlung mit Antibiotika durchsetzt und damit auch Erfolg hat. Der Konflikt zwischen den beiden ist seinem Wesen nach ein Autoritätskonflikt, der in der betreffenden Kultur beachtliche Sprengwirkung entwickeln kann. Der in dieser Weise entmachtete Heiler verliert ja nicht nur seine Autorität als Mitmensch. Viel schwerer wiegt die Tatsache, daß die Institution unglaubwürdig wird, die er vertritt. Die Tätigkeit des Arztes im Bereich einer Kultur mit animistischem Hintergrund trifft somit deren Grundlagen in einem ihrer wichtigsten Bereiche, der Religion. Wenn wissenschaftliche Medizin ohne Rücksicht auf diesen Zusammenhang konsequent angewandt wird, nimmt man solchen Kulturen in der Tat früher oder später eine ihrer tragenden Säulen, denn etwas anderes als wissenschaftliche Medizin, die keinen Bezug zur Religion enthält, tritt nicht an ihre Stelle. Der europäische Arzt als Störer oder gar Zerstörer von Kulturen?

Es erhebt sich in der Tat die Frage nach der Berechtigung von medizinischer Tätigkeit im Sinne westlicher Entwicklungs- oder auch nur rein humanitärer Hilfe. Betrachtet man sie unter dem Aspekt, daß beide in einem negativen Sinne kulturverändernd wirken, dann verbietet sich jede Art von medizinischer Betätigung in solchen Gesellschaften. Betrachtet man sie aber nur unter diesem Aspekt, gerät man anderweitig in Schwierigkeiten. Man müßte dann nämlich in konkreten Fällen den Angehörigen einer solchen Kultur jede medizinische Hilfe verweigern, und das letztlich mit der Begründung, man wolle durch die Verweigerung ihre Kultur erhalten. Das aber hieße die Menschen im Namen ihrer Kultur opfern und sich unterlassener Hilfeleistung schuldig machen.

Ein Letztes: In europäisch-westlichen Gesellschaften ist die Ansicht verbreitet, die in diesem Kapitel beschriebene Art animistisch orientierter Medizin sei "Naturheilkunde", die wir selbst vergessen haben, und zu der wir möglichst schnell zurückkehren oder "zurückfinden" sollten. Dagegen habe ich erhebliche Bedenken. Ich bin mir selbstverständlich im klaren darüber, daß unsere eigene wissenschaftliche Medizin ihre charakteristischen Defizite aufweist, indem sie z.B. psychosoziale Faktoren im Zusammenhang mit Kranksein eher vernachlässigt als schriftlose Gesellschaften. Ich räume auch bereitwillig ein, daß die Heiler in den Ethnien mit animistisch orientierter Medizin im Lauf von Tausenden von Jahren Erfahrungen in der "Kräutermedizin" gesammelt haben, die sie in die Lage versetzt, Pflanzenteile aufgrund der darin enthaltenen chemischen Stoffe zur erfolgreichen Behandlung von Erkrankungen einzusetzen. Klar ist aber auch, daß dies nur den einen Aspekt ihrer Therapie bildet. Der andere besteht in der Anwendung von Analogieprinzipien, nach denen sie die Grundstoffe für Medikamente hinsichtlich ihrer Form, Farbe usw. der Beschaffenheit bestimmter Symptome zuordnen. Dies ist ein ebenso sachfremdes Verfahren wie Diagnosen nach dem Prinzip des Zufalls, die solche Heiler mit Hilfe divinatorischer Methoden stellen. Niemand kann daher ernstlich fordern wollen, zu einem Medizinsystem "zurückzukehren" oder auch nur seine Methoden anzuwenden, nur weil es sich dabei um "uraltes Wissen" handelt, und weil man es bei Menschen findet, die man "im Einklang mit der Natur lebend" wähnt.

Mehr zum Thema dieses Kapitels findet sich in folgenden Werken:

Good, Charles M.: Ethnomedical systems in Africa. Patterns of traditional medicine in rural and urban Kenya. New York and London 1987.

Hinderling, Paul: Kranksein in "primitiven" und traditionalen Kulturen. Norderstedt 1981.

Johnson, Thomas M.; Sargent, Carolyn F.: Medical anthropology. A handbook of theory and method. New York 1990.

Keck, Verena: Falsch gehandelt - schwer erkrankt. Kranksein bei den Yupno in Papua New Guinea aus ethnologischer und biomedizinischer Sicht. Basel 1992.

Krauss, Günther: Kefu elak. Traditionelle Medizin in Oku (Kamerun). Göttingen 1992.

Minz, Lioba: Krankheit als Niederlage und die Rückkehr zur Stärke: Candomblé als Heilungsprozeß. Bonn 1992.

Pfleiderer, Beatrix; Greifeld, Katarina; Bichmann, Wolfgang: Ritual und Heilung. Eine Einführung in die Ethnomedizin. Berlin 1995.

Romanucci-Ross, Lola etc. (eds.): The anthropology of medicine. South Hadley, Mass. 1983.

Schiefelhövel, Wulf ; Schuler, Judith; Pöschl, Rupert: Traditionelle Heilkundige - Ärztliche Persönlichkeiten im Vergleich der Kulturen und medizinischen Systeme. Braunschweig und Wiesbaden 1986 (Curare-Sonderband 5.1986).

Sullivan, Lawrence E. (ed.): Healing and restoring. Health and medicine in the world's religious traditions. New York and London 1989.

Williams, Paul V. A.: Primitive religion and healing. A study of folk medicine in North-East Brazil. Cambridge 1979.

Zier, Ursula: Die Gewalt der Magie. Krankheit und Heilung in der kolumbianischen Volksmedizin. Berlin 1987.

16. Kapitel:

Animismus und Christentum

In diesem Kapitel wird erklärt, welche Gemeinsamkeiten es zwischen den beiden Religionsformen gibt, und in welcher Weise diese die Grundlagen für die Entwicklung charakteristischer Mischreligionen wie Cargokulte, Voodoo, Umbanda, Macumba und Candomblé ergeben.

Zwischen christlichen und animistischen Religionsformen gibt es neben bedeutenden Unterschieden eine Reihe von Gemeinsamkeiten, die als eine Art Parallelstrukturen zu verstehen sind. Wenn sie bei Christianisierungsprozessen in gegenseitigen Kontakt geraten, ergeben sich vielfältige Wirkungen, die im Lauf der Entdeckung, Kolonisierung und Christianisierung fremder Kulturen durch das Abendland den Gang der Geschichte schriftloser Gesellschaften und ihrer Religionen in den Jahrhunderten der Neuzeit stark beeinflußt, verändert und zu speziellen Entwicklungen veranlaßt haben.

Von den zahlreichen Parallelstrukturen zwischen christlichen und animistischen Religionsformen können hier nur einige wenige von allgemeiner Bedeutung genannt werden. Beide besitzen ein ähnliches (wenn auch verschieden begrifflich gelagertes) *Weltbild* (Diesseits und Jenseits), haben ein vergleichbares *Menschenbild* (christlich: Körper, Seele und Geist; animistisch: Körper und eine bis mehrere Seelen), beide lehren das *Weiterleben der Persönlichkeit nach dem Tod* in nichtkörperlicher Form (christlich: je nach Lebensführung in einem Zustand ewiger Seligkeit oder Verdammnis; animistisch: je nach Kultur als guter Ahnengeist oder als böser Totengeist).

Diese parallel angelegten Grundstrukturen sind eine der Ursachen (unter zahlreichen anderen) dafür, daß die Tätigkeit christlicher Missionen in animistisch orientierten Gesellschaften, verglichen mit anderen, auf verhältnismäßig wenig Ablehnung gestoßen ist. Die zentralen Inhalte biblischer Lehre lassen sich leichter in ein animistisches Weltverständnis einfügen als mit dem Lehrgebäude einer der Schriftreligionen verbinden. Das läßt sich umgekehrt auch an den Aussagen kirchlicher Mitarbeiter in Übersee zu ihren persönlichen Erfahrungen erkennen. Wenn sie vergleichen, betrachten sie ihre Tätigkeit in animistischen Kontexten am ehesten als befriedigend, lohnend und erfolgreich.

Daß christliche Lehren verhältnismäßig leicht in animistische Strukturen integriert werden können, bedeutet aber nicht, daß sie während des Übertragungsprozesses dort auch immer so ankommen, wie es beabsichtigt ist. Oft finden sich christliche Begriffe in der Zielkultur an unerwarteten Stellen wieder, mit Folgen für die theologischen Zusammenhänge, die sich daraus entwickeln lassen. Die Ursache dafür liegt im Unterschied zwischen den Systemen, die nicht einfach aneinandergekoppelt werden können, weil sie nicht unbeschränkt kompatibel sind. Wie alle Weltbilder und Denkmuster funktionieren auch animistische in der Art von Rastern, die neuen Elementen ihre charakteristische Form aufzwingen, wenn sie auf diese Raster fallen. Man kann den Vorgang auch mit geologischen Schichten vergleichen, die übereinanderliegen. Das Substrat, die untenliegende Schicht, beeinflußt mit ihrer Oberflächenstruktur und chemischen Zusammensetzung das Superstrat, das sich darüberlegt, und umgekehrt bewirkt auch das Superstrat Veränderungen im Substrat, am stärksten entlang ihrer unmittelbaren Kontaktflächen. Was genau dabei letztendlich geschehen wird, kann während des Vorgangs selbst noch nicht präzise vorhergesagt werden. Manchmal finden wir einen Begriff im fremden Denksystem bis zur Unkenntlichkeit verfremdet wieder. Man muß also mit Unvorgesehenem rechnen, zum Beispiel mit folgendem:

Auf einer der Inseln Melanesiens begannen (katholische) Missionare ihre Arbeit damit, daß sie ältere Menschen, die krank oder schon dem Tod nahe waren, in ihren Hütten besuchten und sie tauften. Schon nach verhältnismäßig kurzer Zeit nahmen zwar die meisten Insulaner an den Messen teil, die abgehalten wurden, weigerten sich aber zur Verwunderung der Missionare lange Zeit, ihre Kinder taufen zu lassen. Dieses unerklärliche Verhalten hatte eine einfache Ursache. Im Weltbild der Insulaner gab es Rituale, mit deren Hilfe Menschen krank gemacht oder getötet werden konnten. Diese Rituale und der Ablauf der Taufe, den sie bei den Fremden beobachteten, zeigten gewisse Gemeinsamkeiten, und weil die meisten zu Beginn der Missionstätigkeit Getauften wegen ihres körperlichen Zustands bald nach der Zeremonie starben, schlossen die Insulaner daraus, daß es sich bei der Taufe um einen **Todeszauber** handeln mußte. Dem wollten sie ihre kleinen Kinder verständlicherweise nicht aussetzen.

Das Beispiel macht augenfällig, daß sich Elemente einer Kultur, die in eine andere verbracht und dort an einer bestimmten Stelle inkulturiert werden sollen, nicht ohne weiteres auch an dieser verankern lassen, sondern sich selbständig ihren Platz suchen. Die Grundstruktur des Substrats erzwingt es.

Dabei ist zu beobachten, daß die **Form** eines Kulturelements leichter übernommen wird als sein **Inhalt**. So sind die theologischen Schwierigkeiten erklärbar, die erfahrungsgemäß der Begriff des Opfers, besonders der Opferbegriff des Neuen Testaments, vielen Kirchen in Übersee bereitet, selbst noch nach über hundert Jahren Missions- und einheimischer Theologiegeschichte.

In deren Begrifflichkeit und Theologie findet sich das Opfer ursprünglich oft verknüpft mit dem Begriff des Geschenks. Damit ist das Opfer definiert als Gabe, im Unterschied zu anderen Geschenken als Gabe an ein höheres Wesen, einen Ahnengeist etwa, den man sich gnädig stimmen muß. Das Problem liegt darin, daß diese Art Gabe die Verpflichtung zu einer Gegengabe beinhaltet, wie sie als Gegenleistung für die Herstellung eines Gegenstandes oder für die Lieferung von Nahrungsmitteln üblich ist. Damit sind Opfer an höhere Wesen in einem solchen Begriffssystem auch mit dem Bereich Wirtschaft und Dienstleistungen verbunden, eine Undenkbarkeit in der europäisch-christlichen Theologie. Es ist also nicht verwunderlich, wenn Theologen mit animistischem Hintergrund bei ihren Auslegungen des Opferbegriffs zum mindesten befremdliche Aussagen machen, und es macht einsichtig, warum selbst die ernsthaftesten einheimischen Christen mit ihrem Verhalten immer wieder beweisen, daß sie eigentlich versuchen, sich Gott durch ein in dieser Weise verstandenes Opfer gefügig zu machen, wie in folgendem Fall:

Ein Mann hat in einer weit entfernten Stadt Arbeit gefunden. Das Oberhaupt seiner Familie fordert die gesamte Verwandtschaft auf, am Sonntag vor Beginn der Reise des Betreffenden zu seiner neuen Arbeitsstelle pro Kopf einen Dollar zum Gottesdienst mitzubringen und als "Opfer" auf den Altar zu legen. Zur Begründung gibt das Familienoberhaupt an, der Mann werde auf diese Weise unterwegs vor einem Unfall bewahrt.

An diesem Beispiel ist zu erkennen, daß es hier offenbar keine Probleme damit gab, die neue Form des Opfers (Geld als Gabe von Wert, Altar anstelle von Ahnenschrein) in das religiöse Denksystem der Betreffenden zu übertragen. Der neue Inhalt aber (Opfer ohne Möglichkeit, Gott damit zu manipulieren) wurde nicht übernommen.

Ein wichtiger Grund dafür, daß sich Begriffssysteme in dieser Weise verformend auswirken, ist darin zu suchen, daß neues Ideengut weitgehend über das Medium der Sprache in andere Kulturen übertragen wird. Bei der

Vermittlung des neutestamentlichen Opferbegriffs kann man nicht umhin, zunächst einmal das Wort für "Opfer" aus der Sprache der Zielkultur zu benützen, in deren Denksystem der neue Opferbegriff inkulturiert werden soll. Dieses Wort hat bestimmte Bedeutungsmerkmale und eine bestimmte Lagerung in einem Wortfeld. Dadurch erhält es seine Definition, und wegen der Verankerung seiner semantischen Merkmale im Unbewußten zeigen sich diese Bedeutungsmerkmale als außerordentlich stabil. Wortinhalte verändern sich daher nur sehr langsam. Es wäre naiv zu glauben, einem falschen Opferverständnis könne dadurch vorgebeugt werden, daß man den alten Wortinhalt mit Hilfe einmaliger "richtiger" Erklärungen durch den neuen Begriff ersetzt. Der Natur und Funktion kulturell überformter Denksysteme liegen Prinzipien zugrunde, die den Vorgang der Verknüpfung von neuen Inhalten mit vorhandenen Wortformen äußerst schwierig und langwierig gestalten.

Wenn man sich nun vor Augen hält, daß jede einzelne Kultur und das Denksystem, das sie beinhaltet, aus Tausenden solcher Faktoren bestehen, dann ahnt man in etwa, welche Rolle Kultur bei der Veränderung und Angleichung fremder Elemente in Wirklichkeit spielt.

Was geschehen kann, wenn ein animistisch strukturiertes kulturelles Substrat von einem christlich orientierten Superstrat überdeckt wird, zeigen eine Reihe von Religionsformen, die unter der Bezeichnung *Cargokulte* bekannt geworden sind. Es gibt sie in speziellen Ausprägungen über die ganze Welt verstreut. In das Bewußtsein der Öffentlichkeit und der Ethnologie getreten sind sie seit etwa der Mitte des 19. Jahrhunderts in Melanesien. Dort auch haben sie die Bezeichnung erhalten, die zum wissenschaftlichen Typusbegriff geworden ist.

Cargo bezeichnet im Englischen Güter, aus denen die Ladungen von Schiffen und Flugzeugen bestehen. Daher nennt man Cargokulte seltener auch *Güterkulte*. Drei Elemente bilden ihre Basis: 1. die Denkstrukturen des Animismus und Ahnenkults, 2. die Erfahrung, daß die Fremden, die Europäer, Amerikaner und Japaner, die auf den melanesischen Inseln auftraten, unermeßliche Reichtümer und eine Technologie besaßen, die jedes einheimische Vorstellungsvermögen überstiegen (landwirtschaftliche Maschinen, Feuerwaffen, Funkgeräte und Postverbindungen, Schiffe, Flugzeuge), und 3. die Lehren des Christentums.

Cargokulte und vergleichbare Erscheinungen werden auch als *millenarische*, *millenaristische* oder *chiliastische Bewegungen* bezeichnet. Der Grund dafür ist ein Bezug zum Tausendjährigen Reich im Neuen Testament, das in der Apokalypse des Johannes (Offenbarung 20) als Zeit der Vollkommenheit geschildert wird. (Das Millennium der Cargokulte ist selbstverständlich ohne eine genaue Begrenzung auf 1 000 Jahre gedacht.) In manchen Bewegungen dieser Art spielen Transformations- und eschatologische Mythen eine Rolle insofern, als sie Ereignisse schildern, in deren Verlauf ein *Heilsbringer* auftritt, der alle Arten von unerträglichen Zuständen beseitigt und ein Reich des Friedens und Wohlstands errichtet (vgl. Kap. 13). Cargokulte heißen daher auch *Heilserwartungsbewegungen*.

Aus dem Ahnenkult und damit aus einem wesentlich animistischen Denkmuster stammt die Vorstellung, Wohlstand werde den Menschen letztendlich immer von den Ahnen gewährt und stamme aus dem Jenseits. Wer materielle Güter in so überreicher Fülle besaß wie die Fremden, der mußte über großes Mana und damit über wirkungsvolle Magie verfügen, denn er hatte ja die Ahnen dazu gebracht, solchen Reichtum herauszugeben. Das Verhalten der Fremden bei der Auftragsvergabe an die vermeintlichen Ahnengeister, das die einheimischen Melanesier beobachten konnten, war in der Tat beeindruckend und ließ sich ihrer Ansicht nach eigentlich nur als Magie verstehen, vor allem im Zusammenhang mit Kriegsereignissen: Ein Uniformierter sprach unverständliche (englische!) Sätze in ein Gerät, aus dem Antworten in ähnlich unverständlichen Sätzen zu vernehmen waren, und kurze Zeit später landeten Schiffe oder Flugzeuge, aus deren Laderäumen Güter in spektakulären Mengen herausgeschafft wurden, aber nur für die Fremden. Das gleiche geschah, wenn ein Fremder geheime Zeichen, die von den Einheimischen nicht gelesen werden konnten, auf ein Papier schrieb, in einen Umschlag steckte und abschickte. Die Melanesier selbst hatten keine Ahnung davon, woher die Güter wirklich kamen, wie sie produziert wurden, und wieviele Menschen dafür arbeiten mußten.

Ihr Wunsch, ebenfalls in den Besitz solcher Reichtümer zu gelangen, führte bei ihnen zu Verhaltensweisen, die wir in ihren Grundstrukturen aus den Analogien bei der Herstellung von Medikamenten schon kennen. Bei manchen Ethnien wurden Landebahnen in den Busch geschlagen und mit Flugzeugattrappen in Pfahlbauweise versehen. Diese sollten die Flugzeuge mit den Gütern der Ahnengeister anlocken. In manchen Gebieten (z.B. auf Vanuatu) entstanden Phantasieuniformen und Nachahmungen des militärischen Zeremoniells, das man bei den Fremden beobachtet hatte, und von dem man glaubte, daß sie die Ahnengeister beeindrucken könnten. Für das Entstehen von Cargokulten aber war entscheidend, daß sich ein religiöses Element damit verbinden ließ: die Lehren, Gottesdienstformen und Rituale des Christentums, die man ja ebenfalls von den Fremden kannte, und von denen man auch am ehesten annehmen konnte, daß sie in besonderer Weise auf den Willen der im Jenseits befindlichen Verstorbenen Einfluß hätten.

Daraus entwickelten sich Formen des Cargokults und Cargogemeinden, die sich sonntags in militärischen Uniformen auf dem Platz vor ihrer Cargokirche versammelten, wo eine Cargoflagge am Fahnenmast emporstieg, Trillerpfeifen schrillten, Kommandos gebrüllt und ausgeführt wurden, ehe man sich im Gleichschritt zum eigentlichen Cargogottesdienst in die Kirche begab.

Hinter diesem eher vordergründigen Verhalten, das im besonderen melanesische Cargobewegungen kennzeichnet, liegen Strukturmuster, nach denen sich das Phänomen weltweit klassifizieren und genauer interpretieren läßt.

Das Aufkommen einer Cargobewegung beginnt damit, daß ein ***Prophet*** einen ***Kataklysmus*** ankündigt, den kurz bevorstehenden Untergang der Welt, nach dem die Ahnen zurückkehren werden und mit ihnen eine befreiende Macht, die unbeschränkten Zugang zu all jenen Gütern schafft, nach denen die Menschen verlangen. Damit, so der Prophet und die Ansicht der entstehenden Cargogemeinschaft, werde die Herrschaft ewiger Glückseligkeit eingeleitet. Daraus ergeben sich Folgerungen. Es müssen Vorbereitungen für die Ankunft der Reichtümer getroffen, Landeplätze angelegt und Vorratshäuser als Stauraum gebaut werden. Eine ***Kultorganisation*** entsteht, die Normen schafft, nach denen sich die Cargogemeinschaft richtet, und nach denen sie ihre Rituale zelebriert. Während dieser Vorbereitungen entsteht aber auch die Gefahr, daß elementare Notwendigkeiten außer Acht geraten. Gärten und Vieh werden vernachlässigt, Geld weggeworfen, weil man annimmt, daß es in Kürze sowieso seinen Wert verlieren werde.

Die Tatsache, daß die neue Cargogemeinschaft bislang auf die ihr zustehenden Reichtümer verzichten mußte, erklären der Prophet und seine Gefolgschaft auf unterschiedliche Weise. Anhand der jeweiligen Begründung lassen sich im Prinzip zwei Arten von Cargobewegungen erkennen.

Die erste Art erklärt das bisherige Ausbleiben des Cargo damit, daß man nach Ankunft der Fremden, der Weißen, die eigene Kultur und Religion vernachlässigt habe. Daraus ergibt sich die Forderung nach einer Wiederbelebung des früheren eigenen Kulturzustandes (eigentlich dessen, was man für den früheren Zustand der eigenen Kultur hält). Solche Cargoerscheinungen heißen daher auch **Revitalisationsbewegungen**. Sie sind gekennzeichnet durch Antikolonialismus, feindliche Einstellung gegenüber dem Christentum und Fremdenhaß. Ein Beispiel dafür ist die sogenannte Mau-Mau-Bewegung in Ostafrika aus der Zeit kurz nach dem Zweiten Weltkrieg.

Die zweite Art begründet das bisherige Ausbleiben des Cargo damit, daß man sich zu wenig bemüht habe, den Fremden ähnlich zu werden. Daraus ergibt sich die Forderung nach intensiver Imitation der fremden Kultur und damit ein erheblicher Akkulturationsschub, der die Veränderungen in der betreffenden Kultur und Gesellschaft beschleunigt. In diesem Umfeld entstehen Phänomene wie die oben beschriebenen Cargokirchen.

Cargokulte flackern ständig irgendwo auf und verbinden sich leicht mit charismatisch-christlichen Vorstellungen und Bewegungen. Sie sind aber in der Regel kurzlebig, denn die meisten Voraussagen ihrer Propheten sind so irrational, daß sie nicht eintreffen können. So brach einer der frühesten und gut dokumentierten Cargokulte, die melanesische Milne-Bay-Bewegung, zusammen, als ihr Prophet ein Datum für die Ankunft des Cargo setzte, das ereignislos verstrich.

Die Anfangserfolge, die aufgrund solcher Irrationalismen erzielt werden, sind beeindruckend. Der Führer der 1970 entstandenen Mount-Turu-Bewegung in Neuguinea, ein gewisser Matias, erreichte im Jahr 1972 bei der Wahl zur Volksvertretung 83% der Wählerstimmen seines Bezirks, indem er versprach, daß alle, die pünktlich ihren "Mitgliedsbeitrag" bezahlt hätten, am Unabhängigkeitstag eine weiße Haut bekämen.

Daß Führer von Cargobewegungen und im weiteren Rahmen politische Leitfiguren in schriftlosen und vergleichbaren Gesellschaften derartige Erfolge haben, ist unter anderem auch damit zu begründen, daß ihre Mitglieder weitgehend auf Mündlichkeit hin ausgerichtet sind und von Rednern mit kommunikativer Kompetenz überzeugt werden können: Was einsichtig klingt, muß wahr sein; wäre es nicht wahr, könnte es auch nicht plausibel klingen.

Wenn zu dieser Ansicht noch ein bestimmtes Wunschdenken hinzutritt, haben Verführer leichtes Spiel.

Cargokulte sind, kurz zusammengefaßt, synkretistische religiöse Bewegungen, die versuchen, durch Einhalten von Ritualen an die Güter der Fremden zu kommen, die in ihrem Lebensraum auftreten. Eine sehr gute Einführung in die Geschichte und die verschiedenen Ausprägungen des Phänomens findet sich in Worsley (1973). In welcher Form sogar Bildung als Cargo verstanden werden kann, beschreibt Swatridge (1985).

Neben den Cargokulten gibt es eine weitere bedeutende Religionsform, die einen Synkretismus aus Animismus und Christentum bildet, den *Voodoo* (in unterschiedlichen Schreibungen). Seine ursprüngliche Form kommt aus Westafrika und gelangte über den Sklavenhandel in die Karibik, nach Nord- und Südamerika. Das zentrale Konzept des Voodookults besteht in der Verehrung von Geistern und der Kommunikation mit ihnen. Zu solchen Geistern zählen neben ursprünglich afrikanischen Gottheiten auch eine Reihe christlicher Heiliger. Das wichtigste Element bei der Verbindungsaufnahme mit dem Jenseits ist die Ekstase, die Trance und Besessenheitsphänomene, die von den Mitgliedern des Kults durch exzessives Tanzen erreicht werden. Zahlreiche Rituale richten sich auf Diagnose und Therapie von Krankheiten, die durch Seelenverlust und Hexerei entstanden sind.

Voodookulte in ihren verschiedenen Ausprägungen sind in den vergangenen 200 Jahren mächtige Bewegungen geworden. Es gibt sie in Brasilien und anderen Ländern Südamerikas, wo sie *Umbanda*, *Macumba* oder *Candomblé* heißen und Millionen von Anhängern haben. Voodoogemeinden existieren auf Haiti, Kuba, Jamaica, im Süden der USA, in den Schwarzenvierteln von New York, Miami und Los Angeles.

Ein bislang noch wenig verstandenes Thema aus dem Voodoo ist das Phänomen der *Zombies*, über die inzwischen eine ganze Menge populären Unsinns verbreitet ist. Zum Zombie-Komplex gehört ein Spezialist, der Houngan. Von diesem sagt man, er besitze die Fähigkeit, Menschen in gezielter Weise so zu vergiften, daß sie 72 Stunden nach ihrer Bestattung wieder zu einer Art Leben erweckt werden könnten. Diese von da an Zombies genannten Wesen haben keinen eigenen Willen mehr, sondern folgen blind den Anweisungen des Houngan, der sie als Sklaven für sich arbeiten läßt.

Eindrucksvolle Bilddokumente zum Voodoo mit einführendem Text geben Christoph/Oberländer 1995, und Fragen zum Verständnis des Zombie hat Davis (1988) in jahrelanger Forschungsarbeit zu klären versucht. Weitere Spezialliteratur ist nachstehend aufgeführt.

Mehr zum Thema dieses Kapitels findet sich in folgenden Werken:

Bramly, Serge: Macumba. Die magische Religion Brasiliens. Freiburg 1978.

Christoph, Henning; Oberländer, Hans: Voodoo. Geheime Macht in Afrika. Köln 1995.

Davis, Wade: Passage of darkness. Ethnobiology of the Haitian Zombie. London 1988.

Figge, Horst H.: Geisterkult, Besessenheit und Magie in der Umbanda-Religion Brasiliens. Freiburg/München 1973.

Gerbert, Martin: Religionen in Brasilien. Berlin 1970.

Hohenstein, Erica Jane de: Das Reich der magischen Mütter. Eine Untersuchung über die Frauen in den afro-brasilianischen Besessenheitskulten Candomblé. Diss. Frankfurt 1991.

Minz, Lioba: Krankheit als Niederlage und die Rückkehr zur Stärke: Candomblé als Heilungsprozeß. Bonn 1992.

Swatridge, Colin: Delivering the goods. Education as cargo in Papua New Guinea. Manchester 1985.

Worsley, Peter: Die Posaune wird erschallen. Cargo-Kulte in Melanesien. Frankfurt/M. 1973.

17. Kapitel:

Kultur, menschliches Verhalten und das Problem des Verstehens

In diesem Kapitel wird erklärt, was wir tun, wenn wir menschliches Verhalten beobachten und zu verstehen versuchen: Wir sind darauf aus, die Absicht zu finden, die ein bestimmtes Verhalten bewirkt, und wir gehen dabei den kürzesten Weg zwischen Verhalten und möglicher Absicht. Weiter wird untersucht, welche Fehlurteile sich möglicherweise daraus ergeben, wie sich diese auf eine Tätigkeit in einer fremden Kultur auswirken und wie man ihre schädlichen Folgen abmildern oder vermeiden kann.

Nachdem nun die wichtigsten Aspekte des Begriffs Kultur behandelt sind, die den in einer fremden Kultur tätigen Pragmatiker unmittelbar betreffen, bleibt eine Problematik zu erörtern, die in der einschlägigen Literatur unter der Bezeichnung *kultureller Relativismus* behandelt wird (Rudolph 1968).

Es handelt sich dabei um die Erkenntnis, daß menschliches Handeln seine Begründung und Bedeutung in erster Linie von der dazugehörigen Kultur als sinngebendem System bekommt. Das heißt, daß alles, was Menschen tun, nur dann sinnvoll erscheint, wenn man es in Bezug zu einem Kultursystem als einer umfassenden Strategie zur Daseinsgestaltung setzt. Ohne diesen Zusammenhang besitzt es keine wirklichen Sinnbezüge. Sinnvoll und damit vernünftig erscheint menschliches Handeln und Verhalten also nur *relativ zu der Kultur*, in deren Bereich es beobachtet wird.

Daraus folgt, daß menschliches Handeln und alles, was sich daraus ergibt, auch die materiellen Erzeugnisse, losgelöst von ihrem kulturellen Rahmen nur teilweise und nur oberflächlich beschrieben werden können. Wichtige Faktoren wie ihre begriffliche Lagerung, Bedeutung, die damit verbundenen Wertvorstellungen und Absichten sind ohne Hinzunahme eines kulturellen Bezugsrahmens nicht zu definieren.

Bei der Behandlung des Begriffs Kultur (vgl. Kap. 4) war zur Sprache gekommen, daß menschliches Verhalten nicht einfach um seiner selbst willen existiert, sondern daß es darüber hinaus Bedeutung hat, die der Handelnde anderen mitteilen will oder muß. Nimmt jemand in einem heiligen Raum seine Kopfbedeckung ab, so kann das Ehrfurcht bedeuten, die zu zeigen er das Bedürfnis hat.

Zwischen diesem Verhalten und seiner Bedeutung besteht aber keine zwangsläufige, natürliche oder absolute Beziehung. Ehrfurcht kann es nur dann bedeuten, wenn ein Abendländer, ein Christ, sich so verhält. Es ist dessen kultureller Rahmen, der dem entsprechenden Verhalten diese spezielle Bedeutung verleiht. Ersetzt man ihn durch den Rahmen der jüdischen Kultur, wechselt das Abnehmen einer Kopfbedeckung im heiligen Raum ins Gegenteil. Darin erweist sich die Relativität der Bedeutung allen menschlichen Verhaltens besonders deutlich.

Daraus folgt, daß ein und dasselbe menschliche Verhalten die unterschiedlichsten, überraschendsten, merkwürdigsten und widersprüchlichsten Bedeutungen haben kann, je nachdem, in welche Kultur es hineingehört. Es folgt daraus aber insbesondere, daß ein und dasselbe menschliche Verhalten die unterschiedlichsten, überraschendsten, merkwürdigsten und widersprüchlichsten Bedeutungen haben kann für diejenigen, die es beobachten und daraus Schlüsse ziehen. Sie tun es nämlich unter Zuhilfenahme ihres ureigensten kulturellen Rahmens, nicht aber unter Zuhilfenahme des kulturellen Rahmens derer, die das Verhalten zeigen, es sei denn, sie hätten denselben kulturellen Hintergrund.

Daher ist es unmöglich, menschliches Verhalten zu **verstehen**, genauer gesagt **richtig zu verstehen,** ohne die Kultur hinzunehmen, die ihm Sinn gibt. Richtig verstehen heißt also, menschliches Verhalten so zu verstehen, wie es die Angehörigen der betreffenden Kultur und Gesellschaft verstehen, bei denen wir das Verhalten beobachten und erleben.

Diese Definition von Verstehen muß jedoch noch präziser gefaßt werden, denn selbst innerhalb ein und derselben Kultur und Gesellschaft kann ein bestimmtes Verhalten verschieden verstanden werden, je nachdem, welche **Absichten** ihm zugrundeliegen, wie im folgenden Beispiel ersichtlich:

Meine Frau und ich fahren eines Tages auf der Autobahn und werden von einem Auto überholt, in dem eine Familie mit zwei Kindern sitzt. Auf dem Dach ist Gepäck verstaut. Es herrscht strahlendes Sommerwetter. Aus diesen Wahrnehmungen schließen wir, daß die Familie in Urlaub fährt. Auf dem nächsten Rastplatz parken wir zufällig neben diesem Auto, kommen mit den Kindern ins Gespräch und stellen fest, wie schön es doch sei, daß sie in Ferien fahren dürften, und wir wollen wissen, wohin denn die Reise gehe. Die Kinder aber antworten: "Wir fahren nicht in Ferien, sondern zur Beerdigung unserer Großmutter."

Es ist offensichtlich, daß wir das Verhalten der Familie nicht richtig verstanden haben, obwohl wir mit ihrer Kultur vollkommen vertraut sind. Das ist ein Hinweis darauf, daß menschliches Verhalten selbst in dem engen Rahmen, in dem die Beobachter die gleiche Kultur als Strategie zur Daseinsgestaltung benützen, falsch verstanden werden kann, nämlich dann, wenn man bei dem Versuch, die Ursache für ein Verhalten festzustellen, von mehreren möglichen Absichten als Handlungsgründen die falsche unterstellt. Zum richtigen Verstehen gehört daher neben der Kultur auf jeden Fall auch, daß man die **Absicht**, das **Motiv**, die **Intention** kennt, die einem konkreten Verhalten zugrundeliegt.

Mit Verhalten in diesem Sinne ist jede Art von menschlichem Verhalten gemeint, nicht nur als Reaktion auf eine soziale Situation, in einer Gruppe etwa, sondern auch als Verhalten eines Menschen bei der Jagd, bei der Herstellung eines Steinbeils oder beim Spielen eines Musikinstruments. Auch diesen liegen Absichten, Motive, Intentionen zugrunde, die man kennen muß, um Verhalten richtig verstehen zu können.

Überall, wo wir es mit anderen Menschen zu tun haben, sind wir gezwungen, Verhalten richtig zu verstehen, auf sein mögliches Motiv hin zu interpretieren. Wir tun dies ständig, ohne uns dessen bewußt zu sein, auch wenn wir Tiere beobachten. Kinder tun es sogar bei Dingen, z.B. wenn eine auf dem Tisch liegende Tasse mit den Worten kommentiert wird: "Die Tasse ist müde."

In dieser Äußerung ist ein Prinzip erkennbar, nach dem wir vorgehen, wenn wir Verhalten interpretieren: Wir nehmen unsere eigene Erfahrung als Ausgangspunkt. Das Kind weiß, daß es sich hinlegt, wenn es müde ist. Folglich muß es bei der Tasse auch so sein. Wenn der Beobachter in einer ähnlichen Situation ähnliche Erfahrungen gemacht hat oder sich entsprechend verhalten würde, leuchtet ihm ein, daß der Beobachtete in gleicher Weise reagiert. Weil der Zusammenhang zwischen beobachtetem Verhalten und erschlossener Absicht in diesem Fall leicht herzustellen ist, ist der Beobachter überzeugt, das Verhalten richtig verstanden zu haben. Das strahlende Sommerwetter, die Familie im Auto und das Gepäck auf dem Autodach ergeben einen so leicht herzustellenden Zusammenhang und Sinn, daß uns der Gedanke gar nicht kommt, daß man unter diesen Umständen auch noch einen anderen Grund zum Reisen haben könnte als den, in die Ferien zu fahren. Der Schluß ist so plausibel, daß sich kein Zweifel daran regt, obwohl sich schon auf dem nächsten Parkplatz erweist, daß Zweifel angebracht gewesen wären.

Wie sehr wirkliche Motive von denen entfernt sein können, die wir erschließen, zeigt sich an folgendem Beispiel: Es gibt Menschen, die bei der Arbeit singen. In Italien kann man Bauern beim Tomatenpfücken Opernarien schmettern hören, und auch in Afrika gibt es Bauern, die beim Säen singen. Für beide könnte man annehmen, daß sie es aus Freude am Leben tun. Was liegt näher? In Wirklichkeit gilt das Motiv der Lebensfreude für das Singen bei der landwirtschaftlichen Arbeit nur für den italienischen Tomatenbauern. Der afrikanische Bauer dagegen singt einen magischen Spruch in der Absicht, die Pflanzen besser wachsen oder es regnen zu lassen.

Die unkritische Haltung, mit der wir solche Rückschlüsse auf mögliche Handlungsursachen ziehen, mag daher rühren, daß wir zu einer bestimmten Reihenfolge gezwungen sind, wenn wir zu verstehen versuchen. Wir beobachten immer zuerst eine Wirkung, das Verhalten. Danach erst können wir uns mit der Ursache, der Absicht, dem Motiv, der Intention beschäftigen, die das Verhalten bewirken. Verstehen beruht also auf einem Prozeß, der in umgekehrter Reihenfolge abläuft als das, was wir verstehen wollen. Verstehen ist daher immer ein **Rekonstruktionsversuch**, bei dem wir Absichten, Motive, Intentionen durch Rückschlüsse finden müssen.

Darin liegt eine Gefahr mit mehreren Dimensionen, und sie ist umso größer, je fremder die Kultur für uns ist, in der wir uns befinden. Bei der Unterstellung der falschen Handlungsursache erscheinen wir im geringsten Fall als naiv oder ungeschickt (wir betreten "Fettnäpfe"), oder wir verhalten uns taktlos (wie im Fall der Familie, die zur Beerdigung, und nicht in die Ferien fuhr). In schlimmen Fällen treffen wir falsche Entscheidungen oder tun unseren Mitmenschen Unrecht.

Denken wir uns ein Unternehmen irgendwo in der Dritten Welt, ein Krankenhaus oder auch eine landwirtschaftliche Kooperative, wo einheimische und europäische Partner zusammenarbeiten. Bei einer Kassenprüfung ergibt sich eine Unstimmigkeit. Es fehlt ein namhafter Betrag. Der einheimische Geschäftsführer gibt schließlich zu, daß er den Betrag an sich genommen und verliehen hat, ohne Absprache mit dem aufsichtführenden Gremium, und ohne Beleg. Die europäischen Partner sind empört und sprechen von Korruption, die einheimischen dagegen äußern sich nicht und warten ab, was geschehen wird, oder sie wiegeln ab, indem sie erklären, daß alles gar nicht so schlimm sei. Man müsse die Sache erst einmal in Ruhe bereden und sich einrenken lassen. Die Europäer beharren auf ihrem Vorwurf der Korruption. Zugetragen hatte sich folgendes:

Der Geschäftsführer war von einem ranghöheren Verwandten gebeten worden, ihm Geld aus der Kasse des Unternehmens zu leihen, weil ein weit entfernt wohnendes Familienmitglied gestorben war, der Betreffende an der Beerdigung teilnehmen wollte und dafür auch noch ein ordentliches Geschenk besorgen mußte. Das Geld würde er, wie er sagte, so bald wie möglich zurückzahlen.

Für Europäer ist der Fall klar. Man kann einen Kauf nicht finanzieren, indem man einen Verwandten bittet, aus der Kasse seines Betriebs, zu der er Zugang hat, Geld zu entnehmen, auch dann nicht, wenn man die feste Absicht äußert, den Betrag so bald wie möglich zurückzuzahlen. (In manchen Gesellschaften kann "baldmöglichst" auch "nach mehreren Jahren und hartnäckigen Mahnungen" bedeuten, wie die Erfahrung lehrt).

Für den einheimischen Geschäftsführer ist der Fall ebenfalls klar. Verweigert er einem ranghöheren Mitglied eine Bitte, dazu noch eine so geartete, dann verstößt er gegen eine elementare Regel seiner Gesellschaft, die fordert, daß Autoritätsstrukturen beachtet werden müssen. Wer dagegen handelt, verhält sich unsozial, kommt ins Gerede und verliert sein Gesicht. Man würde ihm zum mindesten unterlassene Hilfeleistung vorwerfen. Im konkreten Fall hätte sich der Geschäftsführer gar eines Vergehens schuldig gemacht, das an Blasphemie grenzt. Er hätte nämlich einem Menschen die Möglichkeit genommen, einem Verstorbenen die letzte Ehre zu erweisen. Diese Last wollte er sich unter keinen Umständen auf sein Gewissen laden. Also erschien ihm der Griff in die Kasse als das kleinere Übel.

Korruption und Solidarität mit der Verwandtschaft, zwei völlig verschiedene Motive, mit denen das Verhalten des Geschäftsführers begründet werden kann. Für ihn selbst galt das zweite. Daher taten ihm seine europäischen Mitarbeiter Unrecht, weil sie ihm dasjenige Motiv unterstellten, das für sie gegolten hätte. (Daß mit dem einheimischen Motiv keine wirtschaftliche Betriebsführung möglich ist, versteht sich von selbst. Das wirkt in diesem Fall konfliktverschärfend.)

Was also ist dieses besondere Verstehen, mit dem wir menschliches Verhalten verstehen wollen? Es ist nichts anderes als das **Erkennen eines Zusammenhangs zwischen einer Wirkung** (dem Verhalten) **und einer Ursache** (der Absicht, dem Motiv, der Intention). Wenn wir diesen Zusammenhang gefunden haben, haben wir das betreffende Verhalten verstanden. Problematisch dabei ist, daß wir nur das Verhalten wahrnehmen können. Absichten, Motive und Intentionen sind in den Köpfen derer verborgen, deren Verhalten wir beobachten.

Ein weiteres Problem liegt darin, daß menschliches Verhalten selten nur einer einzigen Absicht zuzuordnen ist. Daher können wir eigentlich nie sicher sein, ob wir auf der Suche danach die richtige gefunden haben, nämlich diejenige, die dem Betreffenden in diesem Fall und Augenblick auch wirklich als Motiv für sein Verhalten gedient hat. Daher müssen wir beim Beobachten menschlichen Verhaltens auf der Hut sein. Was wir für ein einleuchtendes Motiv daraus ableiten und unterstellen, kann zunächst immer nur eine **Möglichkeit** unter vielleicht mehreren sein.

Dies gilt umso mehr, je verschiedener die Kulturen des Handelnden und des Beobachtenden sind. Daraus folgt, daß man umso vorsichtiger sein muß beim Versuch, menschliches Verhalten verstehen zu wollen, je weiter die dazugehörige Kultur von der eigenen entfernt ist, oder je weniger man diese kennt.

Für den Entwicklungshelfer und kirchlichen Mitarbeiter, von dem man erwartet, daß er in fremden Kulturen Initiativen ergreift, bedeutet dies, daß er die betreffende Kultur mit allen ihren Strategien zur Daseinsgestaltung so schnell wie möglich kennen und damit umgehen lernen muß. Insbesondere bedeutet es, die Sprache derer zu lernen, für die er arbeitet. Tut er es nicht, bleiben ihm die Motive des Verhaltens seiner einheimischen Partner unbekannt, oder er unterstellt ihnen immer nur diejenigen Motive, die er selbst jeweils hätte. Das führt zu Spannungen, die sich verstärken, je länger er so handelt. Auf diese Weise ist schon manches Projekt gescheitert, und die Beteiligten sahen sich zum Aufgeben gezwungen.

Natürlich haben auch die einheimischen Partner das Problem, daß sie Verhalten beobachten und daraus auf entsprechende Absichten schließen. Dabei sind sie in der gleichen Gefahr, zu Fehlurteilen zu kommen. Für sie ist es jedoch oft ungleich schwerer, diesen Mechanismus zu erkennen. Es wäre eine Überforderung, würde man solche Einsichten als selbstverständlich von ihnen erwarten.

Um dem zu begegnen, bleibt dem fremden Mitarbeiter eigentlich nichts anderes übrig, als *sein Verhalten immer so einzurichten, daß die andere Seite mit ihrem Erklärungsrahmen in jedem Fall sein Motiv erkennen kann*. Das ist schwierig, aber die einzige Lösung.

Eine andere Schwierigkeit, die sich aus der Frage nach dem richtigen Verstehen ergibt, ist es, bei Heimataufenthalten oder nach der Rückkehr aus Übersee der interessierten Öffentlichkeit über die Erlebnisse in der fremden Kultur zu berichten. Die verbalen Schilderungen und das Bildmaterial, das man zur Illustration benützt, verkörpern gleichsam das Verhalten der Fremden, das von den Zuschauern und Zuhörern beobachtet und mit einem plausiblen Motiv versehen werden muß, damit es von ihnen verstanden werden kann. Dabei gehen Zuschauer und Zuhörer ganz selbstverständlich und unbewußt ebenfalls von ihrem ureigensten Erklärungsrahmen aus, und sie suchen dabei den kürzesten Weg zwischen Motiv und Handlung. Was man wirklich erlebt hat und wie sich die eigentliche Gesamtsituation der fremden Welt darstellt, in der man tätig war, ist daher nur schwer zu vermitteln.

Missionare kämpfen zusätzlich mit der Schwierigkeit, während ihrer Heimataufenthalte mit ihren Vorträgen und ihrem Bildmaterial dafür zu sorgen, daß die finanziellen Mittel zusammenkommen, die für die Fortsetzung ihrer Tätigkeit nötig sind. Sie werden daher sorgfältig darauf achten, für das, was sie sagen, den richtigen Interpretationsrahmen mitzuliefern. Ist das nicht möglich, ohne die Zuhörer und Zuschauer zu überfordern, wählen sie nur diejenigen Tatsachen zur Präsentation aus, bei denen es leichter gelingt, richtiges Verstehen zu bewirken. Wie kann man so die "ganze" Wahrheit sagen wollen? Sie muß wohl ein Ziel bleiben, das wir anstreben sollten, aber nicht erreichen können.

Mehr zu diesem Kapitel findet sich in folgenden Werken:

Abel, Theodore: The operation called Verstehen. In: Albert 1964:177-188.

Albert, Hans (Hrsg.): Theorie und Realität. Ausgewählte Aufsätze zur Wissenschaftslehre der Sozialwissenschaften. Tübingen 1964.

Fuglesang, Andreas: About understanding. Ideas and observations on cross-cultural communication. Uppsala 1982.

Haferkamp, Rose-Anne: Untersuchung zum Problem des Verstehens fremder Kulturen. Feldexperiment mit Schülern im Museum für Völkerkunde. Diss. Köln 1984.

Herm, Bruno etc. (Hrsg.): Werkbuch Mission. Lesebuch und Orientierungshilfe. Wuppertal ²1986.

Rudolph, Wolfgang: Der kulturelle Relativismus. Berlin 1968.

Scheunemann, Gerlinde: Wenn ich "ja" sage, versteht sie "nein" - In fremden Kulturen leben. In: Herm etc. (Hrsg.) ²1986:57-70.

18. Kapitel:

Ethnologie, (kirchliche) Entwicklungshilfe, Mission und das Problem des Kulturwandels

> In diesem Kapitel wird erklärt, warum und wie Kulturen sich ändern, welche ethischen Fragen sich stellen, wenn Eingriffe verändernder oder erhaltender Art von außen vorgenommen werden, und wie unter diesen Bedingungen Entwicklungshilfe, Tourismus, Christianisierung usw. aus dem Blickwinkel der Ethnologie zu bewerten sind.

Alle Kulturen, seien sie nun komplex oder einfach strukturiert, sind keine starren Gebilde, sondern einem stetigen Prozeß von *Veränderungen* unterworfen. Sie haben also eine Geschichte.

Veränderungen betreffen selten alle Teilbereiche einer Kultur gleichzeitig. Meist ist nur ein ganz bestimmter Kulturkomplex oder einige wenige Elemente betroffen. Weil aber alle Teilbereiche und -elemente einer Kultur nicht isoliert funktionieren, sondern einander zugeordnet sind und wie Zahnräder ineinandergreifen, werden Veränderungen in bestimmten Bereichen früher oder später Folgeauswirkungen an anderen Stellen in Gang setzen. So hat die Einführung der staatlichen Rentenversicherung bei uns (zusammen mit anderen Ursachen) dazu geführt, daß die Großfamilie ihre Bedeutung als Institution zur Versorgung der aus dem Arbeitsleben ausgeschiedenen Älteren verlor. Das Ergebnis war die Kleinfamilie, die unsere sozialen Strukturen inzwischen bestimmt. Ein Kulturwandel im religiösen Bereich hat sich ergeben, nachdem die Wirkung von Bakterien als Verursacher von übertragbaren Krankheiten erkannt worden war. In manchen Kirchengemeinden trinken die Teilnehmer beim Abendmahl nicht mehr alle aus dem gleichen Kelch, sondern jeder benützt sein eigenes Glas, aus Gründen der Hygiene.

Solche Vorgänge entstehen entweder innerhalb einer Kultur selbst, oder ihre Ursachen liegen außerhalb, d.h. sie kommen aus einer fremden Kultur. Veränderungen innerhalb einer Kultur werden ständig ausgelöst, etwa dadurch, daß eine Gruppe unter den Jüngeren bestimmte Dinge anders macht oder haben will als die Älteren, z.B. ihre Kleidung. Häufig entstehen Veränderungen auch dadurch, daß jemand eine Entdeckung oder Erfindung gemacht hat, z.B. die Entdeckung, daß Mikroben Krankheiten verursachen. Veränderungen in Kulturen können aber auch notwendig werden, um Mißstände zu beseitigen, z.B. bei politischen Entwicklungen, in deren Verlauf die Macht einseitig an bestimmte Teile der Bevölkerung gelangt ist, die sich dadurch Wohlstand und Privilegien sichern konnte, zu Lasten der übrigen, die sich danach in Armut und Elend wiederfanden. Solche Veränderungen vollziehen sich nicht selten gewaltsam und haben den Charakter von Revolutionen. Ein Beispiel dafür ist das Feudalsystem des Mittelalters, das später zu den Bauernaufständen und schließlich auch zur Reformation geführt hat.

Kulturwandel, der von innen kommt, vollzieht sich gewöhnlich ohne größere Dramatik und läßt den einzelnen Elementen des Systems ausreichend Zeit, sich der Entwicklung anzupassen. Das liegt wesentlich an der Tatsache, daß der Wandel von Mitgliedern der betreffenden Kultur und Gesellschaft selbst ausgelöst wird. Weil diese die Kultur kennen, die sie benützen und verändern, gehen sie eher mit Augenmaß und Geduld zu Werk als Veränderer von außerhalb. Es ist davon auszugehen, daß sie besser abschätzen können, was machbar ist und was nicht, was geschehen könnte oder nicht, und dies selbst dann, wenn sie dabei Elemente aus fremden Kulturen einführen.

Das Prinzip gilt nicht ohne Einschränkung, denn es zeigt sich, daß Versuche von Insidern, fremde Elemente in ihre eigene Kultur zu übernehmen, auch ihre Problematik haben können. Überall in der Dritten Welt herrscht ein starkes Bedürfnis nach europäisch-westlicher Technik. Man will Auto fahren. Lastwagen machen den Transport von Waren leichter, als dies mit Lasttieren möglich wäre. Werden in Gesellschaften mit traditionell einfacher Technologie solche technischen Möglichkeiten nutzbar, indem man sie einführt, zeigt sich unter Umständen bald, daß den betreffenden Kulturen Elemente fehlen, ohne die eine sinnvolle Nutzung moderner Hochtechnologie nicht möglich ist. Autos und Schiffe müssen gewartet werden, und dies hat umso regelmäßiger und sorgfältiger zu geschehen, je komplexer die Technik ist, die man benützt. Wartung ist ein Element, das die Technologie schriftloser Kulturen nicht kennt. Ortsübliche Werkzeuge und Gerätschaften des täglichen Lebens sind so einfach gebaut, daß sie leicht repariert werden können. Bei den meisten lohnt sich der Aufwand einer Reparatur gar nicht. Man arbeitet damit, bis sie unbrauchbar geworden sind, und ersetzt sie dann durch neue. In der gleichen Weise gehen die Betreffenden auch mit modernen Geräten technischer Art um, obwohl sie sehr viel störanfälliger sind, weil sie aus vielen Einzelteilen bestehen. Sie werden so lange benützt, bis eines ihrer Einzelteile defekt ist, z.B. die Einspritzpumpe für den Kraftstoff. Wenn diese nicht zu reparieren sind oder kein Ersatz dafür beschafft werden kann, wie das oft der Fall ist, dann muß das komplizierte und teure Gerät von da an ungenutzt bleiben. Es verrottet. Auf diese Weise kostet fehlendes Wartungsverhalten in den Gesellschaften der Dritten Welt Unsummen. Darüber hinaus kostet es jedes Jahr Tausenden von Menschen das Leben. Die Fähren, die im Verkehr zwischen den Inseln Südostasiens eingesetzt werden, sind technische Geräte von höchster Komplexität, die selbstverständlich regelmäßig auf ihre Verkehrstüchtigkeit hin überprüft und sorgfältig instandgehalten werden müßten. Das geschieht aber nicht. Man betreibt sie so lange, bis der erste Defekt auftritt. Weil sich zu diesem Zeitpunkt alle übrigen Einrichtungen meist ebenfalls schon im Zustand fortgeschrittener Verrottung befinden, bricht das ganze System zusammen. Die Katastrophe ist perfekt.

Das soll nicht heißen, daß die betreffenden Menschen intellektuell nicht in der Lage wären, solche Zusammenhänge zu erkennen. Das Problem liegt darin, daß ihre Kulturen nicht ausreichend auf das von ihren Bevölkerungen gewollte neue Element Hochtechnologie vorbereitet sind, weil die Denkkategorie Wartungsverhalten nicht ausreichend Zeit hatte, sich auszubilden.

Ich sehe eine gewisse Berechtigung darin, aus diesem Beispiel abzulesen, daß Kulturwandel, der von außen kommt, größere Schwierigkeiten schafft als der von innen ausgelöste. Das führt weiter zu der Frage, wie die Tätigkeit von Veränderern zu sehen und zu bewerten ist, die als Fremde in fremden Kulturen und Gesellschaften tätig werden.

In den vorausgegangenen 17 Kapiteln war stillschweigend davon ausgegangen worden, daß man selbstverständlich in fremden Kulturen und Gesellschaften verändernd oder auch erhaltend tätig sein kann, je nachdem, welche Erwartungshaltungen oder Zwänge dafür vorliegen. An dieser Stelle muß die Frage gestellt werden, welches Risiko damit eingegangen wird, und ob sich für Fremde eine ausreichende ethische Begründung für ihre Tätigkeit als Veränderer oder Erhalter von Kulturen und Gesellschaften finden läßt. Mit welchem Recht machen wir uns da zu schaffen? Steht die Frage überhaupt zur Diskussion, ob Kulturen im allgemeinen und fremde Kulturen im besonderen verändert werden dürfen, oder sind sie Gebilde, die insgesamt vor Veränderungen geschützt und erhalten werden müssen wie Kulturgüter, in deren Erhalt jeder vernünftige Mensch eine selbstverständliche moralische Pflicht zu sehen hat?

Das Thema ist aus einer Vielzahl von Gründen schwierig zu erörtern und darzustellen. Die Schwierigkeiten liegen vor allem in der Natur der Sache, aber in erheblichem Maß auch in den beteiligten Personengruppen begründet. Zunächst zu den Schwierigkeiten in der Sache.

Daß sie so gründlich mißverstanden werden kann, und daß so viele Vorurteile darüber in Umlauf sind, liegt an der enormen Komplexität dessen, was man unter den Begriffen "Kultur", "Entwicklungshilfe" und "Mission" versteht.

Von Kultur war bisher so ausführlich die Rede, daß klar geworden sein müßte, daß eine einzelne Kultur, selbst eine so einfache wie die einer afrikanischen Pygmäengruppe, aus derart vielen Einzelfaktoren besteht, daß es Jahre der Forschung und Darstellung erfordert, sie alle zu sammeln und zu beschreiben.

Ein zweiter Bereich in der Sache, der Schwierigkeiten macht, ist die Frage, was man unter "Entwicklungshilfe" verstehen soll. In der Biologie ist Entwicklung eines Organismus der Prozeß fortschreitender Differenzierung einer ursprünglich einfach strukturierten Anhäufung von Zellen gleicher Form und Funktion, die sich immer stärker spezialisieren. Sind Kulturen und Gesellschaften, die der Entwicklungshilfe bedürfen, vergleichbare Anhäufungen von Elementen, die dadurch effektiver werden, daß man sie verändert, etwas hinzufügt oder sie in eine bestimmte Richtung fördert? Offenbar ist das der Fall, zum mindesten in Teilbereichen, sonst würden Menschen nicht selbst ihre eigenen Kulturen ihren Wünschen und Notwendigkeiten anpassen und sie so weiterentwickeln. Aber soll das von außen geschehen, durch Fremde? Können diese wissen, was gut für die ihnen fremde Gesellschaft ist und was nicht? Wer weiß es besser, die Insider, die eine Kultur selbst benützen, oder die Fremden? Selbst wenn man davon ausgehen kann, daß die emotionale und intellektuelle Distanz, die den Fremden kennzeichnet, ihm manchen Sachverhalt klarer in den Blick rückt als dem Insider, bleiben einfache Antworten auf diese Fragen schwierig.

Zweifel daran, ob Fremde in einer fremden Kultur tätig werden und Veränderungen bewirken sollen, sind ein kleineres Problem, wenn sie von der fremden Gesellschaft selbst zu einer solchen Tätigkeit aufgerufen werden. Dies geschieht gewöhnlich dadurch, daß einheimische wirtschaftliche Unternehmen oder kirchliche Organisationen um Fachkräfte als Mitarbeiter bitten, um Lehrer, Ärzte, Pflegepersonal, Kindergärtnerinnen usw., weil sie sich deren Sachverstand und Engagement zunutze machen wollen. Hier geht die Initiative zur Veränderung nicht von außen, sondern von innen aus, von denen, deren eigene Strategien zur Daseingestaltung Veränderungen erleben werden. Käme man einer solchen Bitte nicht nach mit der Begründung, man wolle oder dürfe eine Kultur nicht verändern, könnte man sich möglicherweise unterlassener Hilfeleistung schuldig machen.

Schwierig zu beantworten ist die Frage, wie unter diesen Rahmenbedingungen die Arbeit der Missionen zu bewerten ist. Für jemand, der darüber urteilt, ohne selbst erlebt zu haben, wie diese Arbeit an Ort und Stelle geschieht, tritt ein Aspekt missionarischer Tätigkeit in den Vordergrund, den Entwicklungshilfe seiner Meinung nach nicht besitzt. Für ihn ist Mission, wenn sie von Fremden in fremden Kulturen ausgeht, Fremdinitiative, die sich als Negativbeispiel eignet. Diese Sicht der Dinge ist nur bedingt richtig. Fremdinitiativen im Bereich einer fremden Kultur sind alle Aktivitäten, die aufgenommen werden, ohne die ausdrückliche Zustimmung der Menschen in der fremden Gesellschaft dazu eingeholt zu haben. Fremdinitiative war Mission meist in ihrer Anfangszeit. In der Gegenwart ist das kaum mehr der Fall. Und wenn einheimische Kirchenorganisationen in ihrem Umfeld selbst missionarisch tätig werden wollen, kann von Fremdinitiative nicht die Rede sein. Das Problem ist kompliziert, und ehe man sich ein brauchbares Urteil zutrauen kann, muß man eine ganze Reihe von Faktoren bedenken.

Die Schwierigkeiten beginnen schon, wenn wir definieren wollen, was unter dem Begriff Mission zu verstehen ist. Das liegt daran, daß es sich dabei um eine Angelegenheit handeln kann, die von Sekten, von extrem fundamentalistisch orientierten Gruppen, Charismatikern, Katholiken, Evangelischen, Evangelikalen bis hin zu mehr entwicklungshilfeorientierten Organisationen betrieben wird. Deren jeweiliges Verständnis von Mission unterscheidet sich unter Umständen erheblich, und die Orientierungen ihrer Mitarbeiter sind von höchst unterschiedlicher Wirkung auf die Kulturen, innerhalb derer sie tätig werden. Entwicklungshilfeorganisationen, ob säkular oder kirchlich, stellen sich meist mit Bedacht so dar, daß der Eindruck nicht entsteht, sie seien missionarisch tätig. Ihre Fachkräfte haben aber in der Regel eine charakteristische Lebenseinstellung, die ebenfalls nicht ohne Wirkung auf die fremde Gesellschaft bleibt. Damit sind wir, nach den Schwierigkeiten in der Sache, beim Personenkreis, dessen Zusammensetzung und Orientierung ein einfaches Urteil über die moralische Berechtigung zur Veränderung von Kulturen schwierig macht, weil unter den beteiligten Menschen offenbar stark divergierende Einstellungen und Bewertungen im Bezug auf das Phänomen "fremde Kultur" verbreitet sind, besonders aber im Bezug auf das, was "Mission" ist, was sie sein oder nicht sein sollte.

Zu diesem Personenkreis gehören zunächst die Missionare selbst. Ihre Orientierung ist pragmatisch. Theoretiker unter ihnen sind die Ausnahme. Bis in die jüngste Vergangenheit hatten evangelische Missionare meist zunächst Handwerksberufe erlernt, eine der Grundvoraussetzungen für ihr Überleben in schwierigen Umwelten in Übersee. Mit ihrem Handwerksberuf waren sie Vertreter eines bestimmten sozialen Umfelds, der Mittelschicht, und mit dem Christentum, das sie lehrten, gaben sie deren Normen und Werte weiter, ohne dies groß zu reflektieren. Heute ist das etwas anders geworden, selbstkritischer in einem positiven Sinn, wie mir scheint, aber nicht grundsätzlich anders.

Jüngere Missionare, speziell die Anfänger unter ihnen, sind nicht selten tief überzeugt davon, daß das Evangelium, wie sie es verstehen, nicht nur das Heil der Menschen in der eigenen Gesellschaft bedeutet, sondern ohne Einschränkungen auch in der fremden. Dabei überschätzen die meisten ihre Möglichkeiten zunächst, besonders aber das Tempo ihrer Wirkung. Daran ist nichts Ungewöhnliches, denn auch die Anfänger unter den Ärzten, Entwicklungshelfern und altruistisch gesinnten anderen, die sich in der Dritten Welt helfend betätigen, neigen zu solcher Fehleinschätzung. Wenn Missionare erfahrener werden, sehen sie die Dinge nüchterner, kommen selbstkritischer in die eigene kulturelle Umgebung zurück, gewinnen jedoch niemals den Eindruck, Zerstörer von Kulturen zu sein oder gewesen zu sein, obwohl sie sich häufig mit diesem Vorwurf konfrontiert sehen und sich die Frage durchaus auch selbst stellen. Beiden, den jungen und den alten Missionaren gemeinsam ist die Tatsache, daß sie Christsein als das Lebensmodell erfahren, das sie in einem umfassenden Sinne befriedigt, und das zusammen mit ihrer Tätigkeit ihrem Leben Erfüllung und Sinn gibt.

Ein weiterer Personenkreis, der hier zu nennen ist, besteht in dem, was man "die breitere Öffentlichkeit" bei uns in Europa und anderen westlichen Gesellschaften nennen könnte. Deren Bild von fremden Kulturen und Mission ist von eher schlichter Denkart geprägt, wie man sie etwa an Stammtischen findet: Missionare sind außergewöhnliche Individuen, deren Lebensäußerungen von leicht realitätsferner Frömmigkeit gekennzeichnet sind. Die gehen nach Übersee, um sich dort um die einfachen Menschen zu kümmern, was gar nicht übel ist, die aber mit ihrer Predigt dem dort herrschenden Leben in Harmonie mit der Natur und anderen Glückszuständen zu Leibe rücken, was sie besser unterlassen sollten. Nach dieser Ansicht stören Missionare wohl, aber sie zerstören nicht.

Zerstörung von Kulturen wird den Missionaren dagegen von den Vertretern zweier Gruppierungen vorgeworfen, deren Intellektualität ihnen Einfluß auf die Meinungsbildung in der Öffentlichkeit verschafft. Es sind die Anhänger von linken politischen Ideologien einerseits und die Vertreter der Ethnologie andererseits. Manchmal bilden sie eine Kombination aus beiden. Einige unter ihnen erheben ihren Vorwurf der Kulturzerstörung massiv und in aggressiver, bisweilen auch diskriminierender Form. Für sie sind Missionare Täter. Man kann in der Tat von einem Konflikt zwischen den Missionen und den beiden Gruppierungen sprechen, der manchmal unsichtbar schwelt, manchmal offen zutage tritt.

Diesem Konflikt sind Missionare gewöhnlich hilflos ausgeliefert, denn sie sehen sich nicht in der Lage, ihren Kontrahenten mit Argumenten zu begegnen, weil sie deren Fachgebiet "fremde Kulturen" nur aus Erfahrung und Anschauung, nicht aber von seiner Theorie, seinem Anspruch und seinen Zielen her kennen. Andererseits haben Ethnologen selten eine Ahnung davon, was gelebtes Christentum für den Missionar bedeutet, und das ist mit Argumenten ebenfalls nicht leicht zu vermitteln.

Dennoch muß man differenzieren. Es gibt nämlich erhebliche Unterschiede zwischen den Kritikern der Kirchen und Missionen von seiten der Ethnologie. Neuere Untersuchungen zu dieser Kontroverse haben Interessantes zutage gefördert (Salamone 1986). Vereinfacht gesagt sind Ethnologinnen deutlich weniger als Ethnologen gegen Kirche und Mission eingestellt, und sie finden leichter den Weg zu ethnologischen Quellen, die ihnen über Missionen zugänglich sind (Archive von Missionsgesellschaften, Missionsstationen in Übersee usw.).

Die schärfsten Kritiker der Missionen sind offenbar die jüngeren Männer unter den Ethnologen, insbesondere solche, die "ohne Erfahrung in der ethnologischen Feldarbeit, ohne ausreichende Sprachkenntnisse im Zusammenhang mit der von ihnen untersuchten Ethnie, nur mit unzureichenden finanziellen Mitteln ausgestattet und in Sorge sind, den Stoff für ihre Dissertation nicht rechtzeitig vor dem Rückkehrtermin aus dem Feld vollständig beisammen zu haben" (Salamone 1986:66). Dagegen sind ältere Ethnologen, die vier und mehr Jahre Felderfahrung und eingehendere Kenntnis der Arbeitsweisen von Missionen und kirchlichen Organisationen erworben haben, in der Regel bereit anzuerkennen, daß deren Wirkung nicht zwangsläufig Zerstörung von Kulturen ist, sondern etwas, was unter den gegebenen Bedingungen sinnvoll sein kann und unter Umständen sogar kulturerhaltende Wirkungen zeigt.

Wenn bei uns von Mission die Rede ist, wird weithin übersehen, daß Missionare, die in fremden Kulturen tätig werden, sei es nun in den Riesenstädten der Dritten Welt oder den Dörfern der Ureinwohner auf den Philippinen, die einzigen Fremden sind, die keine wirtschaftlichen, keine touristischen und keine sexuellen Interessen verfolgen. Ich erwähne Letzteres ausdrücklich, weil ich es als Schande anprangern will, und weil es mich empört, daß denen, die vor Kulturzerstörung warnen, als Ursache stets nur die Arbeit der Kirchen und Missionen einfällt und von ihnen gebrandmarkt wird, obwohl es kaum jemand anderen gibt als Mitarbeiter der Kirchen und Missionen, die sich um das körperliche und seelische Elend kümmern, das jene Art Kontakt mit der Zivilisation an Zerstörung anrichtet und fördert.

Darüber hinaus gibt es eine Reihe weiterer Mißverständnisse unter Kulturwissenschaftlern und anderen Kritikern im Bezug auf das, was Kulturen sind, und was Mission zum mindesten heute ist.

Es gab Zeiten, in denen Missionare bei der Verbreitung des christlichen Glaubens militärische Gewalt als Mittel zum Zweck benutzten. Man braucht nur an die Ereignisse bei der Eroberung Amerikas durch die Spanier im 16. Jahrhundert zu denken. Derartiges Verhalten von seiten der Kirchen und Missionen gibt es jedoch schon seit langem nicht mehr. Kein Missionar bricht heute irgendwo mit selbstverliehener Machtfülle in den Bereich einer fremden Kultur ein. Er hätte auch kaum eine Chance, sein Ziel zu erreichen. In der öffentlichen Meinung aber ist nicht so klar, daß Missionare und kirchliche Mitarbeiter niemanden in irgendeiner Form zwingen, Christ zu werden. Auch ist der Missionar nicht mehr der "Glaubensheld", als der er noch in der ersten Hälfte unseres Jahrhundert gefeiert wurde. Viele Missionare und kirchliche Mitarbeiter sind heutzutage Dozenten, Berater, Bibelübersetzer, europäische Partner einheimischer Organisationen und Interessengruppen. Die öffentliche Meinung aber zeichnet immer noch ein Bild zumindest des Missionars, das den Eindruck erweckt, als ob nur er die Greuel europäischer Eroberer und deren Kolonialismus zu verantworten habe, einen Kolonialismus, dem die Missionen den Weg in fremde Welten erst freigemacht hätten, um sich anschließend bereitwillig den kolonialen Unterdrückern als Handlanger für ihre politisch-militärisch-wirtschaftlichen Ziele zur Verfügung zu stellen. Kaum jemand nimmt zur Kenntnis, daß Missionare nur in seltenen Fällen die ersten waren, die bei den Ureinwohnern neuentdeckter Gebiete auftauchten, sondern ganz anders orientierte Fremde, mit ganz anderen Wirkungen und Hinterlassenschaften.

Aber selbst wenn die Kirchen und Missionen im Lauf der Geschichte ihrer Tätigkeit Fehler gemacht haben, wäre es unsinnig, sie deswegen in der Gegenwart als Kulturzerstörer zu verunglimpfen und zu fordern, daß ihre Arbeit zu unterbleiben habe. Was wäre davon zu halten, wenn jemand behauptete, das öffentliche Gesundheitswesen sei schädlich für die Volksgesundheit und bestehe heute zu Unrecht, weil die Medizin im Lauf ihrer Geschichte Fehler gemacht habe und Irrwege gegangen sei (Aderlaß bei Blutarmut!)?

Niemand, der es nicht selbst erlebt hat, kann sich das Ausmaß an Vertrauen vorstellen, das Menschen aus ethnischen Gruppierungen Missionaren und kirchlichen Mitarbeitern entgegenbringen. Die Asheninka im Osten Perus verkaufen ihre Erzeugnisse, z.B. Kaffee, an peruanische Händler, die in ihrem Gebiet Geschäfte betreiben. Weil die wenigsten Asheninka lesen, schreiben oder rechnen können, sind sie der Willkür dieser Händler ausgeliefert, von denen sie betrogen werden, indem sie ihnen nicht den wirklichen Gegenwert für ihre Produkte bezahlen. Um nicht betrogen zu werden, bitten die Asheninka ihren Missionar oder anderes kirchliches Personal, sie zum Händler zu begleiten, weil sie wissen, daß sie dann nicht geprellt werden können.

Wenn die Arbeit der Kirchen und Missionen unter ethnischen Gruppen beurteilt und verurteilt wird, bleibt dieses Vertrauensverhältnis stets unerwähnt. Würden Kritiker es in seiner ganzen Tragweite kennen, könnten sie nicht mehr so unbekümmert behaupten, die Verbreiter des Christentums drängten es den Betreffenden auf oder stülpten es ihnen über, wie die Vorwürfe und Formulierungen lauten.

Einen überzeugenden Gegenbeweis liefert auch die Geschichte der Christianisierung Ozeaniens, die ohne das Vertrauensverhältnis zwischen den Vertretern der Missionen und den Insulanern nicht innerhalb von 55 Jahren hätte geschehen können.

Der Walfang großen Stils, der in der zweiten Hälfte des 18. Jahrhunderts begann, hatte den Insulanern den ersten, tiefgreifenden Einfluß durch die Kulturen des Abendlandes gebracht. Nachdem 1789 auf Hawaii Sandelholz entdeckt worden war, brach unter australischen und amerikanischen Händlern eine Art Sandelholzrausch aus, der überall zum Kahlschlag führte: 50 Jahre später gab es in Ozeanien kein Sandelholz mehr. Schon allein das Abholzen hatte dramatische Folgen für die Insulaner und ihre Kulturen. Der darauffolgende, sich verstärkende Kontakt mit den Walfängern aber wuchs sich zu einer Katastrophe aus. Auf die Bewohner der Inseln wirkte er verheerend. Man stelle sich Schiffsbesatzungen vor, die monatelang bei karger Verpflegung, strenger Disziplin und Knochenarbeit in den kalten, nebelreichen Fanggründen des Nordpazifik verbracht hatten und mit den Menschen einer polynesischen Siedlung zusammentrafen. In panischer Angst versuchten die einheimischen Männer, ihre Frauen vor ihnen in Sicherheit zu bringen. Möglich war das aber nur auf den größeren, gebirgigen Inseln mit tiefeingeschnittenen Tälern und dichtem Bewuchs. Venerische Krankheiten verbreiteten sich, Masern- und Pockenepidemien brachen aus.

Danach erst traten die Vertreter der amerikanischen und europäischen Kirchen in Ozeanien auf. Ihr Verhalten bildete von Anfang an einen scharfen Kontrast zu dem der Walfänger und Sandelholzhändler. Die neuen Fremden waren ohne wirtschaftliche Interessen gekommen, und sie machten energisch Front gegen die Exzesse der anderen Weißen. Sie ergriffen offen Partei für die "Kanaken", wie sie von diesen genannt wurden, sogar gegen die Regierungen ihrer eigenen Herkunftsländer, denn man wollte ausdrücklich jegliche nationale Politik von den Inseln fernhalten. Das sprach sich bei den Betroffenen schnell herum. Manche Inseln, deren Bewohner zu Opfern geworden waren, schickten Delegationen dorthin, wo es schon Missionsstationen gab, und baten zum Teil verzweifelt darum, "ihren" Missionar zu bekommen, weil sie wußten, daß die Kapitäne der Walfangschiffe und Sandelholzhändler fürchteten, daß die Untaten ihrer Besatzungen durch die Anwesenheit eines Missionars der Justiz in ihren Herkunftsländern bekannt werden könnten. Diese Aussicht zwang die Kapitäne in der Tat zum Einschreiten und zur Zügelung ihrer Besatzungen. Die oft gehörte Behauptung, die Missionen hätten ihre Tätigkeit als Vorwand genommen, um ihre kolonialistischen Pläne zu maskieren, entspricht nicht den Tatsachen, was Ozeanien betrifft (Koskinen 1953; Jaspers 1972).

Weil die Vertreter der Kirchen und Missionen auf den Inseln in konsequenter und überzeugender Weise für die Rechte der Insulaner eintraten, erwarben sie schnell das Vertrauen der Titelträger, d.h. der einheimischen politischen Führung. Da wundert es nicht, wenn diese der neuen Lehre nicht ablehnend gegenüberstanden. Überstülpen mußte man sie ihnen unter diesen Umständen jedenfalls nicht.

Hinter dem Vorwurf gegen kirchliche Organisationen, sie zerstörten Kulturen, ist die irrige Unterstellung erkennbar, fremde Kulturen und ihre Strukturen seien ausnahmslos positiv und vorteilhaft für die Betreffenden, lösten deren Daseinsprobleme in idealer Weise, viel besser jedenfalls als alles, was es in anderen Kulturen an Lösungsmöglichkeiten dafür gebe, besser auch als alles, was Europäer dazu zu sagen hätten. Aus dieser unbewiesenen Annahme wird geschlossen, daß die vorgefundenen Verhältnisse und Strukturen auf keinen Fall geändert werden dürfen, und es gilt ungeprüft als ausgemacht, daß die Betroffenen diese Verhältnisse und Strukturen auch so wollen, wie sie sind. So entsteht ein naives Bild von Kultur, das diese als das Erstrebenswerte, als das für die betreffende Situation am besten Geeignete zeigt. Daraus ist leicht zu folgern, daß daran nichts geändert zu werden braucht oder darf. Am Ende erscheinen fremde Kulturen umso unberührbarer, je exotischer sie sind, eine Art heiliger Kühe, die anzutasten einem Sakrileg gleichkäme.

Die Haltung der Menschen selbst, die fremde Kulturen zur Daseinsgestaltung benützen, steht im Widerspruch zu dieser Ansicht. Sie selbst würden jederzeit Elemente aus ihren Kulturen entfernen, vernachlässigen und neue aufnehmen, wenn dafür eine Notwendigkeit bestünde (neue Lebensumstände, Klimawechsel, Schulunterricht usw.), wenn es Arbeitsabläufe erleichterte oder einfach ihr Interesse fände (neue Technologien, Fernsehen usw.). Auch wir Europäer verändern unsere Kulturen unablässig, bereitwillig und beschleunigt, wenn sie sich als untauglich erweisen oder nicht (mehr) unseren Wünschen entsprechen. Darauf wird später noch einzugehen sein.

Erstaunlich ist, mit welcher Fraglosigkeit angenommen und behauptet wird, in fremden Kulturen, zumal in schriftlosen, lebten die Menschen in spannungsfreien Sozialstrukturen und unter nahezu paradiesischen Bedingungen, in denen Kirchen und Missionen nichts anderes als Zerstörungen anrichten könnten. Diese Ansicht trägt inzwischen weithin die Züge eines Mythos. Wie wenig berechtigt er ist, hat Robert Edgerton (1992) nachgewiesen.

Auch die Tatsache, daß Kulturen und ihre Mechanismen gegen den Menschen, gegen seine Interessen und seine seelischen Bedürfnisse gerichtet sein können, wird entweder nicht wahrgenommen oder ausgeklammert. Alle Kulturen, auch die sogenannten zivilisierten, enthalten solche Aspekte und Elemente.

Überhaupt muß festgehalten werden, daß sich nicht nur ideale Verhältnisse, sondern auch die Abscheulichkeiten, die Menschen zu begehen bereit sind, in kulturell überformtem Gewand präsentieren. Ein Beispiel bieten die Konzentrationslager des Dritten Reichs mit ihren Ritualen, Uniformen, Rangabzeichen, der Wissenschaft, die dort betrieben wurde usw. Kulturen und mit ihnen Religionen können sich zu Sackgassen entwickeln, aus denen es für die betreffenden Menschen keinen Ausweg mehr gibt, weil sie nicht wahrnehmen können oder wollen, daß sie sich in einer Sackgasse befinden.

Wir dürfen den Blick nicht davor verschließen, daß einzelne Individuen und Gruppierungen überall auf der Welt durch verdeckte Strukturen ihrer Kultur und Gesellschaftsordnung traumatische Gewalt erfahren. Es gibt sogar Religionsformen oder zumindest einzelne Aspekte innerhalb religiöser Systeme, die schwere seelische Not für die Betroffenen bedeuten. Ein Beispiel dafür ist das Elend Zehntausender von Frauen, die im Lauf des christlichen Mittelalters bis in die Neuzeit hinein als Hexen verdächtigt wurden und unter grausamen körperlichen und seelischen Qualen zu Tode gekommen sind. Derartiges geschieht in manchen Gesellschaften übrigens auch heute noch.

Bei zahlreichen indianischen Gruppen in Südamerika lehrt die Religion, daß die Seele eines Menschen zu dem Zeitpunkt, zu dem er stirbt, zu einem dämonischen Geistwesen wird, das die Hinterbliebenen attackiert mit dem Ziel, sie in sein Schicksal hineinzureißen, indem es auch ihnen den Tod bringt. Das führt unter den Lebenden zu einer Angst davor, beim Tod eines Angehörigen in der Nähe zu sein oder ihn im Haus sterben zu lassen. Die Angst kann bewirken, daß man einen Sterbenden in den Wald bringt und ihn dort sich selbst überläßt. Im übrigen ist nur zu ahnen, was für eine Hoffnungslosigkeit es in existentiellen Krisen für Menschen bedeutet, wenn sie glauben, das Leben nach dem Tod sei nichts anderes als eine Existenz in der Form eines dämonischen Geistes, der eine ständige tödliche Gefahr für die Lebenden darstellt. Indianer erleben die ganz anderen Perspektiven der Lehren des Christentums über ein Leben nach dem Tod als Befreiung, nicht als Kulturzerstörung.

Ein grausiges Beispiel dafür, daß kulturelle und religiöse Elemente gegen den Menschen und seine Bedürfnisse gerichtet sind, ist folgendes: Bei zahllosen afrikanischen Ethnien werden heute noch jedes Jahr Zehntausende von Mädchen rituell, also im Namen einer Religion, beschnitten und damit sexuell erlebnisunfähig, abgesehen von den Gesundheitsrisiken bei den bedenklichen hygienischen Umständen (Glasscherben, Rasierklingen), unter denen eine solche Beschneidung abläuft (Lightfoot-Klein 1989). In einer (modernen) christlichen Umgebung ist dieses unsinnig grausame Ritual und viele andere (z.B. Witwenverbrennungen) nicht denkbar. Hinweise darauf fehlen in der Argumentation von Kritikern der Arbeit von Kirchen und Missionen, wenn sie von christlicher Sexualmoral sprechen (und sie verteufeln).

Im Kapitel über die Medizin schriftloser Kulturen war es unter anderem auch um die Frage gegangen, ob diese mit ihrem "uralten Wissen" als "Naturheilkunde" angesehen werden kann, oder ob sie zumindest der Ergänzung durch die wissenschaftliche Medizin bedarf. Der folgende Fall spricht für sich selbst:

Eine junge Indianerfrau im südamerikanischen Chaco (Paraguay) hatte zu Hause ein Kind geboren. Während der schwierigen Geburt waren Komplikationen aufgetreten, und sie hatte stark geblutet. Als es ihr immer schlechter ging, brachten ihre Verwandten sie zum Schamanen, dem indianischen Heiler. Der streute ihr nach dem medizinischen Ritual, das er in solchen Fällen durchführt, Holzasche in die Wunde und trug den Verwandten als weitere Behandlung auf, der Patientin zu Hause die Beine zusammenzubinden und ihr vierzehn Tage lang nichts zu essen und zu trinken zu geben. Als sie im Lauf dieser Gewaltkur zu sterben drohte, wurde sie ins Krankenhaus der mennonitischen Kolonie in ihrer Nähe gebracht. (Dort lernte ich sie und ihre Geschichte kennen.) Nach einigen Wochen konnte sie geheilt wieder nach Hause gehen. Es ist anzunehmen, daß sie wissenschaftliche Medizin nicht als Störung oder Zerstörung ihrer Kultur erlebt hat.

Die Situation der Frauen und das Bemühen um ihre Gleichberechtigung stellt übrigens einen geradezu klassischen Fall umstrittenen Kulturwandels dar. Man kann davon ausgehen, daß weltweit gesehen und jedenfalls in den nichtindustrialisierten Ländern, wo die meisten Kirchen und Missionen arbeiten, Frauen etwa 80% der anfallenden Arbeit tun, aber nur 20% des Erwirtschafteten selbst besitzen. Dies wird durch die Normen und Werte der betreffenden Kulturen gestützt und sanktioniert. Ich kann nicht erkennen, warum das ein zureichender Grund sein sollte, die hier offensichtlich durch gesellschaftliche Strukturen abgesicherte Benachteiligung der Frauen als erhaltenswert zu klassifizieren! Wer diese verändern wollte, müßte jedoch mit einem tiefgreifenden, möglicherweise auch zerstörerischen Kulturwandel rechnen.

Kritiker der Arbeit von Kirchen und Missionen neigen dazu, Eingriffe in diesen Bereichen nicht als verwerflich anzusehen. Maßnahmen zur Beseitigung solcher "Mißstände" finden auch leichter Zustimmung in der europäisch-westlichen Öffentlichkeit. Sie lassen sich unschwer als "Entwicklungshilfe" verstehen. Vielleicht liegt es daran, daß sich, wie im obigen Fall, die Benachteiligung der Frau offen in Prozentzahlen fassen und keinen direkten Bezug zu religiösen Strukturen erkennen läßt. Wer sich dagegen wendet, erscheint jedenfalls eher dazu legitimiert als einer, der sich gegen verdeckte "Mißstände" wendet, die als Benachteiligung der Frau in die Strukturen einer fremden Religionsform eingebunden sind und weniger offen zutagetreten. Wo aber Veränderungen in Religionsformen nötig sind, um die Benachteiligung der Frau zu beseitigen, neigt die Kritik eher dazu, die Arbeit von Kirchen und Missionen, die solche Veränderungen zum Ziel hat, als Kulturzerstörung anzuprangern. Im Prinzip jedoch unterscheiden sich die beiden Arten der Veränderung keineswegs.

Man braucht sich nur klarzumachen, was geschieht, wenn man in eine Gesellschaftsordnung eingreift, um Veränderungen in Gang zu setzen, indem man Mädchen und Frauen die Möglichkeit verschafft, sich zu emanzipieren, zum Beispiel durch Schulunterricht und Zugang zu akademischer Bildung. Die Folgen sind unter Umständen weitreichend. Die Geschlechter- und Generationenkonflikte, die daraus entstehen, verändern Autoritäts- und Familienstrukturen. In deren Gefolge kann sich die betreffende Gesellschaft destabilisieren, mit zwangsläufigen Auswirkungen auf ihre Wirtschaft, die ja im wesentlichen von der Benachteiligung der Frau getragen wird. Merkwürdigerweise spricht in diesem Zusammenhang niemand von Zerstörung oder erhebt auch nur Einspruch gegen Kulturveränderung. Man nennt es Hilfe zur Selbsthilfe. So einfach liegen die Dinge aber in Wirklichkeit gar nicht.

Andere Beispiele, in denen sich Kultur als ziemlich brutal menschenverachtend zeigen kann, sind Prozeduren, denen sich junge Männer in manchen südamerikanischen Ethnien bei Initiationsriten unterziehen müssen. Sie werden bei solchen Anlässen für einige Zeit bis zum Hals in einen Ameisenhaufen eingegraben oder über einem Hornissennest festgebunden. Daß man ein Mann ist, der keine Äußerung von Schmerz zeigt, kann man damit wohl beweisen. Es liegt aber nicht weniger auf der Hand, daß Lebensgefahr für die Betreffenden dabei billigend in Kauf genommen wird, vielleicht sogar im Namen einer Gottheit, die man mit der Vernachlässigung des Rituals erzürnen könnte. Bei uns wäre es vorsätzliche Körperverletzung, ein Fall für den Staatsanwalt. Muß das Ritual trotzdem erhalten werden, weil es Teil einer fremden Kultur ist?

An dieser Stelle ist nun vor allem die Personengruppe zu nennen, die sich an der Diskussion um die Arbeit der Kirchen und Missionen entweder nicht beteiligen kann, oder die einfach gar nicht gefragt wird. Ich meine die Menschen in Übersee, in der Dritten Welt, die zu Entwickelnden, die Missionierten und wie sie alle heißen, also die Betroffenen selbst. Fragt man sie nach ihrer Meinung, so erlebt man nie, daß sich jemand, der in einer inzwischen durch das Christentum geprägten Kultur lebt, in frühere Zustände zurückwünscht.

In vielen Gebieten der Erde nehmen einheimische Kirchenorganisationen, die ja aus der Tätigkeit von Missionen hervorgegangen sind, in unzähligen hilf- und heillosen Situationen zunehmend wichtige Aufgaben wahr. Was sie leisten, ist alles andere als Kulturzerstörung. Viele sind intensiv damit beschäftigt, die Spuren der Zerstörung zu beseitigen, die andere angerichtet haben. Christliche Organisationen der Dritten Welt sind nachweislich weniger anfällig für Korruption, und sie verfügen über Infrastrukturen, die auch in Konfliktsituationen noch funktionieren, wenn die politischen und administrativen versagen. Wo es einheimische Kirchenorganisationen gibt, brauchen Hilfsprogramme nicht zwangsläufig abgebrochen zu werden, auch wenn auf staatlicher Ebene nichts mehr funktioniert.

Es ist auch noch aus einem anderen Grund grundsätzlich zu bezweifeln, ob die Tätigkeit kirchlicher Organisationen so ausschließlich unter dem

Gesichtspunkt der Zerstörung von Kulturen gesehen werden kann, wie dies gegenwärtig geschieht. Selbst wenn man bedenkt, daß ein Mann wie der Apostel Paulus kein Blatt vor den Mund nahm, wenn er das Wort gegen die griechische Kultur ergriff, oder daß die Missionare der Germanen die Axt manchmal rabiat an die Wurzeln der Symbole ihrer Religion legten, selbst dann erscheint mir der Vorwurf der Kulturzerstörung problematisch. War das wirklich nur Zerstörung, wenn Kulturleistungen wie unsere gotischen Kathedralen, die Malereien Michelangelos in der Sixtinischen Kapelle, die Werke Shakespeares oder die H-moll-Messe Johann Sebastian Bachs daraus hervorgegangen sind? Es gibt eine ganze Reihe von Kulturen und Sprachen, die ohne die Tätigkeit christlicher Organisationen entweder längst untergegangen wären oder keine Möglichkeit zu überleben hätten.

Unzutreffend ist im Grunde genommen schon die Bezeichnung "Zerstörung". Es gibt im Leben einer Menschengruppe kaum etwas Stabileres als die Denkstrukturen, die ihr Verhalten im weitesten Sinne und damit ihre Kultur bestimmen. Wenn eine solche Gruppe aus einer genügend großen Zahl an Individuen besteht, dann ist ihre Kultur als solche in der Regel nicht in Gefahr, denn sie läßt sich nicht zerstören in einem Sinne, wie man sich das landläufig vorstellt, schon gar nicht durch kirchliche Mitarbeiter oder Missionare. Da überschätzt man ihre Fähigkeiten und Wirkungen wohl eher.

Es gibt natürlich Fälle, in denen Fremde Kulturen zerstört haben, obwohl sie in bester Absicht handelten. Bei den australischen Yir Yoront spielte die Steinaxt eine bedeutende Rolle als Symbol für Autorität. Die ersten Fremden, die im Stammesgebiet der Yir Yoront auftauchten, australische Viehzüchter, nicht kirchliche Mitarbeiter oder Missionare, machten sie mit der Stahlaxt bekannt, indem sie Dienstleistungen damit bezahlten. Die Stahlaxt löste einen Kulturwandel aus, der innerhalb kürzester Zeit zum Zusammenbruch des Sozial- und Wertesystems der relativ kleinen ethnischen Gruppe führte. Die Yir Yoront gibt es heute nicht mehr. Festgehalten hat den Fall der Ethnologe Lauriston Sharp in einer eindrucksvollen Dokumentation (1953; auch in Harding/Wallace 1970:385-396). Solche Fälle sind aber selten. Kulturen stellen festgefügte Systeme dar, ausgestattet mit einer natürlichen Trägheit, die allzu schnellen Veränderungen Widerstand leistet und Zusammenbrüchen entgegenwirkt.

Wie absurd der Vorwurf der Kulturzerstörung erscheinen kann, wenn er einseitig den kirchlichen Organisationen und Missionen gemacht wird, zeigt folgendes. Wenn in einer Kultur Sonne und Mond als Gottheiten verehrt werden, würde ein kirchlicher Mitarbeiter dazu Stellung nehmen, auf einschlägige Passagen der Bibel hinweisen und sagen, das sei abzulehnen. Eine solche Aussage brächte dem Betreffenden bei uns den Vorwurf ein, er sei ein Kulturzerstörer. Ein Lehrer aber, der seinen einheimischen Schülern Grundbegriffe der Astronomie wie die Sonnen- und Mondbewegung erklärt und bei der Behandlung dieses Themas Sonne und Mond als materielle astronomische Erscheinungen bezeichnet, der tut im Prinzip nichts anderes als der kirchliche Mitarbeiter, aber es gilt nicht als Kulturzerstörung, sondern als Bildungshilfe.

Auch in anderen Zusammenhängen fehlt dieser Art Kritik an Vorgängen von Kulturwandel Logik und Schlüssigkeit der Argumentation. Mit der Entwicklung moderner Technik in der Landwirtschaft hat sich der Bauernhof, wie er beispielsweise für den Schwarzwald typisch war, von Grund auf geändert. Viele Werkzeuge, die früher vom Bauern selbst in Handarbeit hergestellt und repariert wurden (Dreschflegel usw.), werden nicht mehr gebraucht. Wenn ein Tier krank ist, gibt man ihm nicht mehr Weihwasser zu trinken oder behandelt es mit magisch-medizinischen Ritualen, wie sie noch vor wenigen Jahrzehnten allgemein üblich waren, sondern man ruft den Tierarzt, der heutzutage auch im Winter jeden Hof problemlos erreichen kann, weil die Straßen, im Gegensatz zu früher, überall geräumt werden. Die technische "Entwicklung" hat diese Dinge und Denkformen zum Verschwinden gebracht, hat die Kultur des Schwarzwaldhofs in wesentlichen Bereichen ausgelöscht, und doch spricht niemand von Kulturzerstörung, sondern von Fortschritt.

Ich möchte das Ganze ad absurdum führen mit der Frage, was ein junger Schwarzwaldbauer wohl sagen würde, wenn man ihn drängte, Methoden des Wirtschaftens und der Tierpflege, die sein Großvater anwandte, beizubehalten mit der Begründung, das sei wichtig, um die Kultur des Schwarzwaldhofs zu erhalten.

Dazu gibt es eine aufschlußreiche, wenn auch anekdotische Geschichte. Sie hat sich vielleicht in Wirklichkeit gar nicht so ereignet, wie sie überliefert ist, aber sie trifft den Kern der Sache. Ein Ethnologe hatte sich einem betagten Indianer gegenüber kritisch über die Arbeit eines kirchlichen Mitarbeiters geäußert und ihm nahegelegt, er solle doch besser seine alte Lebensweise beibehalten und so denken, entscheiden und handeln wie sein Großvater.

Daraufhin fragte der Indianer den Ethnologen, warum er selbst nicht mehr so lebe wie sein Großvater.

Dies alles soll keineswegs bedeuten, daß die Andersartigkeit fremder Kulturen zur schnellstmöglichen Beseitigung durch die Fremden ansteht, die darin tätig werden. Ihre Arbeit, und das sollten die vorausgehenden Kapitel eigentlich erkennbar gemacht haben, wird auch durch eine ethische Dimension definiert, die sie verantwortlich macht für das, was sie an Veränderungen bewirken. Auch wäre es naiv zu glauben, man brauche Menschen in fremden Kulturen nur das Evangelium zu bringen, dann seien alle ihre Probleme zu lösen oder gar gelöst. Es soll aber bedeuten, daß ausnahmslos alle Fremden, die in einer Gesellschaft mit fremder Kultur tätig werden, zunächst nichts anderes sind als Veränderer, die man nicht einfach aufgrund ihrer besonderen Tätigkeit von vornherein in gute und böse einteilen kann. Die Tatsache, daß jemand kirchlicher Mitarbeiter oder Missionar ist, macht ihn nicht automatisch zum Kulturzerstörer. Er ist ein Veränderer, der in Zusammenarbeit mit seinen einheimischen Partnern eine von diesen gewollte Veränderung zu bewerkstelligen versucht, und diese Art von Veränderung ist nicht pauschal als Zerstörung zu verunglimpfen. Im übrigen wird das auch von bedeutenden Ethnologen so gesehen, z.B. von Ward Hunt Goodenough, der am Beginn seiner umfangreichen Untersuchung zu Fragen der Veränderung von Kulturen durch Entwicklungs- und andere Hilfe (1963) die prinzipielle Gleichartigkeit aller Veränderer (er nennt sie "agents of change") dadurch hervorhebt, daß er kirchliche Mitarbeiter und Missionare in einer Reihe mit Ingenieuren, Mechanikern, Lehrern usw. nennt.

Wenn Veränderung gleich Zerstörung wäre, dann dürfte kein Tourist mehr ein Entwicklungsland besuchen, es dürfte keine Katastrophen- und keine Entwicklungshilfe mehr geleistet werden. Auf letztere weise ich besonders nachdrücklich hin, denn sie verändert nicht nur erheblich, sondern tritt auch an in der erklärten Absicht, Veränderungen herbeiführen zu wollen, ein Anspruch, den Kirchen und Missionen nicht mit dem gleichen Selbstbewußtsein erheben.

Mehr zum Thema dieses Kapitels findet sich in folgenden Werken:

Edgerton, Robert B.: Sick societies. Challenging the myth of primitive harmony. Toronto et al. 1992.

Goodenough, Ward Hunt: Cooperation in change. New York 1963.

Harding, Thomas G.; Wallace, Ben J. (eds.): Cultures of the Pacific. Selected readings. New York (Macmillan) 1970.

Jaspers, Reiner: Die missionarische Erschließung Ozeaniens. Münster 1972.

Koskinen, Aarne A.: Missionary influence as a political factor in the Pacific Islands. Helsinki 1953.

Lightfoot-Klein, Hanny: Prisoners of ritual. An odyssey into female genital circumcision in Africa. New York and London 1989.

Salamone, Frank A.: Missionaries and anthropologists: An inquiry into their ambivalent relationship. Missiology 14.1986:55-70.

Sharp, Lauriston: Steel axes for stone-age Australians. Human Organization 11.1953:17-22. Auch in: Harding/Wallace 1970:385-396.

19. Kapitel:

Ethnologische Feldforschung

> In diesem Kapitel wird erklärt, wie man mit einfachen Mitteln und Methoden ethnologische Fakten sammeln und Schlüsse daraus ziehen kann. Zentrales Thema ist die Frage, wie man Informanten für bestimmte Kulturbereiche findet, wie man mit ihnen umgeht, sie befragt, wie man ihre Antworten notiert, ordnet und auswertet.

Wer eine fremde Kultur oder wenigstens einige ihrer Teilbereiche genauer kennenlernen will, kann nicht damit rechnen, daß ihm das gelingen wird, indem er einige Zeit an Ort und Stelle verbringt und wahrnimmt, was er sehen und erfahren kann. Wenn er aufmerksam beobachtet und lernt, wird er zwar eine ganze Reihe von Kulturelementen erfassen. Die Erfahrung zeigt aber, daß manches Wichtige seiner Aufmerksamkeit dennoch entgeht, besonders in Kulturbereichen, die als Denkstrukturen in den Köpfen der Menschen verborgen sind. Für den, der in einer fremden Kultur kompetent und effektiv tätig sein will, ist der Zufall ein denkbar schlechter Lehrmeister. Seine Arbeit gewinnt daher mit Sicherheit an Qualität, wenn er sich wenigstens mit den Grundlagen der Methoden und Verfahrensweisen befaßt, die von Ethnologen bei sogenannten Feldforschungen angewandt werden.

Ziel einer Feldforschung ist eine *Ethnographie*, das heißt die systematische Beschreibung einer Kultur oder eines ihrer Teilbereiche, üblicherweise in gedruckter Form. Grundlage einer solchen Beschreibung ist eine *Datensammlung*, auch *Korpus* genannt, die im Idealfall alle Einzelheiten zu dem Kulturbereich enthält, der beschrieben werden soll.

Eigentlich sind es zwei Datensammlungen, auf denen eine Ethnographie beruht. Der gewissenhafte Feldforscher führt neben seinem ethnographischen Korpus ein *Tagebuch*, in dem er seine eigene, subjektive Seh- und Erlebnisweise der fremden Kultur und der Ereignisse festhält, die um ihn herum und mit ihm zusammen geschehen. Tagebuch und ethnographische Datensammlung unterscheiden sich grundsätzlich, ergänzen sich aber auch darin, daß ersteres den Ethnozentrismus des kulturfremden Beobachters und Forschers, letzteres den Ethnozentrismus der Mitglieder der fremden Kultur erkennbar werden läßt.

Das Führen eines Tagebuchs erfordert Selbstdisziplin und sinnvolles Vorgehen. Einen Wert für die spätere Ausarbeitung der Gesamtergebnisse hat es nur, wenn *regelmäßig Aufzeichnungen* gemacht wurden. Schreibt man abends, fühlt man sich in der Regel müde und nimmt womöglich vieles Unwichtige mit auf. Besser ist es, wenn man am Vormittag des folgenden Tages schreibt. Dann nämlich haben sich die Ereignisse geklärt und die weniger wichtigen vielleicht schon verflüchtigt. Das Tagebuch wird dadurch entlastet und beschränkt sich auf das Wesentliche.

(Darüber hinaus schafft man sich mit einem regelmäßig geführten Tagebuch eine ergiebige Quelle für den Rundbrief, den Verwandte und Freunde in der Heimat erwarten. Umgekehrt kann aus einem regelmäßig geschriebenen Rundbrief eine Art Tagebuch werden, aus dessen Schilderungen sich später sogar Manuskripte destillieren lassen, für die sich leichter ein Verlag findet als für reine Ethnographien (Käser 1972, 1989 und 1990).

Systematisch Kultur lernen kann man nur, wenn man *themenorientiert* vorgeht. Man konzentriert sich dabei am besten auf diejenigen Kulturbereiche, in denen die eigene Berufsarbeit geschieht. Für kirchliche Mitarbeiter bietet sich der Bereich der Religion an, Gottesvorstellungen, Seelenvorstellungen, Menschenbild usw. Ärzte und Hebammen beschäftigen sich mit dem, was einheimische Heiler denken und tun. Wer für ein Alphabetisierungs- und Leseprogramm zu sorgen hat, sammelt Material, indem er lokalen Geschichtenerzählern zuhört usw.

Teilnehmende Beobachtung

Eine wichtige Methode bei der ethnologischen Feldarbeit ist die *teilnehmende Beobachtung* (engl. participant observation). Diese kann man immer dann anwenden, wenn man Zeuge eines (sozialen) Ereignisses in einer fremden Kultur ist, zum Beispiel als Gast bei einer Hochzeit, als Arzt bei einer Impfaktion, als Kunde auf einem Markt oder als Hebamme bei einer Geburt. Teilnehmende Beobachtung kann man ergänzen dadurch, daß man fotografiert, filmt, Tonbandaufnahmen macht oder zeichnet.

Meist ist es nicht möglich, schon während eines solchen Ereignisses schriftliche Aufzeichnungen darüber zu machen. Es würde befremdlich wirken, wenn man bei einer Einladung zum Tee im Beduinenzelt ständig den Notizblock auf den Knien hätte. Daher setzt man erst anschließend ein möglichst detailgenaues *Gedächtnisprotokoll* darüber auf. Mehrere solcher Protokolle über ähnliche Ereignisse, z.B. Hochzeiten, lassen sich *vergleichend* auswerten. Aus ihren *Gemeinsamkeiten* und *Unterschieden* kann man die Strategien erschließen, die ihnen zugrunde liegen, um sie dann später selbst mit Erfolg anzuwenden.

Mit dieser Methode kann man auch *Sprache lernen*. Man beobachtet dabei im Lauf der Ereignisse, an denen man teilnimmt, bevorzugt deren sprachliche Aspekte, hört auf Äußerungen der Beteiligten, versucht Wörter zu erkennen und sie mit bestimmten Teilereignissen in einen sinnvollen Zusammenhang zu bringen. Dazu ein Beispiel aus meiner eigenen Feldarbeit bei den Insulanern von Chuuk in Mikronesien.

Ein besonders günstiger Tag, an dem man viele Leute im Freien bei der Arbeit treffen kann, ist der Samstag. Geht man am späteren Vormittag zu Fuß ins Nachbardorf, dann beobachtet man, daß neben fast allen Wohnhäusern an offenen oder auch überdachten Feuerstellen größere Mengen Taroknollen und Brotfrucht gekocht werden. Dabei lernt man, daß nicht Frauen die Köchinnen sind, sondern Männer, eine einfache, für die lokale Kultur aber wichtige Tatsache, die durch teilnehmende Beobachtung augenfällig wird.

Vor einem bestimmten Haus spielt sich eine aufschlußreiche Szene ab. Ein Mann hat eine Schüssel mit gekochten Taroknollen gefüllt und ist gerade dabei, sie einer Frau zu reichen. Die Frau nimmt die Schüssel an sich und sagt laut und vernehmlich: "*Kinissow!*"

"Aha!" denkt der teilnehmende Beobachter, und er schließt daraus, daß er soeben gelernt hat, was "Dankeschön" in der Sprache der Insulaner heißt. Man könnte das eine *Hypothese* nennen, denn der Schluß ist nicht mit Sicherheit, sondern nur vermutlich richtig. Erst eine größere Zahl von ähnlichen Situationen, aus denen der gleiche Schluß gezogen werden kann, würde aus der (ungesicherten) Hypothese eine (gesicherte) *Theorie* machen.

Eine Viertelstunde später begegnet der teilnehmende Beobachter einer Frauengruppe, deren Männer ebenfalls gekocht haben müssen, denn in den Schüsseln, die sie auf dem Kopf tragen, stapeln sich goldgelbe, appetitlich aussehende Brotfruchtschnitze. Weil der Fußpfad für zwei Personen nebeneinander zu schmal ist, tritt der Fremde einen kleinen Schritt seitlich ins Gebüsch, um die Gruppe im Gänsemarsch an sich vorbei zu lassen. Im Weitergehen stößt ihn eine der Frauen aus Versehen an und ruft erschrocken: *"Kinissow!"*

In diesem Moment ist er überrascht. Vor wenigen Minuten noch hatte *kinissow* so etwas wie "Dankeschön" bedeutet? Soeben jedoch hörte er es in einem Zusammenhang, in dem er selbst "Entschuldigung" gesagt hätte. Seine Hypothese von vorhin kann aber nicht ganz falsch gewesen sein, denn sie hatte einen Sinn ergeben. Also muß sie etwas anders formuliert bzw. erweitert werden.

Dem teilnehmenden Beobachter wird in diesem Erlebnis klar, daß die Bedeutung "Dankeschön", die er bei seiner ersten Begegnung mit dem Wort *kinissow* verknüpft hatte, nicht alles ist, was ein Insulaner damit meinen kann, wenn er es benützt. Ohne teilnehmende Beobachtung in beiden Situationen, in denen das Wort auftauchte, wäre er nicht auf die Idee gekommen, daß er es auch benützen muß, wenn er etwas (in seinem Sinne) ganz anderes meint, wenn er sich beispielsweise für ein Versehen entschuldigen will. Er erkennt daran auch, wie man eine fremde Sprache recht eigentlich lernen muß: nicht von der eigenen Muttersprache ausgehend nämlich, sondern von der gesprochenen fremden, denn ihre Bedeutung bekommen die Wörter einer Sprache weitgehend von den Situationen, in denen sie gebraucht werden.

Für den fremden teilnehmenden Beobachter sind die beiden Situationen, die er gerade erlebt hat, begrifflich völlig verschieden. In seiner eigenen Sprache würde er folglich auch verschieden darauf reagieren: mit Dank für ein Geschenk und Entschuldigung für ein Versehen. Für die Insulaner dagegen handelt es sich offensichtlich um zwei gleichartige Situationen. Anders könnten sie wohl nicht einfach mit der gleichen sprachlichen Form darauf reagieren. Diese Gemeinsamkeiten muß der teilnehmende Beobachter nun herauszufinden versuchen.

Das ist hier nicht schwierig. In beiden Erlebnissen findet sich nämlich das Element der Verpflichtung: Wenn man etwas bekommt, fühlt man sich zu Dank verpflichtet, und wenn man jemand etwas antut, zu einer Entschuldigung oder zu Schadenersatz. Diese Verpflichtung drücken die Insulaner aus, wenn sie *kinissow* sagen. Sie ist die **begriffliche Klammer**, die zum gleichen sprachlichen Ausdruck geführt hat und den Sprechern den Eindruck vermittelt, das sei selbstverständlich, ein Eindruck, den unser teilnehmender Beobachter aufgrund seiner eigenen Sprache nicht haben konnte.

Hinter diesem Sachverhalt verbergen sich eine ganze Reihe von weiterführenden Fragen, zum Beispiel die, welche von den beiden Ausdrucksweisen die logischere sei. Es gab Zeiten, in denen man anhand solcher Beobachtungen Werturteile formulierte. Fremde, Europäer, Ethnologen und auch Missionare behaupteten ziemlich unverblümt, nur ihre eigenen sprachlichen Formulierungen könnten als logische Gedankenfolgen angesehen werden, die Insulaner dagegen sprächen merkwürdig, irrational, primitiv, im besten Fall "prälogisch". Dabei entging den Fremden, daß ein Insulaner ohne weiteres auch bei ihnen solche Merkwürdigkeiten beobachten kann. So sagt ein Deutscher wohl "danke", wenn er etwas bekommen hat, aber er sagt es auch dann, wenn er gar nichts haben will, beim Essen zum Beispiel, wenn ihm etwas angeboten wird, er aber ablehnt, weil er satt ist. "Danke" in dieser Situation wirkt auf die Insulaner genau so merkwürdig und unlogisch wie *kinissow* auf den Fremden, der sich mit den beiden oben geschilderten Ereignissen konfrontiert sieht. Irgendwelche Werturteile darüber sind daher unsinnig, und die Behauptung, es gebe "primitive" Sprachen, verliert vor dem Hintergrund solcher und vieler anderer Erfahrungen jede Berechtigung.

Die beiden Ereignisse hält der teilnehmende Beobachter später in seinem Tagebuch fest, und er notiert ihre sprachlichen Aspekte unter dem Stichwort *kinissow* in seiner ethnographischen Materialsammlung, dem Korpus. Im Lauf der Jahre sammelt er so eine Fülle von Wörtern und die dazugehörigen Situationen. Durch Verknüpfen der beiden bekommen die Wörter der fremden Sprache im eigenen Denken immer mehr und präziser die Bedeutungen, die sie im Denken der betreffenden Sprecher haben.

Mit dieser Art, eine fremde Sprache zu lernen, dringt man schnell und intensiv in ihre Idiomatik (charakteristische Ausdrucksweise) ein. Es läßt sich damit jedoch auch nur annäherungsweise jener Zustand erreichen, den man unter "Beherrschung einer Sprache" versteht. Vollkommene Identität zwischen Wort und Begriff entsteht nur, wenn man eine Sprache als Kind im Alter des Spracherwerbs in sich aufgenommen hat. Nur in diesem Fall ist es keine Übertreibung, wenn man von Beherrschung spricht. Sprachen, die man als Erwachsener lernt, kann man mit Fleiß und entsprechender Begabung unter Umständen schließlich fließend sprechen. Sie wirklich zu beherrschen ist ein Ziel, das unerreichbar bleibt.

Die Methode der teilnehmenden Beobachtung kann man immer und überall anwenden. Aus der Fülle von Einzelheiten einer Kultur, die sich mit ihrer Hilfe gewinnen lassen, kristallisieren sich früher oder später bestimmte Themenbereiche heraus, die für den Fremden, der sie für seine Arbeit genauer kennen muß, von größerer Bedeutung sind als andere. Diese Themen lassen sich mit Hilfe einer weiteren Methode verdichten und verfeinern, der *Fragebogentechnik*.

Verfahren der Infragestellung

Es gibt praktisch keine Kultur mehr, über die nicht irgend jemand schon etwas berichtet und veröffentlicht hätte. Das ist manchmal wenig, oft dürftig, nicht selten falsch oder zumindest verzeichnet, besonders wenn die Beschreibung aus der Zeit vor 1950 oder von Nichtethnologen stammt. Trotzdem können uns solche Informationen einen entscheidenden Vorteil bieten, wenn wir uns mit der betreffenden Kultur genauer beschäftigen müssen. Denn: Die Wahrheit ist aus dem Falschen leichter herauszufinden als aus dem Nichts, wie es der englische Philosoph Thomas Hobbes formuliert hat. Wenn nämlich jemand zu einem Phänomen schon einmal eine Aussage gemacht hat, besitzen wir einen Bezugspunkt, vielleicht sogar einen Ausgangspunkt, von dem aus wir tiefer in fremde Kulturbereiche eindringen können, indem wir die vorgefundenen Aussagen auf ihre Richtigkeit hin *überprüfen* können.

Wertvoll ist eine solche Aussage selbst dann, wenn sie falsch sein sollte. Sie ist nämlich erstens immer noch besser als gar keine Aussage, denn sie bietet uns zum mindesten so etwas wie eine Fährte, die uns vielleicht zu ungeahnten Schätzen führt, und zweitens brauchen wir selbst den Fehler nicht mehr zu machen. Das hat schon unser Vorgänger besorgt.

In beiden Fällen, bei richtiger wie falscher Aussage, gehen wir so vor, daß wir sie in *Zweifel* ziehen, um sie dann als *Frage* an einen Angehörigen der betreffenden Kultur zu richten, an einen sogenannten *Informanten*. Über diesen wird später noch genauer zu sprechen sein. Zunächst müssen wir lernen, wie man Fakten, über die man verfügt, ob gedruckt vorgefunden, zufällig gehört oder durch teilnehmende Beobachtung gewonnen, in Zweifel zieht, um sie in Fragen umzuformulieren. Darüber hinaus müssen wir überhaupt grundsätzlich lernen, wie man in einer fremden Kultur Fragen stellt, welche Fragen man stellen muß, und wie man nicht fragen darf, wenn man brauchbare Ergebnisse erzielen will.

Es gibt tatsächlich falsche Fragen. Es handelt sich dabei um solche, die den Befragten dazu veranlassen oder zwingen, sinnlose Antworten zu geben. In Südasien gibt es ethnische Gruppen, deren Gottheiten als Tierformen beschrieben werden, Schlangen, Rinder, Elefanten, Ratten. Nehmen wir einmal an, wir untersuchten die Religion einer Ethnie, nach deren Vorstellungen sich einer ihrer hohen Götter in der Form einer Ratte manifestiert, was wir allerdings noch nicht wissen. Nach unserem augenblicklichen Kenntnisstand wissen wir nur, daß es sich bei den Göttern der Ethnie um Tierformen handelt. Weil wir schon einmal gehört haben, daß tierförmige Gottheiten als heilige Kühe oder auch als Schlangen dargestellt werden, könnten wir nun fragen, ob die betreffende Gottheit, um die es uns geht, eher wie ein Rind oder eher wie eine Schlange aussieht. Unser Informant vergleicht nun seine Vorstellung, die Ratte, mit den beiden von uns als Vergleichsobjekte vorgeschlagenen. Nach einigem Zögern findet er, die Ratte sei viel eher einer nah am Boden lebenden Schlange ähnlich als einem Rind. Also sagt er, die Gottheit gleiche eher einer Schlange. Was für einen Schluß wir daraus ziehen werden, können wir uns ausmalen. Die betreffende Gottheit wird in unserer Beschreibung von den Erscheinungsformen einer Ratte vermutlich um einiges abweichen. Schuld daran ist unsere falsche Fragestellung.

Es gibt eine breite Palette an Möglichkeiten, falsche Fragen zu stellen. Überlegen wir jedoch zunächst an einem einfachen Beispiel, wie man zu einem Fragebogen kommt. In einer kurzen Einführung in die Völkerkunde Südamerikas von Haekel/Lukesch findet sich ein (sehr) kurzer Abschnitt über die Aché, auch Guayaki genannt (1972:130-131). Darin wird unter anderem erwähnt, daß die Mitglieder der Ethnie Honig sammeln. Mehr wird darüber nicht berichtet. Wenn wir diesen Kulturkomplex genauer beschreiben wollen, müssen wir ihn systematisch durch Fragen erfassen. Dazu entwerfen wir Fragebögen. Wir beginnen mit den sogenannten *W-Fragen*: Wer (Männer, Frauen, Kinder), wie (Werkzeuge, Verfahren), warum, wofür (Nahrung, Medizin), wo (Erdlöcher, Bäume), wann (Jahres-, Tageszeit), wie oft (täglich, alle paar Wochen, wenn man zufällig ein Bienennest findet) usw.? Wir notieren einfach der Reihe nach, was uns an Fragen einfällt.

Sollte sich beim Informantengespräch herausstellen, daß nur Männer Honig sammeln, ergibt sich daraus eine weitere Frage nach dem Warum, vielleicht sogar ein neuer Fragebogen. Denn beim Honigsammeln muß man unter Umständen auf hohe Bäume steigen, wo sich die Nester der Bienen befinden. Derartige Arbeiten, die größere Körperkraft erfordern, sind bei den meisten ethnischen Gruppen Männersache.

Damit tauchen neue Fragen auf, die zu neuen Fragebögen werden, z.B. solche zum Unterschied zwischen Frauen- und Männerarbeit. Die Fragen und Fragebögen vermehren sich im Lauf unserer Arbeit wie ein Schneeball, der einen Hang hinabrollt, sich vergrößert und immer umfangreicher wird. Gleichzeitig verdichtet sich unser Wissen über die betreffende Kultur immer mehr, nicht nur im Bereich des Honigsammelns. Bald erfahren wir, nicht selten nebenher, daß und wie diese Tätigkeit mit anderen Strategien zur Daseinsgestaltung zusammenhängt. Unsere Informanten liefern die Hinweise auf solche Zusammenhänge oft ungeplant in ihren Antworten, ohne daß wir bewußt danach fragen, Informationen, die nicht selten einfach "zwischen den Zeilen" erkennbar werden. Mit der Zeit entwickeln wir uns so vom Laien zum Experten, was uns befähigt, eine Theorie des untersuchten Kulturbereichs zu formulieren.

Im Zusammenhang mit dem Honigsammeln kann es uns passieren, daß wir eine falsche, aber dennoch interessante Frage stellen. Diese könnte lauten: "Was macht man, wenn man von einer Biene gestochen wird?" So plausibel die Frage für einen Europäer auch sein mag, einem Indianer im Urwald Südamerikas kann sie merkwürdig bis unverständlich vorkommen. Es gibt dort nämlich Gebiete mit Bienenarten, die nicht stechen, und nur deren Nester werden ausgenommen. Daher wundert es nicht, wenn unser Informant die Stirn runzelt bei einer Frage, die in unserer eigenen Welt Sinn macht, in der seinigen aber nicht.

Die Fragen notieren wir auf einem Blatt im *Format DIN-A-4* und numerieren sie durch. Die Antworten, für die wir ein extra Blatt vorsehen, bekommen die entsprechenden Nummern. Es empfiehlt sich, den Fragebogen auf maximal 10 Nummern zu begrenzen. Andernfalls könnte unser Antwortbogen nicht ausreichen. Bei Befragungen von Informanten ergeben sich nämlich fast immer so viele Zusatzinformationen und Antworten auf Zwischenfragen unsererseits, daß der Platz schnell knapp werden kann. Dadurch geht unseren Notizen die Übersichtlichkeit verloren. Hat man zu einem Satz Fragen auf einem einzigen Blatt mehrere Blätter mit Antworten gesammelt, gestaltet sich die spätere Auswertung schwieriger, als wenn einem Fragebogen nur ein einziger Antwortbogen gegenübersteht.

Man tut gut daran, bei der Arbeit mit dem Informanten Frage- und Antwortbogen in einem **Ringbuch** mit festen Deckeln bereit zu halten, und zwar links den Frage-, rechts den Antwortbogen. Damit hat man eine feste Schreibunterlage. Das ist besonders dann wichtig, wenn wir einen alten oder gehbehinderten Informanten in seiner Hütte besuchen, wo wir unter unbequemen Bedingungen arbeiten müssen, etwa neben einer Feuerstelle (als Lichtquelle) am Boden hockend, in sicherer Entfernung vom Hund, der uns nicht mag und böse anknurrt, oder von den Hühnern und Ziegen, die den gleichen Raum bewohnen. Tische und Stühle sind in einer solchen Umgebung eher selten, und ohne feste Unterlage läßt sich schlecht schreiben.

Neben der Numerierung sollten Frage- und Antwortbogen in der Kopfzeile einen stichwortartigen Hinweis auf das Thema enthalten, um das es geht. Auf dem Antwortbogen notieren wir zusätzlich den Namen dessen, der die Antworten geliefert hat, und das Datum der Befragung. Dies kann später bei der Auswertung in zweierlei Hinsicht von Bedeutung sein. Männer und Frauen machen unter Umständen stark voneinander abweichende Aussagen, und nicht jeder Informant kennt jeden Bereich seiner Kultur gleich gut. Auch können sich Unterschiede aus ihrem Alter ergeben: jüngere haben weniger Erfahrung als ältere. Daher ist es gut, wenn man aufgrund des Namens auf dem Antwortblatt später noch erkennen und bewerten kann, wer welche Aussage gemacht hat. Auch sind Widersprüche, die sich aus verschiedenen Aussagen ergeben, leichter zu überprüfen.

Ähnliches gilt für den Zeitpunkt unserer Befragung, den wir auf dem Antwortbogen festhalten sollten. Fragen und Antworten, die wir zu einem frühen Zeitpunkt unserer Untersuchungen gestellt oder notiert haben, sind weniger zuverlässig und präzise, weil unsere allgemeinen Kenntnisse über die betreffende Gesamtsituation noch nicht so entwickelt sind wie später.

Die Fragen, die wir formulieren, werden im Lauf unserer Arbeit immer genauer, differenzierter. Vor allem aber werden sie immer systematischer, weil wir mehr und mehr erkennen, wie und welche Dinge in der fremden Kultur zusammengehören oder auch nicht.

Ethnologische Erkundungen jeglicher Art gewinnen an Qualität, wenn man sie nicht allein betreibt. Wer in der glücklichen Lage ist, einen Partner mit dem gleichen Interessenhorizont zu haben, sollte es nützen. Beim Entwerfen von Fragebögen und Auswerten von Antwortprotokollen haben zwei

Köpfe erfahrungsgemäß immer mehr als doppelt so viele Ideen als einer allein. Man braucht bei Untersuchungen im Feld auf jeden Fall wenigstens zeitweise einen Diskussionspartner, der seine Ideen beisteuert, vorschnelle Werturteile zurechtrückt, Fehler entdeckt, die man selbst nicht entdecken würde, oder der sich einfach mitfreut, wenn man eine interessante Entdeckung gemacht hat. Ehepartner eignen sich besonders gut für diese Rolle. Müttern mit kleinen Kindern bietet sie anfänglich oft die einzige Möglichkeit zum Kennenlernen der Kultur, in deren Raum man tätig ist. Ein Partner, der z.B. handschriftlich entworfene Fragebögen ins Reine schreibt, weiß um die Thematik, die der andere mit seinen Informanten gerade bearbeitet, und kann Ideen beisteuern, auf die der andere nicht gestoßen wäre. Er hat einen ähnlichen Kenntnisstand, ist auf dem laufenden, kurzum, ein kompetenter Mitarbeiter. Im übrigen gibt es Kulturbereiche, bei deren Bearbeitung Fragesteller und Informant das gleiche Geschlecht haben müssen. Tätigkeiten, die ausschließlich von Frauen ausgeübt werden oder für Männer tabu sind (z.B. Intimbereiche, Liebesmagie usw.), können mit der nötigen Präzision in der Regel nur von Ethnographinnen erfaßt werden. Das gilt insbesondere für Gesellschaften, in denen Frauen als den Männern nachgeordnet gelten.

Ohne den Informanten ist es unmöglich, eine fremde Kultur und ihre Denkstrukturen gründlich kennenzulernen. Nur er verfügt über Detailkenntnisse und damit über den Zugang zu den vielen verdeckten Einzelheiten, die uns als den Außenseitern selbst bei intensivem Einsatz aller möglichen Methoden verborgen bleiben. Er kennt seine Kultur in der gleichen Weise wie wir die unsrige, weil er sie als Kind gelernt hat (vgl. Kap. 9).

Informanten

Mit der Person des Informanten bzw. der Informantin verbunden sind einige Tatsachen, ohne deren Kenntnis und Beachtung wir uns die Arbeit um einiges schwerer machen können.

Wir sollten nicht erwarten, gleich zu Beginn unserer Tätigkeit diejenigen Leute kennenzulernen, die sich für unseren Zweck als gute Informanten erweisen werden. Das braucht erfahrungsgemäß Zeit und Geduld. Zunächst einmal müssen wir Beziehungen anknüpfen. Das geht nicht von heute auf morgen. Eine solche Beziehung entsteht gewöhnlich dadurch, daß man miteinander lebt, Dinge gemeinsam tun muß oder in irgendeiner Weise aufeinander angewiesen ist. Oft werden Menschen unsere Informanten, in deren Nachbarschaft wir wohnen, bei denen wir unser Gemüse kaufen oder die unsere Hilfe in Anspruch nehmen, wenn sie krank sind.

Zu beachten ist, daß Menschen in der fremden Kultur, mit denen wir am schnellsten Kontakt haben, in der Regel die **Randfiguren** in der betreffenden Gesellschaft sind. Es handelt sich bei diesen um Individuen, deren Verhalten von den Normen ihrer Gesellschaft mehr oder weniger abweicht. Infolgedessen werden sie als Außenseiter angesehen, und sie besitzen aufgrund ihres Andersseins nur geringes Prestige unter ihresgleichen. Weil auch wir Ausländer mit unserem ebenfalls abweichenden Verhalten Randfiguren darstellen, aber als Mitglieder einer europäisch-westlichen Kultur in der Regel gleichzeitig mit hohem Prestige ausgestattet sind, machen sich jene ("marginal natives") bevorzugt an uns heran, um auf diese Weise ihr mangelndes Prestige aufzubessern.

Wenn wir das nicht merken, und das ist oft schwierig, besonders am Anfang, dann begeben wir uns in die gleiche Isolation, in der sich die Betreffenden selbst befinden. Wichtige andere mögliche Informanten halten sich dann mißtrauisch von uns fern, und die Randfiguren selbst sind aufgrund ihrer Stellung mit vielen Bereichen ihrer Kultur nicht so vertraut, wie wir das für unsere Arbeit bräuchten. Im übrigen zeichnen sich solche Außenseiter nicht selten dadurch aus, daß sie *akkulturiert* sind, was heißt, daß sie Erfahrungen in einer anderen Kultur gemacht haben, indem sie etwa längere Zeit in einer größeren Stadt gearbeitet haben. Das bedeutet möglicherweise auch, daß sie eine zweite Sprache sprechen, z.B. Englisch, was ihnen erleichtert, früh Kontakt mit uns aufzunehmen. Ihr Akkulturiertsein hat aber den Nachteil, daß sie leichter fremde Elemente in ihre Aussagen einfließen lassen, als uns lieb und für die Qualität unserer Forschungen günstig ist.

Zu Beginn unserer Anwesenheit kann es schwierig sein, einen Informanten zu gewinnen, weil man unsere **Rolle** nicht kennt und nicht weiß, was wir eigentlich wollen. Es kann sein, daß wir dadurch in den Verdacht geraten, eine Art Spion zu sein. Ethnologen, die sich für die Verwandtschaftsverhältnisse, die Arbeitsteilung und den Landbesitz einer Gemeinschaft interessieren, könnten verkappte Beamte sein, die ihr Wissen um die Vermögensverhältnisse an die Regierung weitermelden mit der Konsequenz, daß die Steuern erhöht werden. Man kann sich leicht vorstellen, daß eine Befragung unter solchen Bedingungen nicht gerade die objektivsten Ergebnisse hervorbringt.

Menschen, die in schriftlosen Gesellschaften leben, haben generell Schwierigkeiten damit, den Fremden in ihrer Umgebung eine Rolle zuzuweisen, die für sie einen Sinn ergibt. Besonders schlecht gelingt ihnen eine Rollendefinition bei unverheirateten Frauen, Entwicklungshelferinnen wie Missionarinnen. Man kann sich nicht vorstellen, daß eine Frau allein so weit von zuhause weggehen kann, daß sie in ihrem Alter noch unverheiratet ist, oder daß sie nicht wenigstens einen männlichen Verwandten präsentiert, einen Bruder, Vetter oder Onkel, der für sie verantwortlich sein könnte. Es gibt Gesellschaften, in denen die einheimischen Männer nicht mit einer unverheirateten fremden Frau in Kontakt treten können, wenn kein Mann aus ihrer Verwandtschaft in der Nähe ist. Dauert dieser Zustand längere Zeit an, dann versuchen die einheimischen Frauen manchmal, das Problem dadurch aus der Welt schaffen, daß sie die fremde drängen, einen ihrer Männer zu heiraten. Für die Einheimischen gilt diese Lösung meist als ideal, für die Europäerin weniger. Oft genügt es schon, die Rollenproblematik zu entschärfen, wenn ihre männliche Verwandtschaft einmal zu Besuch kommt.

Vor einiger Zeit noch galt es als (etwas unbedarfte) Faustregel, daß es für Menschen in der Dritten Welt zwei Arten von (weißen) Ausländern in ihrer Umgebung gibt. Solche, die keinen Bart tragen, aber rauchen, sind als Regierungsbeamte und Entwicklungshelfer anzusehen, die anderen, die Nichtraucher mit Bart, sind kirchliche Mitarbeiter. Letztere gelten zwar als besonders vertrauenswürdig. Der Umgang mit ihnen kann aber auch recht unangenehm werden. Daß sie Fragen stellen, unterscheidet die beiden Arten von Weißen nicht. Das Problem für die Einheimischen liegt eher in der Art und Weise, wie sie auf bestimmte Bereiche und Aspekte der fremden Kultur reagieren.

Wie zu erwarten interessieren sich kirchliche Mitarbeiter intensiv für die einheimische Religion, besonders aber für deren magische und okkulte Aspekte. Abgesehen davon, daß das dazugehörige Wissen geheim oder wirtschaftlich nutzbarer Familienbesitz ist und folglich nicht einfach weitergegeben werden kann, gibt es einen weiteren Grund, mit ihnen nicht offen darüber zu sprechen. Von ihnen weiß man aus Erfahrung, daß sie allem Magischen, Okkulten gegenüber eine ausgeprägte Abneigung besitzen, daß sie Stellung dagegen nehmen, die damit Befaßten gar zur Rede stellen.

Solches Verhalten wird als Diskriminierung empfunden, als Prestigeverlust, den der Betreffende fürchtet, zumal wenn das Wort des kirchlichen

Mitarbeiters als mit Mana versehen gilt und entsprechende Folgen nach sich ziehen kann (vgl. Kap. 13). Daher ist es für den Missionar und kirchlichen Mitarbeiter schwieriger als für den Ethnologen, an relevante Informationen dieser Art zu kommen, die er dennoch dringend braucht, um sinnvoll und effektiv arbeiten zu können. Hier ist Fingerspitzengefühl gefragt. Der kirchliche Mitarbeiter, der zu schnell Stellung dagegen nimmt, selbst mit besten biblischen Argumenten, der kann sicher sein, daß er sich seine Quelle erst einmal wirksam zuschüttet, daß man ihm aus dem Weg geht und seine Arbeit behindert.

Manchmal ist es schwierig, einen Spezialisten für ein bestimmtes Handwerk als Informanten zu gewinnen. Sein Wissen ist ebenfalls in aller Regel nicht Privatsache, sondern Besitz seiner Großfamilie. Unter Umständen lebt sie davon. So lassen sich einheimische Heiler für ihre Krankenbehandlungen in Naturalien oder Geld bezahlen . Als Informanten fürchten sie oder ihre Familien, daß der Fragende zur Konkurrenz werden könnte, indem er das Wissen, das er von ihnen als den Spezialisten erwirbt, in der gleichen Weise wirtschaftlich nutzt. Falls wir einen solchen Fachmann gewinnen wollen, brauchen wir Geduld, und vermutlich werden wir auch Geldmittel einsetzen müssen, um an sein Wissen heranzukommen.

Nach einer gewissen Zeit und mit der Erfahrung, die sich daraus ergibt, läßt sich erkennen, welche Personen als Informanten für uns in Frage kommen. Mit diesen treffen wir eine Verabredung zu möglichst regelmäßigen Zusammenkünften oder Sitzungen, um unsere Fragenkataloge mit ihnen durchzusprechen. Ältere Informanten sind unter Umständen gebrechlich. Das bedeutet, daß wir sie in ihrem Haus besuchen müssen, was im übrigen von Vorteil für uns ist, denn sie sind zu jeder Tageszeit verfügbar. Jüngere Informanten dagegen sind nur am späteren Nachmittag oder Abend zu sprechen, weil sie tagsüber berufstätig sind, auf ihren Feldern arbeiten, sich bei ihrem Vieh oder auf der Jagd befinden.

Die Arbeit mit älteren Informanten macht manchmal Mühe, weil sie schwerhörig sind, oder weil sie keine Zähne mehr haben und deshalb beim Sprechen nicht gut artikulieren. Wer unter solchen Bedingungen Sprachanalysen betreiben und Phoneme erarbeiten muß, braucht Geduld und den Willen zum Durchhalten, falls er den Informanten seiner besonderen intellektuellen Qualitäten wegen nicht aufgeben will.

Sitzungen mit einem, gelegentlich auch mit mehreren Informanten, verlangen von beiden Seiten Konzentrationsleistungen besonderer Art. Der Fragende ist gefordert, komplizierte Sachverhalte in einfache Denkschritte zu zerlegen oder Situationen zu erfinden, in denen solche Sachverhalte anschaulich werden. Gleichzeitig muß er schnell notieren, was der Informant antwortet. Seine Aussagen macht dieser ja nicht im Diktiertempo. Und während der Fragende notiert, muß er bei wichtigen, aber unerwartet auftauchenden Informationen schnell Zusatzfragen stellen oder überhaupt schon die nächste größere Frage formulieren, damit das Interview den nötigen Schwung nicht verliert.

Konzentration erfordert eine Befragung auch deswegen, weil sie unter Umständen in unruhiger Umgebung stattfindet. Nicht selten ist man von einer ganzen Horde lärmender "teilnehmender Beobachter" umlagert, von Kindern, die das für sie ungewöhnliche Geschehen miterleben möchten, oder von einer Hundemeute, die eine geräuschvolle Beißerei anzetteln.

Daher ist es ratsam, Befragungen zeitlich nicht zu sehr auszudehnen, besonders am Anfang, zumal sie ja auch für den Informanten eine Situation darstellen, die er eigentlich nicht kennt. Er ist es wohl gewöhnt, stundenlang ein informelles Gespräch mit seinen Landsleuten über alle möglichen Themen zu führen, aber nicht ein strukturiertes Interview, das womöglich noch einen Dolmetscher erfordert.

Informanten mögen noch so intelligent sein. Um gute Informanten zu werden, müssen sie einiges lernen. Sie wissen zunächst gar nicht, was wir wollen. Wenn unsere Fragen Alltäglichkeiten in der fremden Kultur betreffen, wundern sie sich darüber, warum wir nach Dingen fragen, die jedes Kind weiß, und geben daher vielleicht nur nachlässig oder nicht in erschöpfender Weise Auskunft. Da Europäer in schriftlosen Gesellschaften oft als überragend intelligent gelten, nehmen Informanten an, der Fragende kenne die Antwort schon und wolle den Befragten nur prüfen, eine unter Umständen vom Informanten als demütigend empfundene Situation.

Wenn man mit Informanten arbeitet, die schamorientiert sind, bekommt man gelegentlich Antworten, die sich bei genauerem Hinsehen oder zu einem späteren Zeitpunkt als Phantasieprodukte erweisen. Der Grund dafür liegt in der Angst des schamorientierten Informanten, dem Fragenden eine plausible Antwort schuldig bleiben zu müssen und damit sein Gesicht zu verlieren.

Solche erfundenen Antworten sagen zwar manchmal auch etwas über die untersuchte Kultur aus. Man muß sie aber erst einmal als erfundene Antworten erkennen. Die Wahrscheinlichkeit, daß man einen Bären aufgebunden bekommt, ist hoch. (Einen klassischen Fall dieser Art hat Freeman 1983 aufgedeckt). Es ist daher nötig, dem Informanten besonders am Anfang der Zusammenarbeit immer wieder klar zu machen, daß es keine Schande für ihn ist, wenn er sagt, er wisse auf eine Frage keine Antwort. Am wirkungsvollsten ist es, wenn man ihn darauf hinweist, daß man noch jemand anderen befragen werde. Das zwingt ihn zur Vorsicht und zur Offenheit, denn eine Aussage, die aus der Luft gegriffen wäre, würde ihn entlarven und ihn vor seinen eigenen Leuten diskreditieren.

Dem Problem des Informanten, daß er nicht weiß, warum wir so hartnäckig nach simplen Einzelheiten des Alltäglichen fragen, begegnet man am besten dadurch, daß man ihm die betreffenden Sachverhalte kurz so beschreibt, wie sie sich in der eigenen Kultur darstellen, ehe man ihn fragt, wie es sich in seiner Kultur damit verhält. Wir lösen so bei ihm etwas aus, das man ein "Aha-Erlebnis" nennen könnte, und er erkennt, warum wir fragen, daß unsere Fragen ehrlich gemeint sind, daß wir tatsächlich nicht wissen, wonach wir ihn fragen. So wird ihm im Lauf der Zeit bewußt, daß in der Tat nur er unsere Unwissenheit beseitigen kann. Diese Art der Fragevorbereitung ist übrigens auch deswegen überaus befriedigend, weil der Informant Elemente einer ihm fremden Kultur kennenlernt, während er mit uns arbeitet. Einem intelligenten Informanten liefern wir auf diese Weise Gesprächsstoff, der für ihn und seine Verwandten interessant ist, und der oft ausgiebig diskutiert wird, wenn wir nicht anwesend sind.

Wenn man dieses Verfahren eine Zeitlang konsequent anwendet, entsteht daraus ein regelrechter Lernprozeß, der den Informanten gewissermaßen "umdreht". Einer, der anfangs in passiver Weise Fragen entgegengenommen hat, wird immer mehr zu einer Art Lehrer, der uns schließlich sogar von sich aus auf Dinge aufmerksam macht und Informationen liefert, nach denen wir nicht gefragt haben, weil wir sie entweder übersehen haben oder nicht ahnen, daß es sie gibt.

Für seine Arbeit müssen wir uns dem Informanten gegenüber auf jeden Fall erkenntlich zeigen. Nehmen wir seine Hilfe regelmäßig über längere Zeiträume in Anspruch, wie etwa bei einem Sprachhelfer, der im Rahmen eines Alphabetisierungsprogramms oder einer Bibelübersetzung mitarbeitet, so hat er Anspruch auf eine ortsübliche Entlohnung, schon deswegen, weil er nicht zum Fischen, auf die Jagd gehen oder auf seinem Feld arbeiten kann, wenn er für uns arbeitet. Unter Umständen ist er so nämlich gezwungen, den Unterhalt für seine Familie zu kaufen.

Informanten gegenüber, die wir nur zeitweise oder gelegentlich brauchen, können wir uns auch mit Naturalien erkenntlich zeigen, mit einem Kleidungsstück etwa, das sie sich anders nicht kaufen könnten, mit einem Werkzeug oder mit der Beschaffung von Medikamenten.

Strikt achten müssen wir auf jeden Fall darauf, daß unsere Informanten unter ihresgleichen nicht als unsere Günstlinge erscheinen. Das schafft Neid und isoliert sowohl sie als auch uns.

Was wir bei unseren Befragungen und Forschungen wirklich tun, ist so unerklärlich für diejenigen, die nicht direkt daran beteiligt sind, daß die wildesten Gerüchte entstehen und kursieren. Das kann zu Besorgnissen führen, die uns schaden. Viel tun kann man dagegen nicht. Am besten ist es, wenn man seine Absichten offenlegt, um so wenigstens ein Gegengerücht in Umlauf zu bringen. Besorgnisse zu beseitigen gelingt natürlich nur, wenn wir unsere Absichten so plausibel machen können, daß die Fremden mit ihrem eigenen kulturellen Erklärungsrahmen unsere eigentlichen Intentionen zu erkennen vermögen.

Die Vermutung, daß wir ein Buch schreiben werden, ist inzwischen überall so naheliegend, daß es kaum eine ethnische Gruppe mehr gibt, die nicht davon ausginge. Auch gilt als selbstverständlich, daß wir mit dem Buch reich werden, steinreich. Es nützt wenig, wenn man beteuert, daß man den Verlagen, die Ergebnisse ethnologischer Forschungen veröffentlichen, erst einmal einen Batzen auf den Tisch legen muß, ehe sie bereit sind, den Druck eines Manuskripts zu übernehmen. Daß man kaum mehr als ein Taschengeld damit verdient, glaubt einem niemand.

Kognitive Ethnologie

Mit der Fragebogentechnik, guten Informanten, einiger Erfahrung in der betreffenden Gesellschaft, viel Geduld und ausdauernder Beharrlichkeit kann man nun auch jene Aspekte der Kultur einer Ethnie untersuchen, die nicht direkt beobachtet werden können, weil sie sich überwiegend in den

303

Köpfen der Leute verbergen. Gemeint sind die Denkstrukturen, die mentalen Raster, die allen materiellen Objekten einer Kultur und allem Verhalten ihrer Mitglieder zugrundeliegen, von diesen Denkstrukturen sozusagen erzeugt werden. Es sind die Regeln, deren Kenntnis unerläßlich ist, wenn man sich so verhalten will, daß die Mitglieder einer Kultur dieses Verhalten als das für sie typische erkennen. Es handelt sich um jene Strategien zur Gestaltung und Bewältigung des Daseins, aus der die primäre, die eigentliche Kultur besteht (vgl. Kap 4).

Mit den sogenannten *kognitiven Methoden* gelingt es, zu erfassen, welche Dinge, Vorgänge, Zustände und Eigenschaften einander begrifflich zugeordnet sind, oder anders gesagt, welche Einzelheiten der Welt, in der eine Ethnie lebt, für sie von Bedeutung sind, wie sie begrifflich erfaßt und gelagert werden. Ein Beispiel aus dem Deutschen: Menschen haben Beine, aber nicht nur Menschen, sondern auch Hunde, Vögel, Käfer, Tische und vieles andere. Wenn man die verschiedenen Arten von Beinen in dieser Aufzählung genauer betrachtet, dann entdeckt man, daß zwischen den Beinen von Menschen, Käfern und Tischen ein erheblicher Unterschied besteht. Trotzdem klassifizieren wir sie als ein und dasselbe, als Beine eben, d.h. wir ordnen diese Dinge trotz erkennbarer Unterschiede begrifflich einander als gleich zu. Das kann in anderen Kulturen ganz anders aussehen. Für die Franzosen haben nur Menschen Beine (jambes), Tiere aber Pfoten (pattes), und zwar unterschiedslos alle: Elefanten, Störche, Fliegen usw. Auf den Inseln Mikronesiens dagegen haben Insekten keine Beine, sondern Finger (*ëwútún*), ebenso Krebse, wobei ihre Scheren konsequenterweise als Daumen (*ëwútúnapan*) bezeichnet werden. Finger sind in dieser Kultur auch die Zehen von Menschen, die Zeiger von Uhren und die Strahlen der Sonne.

Solche anderen begrifflichen Zuordnungen sind nicht primitiv, sondern nur anders als erwartet. Auf jeden Fall sind sie nicht vorhersagbar. Wer in einer fremden Kultur tätig wird, sollte immer mit den merkwürdigsten, überraschendsten und interessantesten Begriffskombinationen rechnen, die man sich denken kann. Gerade diese aber muß man kennen, wenn man so über die Dinge reden und mit ihnen umgehen will, wie sie für die Betreffenden zusammengehören. Das ist besonders wichtig, wenn man Kinder unterrichtet.

Daran, daß man "richtig" über die Dinge reden muß, ist erkennbar, daß die Begriffsstrukturen, in die sie eingebettet sind, etwas mit Sprache zu tun haben müssen. In Wirklichkeit sind sie so sehr in die Strukturen der betreffenden Sprache integriert, daß man sie mit Hilfe der Sprache und der Analyse ihrer grammatikalischen Formen entschüsseln, beschreiben und lernen kann. Dazu benützt man am besten *drei Grundfragen*. Man besorgt sie sich von jemand, der die betreffende Sprache schon kennt, und lernt sie möglichst schnell auswendig, auch wenn man die Bedeutungen ihrer Einzelwörter noch nicht vollständig verstehen kann. Die erste lautet:

Wie heißt das betreffende Ding, der Vorgang, die Eigenschaft oder der Zustand?

Auf diese Frage hin bekommt man vom Informanten ein *Wort* in seiner *Muttersprache*. Dieses erlaubt die zweite Grundfrage:

Was bedeutet das Wort sonst noch?

Jetzt bekommt man (im Idealfall) alle diejenigen Dinge, Vorgänge, Eigenschaften oder Zustände genannt, die man mit diesem Wort ebenfalls bezeichnen kann. Auf diese Weise liefert uns der Informant alles das, was er ausschließlich aufgrund seiner eigenen Kultur unter diesem Wort als begrifflich zusammengehörig empfindet.

Hat man eine Zeitlang mit diesen beiden Fragen gearbeitet und etwas Erfahrung im Umgang mit der fremden Sprache erworben, kann man die dritte Frage einbeziehen. Sie lautet:

Was für eine Art Ding, Vorgang, Eigenschaft oder Zustand ist das?

Die Antwort ist der *Oberbegriff*, unter den die Dinge, Vorgänge, Eigenschaften oder Zustände gehören, um die es geht. Der Oberbegriff ist wichtig, weil man an ihm erkennen kann, als was das Erfragte auf der nächsthöheren Ebene des Begriffsfelds klassifiziert ist, in das es gehört. Nur wenn man weiß, welcher Oberbegriff dafür zuständig ist, kann man endgültig "richtig" darüber reden, sprich "begrifflich richtig" zuordnen.

Diese Fragetechnik heißt englisch *eliciting* ("Herauslocken"). Einer ihrer großen Vorteile ist der, daß der Informant ohne Umschweife zu einem Konzept seiner eigenen Kultur Stellung nimmt, ohne den Umweg über die

Denkstrukturen des Ethnographen. Damit bleibt er immer innerhalb des Rahmens seiner eigenen Kultur. So bekommt man ausschließlich die *emischen* Aspekte der untersuchten Thematik. (Darunter versteht man diejenigen Merkmale eines Kulturelements, die ausschließlich für sein Funktionieren innerhalb des Systems von Bedeutung sind, dessen Teil es ist. Seine übrigen Merkmale nennt man *etische* Aspekte. Das Begriffspaar emisch/etisch bildet eines der grundlegenden Konzepte in der modernen Kulturtheorie.)

Damit die Arbeit mit den drei Grundfragen anschaulich wird, hier ein Beispiel aus dem Bereich des Konkreten. Angenommen, wir wollen wissen, wie die Beine eines Käfers begriffen werden. Wir zeigen sie unserem Informanten an einem lebenden Exemplar oder auf einer Abbildung.

Ethnograph: "Wie heißt dieser Körperteil?"
Informant: "*ëwútún*".

Wir notieren das Wort zunächst einfach *phonetisch*, also so, wie wir es hören. Im Lauf der Zeit verändern wir unsere Schreibweise, weil wir lernen, die Laute und Lautunterschiede, die in der Sprache unserer Informanten unwichtig (etisch) sind, von wichtigen (emischen) zu unterscheiden. Schließlich schreiben wir *phonemisch*, d.h. nur noch das, was zur Unterscheidung von Wortbedeutungen unbedingt nötig ist.

Ethnograph: "Was bedeutet das Wort sonst noch?"
Informant: statt einer sprachlichen Antwort weist er jetzt (wahrscheinlich) auf seine Finger, seine Zehen, die Zeiger seiner Armbanduhr und die Strahlen der Sonne oder einer anderen Lichtquelle.

In dieser Sammlung von Dingen steckt ein Problem, die Tatsache nämlich, daß nicht alle gleiches begriffliches Gewicht haben. Es ist damit zu rechnen, daß eines von ihnen einen Schwerpunkt bildet, den sogenannten *Fokus* des Begriffs. Diesen müssen wir ebenfalls kennen, um richtig damit umgehen zu können. Natürlich dürfen wir den Informanten nicht direkt nach dem Fokus des Begriffs fragen. Er wäre mit dieser Formulierung überfordert. Wenn wir unsere diesbezügliche Frage aber in anschauliche Worte fassen und Geduld haben, bekommen wir brauchbare Antworten, auch in komplizierteren Bereichen. Eine anschauliche Frage wäre beispielsweise folgende: "Welches von den Dingen, die du mir eben gezeigt hast, fällt dir zuerst ein, wenn du das Wort *ëwútún* hörst?" Sollte er daraufhin sagen, es seien die "Finger", die ihm dabei zuerst in den Sinn kommen, dann hätten wir diese als Fokus des Begriffsbereichs identifiziert, den er mit der Wortform *ewútún* bezeichnet.

Wenn wir jetzt die dritte Frage stellen, die nach dem Oberbegriff ("Was für eine Art Ding ist das?"), dann bekommen wir vom Informanten *kifetin inis*, was nichts anderes bedeutet als "Körperteil". Auch damit ist ein kleineres Problem verbunden. Dieser Oberbegriff gilt nämlich nicht für alle Teilbegriffe, z.B. nicht für die Strahlen einer Lichtquelle. Ich erwähne dies nur, um zu zeigen, daß sich bei der Arbeit mit kognitiven Methoden unerwartete Schwierigkeiten ergeben können. Wir sollten uns dadurch nicht entmutigen lassen, sondern einfach mit solchen Schwierigkeiten rechnen, nicht meinen, auch noch die allerletzten Fragen klären zu können, sondern daraus ablesen, daß Sprach- und Denksysteme außerordentlich vielfältige Formen annehmen können.

In anderen Beispielen ergibt die Frage nach dem Oberbegriff weniger komplizierte, aber gleichwohl aufschlußreiche Ergebnisse. Angenommen, wir wollen wissen, wie eine Kalebasse (ein aus einem Flaschenkürbis hergestellter Behälter) begriffen wird. Für den Europäer ist es ein Gefäß. Wenn wir das Wort (*ruume*) dafür erfragt (elizitiert) und auf entsprechende Nachfrage noch andere "Gefäße" wie Flaschen und Kanister gezeigt bekommen haben, fragen wir nach dem Oberbegriff. Wir erfahren, daß alle *ruume* eine Art *waa* seien, und wir nehmen an, *waa* bedeute so etwas wie Behälter oder Aufbewahrungsort ganz allgemein. Weil wir inzwischen wissen, daß wir das nicht als selbstverständlich voraussetzen dürfen, sondern überprüfen müssen, fragen wir, was *waa* sonst noch bedeuten kann. Die Antwort ist auch hier überraschend: *waa* sind Boote, Autos und Flugzeuge, also nicht "Behälter", sondern "Transportmittel". Kalebassen und Flaschen sind folglich in dieser Kultur begrifflich etwas anders gelagert, als es ein Fremder erwarten würde. Das gilt auch für den Fokus des Begriffs. Informanten geben an, beim Hören des Wortes *waa* zuerst an Boote zu denken.

Man muß sich beim Elizitieren immer vor Augen halten, daß begriffliche Zuordnungen durch verschiedene Informanten nie vollkommen identisch ausfallen, und nicht nur im Detail. Der Grund dafür ist, daß keine naturgesetzlichen Zusammenhänge zwischen den Phänomenen der Wirklichkeit und den sprachlich-begrifflichen Strukturen bestehen, mit denen der Mensch sie sich verfügbar macht, und daß es selten nur eine einzige Möglichkeit der Kombination von Phänomenen gibt.

Die kognitive Methode zur Erfassung von Begriffsstrukturen läßt sich nicht nur auf sicht- und greifbare Elemente in der Umwelt einer Ethnie anwenden, etwa auf Tiere und Pflanzen, sondern auch im Bereich des Unanschaulichen, beispielsweise bei der Erforschung psychisch-intellektueller Phänomene wie Emotionen (Angst, Freude, Trauer, Liebe) oder Charaktereigenschaften (Mut, Entschlossenheit, Geduld usw.). Auch sie zeigen oft interessante und aufschlußreiche Begriffsstrukturen, die erkennen lassen, daß nicht überall eine Trennung besteht zwischen Denken als Tätigkeit des Intellekts einerseits und den Gefühlen als Tätigkeit einer Psyche oder "des Herzens" andererseits (Käser 1977).

Als Anfänger sollten wir uns aber erst einmal längere Zeit mit dem Anschaulichen beschäftigen, weil wir lernen müssen, wie zu fragen ist, wie der Informant mit diesen Fragen umgeht und welche Hilfestellung er unter Umständen braucht, um zu verstehen, was wir wollen. Dies ist eines der Hauptprobleme, mit denen man kämpft, und sie sind im Bereich des Unanschaulichen deutlich größer. Unanschauliches erfassen kann man zudem oft nur, wenn man es in konkrete Situationen faßt. Relevante Aussagen zum Begriff "Eifersucht" beispielsweise sind nur zu erwarten, wenn man den Informanten zu Situationen Stellung nehmen läßt, in denen Eifersucht eine Rolle spielt: zwei Hunde, von denen nur einer gestreichelt wird, oder zwei Männer, die sich in die gleiche Frau verlieben usw. Um solche Konkretisierungen erfinden zu können, braucht man schon eine gewisse Erfahrung in der betreffenden Kultur und muß die Sprache des Informanten schon recht gut meistern.

Auf jeden Fall ist die kognitive Methode bestens geeignet, eine *schriftlose Sprache zu lernen*. Ihre Vorteile liegen darin, daß man mit einem verhältnismäßig einfachen Satz von Fragen auskommt, daß man folglich schon mit dem Sammeln von Fakten beginnen kann, wenn die eigenen Sprachkenntnisse noch eher bescheiden sind, und daß man mit der Methode gar nicht anders kann, als Sprachliches in unmittelbarem Zusammenhang mit Kulturellem zu erfassen.

Hinzu kommt eine äußerst angenehme Begleiterscheinung. Man stößt ständig auf überraschende Begriffszusammenhänge. Die *Entdeckerfreuden*, die man dabei erlebt, entschädigen reichlich für die Mühsahl des Suchens und liefern ein kraftvolles *Motiv zum Weitermachen*, wenn einen die Lust an der

Arbeit (und an der Ethnologie) verlassen will. (Dagegen sind auch noch ein paar andere Kräuter gewachsen, nachzulesen im folgenden Kapitel.)

Zur Methodik der ethnologischen Feldforschung gibt es sehr gute Spezialliteratur. Als allgemeine Einführung eignet sich der Aufsatz von Schott (1971). Was er über Feldforschung sagt, beschreibt er im Zusammenhang mit dem gesamten Anliegen der Ethnologie. Seine Bibliographie enthält zahlreiche weitere Titel von Interesse für den Feldforscher. Ebenfalls eine gute kürzere Einführung ist Fischer (1983). Wer sich mit der Soziologie einer Ethnie befassen muß, erfährt Wichtiges in Strecker (1969). Sehr anschaulich und erlebnishaft geschrieben sind Freilich (1970) und Spindler (1970). Ausführliche Darstellungen einschlägiger Verfahren finden sich in Werken wie Jongmans/Gutkind (1967) und besonders Pelto (1970), der mit dieser Veröffentlichung etwas vom Besten vorgelegt hat, was es zu dieser Thematik im allgemeinen und zur kognitiven Methode im besonderen gibt. Lernen kann man sie im übrigen Schritt für Schritt mit Hilfe von Spradley (1979 a). Es handelt sich um zwölf interessant geschriebene Lektionen. Im selben Jahr erschien von ihm auch eine Einführung in die Technik der teilnehmenden Beobachtung (1979 b).

Die genannten Titel sind nur ein kleiner Ausschnitt aus einer enormen Fülle an Einführungen und Arbeiten zu teilweise sehr speziellen Teilaspekten der Feldarbeit. Diese findet man in den Bibliographien am Ende der erwähnten Publikationen und insbesondere in der lesenswerten Geschichte der kognitiven Anthropologie von D'Andrade (1995).

Mehr zum Thema dieses Kapitels findet sich in folgenden Werken:

D'Andrade, Roy: The development of cognitive anthropology. Cambridge et al. 1995.

Fischer, Hans: Feldforschung. In: Fischer 1983:69-88.

Fischer, Hans (Hrsg.): Ethnologie. Eine Einführung. Berlin 1983.

Freeman, Derek: Liebe ohne Aggression. Margaret Meads Legende von der Friedfertigkeit der Naturvölker. München 1983.

Freilich, Morris (ed.): Marginal natives - anthropologists at work. New York 1970.

Haekel, Josef; Lukesch, Anton: Einführung in die Ethnologie Südamerikas. Wien 1972.

Jongmans, D. G.; Gutkind, P.C.W. (eds.): Anthropologists in the field. Assen 1967.

Käser, Lothar: ... und bliebe am äußersten Meer. Bad Liebenzell 1972.

Käser, Lothar: Der Begriff "Seele" bei den Insulanern von Truk. Diss. Freiburg 1977.

Käser, Lothar: Durch den Tunnel. Bad Liebenzell 1989.

Käser, Lothar: Pauti. Berneck/Schweiz 1989, ²1990.

Pelto, Pertti J.; Pelto, Gretel H.: Anthropological research: the structure of inquiry. Cambridge ²1970.

Schott, Rüdiger: Aufgaben und Verfahren der Völkerkunde. In: Trimborn 1971:1-36.

Spindler, George D. (ed.) : Being an anthropologist. Fieldwork in eleven cultures. New York 1970.

Spradley, James P.: The ethnographic interview. New York et al. 1979(a).

Spradley, James P.: Participant observation. New York 1979(b).

Strecker, Ivo: Methodische Probleme der ethnosoziologischen Beobachtung und Beschreibung. Diss. Göttingen 1969.

Trimborn, Hermann (Hrsg.): Lehrbuch der Völkerkunde. Stuttgart 1971.

20. Kapitel:

Ethnologie zum Schmunzeln

> In diesem Kapitel wird der Beweis dafür erbracht, daß Ethnologie nicht ausschließlich eine bierernste Angelegenheit ist, und es wird erklärt, was man tun kann, wenn einem dabei trotzdem das Lachen vergangen ist. Es gibt eine ganze Reihe von Ethnologen, denen es ein intellektuelles Vergnügen bereitet, nicht nur den Humor der Menschen zu beschreiben, deren Kulturen sie untersuchen, sondern auch das Komische, Schräge und Lachhafte an ihrer Wissenschaft zu entdecken, um es mit spitzer Feder zu präsentieren. Besonders attraktiv daran ist übrigens das unfreiwillig Komische, das inzwischen so reichlich gedruckt vorliegt, daß man sich wundert, warum es noch keine systematische Bearbeitung gefunden hat: Stoff genug für eine Habilitationsschrift.

Manchmal kommt es vor, daß man das Thema, an das man zu Anfang mit Schwung und Optimismus herangegangen war, und mit dem man sich eigentlich gern beschäftigt, so gründlich satt hat, daß man es nicht mehr sehen mag. Das Gefühl des Überdrusses, das einen plagt, ist meist die Folge eines Zustands des Verranntseins, in den man geraten ist, weil man befürchtet, in der beschränkten Zeit, die einem für eine Feldforschung zur Verfügung steht, nicht zu erreichen, was man sich vorgenommen hat, oder weil man zu einseitig gelebt und gearbeitet, Bibliographien durchgesehen, Bücher gewälzt, Aufsätze exzerpiert, Fragebögen entworfen, Informanten befragt und dabei völlig vergessen hat, daß es neben der Ethnologie auch noch andere interessante Dinge im Leben gibt, die zu tun sich lohnt, oder die einfach auch getan werden müssen. Hat man diesen Zustand erreicht, ist es höchste Zeit, daß man die Feldarbeit eine Zeitlang Feldarbeit sein läßt und Urlaub macht. Was man jetzt braucht, ist eine "Rückkehr zum Lachen". So lautet der Titel von Elenore Smith Bowens berühmt gewordenem ethnologischem Roman (1984), der in dichter Beschreibung die Befindlichkeit einer Feldforscherin in Afrika schildert, der das Lachen vergangen war, und die es wiedergewinnen mußte.

Es gibt viele Wege, die uns die Rückkehr zum Lachen ermöglichen. Einer davon besteht darin, daß wir, auch wenn das jetzt merkwürdig klingt, nach Büchern suchen, in denen sich die Ethnologie von einer ganz anderen Seite zeigt als von der, mit der sie sich uns gerade selbst verleidet hat.

Es ist etwas Schönes, daß alles Ernstzunehmende auch seine merkwürdigen, komischen und schrägen Seiten hat. Die ethnologische Literatur macht da keine Ausnahme.

Man kann die Beispiele aus dem Bereich der Ethno-Ridicula in zwei Kategorien einteilen, in solche, die von unfreiwilliger Komik sind, und solche, die den Leser unterhalten mit skurrilen Verfremdungen von Kulturelementen, parodierenden Beschreibungen von erfundenen ethnischen Gruppen und Kulturen, aus der Luft gegriffenen Sitten und Gebräuchen oder der Schilderung von spaßigen Begebenheiten, die während der Feldarbeit mit autoritären Beamten, kauzigen Informanten oder mit der eigenen Tollpatschigkeit erlebt wurden.

Ein Klassiker unter den Parodien ist eine Abhandlung von Horace Miner (1956) über ein Körper-Ritual der Nacirema. Schon der Name der Ethnie ist eine pfiffige Idee. Rückwärts gelesen verrät er, um wen es sich handelt. Von ähnlichem Zuschnitt, aber bei weitem nicht so gelungen wie Miners Parodie, ist Heinrich Bölls "Im Lande der Rujuks" (1992).

Von eher unfreiwilliger Komik sind Beschreibungen anthropologischer Art, wie man sie in Zeitschriften für Rassenkunde aus der ersten Hälfte des 20. Jahrhunderts findet. Man lese einmal nach, was Buntaro Adachi (1937) zum Thema "Völkergeruch" zu sagen hatte.

Beginnen sollte man seine private Rückkehr zum Lachen aber eigentlich mit den Erlebnissen, die der englische Ethnologe Nigel Barley von seinen verschiedenen Feldforschungsaufenthalten berichtet. Es ist umwerfend, was er in den Jahren 1978 bis 1981 bei den Dowayo in Nordkamerun erlebt hat. Unnachahmlich erzählt hat er es in zwei Bänden, die ab 1983 bei verschiedenen Verlagen erschienen sind, inzwischen schon, kaum verwunderlich, mehrere Auflagen erlebt haben und auch in Deutsch vorliegen. Am leichtesten zugänglich sind sie wohl in den Taschenbuchausgaben bei Penguin Books (1986 und 1987).

Barleys Bericht ist natürlich überzeichnet. Im Prinzip aber stimmt seine Darstellung mit den realen Verhältnissen durchaus überein, wie man sie auf Reisen in Afrika selbst erfahren kann.

Ebenfalls höchst lesenswert ist auch Barleys dritte Publikation dieser Art über seine Erlebnisse bei den Toraja in Indonesien (1988). Daß der Autor übrigens auch in seinen ernster gemeinten Veröffentlichungen seinen Sinn für subtilen Humor nicht verbirgt, verwundert danach nicht mehr: Im Titel seiner Arbeit über besonders schöne Erzeugnisse afrikanischer Töpferei ("Smashing pots") verbinden sich zwei sehr verschiedene Wortbedeutungen auf hintergründige Weise (1994).

Selbst seine eigene ethnische Gruppe, die Engländer, hat Barley (1989) eingehender beschrieben. Darin ist der Humor allerdings eher verhalten, zwischen den Zeilen verborgen.

Geschichten von Feldforschungsaufenthalten bilden die Hauptmasse dessen, was dem "Jägerlatein" oder "Seemannsgarn" unter Ethnologen entspricht. Philipp DeVita hat 1990 und 1992 zwei Sammlungen gut geschriebener Erlebnisberichte von Feldforschungen herausgegeben, deren Titel an Barley anknüpfen. Besonders empfehlenswert darin ist Ward H. Goodenoughs "Did you?", was man mit "Hat's geklappt?" übersetzen könnte. Der Autor beschreibt darin, wie er auf dem mikronesischen Atoll Onotoa (Kiribati, früher Gilbert Islands) gelernt hat, auf die obige Frage die richtige Antwort zu geben. Wenn man dort vom Strand zurückkommt, wo sich die Toilettenhäuschen befinden, wird man mit genau dieser Frage "begrüßt", wenn einem jemand begegnet. Wie die "richtige" Antwort lauten muß, liest man am besten selbst nach.

Eine wenig bekannte Besonderheit und Begabung unter den einschlägigen Parodisten ist Epeli Hau'ofa (1988). Der Autor, Sohn eines tonganischen Missionarsehepaars in Neuguinea, gehört selbst zur Zunft der Ethnologen. In seinen tragikomischen Geschichten beschreibt er gekonnt das Verhalten von Südseeinsulanern in Wirtschaft, Verwaltung und Religion mit Hilfe von grotesk wirkender Überzeichnung. Seine geistreichen Einfälle voller selbstironischer Komik sind eine äußerst amüsante Lektüre, die aber beileibe nicht nur als solche gemeint ist. Der Autor zeigt darin, wie sich Kulturwandel auswirken kann. Andere Veröffentlichungen Hau'ofas scheinen von ähnlichem Zuschnitt zu sein.

Vergnügliches kann man auch erleben, wenn man beim Durchsehen ethnologischer Literatur auf vielsagende Titel achtet. Oscar Wildes Drama "The importance of being earnest" taucht verschiedentlich in verfremdeter

Form auf, zum Beispiel als "The importance of being equal" in Allen Bryants (1990) Aufsatz über den Einfluß kolonialer Verhältnisse in Neuguinea, oder "A tale of two cities" von Charles Dickens, ein Titel, aus dem Lowell Holmes (1983) für seine Arbeit über die sogenannte "Mead/Freeman-Kontroverse" (Freeman 1983) "A tale of two studies" gemacht hat, die auch in Caton 1990 enthalten ist. In Gersons Beschreibung von Tradition und Moderne auf Palau heißt der Titel "A tale of two cultures" (1989).

Ein berühmter Klassiker der Ethnologie, Ruth Benedicts "The chrysanthemum and the sword" findet sich wieder in R. Whitings "The chrysanthemum and the bat" (1977).

Shakespeares "Hamlet" ist erkennbar in J. H. Teilhet-Fisks "To beat or not to beat, that is the question" (1991), in "To be or not to be accompanied by a child" von Charlotte Frisbie (1975), oder in Richard A. Goodmans "Something is rotten in anthropology" (1991), ebenfalls eine Stellungnahme zur "Mead/Freeman-Kontroverse". (Das erst im laufenden Text ausführlich genannte Zitat lautet, noch näher an Shakespeare, "Something is rotten in the state of American anthropology".)

Den Titel von Alan Sillitoes berühmtem Roman über die Resozialisation eines straffällig gewordenen Jugendlichen ("The loneliness of the long distance runner") parodiert W. R. Ambrose (1978) in seiner Arbeit über das Tauschverhalten der Insulaner im Bismarck-Archipel ("The loneliness of the long distance trader in Melanesia").

Mit dem Blick des Ethnologen beschreibt glänzend und scharfzüngig Richard W. B. McCormack die Bayern im besonderen (1991) und die Deutschen im allgemeinen (1994). Zwei Kostproben: Bei Wahlen in Bayern werden in den Wahlkreisen, in denen die Mehrheit der staatstragenden Partei nicht oder wenig gesichert ist, die Bleistifte in den Wahlkabinen so kurz angebunden, daß man nur die Partei ganz oben auf dem Wahlzettel erreichen und ankreuzen kann (1991:25). Im Zusammenhang mit den Deutschen beschreibt der Autor den Potlatch, eine Art Verdienstfest bei indianischen Ethnien der Nordwestküste Nordamerikas, in dessen Verlauf die Gastgeber Wertgegenstände zerstören, um zu demonstrieren, wie reich sie sind, um so Prestige zu gewinnen. Er vergleicht das Phänomen mit der deutschen Kultur und findet darin Restformen des Potlatch: das Kalte Buffet und die Massenkarambolagen im Nebel auf deutschen Autobahnen (1994:42).

Beim Ausschauhalten nach Skurrilem in Titeln sollte man aber beachten, daß nicht alles, was nach Parodie aussieht, auch eine solche ist. Die Arbeit von Herwig Wolfram und Walter Pohl (1990) über Ethnogenese und die Bayern und Edward Sapirs Abhandlung (1938) über die Frage, warum die Ethnologie den Psychiater brauche, gehören nicht in dieses Kapitel!

In den USA gibt es seit 1969 einen Bestseller, der eine Zeitlang alle paar Wochen eine Neuauflage erlebte, David Reubens "Everything you always wanted to know about sex, but were afraid to ask". Diesen populistischen Titel finden wir wieder in James D. McCawleys "Everything that linguists have always wanted to know about logic, but were ashamed to ask" (1981). Dahinter verbirgt sich eine witzig geschriebene, aber gründliche Einführung in die Zusammenhänge zwischen Sprache und Denken. Der Autor war Professor für Linguistik und fernöstliche Sprachen an der Universität von Chicago. Sprachlich interessierte Ethnologen werden auch an weiteren Überraschungen aus seiner Feder ihre Freude haben (1974, 1976, 1979, 1982).

Von unabsichtlicher Komik sind oft Passagen aus älteren Ethnographien, deren Stil wir heute als verquast oder einfach als zu blumig empfinden. Das muß zu der Zeit, als ihre Verfasser schrieben, nicht zwangsläufig auch schon so gewesen sein. Wenn es heute aber der Fall ist, warum sollte man ihren unfreiwilligen Humor und ihren Bombast nicht genießen? Auch diese sind nichts anderes als Belege für Kulturwandel: Was zu einer bestimmten Zeit als ernstzunehmen angesehen und formuliert wird, kann zu einer anderen peinlich oder komisch wirken. Ein Beispiel für blumige Übertreibungen findet sich im Vorwort zu S. von Prowazeks Beschreibung der mikronesischen Inselgruppe der Marianen: "Diese Schrift ist die Frucht glücklicher Stunden, die ich auf einer Studienreise mit Prof. Leber auf Saipan und den Marianen (...) verleben durfte" (1913:III).

Höchst komisch und manchmal auch abstoßend wirken in älteren Ethnographien besonders jene Passagen, in denen die Körperformen einer Ethnie geschildert werden. Zu diesem Zweck wurden jeweils eine Reihe Männer und Frauen genauestens vermessen, z.B. der Abstand ihrer Brustwarzen, zentimetergenau, und mit vielerlei erklärenden Adjektiven beschrieben. Das Komische darin liegt im Hang der Autoren zur Vollständigkeit, der den körperlichen Merkmalen der beschriebenen Individuen einen Stellenwert verleiht, der ihnen in Wirklichkeit nicht zukommt. Vieles davon ist unwichtig, wirkt künstlich aufgeblasen und oft geradezu peinlich. Heute finden wir solche Beschreibungen herabwürdigend und diskriminierend. Daher werde ich nichts zitieren. Wer es genau wissen will, der lese die Arbeit von M. Merker (1904), einem Hauptmann in der Kaiserlichen Schutztruppe für Deutsch-Ostafrika.

Merkwürdig mutet uns heute auch eine Arbeit von J. V. Zelizko (1935/36) über die Kletterfähigkeit von Naturvölkern an.

Wer sich für Fragen des Umweltschutzes und der Müllproblematik in frühen Phasen der Geschichte der Kultur interessiert, der lese die Arbeit von Ron Wallace. Das einschlägige Kapitel 32 heißt "Fouling the nest" (1991: 115-117).

Bei der Beschäftigung mit frühen Theorien zur Entstehung der Religionen stößt man früher oder später auf Sigmund Freuds "Totem und Tabu". Ethnologen tendieren heutzutage dazu, dieses berühmte Werk abzulehnen, weil es kulturelle Phänomene wohl in etwas zu naiver Weise interpretiert. Lustig gemacht darüber hat sich Thomas Gladwin (1962) in einem kurzen, aber glänzend geschriebenen Beitrag, in dem er den Pferde-Spleen pubertierender Mädchen und den Cowboy-Spleen pubertierender Jungen als Hinweise daraufhin untersucht, ob ihre Ursachen möglicherweise in traumatischen Erlebnissen der Menschheit in einer ihrer frühen Phasen liegen könnten. Geistreiche Lektüre von einem renommierten Ethnopsychologen!

Seit 35 Jahren gibt es in den USA eine "wissenschaftliche" Zeitschrift mit dem Titel "Journal of Irreproducible Results". Darin machen sich Wissenschaftler aller Sparten über ihr Fach lustig, indem sie entweder unfreiwillig ernstgemeinte Dummheiten veröffentlichen oder eigene skurrile Einfälle ins Gewand eines wissenschaftlichen Beitrags kleiden. Eine Sammlung der besten gibt es seit 1986 auch in deutscher Sprache, herausgegeben von George H. Scherr.

Wer damit immer noch nicht genug haben sollte, der könnte sich bei R. C. Rist (1980) darüber informieren, was "Blitzkrieg-Ethnographie" ist, und wer sich über die französischen Ursprünge der Ozeanier kundig machen möchte, der lese, was K. J. Hollyman (1984) darüber zu sagen hat.

Mehr zum Thema dieses Kapitels findet sich in folgenden Werken:

Adachi, Buntaro: Das Ohrenschmalz als Rassenmerkmal und der Rassengeruch ("Achselgeruch") nebst Rassenunterschied der Schweißdrüsen. Zeitschrift für Rassenkunde 6.1937:273-307.

Ambrose, W. R.: The loneliness of the long distance trader in Melanesia. In: Specht/White 1978:326-333.

Barley, Nigel: Native land. New York 1989 (Viking Penguin).

Barley, Nigel: The innocent anthropologist. Notes from a mud hut. Harmondsworth, Middlesex, England, et al. 1986 (Penguin). - Deutsch: Traumatische Tropen. Notizen aus meiner Lehmhütte. Stuttgart ³1991 (Klett-Cotta).

Barley, Nigel: A plague of caterpillars. A return to the African bush. Harmondsworth, Middlesex, England, et al. 1987 (Penguin). - Deutsch: Die Raupenplage. Von einem, der auszog, Ethnologie zu betreiben. Stuttgart ²1990 (Klett-Cotta).

Barley, Nigel: Not a hazardous sport. London et al. 1988 (Viking Penguin). - Deutsch: Hallo Mister Puttyman. Bei den Toraja in Indonesien. Stuttgart 1994 (Klett-Cotta).

Barley, Nigel: Smashing pots. Works of clay from Africa. London 1994.

Böll, Heinrich: Im Lande der Rujuks. In: Böll 1992:144-148.

Böll, Heinrich: Nicht nur zur Weihnachtszeit. München 1992.

Bryant, Allen: The importance of being equal. The colonial and postcolonial experience in the Torricelli foothills. In: Lutkehaus et al. 1990:185-196.

Caton, Hiram (ed.): The Samoa reader. Anthropologists take stock. Lanham et al. 1990.

DeVita, Philipp R. (ed.): The humbled anthropologist. Tales from the Pacific. Belmont, CA 1990.

DeVita, Philipp R. (ed.): The naked anthropologist. Tales from around the world. Belmont, CA 1992.

Freeman, Derek: Liebe ohne Aggression. Margaret Meads Legende von der Friedfertigkeit der Naturvölker. München 1983.

Frisbie, Charlotte: Fieldwork as a "single parent": To be or not to be accompanied by a child. In: Frisbie, Theodore R. 1975:98-119.

Frisbie, Theodore R. (ed.): Collected papers in honor of Florence Hawley Ellis. Papers of the Archaeological Society of New Mexico. No. 2. Norman, OK 1975.

Gerson, L.: A tale of two cultures: the conflict between traditional and modern institutions in Palau. Pacific Islands Political Studies Association Conference Proceedings. Hawaii 1989.

Gladwin, Thomas: Latency and the equine subconscious. American Anthropologist 64.6.1962: 1292-1296.

Goodenough, Ward Hunt: "Did you?". In: DeVita 1990:25-28 und 1992:112-115.

Goodman, Richard A.: Something is rotten in anthropology. In: Caton 1991:274-275.

Hau'ofa, Epeli: Kisses in the Nederends. Auckland 1987 (Penguin).

Hau'ofa, Epeli: Rückkehr durch die Hintertür. Satiren aus Tonga. Nürnberg 1988.

Hau'ofa, Epeli: Tales of the Tikongs. Auckland 1988 (Penguin).

Hollyman, K. J.: Le sottisier savant ou spécimen exemplaire des preuves irréfutables de l'origine française des Océaniens. In: Société des Océanistes (éd.): Sociétés et cultures océaniennes. Paris 1984:135-137.

Holmes, Lowell: A tale of two studies. American Anthropologist 85.1983:929-935. Auch in: Caton 1990:133-135.

Lutkehaus, Nancy et al. (eds.): Sepik heritage. Tradition and change in Papua New Guinea. Durham 1990.

McCawley, James D.: On identifying the remains of deceased clauses. Language Research (Seoul, Korea) 1974.9/2:73-85. Auch in McCawley 1979:84-95.

McCawley, James D.: Notes from the linguistic underground. New York 1976.

McCawley, James D.: Adverbs, vowels, and other objects of wonder. Chicago 1979.

McCawley, James D.: Everything that linguists have always wanted to know about logic, but were ashamed to ask. Oxford 1981.

McCawley, James D.: Thirty million theories of grammar. London and Canberra 1982.

McCormack, Richard W. B.: Tief in Bayern. Eine Ethnographie. Frankfurt/M. 1991.

McCormack, Richard W. B.: Unter Deutschen. Porträt eines rätselhaften Volkes. Frankfurt/M. 1994.

Merker, M.: Die Masai. Ethnographische Monographie eines ostafrikanischen Semitenvolkes. Berlin 1904.

Miner, Horace: Body ritual among the Nacirema. American Anthropologist 58.1956:503-507.

Prowazek, S. von: Die deutschen Marianen. Ihre Natur und Geschichte. Leipzig 1913.

Reuben, David: Everything you always wanted to know about sex, but were afraid to ask. New York 1969.

Rist, R. C.: Blitzkrieg Ethnography: On the transformation of a method into a movement. Educational Researcher 9.1980:8-10.

Sapir, Edward: Why cultural anthropology needs the psychiatrist. Psychiatry 1.1938:7-12.

Scherr, George H. (Hrsg.): Journal der unwiederholbaren Versuche. Band 1: Unwahrscheinliche Untersuchungen & unerfindliche Funde. Frankfurt/M. 1986.

Scherr, George H. (Hrsg.): Journal der unwiederholbaren Versuche. Band 2: Nie gesuchte Erfindungen & einfallsreiche Patente. Frankfurt/M. 1989.

Smith Bowen, Elenore: Rückkehr zum Lachen. Ein ethnologischer Roman. Berlin 1984.

Specht, Jim; White, Peter J. (eds.): Trade and exchange in Oceania and Australia. Mankind 11.1978.

Teilhet-Fisk, J. H.: To beat or not to beat, that is the question. A study on acculturation and change in an art-making process and its relation to gender structures. Pacific Studies (Laie) 14.1991/2,3:41-68.

Wallace, Ron: The tribal self. An anthropologist reflects on hunting, brain, and behavior. Lanham et al. 1991.

Whiting, R.: The chrysanthemum and the bat. New York 1977.

Wolfram, Herwig; Pohl, Walter: Typen der Ethnogenese unter besonderer Berücksichtigung der Bayern. Berichte der Kommission für Frühmittelalterforschung, 27.-30. Oktober 1986, Stift Zwettl, Niederösterreich. Teil 1: Historische Beiträge. Berlin 1990.

Zelizko, J. V.: Kletterfähigkeit der Naturvölker als atavistisches Merkmal der Urzeit. Mitteilungen der anthropologischen Gesellschaft in Wien 66.1935/36.

Nachwort

Es ist zu vermuten, daß Sie, geneigter Leser, bei Ihrer eigenen Arbeit auf ähnliche Erzeugnisse wissenschaftlicher Spottlust gestoßen sind oder noch stoßen werden, vielleicht sogar auf ein echtes Ethno-Ridiculum, einen Knüller. Sie könnten mir keine größere Freude machen, als mir diesen zur Kenntnis zu bringen, möglichst mit den vollständigen bibliographischen Angaben. Hinweise auf Fehler und Vorschläge für Ergänzungen sind gleichfalls erwünscht. Ich bin selbstverständlich bereit, Ihnen das Briefporto zu vergüten. Schreiben Sie an:

L. K., Ob der Hohlen 26, 79227 Schallstadt
e-mail: kaeser@ruf.uni-freiburg.de

oder an den Verlag.

Gesamtbibliographie

Die Titel aus den Teilbibliographien am Ende der einzelnen Kapitel sind der besseren Gesamtübersicht wegen hier noch einmal alle aufgeführt. Die Liste enthält neben deutschen und englischen Titeln nur einige wenige französische und gar keine in anderen Sprachen. Das heißt nicht, daß es nicht auch in Spanisch, Portugiesisch und anderen Wissenschaftssprachen gute Ethnographien und wichtige theoretische Werke gibt. Daß sie nicht aufgenommen sind, liegt am Zwang zur Beschränkung, dem eine Einführung wie diese unterliegt.

Abel, Theodore: The operation called Verstehen. In: Albert 1964:177-188.

Adachi, Buntaro: Das Ohrenschmalz als Rassenmerkmal und der Rassengeruch ("Achselgeruch") nebst Rassenunterschied der Schweißdrüsen. Zeitschrift für Rassenkunde 6.1937:273-307.

Albert, Hans (Hrsg.): Theorie und Realität. Ausgewählte Aufsätze zur Wissenschaftslehre der Sozialwissenschaften. Tübingen 1964.

Ambrose, W. R.: The loneliness of the long distance trader in Melanesia. In: Specht/White 1978:326-333.

Anderson, Atholl: The extinction of moa in southern New Zealand. In: Martin/Klein 1984:723-740.

Bachofen, Johann Jakob: Das Mutterrecht. Stuttgart 1861.

Bakhtiar, Mansour: Das Schamgefühl in der persisch-islamischen Kultur. Eine ethnopsychoanalytische Untersuchung. Berlin 1994.

Bargatzky, Thomas: Einführung in die Kulturökologie. Umwelt, Kultur und Gesellschaft. Berlin 1986.

Barley, Nigel: Native land. New York 1989 (Viking Penguin).

Barley, Nigel: The innocent anthropologist. Notes from a mud hut. Harmondsworth, Middlesex, England, et al. 1986 (Penguin). - Deutsch: Traumatische Tropen. Notizen aus meiner Lehmhütte. Stuttgart ³1991 (Klett-Cotta).

Barley, Nigel: A plague of caterpillars. A return to the African bush. Harmondsworth, Middlesex, England, et al. 1987 (Penguin). - Deutsch: Die Raupenplage. Von einem, der auszog, Ethnologie zu betreiben. Stuttgart ²1990 (Klett-Cotta).

Barley, Nigel: Not a hazardous sport. London et al. 1988 (Viking Penguin). - Deutsch: Hallo Mister Puttyman. Bei den Toraja in Indonesien. Stuttgart 1994 (Klett-Cotta).

Barley, Nigel: Smashing pots. Works of clay from Africa. London 1994.

Barnett, Homer G.: Innovation: the basis of cultural change. New York et. al. 1953.

Baur, Isolde: Die Geschichte des Wortes Kultur und seiner Zusammensetzungen. Diss. München 1951.

Beals, Ralph L.; Hoijer, Harry: An introduction to anthropology. New York ²1959.

Beuchelt, Eno: Psychologische Anthropologie. In: Fischer 1983:345-361.

Böll, Heinrich: Im Lande der Rujuks. In: Böll 1992:144-148.

Böll, Heinrich: Nicht nur zur Weihnachtszeit. München 1992.

Bramly, Serge: Macumba. Die magische Religion Brasiliens. Freiburg 1978.

Brewster, E. Thomas; Brewster, Elizabeth S.: LAMP. Language acquisition made practical. Field methods for language learners. Colorado Springs ²1977.

Bryant, Allen: The importance of being equal. The colonial and postcolonial experience in the Torricelli foothills. In: Lutkehaus et al. 1990:185-196.

Burling, Robbins: Learning a field language. Ann Arbor, Michigan 1984.

Cain, Horst: Persische Briefe auf Samoanisch. Anthropos 70.1975:617-626.

Caton, Hiram (ed.): The Samoa reader. Anthropologists take stock. Lanham et al. 1990.

Christoph, Henning; Oberländer, Hans: Voodoo. Geheime Macht in Afrika. Köln 1995.

Codrington, R. H.: The Melanesians. Studies in their anthropology and folklore. Oxford 1891.

D'Andrade, Roy: The development of cognitive anthropology. Cambridge et al. 1995.

Davis, Wade: Passage of darkness. Ethnobiology of the Haitian Zombie. London 1988.

DeVita, Philipp R. (ed.): The humbled anthropologist. Tales from the Pacific. Belmont, CA 1990.

DeVita, Philipp R. (ed.): The naked anthropologist. Tales from around the world. Belmont, CA 1992.

Ederer, R.: Zur Begriffsbestimmung von "Kultur" und "Zivilisation". Mitteilungen der Anthropologischen Gesellschaft in Wien (Horn) 115.1985:1-34.

Edgerton, Robert B.: Sick societies. Challenging the myth of primitive harmony. Toronto et al. 1992.

Figge, Horst H.: Geisterkult, Besessenheit und Magie in der Umbanda-Religion Brasiliens. Freiburg/München 1973.

Firth, Raymond: The analysis of Mana: an empirical approach. In: Harding 1970:316-333.

Fischer, Hans: Studien über Seelenvorstellungen in Ozeanien. München 1965.

Fischer, Hans: Anfänge, Abgrenzungen, Anwendungen. In: Fischer 1983:11-46.

Fischer, Hans (Hrsg.): Ethnologie. Eine Einführung. Berlin 1983.

Fischer, Hans: Feldforschung. In: Fischer 1983:69-88.

Fox, Robin: Kinship and marriage. An anthropological perspective. Harmondsworth 1967.

Freeman, Derek: Liebe ohne Aggression. Margaret Meads Legende von der Friedfertigkeit der Naturvölker. München 1983.

Freilich, Morris (ed.): Marginal natives - anthropologists at work. New York 1970.

Frisbie, Charlotte: Fieldwork as a "single parent": To be or not to be accompanied by a child. In: Frisbie, Theodore R. 1975:98-119.

Frisbie, Theodore R. (ed.): Collected papers in honor of Florence Hawley Ellis. Papers of the Archaeological Society of New Mexico. No. 2. Norman, OK 1975.

Fuglesang, Andreas: About understanding. Ideas and observations on cross-cultural communication. Uppsala 1982.

Gennep, Arnold van: Les rites de passage. Étude systématique des rites. Paris 1909.

Gerbert, Martin: Religionen in Brasilien. Berlin 1970.

Gerndt, Helge: Kultur als Forschungsfeld. Über volkskundliches Denken und Arbeiten. München 1981.

Gerson, L.: A tale of two cultures: the conflict between traditional and modern institutions in Palau. Pacific Islands Political Studies Association Conference Proceedings. Hawaii 1989.

Gipper, Helmut: Gibt es ein sprachliches Relativitätsprinzip? Untersuchungen zur Sapir-Whorf-Hypothese. Frankfurt am Main 1972.

Girtler, Roland: Kulturanthropologie. München (dtv) 1979.

Gladwin, Thomas: Latency and the equine subconscious. American Anthropologist 64.6.1962:1292-1296.

Gladwin, Thomas: Culture and logical process. In: Goodenough 1964:167-177.

Göttner-Abendroth, Heide: Das Matriarchat. Stuttgart et al. ²1989.

Good, Charles M.: Ethnomedical systems in Africa. Patterns of traditional medicine in rural and urban Kenya. New York and London 1987.

Goodenough, Ward Hunt: Cooperation in change. New York 1963.

Goodenough, Ward Hunt: Explorations in cultural anthropology. Essays in honor of George P. Murdock. New York et al. 1964.

Goodenough, Ward Hunt: "Did you?". In: DeVita 1990:25-28 und 1992:112-115.

Goodman, Richard A.: Something is rotten in anthropology. In: Caton 1991:274-275.

Haekel, Josef: Religion. In: Trimborn 1971:72-141.

Haekel, Josef; Lukesch, Anton: Einführung in die Ethnologie Südamerikas. Wien 1972.

Haferkamp, Rose-Anne: Untersuchung zum Problem des Verstehens fremder Kulturen. Feldexperiment mit Schülern im Museum für Völkerkunde. Diss. Köln 1984.

Hallpike, C. R.: The foundations of primitive thought. Oxford 1979.

Hansen, Klaus P.: Kultur und Kulturwissenschaft. Eine Einführung. Tübingen und Basel 1995.

Harding, Thomas G.; Wallace, Ben J. (eds.): Cultures of the Pacific. Selected readings. New York (Macmillan) 1970.

Harris, Marvin: The rise of anthropological theory. A history of theories of culture. London 1968.

Harris, Marvin: Kulturanthropologie. Ein Lehrbuch. Frankfurt et al. (Campus) 1989.

Hau'ofa, Epeli: Kisses in the Nederends. Auckland 1987 (Penguin).

Hau'ofa, Epeli: Rückkehr durch die Hintertür. Satiren aus Tonga. Nürnberg 1988.

Hau'ofa, Epeli: Tales of the Tikongs. Auckland 1988 (Penguin).

Henke, Winfried; Rothe, Hartmut (Hrsg.): Paläoanthropologie. Berlin et al. (Springer) 1994.

Herm, Bruno etc. (Hrsg.): Werkbuch Mission. Lesebuch und Orientierungshilfe. Wuppertal ²1986.

Hinderling, Paul: Kranksein in "primitiven" und traditionalen Kulturen. Norderstedt 1981.

Hirschberg, Walter; Janata, Alfred: Technologie und Ergologie in der Völkerkunde. Berlin (Reimer) ³1983.

Hirschberg, Walter (Hrsg.): Neues Wörterbuch der Völkerkunde. Berlin 1988.

Hohenstein, Erica Jane de: Das Reich der magischen Mütter. Eine Untersuchung über die Frauen in den afro-brasilianischen Besessenheitskulten Candomblé. Diss. Frankfurt 1991.

Hollyman, K. J.: Le sottisier savant ou spécimen exemplaire des preuves irréfutables de l'origine française des Océaniens. In: Société des Océanistes (éd.): Sociétés et cultures océaniennes. Paris 1984:135-137.

Holmes, Lowell: A tale of two studies. American Anthropologist 85.1983:929-935. Auch in: Caton 1990:133-135.

Jaspers, Reiner: Die missionarische Erschließung Ozeaniens. Münster 1972.

Jensen, Jürgen: Wirtschaftsethnologie. In: Fischer 1983:91-119.

Johnson, Thomas M.; Sargent, Carolyn F.: Medical anthropology. A handbook of theory and method. New York 1990.

Jongmans, D. G.; Gutkind, P.C.W. (eds.): Anthropologists in the field. Assen 1967.

Käser, Lothar: ... und bliebe am äußersten Meer. Bad Liebenzell 1972.

Käser, Lothar: Der Begriff "Seele" bei den Insulanern von Truk. Diss. Freiburg 1977.

Käser, Lothar: Durch den Tunnel. Bad Liebenzell 1989.

Käser, Lothar: Pauti. Berneck/Schweiz 1989, ²1990.

Käser, Lothar: Die Besiedlung Mikronesiens: eine ethnologisch-linguistische Untersuchung. Berlin 1989.

Kaplan, Bert (ed.): Studying personality cross-culturally. Evanston 1961.

Karim, Wazir Jahan (ed.): Emotions of culture. A Malay perspective. Singapore et al. 1990.

Kasdorf, Hans; Müller, Klaus (Hrsg.): Bilanz und Plan: Mission an der Schwelle zum dritten Jahrtausend. Festschrift für George W. Peters zu seinem achtzigsten Geburtstag. (Titel der englischen Ausgabe: Reflection and Projection. Missiology at the threshold of 2001). Bad Liebenzell 1988.

Keck, Verena: Falsch gehandelt - schwer erkrankt. Kranksein bei den Yupno in Papua New Guinea aus ethnologischer und biomedizinischer Sicht. Basel 1992.

Keesing, Roger M.; Keesing, Felix M.: New perspectives in cultural anthropology. New York 1971.

Kleihauer, Maike: Kulturelle Regression bei Jäger- und Sammlerkulturen. Diss. Freiburg 1989.

Knußmann, Rainer: Vergleichende Biologie des Menschen. Lehrbuch der Anthropologie und Humangenetik. Stuttgart (Fischer) 1980.

Kohl, Karl-Heinz: Ethnologie - die Wissenschaft vom kulturell Fremden. Eine Einführung. München (Beck) 1993.

Koskinen, Aarne A.: Missionary influence as a political factor in the Pacific Islands. Helsinki 1953.

Krauss, Günther: Kefu elak. Traditionelle Medizin in Oku (Kamerun). Göttingen 1992.

Kroeber, Alfred L.; Kluckhohn, Clyde: Culture: A critical review of concepts and definitions. Papers of the Peabody Museum of American Archaeology and Ethnology vol. 47. Harvard 1952.

Lee, Richard B.; DeVore, Irvin (eds.): Man the hunter. New York 1968.

Lehmann, Friedrich R.: Mana. Eine begriffsgeschichtliche Untersuchung auf ethnologischer Grundlage. Dresden 1915.

Lehmann, Friedrich R.: Der Begriff des "außerordentlich Wirkungsvollen" bei Südseevölkern. Leipzig 1922.

Lewis, David: We the navigators. The ancient art of landfinding in the Pacific. Honolulu 1975.

Lightfoot-Klein, Hanny: Prisoners of ritual. An odyssey into female genital circumcision in Africa. New York and London 1989.

Lutkehaus, Nancy et al. (eds.): Sepik heritage. Tradition and change in Papua New Guinea. Durham 1990.

Martin, P. S.; Klein, R. G. (eds.): Quaternary extinctions. Tucson, Arizona 1984.

McCawley, James D.: On identifying the remains of deceased clauses. Language Research (Seoul, Korea) 9/2.1974:73-85. Auch in McCawley 1979:84-95.

McCawley, James D.: Notes from the linguistic underground. New York 1976.

McCawley, James D.: Adverbs, vowels, and other objects of wonder. Chicago 1979.

McCawley, James D.: Everything that linguists have always wanted to know about logic, but were ashamed to ask. Oxford 1981.

McCawley, James D.: Thirty million theories of grammar. London and Canberra 1982.

McCormack, Richard W. B.: Tief in Bayern. Eine Ethnographie. Frankfurt/M. 1991.

McCormack, Richard W. B.: Unter Deutschen. Portät eines rätselhaften Volkes. Frankfurt/M. 1994.

McGlone, M. S.: Polynesian deforestation of New Zealand: a preliminary synthesis. Archaeology in Oceania 18.1983:11-25.

Merker, M.: Die Masai. Ethnographische Monographie eines ostafrikanischen Semitenvolkes. Berlin 1904.

Miner, Horace: Body ritual among the Nacirema. American Anthropologist 58.1956:503-507.

Minz, Lioba: Krankheit als Niederlage und die Rückkehr zur Stärke: Candomblé als Heilungsprozeß. Bonn 1992.

Mühlmann, Wilhelm: Geschichte der Anthropologie. Frankfurt/M. et al. ²1968.

Müller, Ernst Wilhelm: Der Begriff 'Verwandtschaft' in der modernen Ethnosoziologie. Berlin 1981.

Müller, Klaus W.: Elenktik: Gewissen im Kontext. In Kasdorf/Müller 1988:416-454.

Noble, Lowell L.: Naked and not ashamed. An anthropological, biblical, and psychological study of shame. Jackson, Michigan 1975.

Paul, Sigrid (Hrsg.): Kultur - Begriff und Wort in China und Japan. Berlin 1984.

Pelto, Pertti J.; Pelto, Gretel H.: Anthropological research: the structure of inquiry. Cambridge ²1970.

Pfleiderer, Beatrix; Greifeld, Katarina; Bichmann, Wolfgang: Ritual und Heilung. Eine Einführung in die Ethnomedizin. Berlin 1995.

Plattner, Stuart (ed.): Economic anthropology. Stanford, CA 1989.

Prowazek, S. von: Die deutschen Marianen. Ihre Natur und Geschichte. Leipzig 1913.

Renner, Egon: Die kognitive Anthropologie. Aufbau und Grundlagen eines ethnologisch-linguistischen Paradigmas. Berlin 1980.

Renner, Egon: Ethnologie und Kultur: Der Kulturbegriff als entwicklungsprägender Faktor der ethnologischen Forschung. Zeitschrift für Ethnologie 108.1983:177-234.

Renner, Egon: Die Grundlinien der kognitiven Forschung. In: Fischer 1983:391-425.

Reuben, David: Everything you always wanted to know about sex, but were afraid to ask. New York 1969.

Rist, R. C.: Blitzkrieg Ethnography: On the transformation of a method into a movement. Educational Researcher 9.1980:8-10.

Ritz, Hans: Die Sehnsucht nach der Südsee. Bericht über einen europäischen Mythos. Göttingen 1983.

Romanucci-Ross, Lola et al. (eds.): The anthropology of medicine. South Hadley, Mass. 1983.

Rudolph, Wolfgang: Der kulturelle Relativismus. Berlin 1968.

Rudolph, Wolfgang: Kultur, Psyche und Weltbild. In: Trimborn 1971:54-71.

Sahlins, Marshall D.: Stone age economics. Chicago, New York 1972.

Salamone, Frank A.: Missionaries and anthropologists: An inquiry into their ambivalent relationship. Missiology 14.1986:55-70.

Sapir, Edward: Why cultural anthropology needs the psychiatrist. Psychiatry 1.1938:7-12

Scherr, George H. (Hrsg.): Journal der unwiederholbaren Versuche. Band 1: Unwahrscheinliche Untersuchungen & unerfindliche Funde. Frankfurt/M. 1986.

Scherr, George H. (Hrsg.): Journal der unwiederholbaren Versuche. Band 2: Nie gesuchte Erfindungen & einfallsreiche Patente. Frankfurt/M. 1989.

Scheunemann, Gerlinde: Wenn ich "ja" sage, versteht sie "nein" - In fremden Kulturen leben. In: Herm etc. (Hrsg.) ²1986:57-70.

Scheurmann, Erich: Der Papalagi. Die Reden des Südsee-Häuptlings Tuiavi'i aus Tiavea. Zürich 1977.

Schiefelhövel, Wulf; Schuler, Judith; Pöschl, Rupert: Traditionelle Heilkundige - Ärztliche Persönlichkeiten im Vergleich der Kulturen und medizinischen Systeme. Braunschweig und Wiesbaden 1986 (Curare-Sonderband 5.1986).

Schmidt, Wilhelm: Der Ursprung der Gottesidee. Münster 1926-1955.

Schmitz, Carl A.: Grundformen der Verwandtschaft. Basel 1964.

Schmitz, Carl A. (Hrsg.): Religionsethnologie. Frankfurt/M. 1964.

Schott, Rüdiger: Aufgaben und Verfahren der Völkerkunde. In: Trimborn 1971:1-36.

Seitz, Stefan: Die zentralafrikanischen Wildbeuterkulturen. Wiesbaden 1977. (Französischer Titel: Pygmées d'Afrique. Paris 1993.)

Sharp, Lauriston: Steel axes for stone-age Australians. Human Organization 11.1953:17-22. Auch in: Harding/Wallace 1970:385-396.

Smith Bowen, Elenore: Rückkehr zum Lachen. Ein ethnologischer Roman. Berlin 1984.

Specht, Jim; White, Peter J. (eds.): Trade and exchange in Oceania and Australia. Mankind 11.1978.

Spindler, George D. (ed.) : Being an anthropologist. Fieldwork in eleven cultures. New York 1970.

Spiro, Melford E.: Children of the Kibbutz. Cambridge Mass. 1958.

Spiro, Melford E.: Social systems, personality, and functional analysis. In: Kaplan 1961:93-127.

Spradley, James P.: The ethnographic interview. New York 1979(a).

Spradley, James P.: Participant observation. New York 1979(b).

Stagl, Justin: Politikethnologie. In: Fischer 1983:205-229.

Stein, Gerd (Hrsg.): Die edlen Wilden - Verklärung von Indianern, Negern und Südseeinsulanern auf dem Hintergrund der kolonialen Greuel. Vom 16. bis zum 20. Jahrhundert. Frankfurt/M. 1984(a).

Stein, Gerd (Hrsg.): Europamüdigkeit und Verwilderungswünsche - Der Reiz, in amerikanischen Urwäldern, auf Südseeinseln oder im Orient ein zivilisationsfernes leben zu führen. Frankfurt/M. 1984(b).

Steyne, Philip M.: Gods of power. Columbia SC 1990. (deutsche Ausgabe: Machtvolle Götter. Eine Untersuchung über Glaube und Gebräuche des Animismus, wie er von Naturvölkern praktiziert wird, und wie er heute in allen religiösen Bewegungen vorkommt. Bad Liebenzell 1993.)

Strecker, Ivo: Methodische Probleme der ethnosoziologischen Beobachtung und Beschreibung. Diss. Göttingen 1969.

Sullivan, Lawrence E. (ed.): Healing and restoring. Health and medicine in the world's religious traditions. New York and London 1989.

Sundermeier, Theo: Nur gemeinsam können wir leben. Das Menschenbild schwarzafrikanischer Religionen. Gütersloh 1988.

Swatridge, Colin: Delivering the goods. Education as cargo in Papua New Guinea. Manchester 1985.

Teilhet-Fisk, J. H.: To beat or not to beat, that is the question. A study on acculturation and change in an art-making process and its relation to gender structures. Pacific Studies (Laie) 14.1991/2,3:41-68.

Thiel, Josef Franz: Grundbegriffe der Ethnologie. Vorlesungen zur Einführung. St. Augustin 1977.

Thiel, Josef Franz: Religionsethnologie. Grundbegriffe der Religionen schriftloser Völker. Berlin 1984.

Thiel, Josef Franz (Museum für Völkerkunde Frankfurt): Was sind Fetische? Frankfurt am Main 1986.

Thomas, John: The Namonuito solution to the "matrilineal puzzle". American Ethnologist 7.1984:172-177.

Trimborn, Hermann (Hrsg.): Lehrbuch der Völkerkunde. Stuttgart 1971.

Tylor, Edward Burnett: Primitive Culture. Researches into the development of mythology and philosophy, religion, art and custom. 2 vols. London 1871.

Vivelo, Frank R.: Handbuch der Kulturanthropologie. Eine Einführung. Stuttgart 1981.

Wallace, Ron: The tribal self. An anthropologist reflects on hunting, brain, and behavior. Lanham et al. 1991.

Weniger, Gerd Christian: Wildbeuter und ihre Umwelt. Ein Beitrag zum Magdalénien Südwestdeutschlands aus ökologischer und ethno-archäologischer Sicht. Tübingen 1982.

Whiting, R.: The chrysanthemum and the bat. New York 1977.

Whorf, Benjamin Lee: Sprache, Denken, Wirklichkeit. Beiträge zur Metalinguistik und Sprachphilsophie. Reinbek bei Hamburg 1963 (und später).

Wiesemann, Ursula (Hrsg.): Verstehen und verstanden werden. Praktisches Handbuch zum Fremdsprachenerwerb. Lahr/Schwarzwald 1992.

Williams, Paul V. A.: Primitive religion and healing. A study of folk medicine in North-East Brazil. Cambridge 1979.

Wolfram, Herwig; Pohl, Walter: Typen der Ethnogenese unter besonderer Berücksichtigung der Bayern. Berichte der Kommission für Frühmittelalterforschung, 27.-30. Oktober 1986, Stift Zwettl, Niederösterreich. Teil 1: Historische Beiträge. Berlin 1990.

Worsley, Peter: Die Posaune wird erschallen. Cargo-Kulte in Melanesien. Frankfurt/M. 1973.

Zelizko, J. V.: Kletterfähigkeit der Naturvölker als atavistisches Merkmal der Urzeit. Mitteilungen der anthropologischen Gesellschaft in Wien 66.1935/36.

Zier, Ursula: Die Gewalt der Magie. Krankheit und Heilung in der kolumbianischen Volksmedizin. Berlin 1987.

Znoj, Heinz Peter: Die Evolution der Kulturfähigkeit. Beiträge zur Kritik des ethnologischen Kulturbegriffs. Bern et al. 1988.

Personen- und Sachregister

Abendland 249
Abendland, christliches 140
Abendmahl 213, 267
Absicht 31-33, 260-262, 264
Abstammung 62, 69, 89, 102
Abstammungsgruppe 89
Abstammungsrechnung 102
Abstrusität 19
Aché 293
Ackerbau 54, 61, 66, 69, 71-72, 201
Ackerbauer 60, 67, 71, 73-74, 76, 102, 140, 231
Adel 99
Afrika 54
Ahnen 25, 40, 64, 73, 210, 253-254
Ahnenfiguren 84
Ahnengeister 70-71, 76, 151, 192, 197, 211, 227, 229, 232, 237, 241, 244, 249, 253-254
Ahnenkult 231, 252-253
Ahnenverehrung 90, 222
Akkulturation 297
Alkohol 149-150
Allah 198
Allianz 88
Alphabetisierung 80, 288
Altamerikanistik 26
Altamira 64
Altes Testament 202-203, 208, 242
Altsteinzeit 17, 63
Amaterasu 90
Amazonas 53-54
Amerika 274
Amok 150
Amulett 192, 218, 219
Analogie 245, 247, 253
Anatomie 11, 186, 203, 240
Animismus 25, 63, 90, 118, 219, 225-228, 230-233, 235, 238-241, 246, 249-250, 252, 256
Anthropogeographie 53
Anthropologie 11, 13-14, 167
Anthropologie, kognitive 24, 26, 180, 233, 308
Anthropologie, philosophische 12
Anthropologie, physische 12-13, 23

Antike 17, 19-20, 22, 120
Antwortbogen 294-295
Arbeitsteilung 22, 60
Arbeitsverhalten 92
Archäologie 13, 242
armchair anthropology 22
Arzt 7, 44-45, 229, 240-242, 245-246, 271-272, 288
Asheninka 174, 196, 239, 275
Astrologie 224
Atheismus 193
Ätiologie 201
Auferstehung 211
Aufklärung 22-24
Augur 221
Ausbildung
Australien 54, 85
Autorität 216-217, 219
Autoritätssymbol 85
Avunculus 103
Avunkulokalität 111

Balboa, Vasco Nuñez de 20
Banane 67
Bantu 214
Barbaren 17-19, 120
Bastian, Adolf 25-26
Batak 70
Batate 67
Bauern 73
Baumeister 72
Bayern 315
Beduinen 52
Bedürfnis 34
Begriff 42, 305
Begriffsfeld 304
Begriffskombination 303
Begriffsstruktur 41, 43, 45, 242, 303, 307
Begriffssystem 251
Behinderung 239
Beobachtung, teilnehmende 22, 288, 290-291, 300, 308
Beschneidung 210, 279
Besessenheit 194, 231, 256
Bestattung 211, 231

Bewässerung 67
Bezugspersonen 116, 140-145
Bibel 19, 24, 131, 133, 166, 199, 202, 228, 233, 283
Bibelübersetzer 45, 80
Bibelübersetzung 106, 107, 228, 301
Big Man 125, 148
Bilokalität 111
Bismarck-Archipel 314
Blick, böser 208, 238
Blumenbach, Johann Friedrich 23
Blut 74, 209
Blutsverwandte 122
Boas, Franz 26
Bodenbau 51, 54, 56
Bodenbauer 74, 76, 198, 212, 231
Bougainville, Louis-Antoine de 23
Brandrodung 67
Brautkauf 22
Brautpreis 75, 109, 110
bridewealth 109
Brotfrucht 67
Bruder der Mutter 97, 103, 104
Buddhismus 223
Buschmänner s. Khoisan
Buschwaldgebiete 54

Calvinismus 194
Candomblé 194, 256
Cargo 255
Cargokulte 201, 252, 253-254, 256
Chaco 279
Charismatiker 194, 271
Chiliasmus 201, 253
Christen 19-20
Christentum 19, 113, 193, 204, 226, 231, 249, 250, 252, 254, 256, 272-273, 275, 279
Christianisierung 21, 222, 249, 276
Chuuk 183, 214, 236, 240, 289
Columbus, Christoph 20
Cook, James 23

Dämonen 64, 228, 239
Darwin, Charles 24
Daseinsbewältigung, -gestaltung 8-9, 35, 37-38, 46, 48-49, 59, 101, 107, 113, 119, 129-130, 152, 157, 169, 173-174, 180, 191, 259, 261

Datensammlung 287
Deformierung 80, 84
Degeneration 18, 24, 100
Degenerationshypothese 226
Degenerationstheorie 18
Denken 171, 179-180, 183, 186, 191, 233
Denkformen, -muster 169, 173-174, 180, 240, 250
Denkstrukturen 41, 80, 172, 189, 231-232, 238, 246, 287, 303
Denksystem 251
Deutsch-Ostafrika 316
Diagnose 235, 240, 241, 256
Diakonissen 82
Diesseits 64, 223, 230, 231
Diffusionismus 26
Divination 221, 224, 241
Doppel, spirituelles 229, 230
Dowayo 312
Dritte Welt 7, 157, 203, 240
Drogen 245
Düngung 68

Eberzahn 80
Ego 93, 95
Ehe 108
Ehe, monogame 88
Ehe, polyandrische 108
Ehe, polygame 88, 109
Ehe, polygyne 88-89, 108-109
Eingeborene 21
Ekstase 231, 256
Elektrakomplex 101
Elenktik 167
Elizitieren (eliciting) 304, 306
emisch 305
Emotion 229-230, 307
Endogamie 101-102, 204, 217
Engländer 313
Enkulturation 8, 107, 113-114, 116-117, 118-120, 123, 129-131, 140-141, 143-145, 156, 173, 222
Entdeckung 20-21
Enthaltsamkeit 209
Entwicklungshelfer 6-7, 11, 44, 49, 108, 119, 158, 170, 190, 192, 203, 233, 264, 298
Entwicklungshilfe 7, 187, 246
Entwicklungshilfeorganisation 14
Entwicklungsreihen 25

Enzyklopädie 22
Erbe 102
Erde 73
Erdkunde 23
Ereignisorientierung 176, 177
Ergologie 32, 79, 80
Eroberung 21
Erschaffung der Welt 70
Erstsprache 118
Erzählungen 75
Esel 74
Eskimo, s. Inuit
Ethik 38, 150, 221
Ethnie 10, 89
Ethnien, zirkumpolare 34
Ethno-Ridicula 312
Ethnographie 18, 23, 287, 291
Ethnologen 11, 30, 186, 287, 291, 297
Ethnologie 8-10, 12-14, 17, 23-24, 35, 167, 169, 203, 237-238, 252
Ethnologie, kognitive 302
Ethnopoesie 121
Ethnopsychologie 8, 129
Ethnoscience 24
Ethnozentrismus 17, 21, 120, 287
etisch 305
Eurozentrismus 171
Evolutionismus 24-26
Existenzsicherung 34-35, 51, 55, 59- 62, 67, 79, 87, 102, 222, 223
Exogamie 101
Expedition 23
Exzision 210

Fahrzeuge 83
Fasten 209
Faszinosum 204
Fegefeuer 209
Fehler 158
Fehlleistung 157
Feldforschung 26, 287, 308
Felsbilder 63
Festreligion 192
Fetisch 84, 218, 219
Fetischismus 25
Feuer 209
Feuerpflug 124
Filiation 89
Fischerei 51, 82

Fokus 305
Forster, Georg 23
Forster, Johann Reinhold 23
Fortpflanzungsfamilie 108
Fragebogen 293, 302
Frauen 10, 61, 73, 75, 82, 103, 108, 296, 298
Frauenarbeit 60
Freiseele 229, 230
Fremde 5-7
Fremdenfeindlichkeit 48
Freud, Siegmund 104, 206
Frobenius, Leo 25
Fruchtbarkeit 73
Führung, politische 68
Fundamentalismus 153
Funktionalismus 26

Gabe 205
Gallier 157
Gama, Vasco da 20
Gebet 204, 205, 207, 212
Gebirgsländer 55-56
Gedächtnisprotokoll 289
Geist 217, 219, 220, 230-232, 244, 249
Geister 196, 199, 210, 217-219, 224-225, 227-229, 237-239, 241-242, 245, 256
Geistwesen 70-71, 76, 81, 208
gemäßigte Zone 54
Gemeinde 152, 158, 228
Gemeineigentum 25
Generation 89, 91
Geographie 23
Gerätschaften 61, 79, 84
Germanen 157
Gerste 71
Gesang 84
Geschenk 205
Geschichte 175
Geschlechtsverkehr 99
Gesellschaft 206
Gesellschaft, ethnische 11, 146, 148
Gesellschaft, ethnologische 25
Gesellschaft, geschichtete 99
Gesellschaft, industrialisierte 10
Gesellschaft, multikulturelle 48
Gesellschaft, naturvölkische 11

Gesellschaft, schriftlose 10-11, 26, 59, 140, 157, 169-170, 174, 226, 235, 241-242, 247, 249, 298
Gesellschaftsvertrag 21
Gesetz 138, 165
Getreide 71
Gewissen 129-131, 133-142, 145-146, 148-150, 155-156, 159, 162, 166-167, 222
Gewissensbildung 144
Gewissensorientierung 129
Glaube 194, 195, 225
Gleichnis 202, 203
Gott 76, 193-195, 199, 202, 214, 232, 238
Gott Vater 104
Götter 199, 200, 293
Gottesvorstellung 288
Gottheit 223, 237, 256, 293
Grabstock 67, 82
Grasländer 54-56
Griechen 17-19, 73, 101, 120
Griechenland 212
Großfamilie 89
Großreiche 72
Großtiere 74
Gruppe 62, 87, 140, 146-147, 149-153, 155-158, 161-164, 222
Gruppe, ethnische 10
Gruppendynamik 146-147, 153, 163
Gruppenehe 108
Gruppenorientierung 237

Hacke 67
Handlesen 224
Handwerker 7, 72, 84
Harmonie 65
Häuptlingstum 68
Hausmeier 72
Hebamme 288
Heiden 19-20
Heiler 221, 231, 240, 242-243, 246-247, 288, 299
Heilige 256
Heiliger Geist 222, 238
Heiliges 191
Heilsbringer 201, 253
Heilserwartungsbewegungen 201, 253
Heirat 73, 98, 104
Heiratspartner 99
Heiratsverhalten 101

Hellenen 17
Herodot 18, 29
Herr der Tiere 52, 63, 90
Herrin der Tiere 63
Hexen 208
Hexerei 238, 256
Hilfsgeist 64, 71, 231, 241
Himmel 70-71, 73, 76, 196
Hinduismus 209
Hintergrundsphänomen 44, 192
Hirse 71
Hirtennomaden 60
Historismus 24
Hobbes, Thomas 21-22
Hochgott 198-199
Hochkultur 11, 17, 24, 56, 60
Hochreligion 193, 194, 209, 230
Höchstes Wesen 70-71, 73, 76, 193, 197-202, 222, 226, 230
Höherentwicklung 24
Höhlenmalereien 63-64
Hölle 222, 229
Horde 17, 53, 68
Humangenetik 12
Humboldt, Alexander von 180-181
Humboldt, Wilhelm von 23-24
Humor 311-319
Hypostasierungseffekt 182
Hypothese 289

Idealisierung des Fremden 120
Iglu 82
Indianer 26, 65
Individuum 62, 87, 139, 143, 146-147, 152-154, 163, 171, 174
Indogermanistik 24
Industriegesellschaft 6, 140
Informant 287, 292, 294-296, 299-302, 304-305
Ingenieur 84
Initiation 22, 64
Initiationsriten 210
Inkulturation 113, 250
Instinkt 37, 113
Instrumente 83
Intellekt 230, 243-244, 307
Intention 261-262, 264
Inuit 51, 55, 66, 172, 212
Inzest 99-100, 123

Inzesttabu 99-101, 104, 106, 122
Inzucht 100
Iraya 196
Irokesen 22
Islam 75, 193, 209, 212, 226
Israel 75, 106

Jagd 34, 51, 63, 83, 171, 201, 261
Jagdgebiet 111
Jagdmagie 63
Jagdwaffen 61-62, 83, 201
Jagdwild 63
Jagen 26
Jäger 42, 53, 59-60, 74, 82, 102, 146, 148, 212, 231
Jahwe 198
Japan 164
Japanologie 24
Jenseits 64, 118, 206, 219-220, 222, 230, 241, 253, 256
Jenseitsreise 64, 71, 231
Jesuiten 21
Jungsteinzeit s. Neolithikum

Kamel 74
Kastration 103
Kaufpreis 109
Kernfamilie 89, 92, 94, 99, 101, 108
Khoisan 53, 66, 82
Kibbuz 100
Kirche 7, 19, 40, 83, 115, 158, 216, 251
Kirche, einheimische 6
Kiribati 313
Klan 89, 101
Klangründer 90
Kleidung 51, 80-84
Kleingruppen 54, 61
Klima 18
Knollenpflanzen 67-68, 71
Kollateralität 88
Kolonisierung 29
Kommunion 213
Kongo 53
Kontaktpersonen 116
Konzentrationslager 40

Körnerfrüchte 71-72
Korpus 287
Körper 24, 229-230, 232, 235, 240

Körper-Ritual 312
Körpertracht 80-81
Körpervorstellungen 45
Korruption 151, 263
Krankenschwester 240
Krankheit 81, 151, 228, 221, 235-236, 239-240, 242, 256, 299
Kreuzbase 98, 99
Kreuzvetter 99
Kriminalität 167
Krisensituationen 71
Kult 154, 254
Kultobjekte 84
Kultur 9, 12, 18, 22, 29-33, 35, 37-42, 44, 46, 51-52, 56, 59, 85, 108, 113, 115, 129, 179, 259
Kultur, archaische 9
Kultur, geistige 75, 84
Kultur, komplexe 56, 60, 157, 169
Kultur, materielle 79, 83-85
Kultur, naturvölkische 9
Kultur, traditionale 9, 134, 225
Kultur, schriftlose 24-25, 172, 175-177, 194, 209, 225
Kulturanthropologie 8, 12-14, 26-27, 35
Kulturbringer 198
Kulturfähigkeit 114
Kulturgrenzen 56
Kulturheros 198
Kulturkreislehre 26
Kulturökologie 53
Kulturschock 47
Kulturstreß 48
Kulturveränderung 6, 85
Kulturvolk 9
Kulturwandel 85
Kulturzerstörung 6, 246

Lachen 158
Lafitau, Joseph-François 22
Landbesitz 68, 102
Landnutzung 61
Landtitel 69
Landwirt 7
Landwirtschaft 82
Langzeitbeobachtung 21
Langzeiterfahrung 21
Lascaux 64
Lateinamerika 194

Lehnstuhl-Ethnologie 22, 26
Lehrer 7, 44, 72, 103, 158-159, 162, 192, 203
Lernen 173-174
Lesematerial 80
Levirat 110
Liebesmagie 296
Lieder 75
Lineage 89
Linguistik 13, 26
Lippenpflock 80
Literatur, orale 199

Macumba 194, 256
Magie 148, 213, 218, 220-221, 238, 242-243, 253, 298
Mana 197, 214-217, 219-220, 238, 243, 245, 299
Manitu 197
Männer 149, 295
Männerhaus 99
Marx 224
Marxismus 154
Maske 207
Massage 245, 246
Matriarchat 103
Matrilinearität 102-105
Maßsysteme 175
Medikament 235, 241-245, 247
Medium 228, 231, 241, 244
Medizin 115, 229, 235, 238, 240-241, 244-245
Meidung 213
Melanesien 107, 250
Menschenbild 203, 229, 235, 249, 288
Menschenrechte 126
Methode 287, 291
Methode, kognitive 303, 307-308
Messias 201
Mikronesien 186, 196
Millenarismus 253
Mindoro 196
Mischkultur 117
Missiologie 167
Mission 115, 229, 249, 251
Missionar 119, 131, 155, 202, 216, 231, 250, 265, 291, 299
Missionarin 298

Mitarbeiter, kirchlicher 97, 107, 108, 119, 158, 163-164, 170, 190, 202-203, 222, 233, 249, 264, 288, 298-299
Mittelalter 195, 208
Monogamie 109
Monotheismus 193, 226
Motiv 261-262, 264-265
Mündlichkeit 226, 255
Mutter Gottes 104
Mutterrecht 103
Mysterien 207
Mythologem 202
Mythologie 172, 198-199, 202, 207
Mythos 199-203, 253

Nahrung 87, 102, 207
Namen 95
Narbentatauierung 210
Nativismus 201
Naturheilkunde 247
Naturphilosophie 227
Naturvolk 121, 171, 226
Naturwissenschaft 227
Neomelanesisch 107
Neues Testament 202, 228, 242, 251-253
Neugeborene 114
Neuguinea 107, 210
Neuzeit 195, 249
Norm, ideale 122-123
Normen 92, 121-125, 135-138, 141, 143, 145, 151-152, 156-157, 170, 222, 232, 236-237, 297

Oberbegriff 304, 306
Ödipuskomplex 101, 104
Okkultismus 90, 232, 298
Omen 193, 221
Onchozerkose 239
Opfer 195, 204-207, 209, 219, 221, 227, 231, 244, 246, 251-252
Orientierung 175
Orientierungsfamilie 108
Ozeanien 236

Paläolithikum 17, 63-65, 69
Palau 314
Parallelbase 98-99
Parallelvetter 99
Patrilinearität 62, 73, 75, 102, 104-105

Paulus 113, 166
Pflanzen 242
Pflanzer 59, 67-69, 72, 74-75, 102, 231
Pflanzerkulturen 54
Pflanzertum 61, 66, 71
Pflug 73, 84
Philologie 24
Phonemik 305
Phonetik 305
Physiologie 11, 186, 203, 240
Pidgin 107
Planungsverhalten 177
Platon 18
Polargebiete 55
Politikethnologie 26
Polo, Marco 20
Polygamie 88, 109
Polygynie 88-89, 98, 108-109
Polytheismus 25
Portugiesen 20
Poseidonios 18, 29
Potlatch 314
Pranger 157
Prärien 54
Prestige 62, 75, 125, 147-148, 150, 158, 162, 164, 297-298
Priester 72, 81, 206, 242
Primaten 11
Primitive 24, 169-170, 172-173
Privateigentum 22, 25
Profanes 191
Prometheus 201
Prophet 254
Protokultur 157
Psyche 113, 118-119, 129, 243
Psychiatrie 116, 245
Psychoanalyse 104, 206
Psychologie 11, 116, 133, 230
Psychopathologie 230
Psychopharmaka 245
Psychosekten 154
Pygmäen 172, 214

Quellen 22

Rambo-Filme 149
Rangabzeichen 81
Rasse 11, 18, 23, 101, 169, 173
Rassenideologie 25

Ratzel, Friedrich 25, 53
Raubbau 10, 65
Reaktion 37
Recht 138
Rechtsforschung 8
Regen 76, 198
Regenbogen 239
Regenmacher 52, 244
Regenmagie 76
Regenwald 53, 56
Regenzauber 223
Reis 34, 52, 71
Reisebeschreibung 22
Reiz 37, 39
Reklusion 210
Relativismus, kultureller 259
Relativität 260
Relativitätsprinzip, sprachliches 182, 183, 185, 187
Religion 8, 25, 35, 52, 59, 69, 73, 76, 81, 83, 90, 102, 132-133, 135, 165, 179, 191-195, 197-199, 202, 205, 207- 208, 215, 219-227, 229, 232-233, 235, 240, 242, 246, 249, 252, 254-255, 288, 298
Religionsethnologie 193, 220, 225, 233
Religionswissenschaft 225
Ren 74
Renaissance 20
Rentierzucht 34
Respektverhalten 216
Revitalisationsbewegung 255
Revolution, französische 24
Revolution, neolithische 69
Rind 74
Ritual 63, 192, 206-208, 211, 213, 218, 220, 223, 238, 242, 250, 254, 256
Ritus 207, 210, 212, 220
Roggen 71
Rolle 87-88, 92, 102, 297-298
Rollenerwartung 87, 92, 101
Romantik 24
Römer 17-19, 221
Rorschachtest 103
Rousseau, Jean-Jacques 22
Rückzugsgebiete 66
Rundbrief 288
Rujuks 312

Sakralbauten 83

Sakrales 191
Salz 209
Sammelgebiet 126
Sammeln 26, 59, 68, 74
Sammler 231
Sammlerinnen 42, 53, 60, 102
Sapir, Edward 180
Sapir-Whorf-Hypothese 180, 186
Savannen 54, 56
Schadenszauber 81, 238
Scham 137-140, 144-149, 151-166
Schamane 64, 71, 241, 245
Schande 147, 154, 157, 162-164
Schandpfahl 157
Schlange 70, 73, 76
Schminken 81
Schmuck 80
Schöpfer 70
Schöpferwesen 63
Schöpfung 70, 197, 200
Schrift 9, 24, 134, 226
Schriftreligion 193, 209, 230, 232
Schuld 132-133, 137-138, 140, 144-146, 151-152, 156-158, 162, 165-166
Schule 203
Schulen, ethnologische 25
Schüler 159-161, 164
Schulproblem 117-118
Seefahrer, Heinrich der 20
Seele 64, 212, 225, 229, 230, 231-232, 235, 237, 245, 249, 288
Seelenreise 64
Seelenverlust 229, 237-238, 256
Seelenvorstellungen 45
Sekten 154
Selbsterlösung 165
Selbstmord 154, 164
Senioritätsprinzip 6
Sensation 212
Sexualität 100
Seßhaftigkeit 61, 68-69, 72
Sinologie 24
Sintflut 200, 202
Sittengesetz 135
Sklavenhandel 256
social anthropology 26
Soldat 72
Sororat 110
Sozialismus 155

Sozialverhalten 132
Spanier 20
Speicher 67, 71-72
Speicherbarkeit 72
Speiseopfer 70
Speisetabu 90
Spekulation 19
Spiele 84
Spiritismus 223
Sportgeräte 84
Sprache 14, 24, 33, 35, 48, 51, 114, 116, 129, 131, 179-182, 184-186, 189-191, 193, 232-233, 235-236, 243, 290-291, 306
Sprache, austronesische 214
Sprache, melanesische 148
Sprache, primitive 24, 291
Sprache, schriftlose 192, 307
Sprachelernen 184, 289
Sprachhelfer 301
Sprachphilosophie 23
Sprachwissenschaft 13, 24, 26
Sprachwissenschaft, allgemeine 180
Stamm 89, 151
Stammesgesellschaften 9
Stammutter, mythische 90
Stammvater, mythischer 90
Status 82, 109, 148, 210-217
Statuskennzeichen 81
Stellvertreter 135, 162, 163
Steppen 54
Sterblichkeit 65
Strategie 35-38, 42, 52, 54, 79-80, 88, 92, 101, 113
Subsistenzwirtschaft 67
Substrat 250, 252
Südamerika 170, 293
Südostasien 53
Sünde 132-133, 138, 151, 154, 165, 216, 222-223, 229, 232, 235-237
Sündenbock 208
Sündenfall 70
Superego 130
Superstrat 250, 252
Süßkartoffel 67
Symptom 239

Tabu 90, 101, 213-214, 217, 296
Tacitus 19
Tagebuch 287, 288, 291

Talisman 192, 218-219
Tanz 75, 84
Taro 67
Tatauierung 51, 80-81, 210
Tätowierung s. Tatauierung
Taufe 250
Techniker 7
Technologie 32, 79-80, 84, 172
Tempel 83
Territorium 17, 61, 68
Thematic Apperception Test 103
Theologie 19, 22, 24, 132-133, 166, 194, 251
Theorie 289
Therapie 235, 241, 256
Tiefenpsychologie 206
Tiere 90
Tischsitten 123, 125, 138
Tod 211, 230, 237, 249
Todeszauber 250
Toraja 313
Totalitarismus 154
Totem 90
Totengeist 197, 211, 249
Touristen 41, 44, 170
Tracht 80-81, 83
Tradition 202, 207
Trance 71, 256
Traum 200, 225, 241
Traumego 229-230
Traumzeit 200
Tremendum 204, 213
Tribalismus 151
Trickster 198
Trockengebiete 54
Trommeln 83
Tropen 67, 69, 71
Tundra 55-56
Tylor, Edward Burnett 25

Über-Ich 129-130, 133-134, 144-145, 167, 222
Übergangsritual 192, 209, 211
Übernatürliches 191
Überschuß 72-73
Übertragung 26
Umbanda 194, 226, 256
Umwelt 10, 18, 32, 51-53, 56, 59, 157, 169
Unterhaltung 83

Unterricht 158, 192, 203
Unterrichtsmaterial 45
Urgeschichte 242
Urzeit 70, 198, 200
Urzustand 18, 21

Veränderer 6
Veränderung 7
Verbot 213
Verbreitung 26
Verhalten 30-31, 33, 39, 41, 46, 114-116, 123, 125, 130, 136-137, 139, 142-143, 145, 148, 150-153, 170, 259-262, 265, 297
Verkehr 83
Vernunft 23
Verstehen 259-262, 264-265
Verstorbene 89
Verstümmelung 211
Verteidigungswaffen 83
Verwalter 72
Verwandtschaft 62, 87
Verwandtschaftsbezeichnungen 69, 92-95,
Verwandtschaftsdiagramm 88, 89, 91-92, 95
Verwandtschaftsethnologie 92, 96
Verwandtschaftsgruppe 87, 93
Verwandtschaftsrechnung 75
Verwandtschaftsstruktur 91
Verwandtschaftssystem 25, 69, 88-89, 91, 102, 122
Verwandtschaftsterminologie 88, 92
Verwandtschaftsverhältnis 297
Viehzucht 51, 56, 61, 74
Viehzüchter 54-55, 60, 66, 74-76, 82, 102, 109, 140
Virchow, Rudolf 25
Volk 89
Völkergeruch 312
Völkerkunde 10, 13-14, 23, 25, 180, 293
Völkerpsychologie 129
Völkerverständigung 48
Völkerwanderung 19
Volksbuddhismus 226
Volksislam 226
Voodoo 194, 226, 256-257
Vorbereitungskurs 8, 14
Vorhersagbarkeit 46-47
Vorrat 71
Vorratswirtschaft 170

Waffen 83
Waffentechnologie 83
Wahrsagerei 224
Waldgebiete, tropische 53
Waldgebiete, subarktische 54
Wasser 223
Wassergeist 70
Webstuhl 84
Weizen 71
Welt 227
Weltanschauung 199
Weltbild 19, 116, 174, 180, 195-196, 227, 235, 249-250
Weltvorstellung 230
Werkzeuge 61, 79
Werte 39-40, 121, 124-125, 140-141, 143, 145, 170, 195, 259
Wertsysteme 126
Werturteil 291
Wertvorstellungen 62, 101, 109
Wesen, übermenschliche 63, 207
Westafrika 194
Wetter 76
Whorf, Benjamin Lee 180, 182-183, 185, 187
Wiener Schule 26
Wild 54-55
Wildbeuter 42, 54-55, 59-60, 62-63, 65-66, 68-69, 71, 75, 102, 126, 140, 201, 231
Wilde 21
Wilder, edler 22-24, 120
Windschirm 82
Wirklichkeit 24, 181-186, 188-189
Wirtschaft 251
Wirtschaftsform 59-60, 76, 87, 102, 201, 223
Wissen 174
Wohnweise 111

Wunder 194, 217
Wüsten 54, 56

Yak 76
Yams 26, 67
Yir Yoront 85

Zahlensysteme 75, 174
Zeit 210
Zeitbegriff 175-176

Zeitorientierung 176-177
Zeremonialtausch 125
zirkumpolare Völker 55
Zivilisation 13, 24, 172
Zivilisierte 169, 171
Zombies 256
Zukunftsorientierung 223
Zweifel 292

Vom gleichen Autor ist erschienen:

Animismus
Einführung in seine begrifflichen Grundlagen
Paperback, 358 Seiten
Bestell-Nr. 549 161, ISBN 3-921113-61-X

Animismus ist, sehr vereinfacht gesagt, eine Form von Religion. Vieles deutet darauf hin, dass Animismus schon vor vielen tausend Jahren, am Beginn der Altsteinzeit, die Basis des religiösen Verhaltens der damals lebenden Menschen bildete. In der Gegenwart finden wir animistische Formen von Religion immer noch weit verbreitet in den vorwiegend von mündlicher Tradition bestimmten, schriftlosen Gesellschaften der Wildbeuter (Jäger und Sammler), Pflanzer und Viehzüchter (Nomaden) in allen Teilen der Erde. Nicht geringe Spuren von Animismus gibt es aber auch in den so genannten Schriftreligionen (Judentum, Christentum, Islam, Buddhismus usw.), vor allem in deren volkstümlichen Ausprägungen (Volkschristentum, Volksislam usw.).
In europäisch-westlichen Gesellschaften wird Animismus häufig mit Okkultismus, Spiritismus und sogar mit Satanismus gleichgesetzt, nach eurozentristischen und christlichen Maßstäben bewertet und missverstanden. Dieser Standpunkt und die Unkenntnis der begrifflichen Grundlagen animistischer Denkformen erweisen sich als besonders hinderlich, wenn Fremde aus europäisch-westlichen Kulturen in animistisch orientierten Gesellschaften als Entwicklungshelfer, als Mitarbeiter säkularer Regierungs- und kirchlicher Nicht-Regierungsorganisationen (engl. NGO), als Ärzte, Soldaten, Ingenieure, Dozenten, Missionare, Lehrer usw. tätig werden. Animismus beinhaltet nämlich nicht nur religiöse Elemente, sondern bildet mit seinem jeweiligen Welt- und Menschenbild ein umfassendes Orientierungssystem, das den betreffenden Gesellschaften zur Gestaltung und Bewältigung ihres Daseins dient, und das man kennen muss, wenn man die Menschen seines Arbeitsgebiets verstehen und erfolgreich unter ihnen tätig sein will.
Dieses Lehrbuch stellt Animismus nicht aus dem europäisch-westlichen Blickwinkel dar, sondern beschreibt ihn aus der Sicht derer, die ihn leben. Die Abfolge der einzelnen Kapitel ist so angelegt, dass der Leser Schritt für Schritt lernen kann, was Animismus ist, um schließlich zu verstehen, welche charakteristischen Funktionen dem Medium und dem Schamanen in animistischen Gesellschaften zukommt.

Bitte fragen Sie in Ihrer Buchhandlung nach diesen Büchern !
Besuchen Sie uns im Internet: www.vlm-liebenzell.de

Das Besondere für Missionsinteressierte

Paul Hiebert
Kultur und Evangelium
Schritte einer kritischen Kontextualiserung
56 Seiten, Paperback
Bestell-Nr. 549 178, ISBN 3-921113-78-4

VERLAG DER
LIEBENZELLER
MISSION

Kontextualisierung ist nicht erst seit den 1970-er Jahren ein wichtiges Thema der Missionstheologie. Dass es hier nicht einfach nur um eine Übersetzung in eine andere Sprache geht, ist heute wohl allen bewusst, die sich mit dieser Aufgabe beschäftigen. Paul G. Hiebert wendet sich diesem wichtigen Thema aus der Perspektive seines Fachgebietes, der kulturellen Anthropologie, zu und zeigt sowohl seinen Facettenreichtum als auch die zentrale Herausforderung auf. Er weist hin auf die Gefahren sowohl einer „Nicht-Kontextualisierung" als auch einer „Über-Kontextualisierung". Dieses Buch ist eine Hilfe für jeden Missionar, der sich mit der Frage auseinander setzen muss: Wie gehe ich mit den Traditionen und Verhaltensweisen in einer fremden Kultur um, z. B. in der Auseinandersetzung mit der Ahnenverehrung oder der Polygamie? Hiebert kann uns helfen, nicht vorschnell Antworten aus unserer westlichen Perspektive zu geben, sondern gemeinsam mit den Einheimischen nach biblischen Lösungen in ihrer Kultur zu suchen.

Hellmuth Egelkraut / George W. Peters
Biblischer Auftrag - Missionarisches Handeln
Eine biblische Theologie der Mission
Paperback, 432 Seiten
Bestell-Nr. 549 181, ISBN 3-921113-81-4
3. überarbeitete und ergänzte Neuauflage.

Prof. Dr. Peters legte in diesem Buch sein reifes Alterswerk vor, zu dem es kein Gegenstück in der deutschsprachigen theologischen Literatur gibt. Dieses Buch ist die deutsche Ausgabe von „A biblical theology of Missions".
In diesem Buch findet man eine gründliche wie umfassende Darstellung dessen, was Mission nach der Bibel ausmacht und wie es in unseren Tagen in Handeln umgesetzt werden kann. Dabei werden auch eine ganze Anzahl von Irrwegen und Fehlentwicklungen beschrieben. Das Buch ist für den Theologen ebenso wertvoll wie für den interessierten Laien, für den es bis zur letzten Seite gut verständlich bleibt. Der Autor spricht in diesem Buch alle für die Mission der Gegenwart bedeutsamen Fragen an.

Bitte fragen Sie in Ihrer Buchhandlung nach diesen Büchern !
Besuchen Sie uns im Internet: www-vlm-liebenzell.de